Liebe Leserinnen und Leser,

warum wurden die Pyramiden von Gizeh erbaut? Wie lang ist die Chinesische Mauer? Wer war »Mona Lisa«? Welche Geschichte verbirgt sich hinter Rembrandts »Nachtwache«? Was bedeutet Kubismus? Was war der »Blaue Reiter«? Warum gilt Picasso als das Malergenie des 20. Jahrhunderts? Wie wurde das Empire State Building berühmt?

Der Band »Kunst und Architektur« der BILD-Wissensbibliothek beantwortet diese und über 1000 weitere Fragen zu den künstlerischen und architektonischen Meisterleistungen. Ob Skulptur, Plastik, Architektur oder Malerei – dieses prachtvolle Buch führt in die verschiedenen Formen der bildenden Kunst ein. Er präsentiert über 130 Meisterwerke von der Jungsteinzeit bis heute.

Seit es Menschen gibt, existieren Formen künstlerischen Ausdrucks. Vor etwa 35 000 Jahren begann sich das Kunstschaffen zu entfalten. Über ganz Europa verstreut finden sich Felsbilder, die vom Leben der Urzeitmenschen erzählen. So spiegeln beispielsweise schon die Malereien in den Höhlen von Lascaux grundlegende Merkmale von Kunst wider, die sich bis in die Gegenwart verfolgen lassen: Sie sind nicht nur ein Abbild der Lebenswelt, sondern haben schon symbolischen Charakter.

Dieser Band schlägt einen Bogen von den ersten eindrucksvollen Zeugnissen bis zur Postmoderne. Er stellt die Meisterleistungen verschiedenster Kulturen über alle Epochen vor, beschreibt ihre Entstehung, erläutert ihre Bedeutung und porträtiert ihre Schöpfer. Die bildende Kunst zeichnet sich durch eine enorme Vielseitigkeit aus. Die Chinesische Mauer beeindruckt uns genauso wie das Empire State Building, da Vincis »Mona Lisa« fasziniert ebenso wie Dalìs »Beständigkeit der Erinnerung« oder »Der Schrei« von Munch. Lassen Sie diese Werke auf sich wirken und erfahren Sie alles Wissenswerte über die künstlerischen und architektonischen Glanzpunkte des menschlichen Schaffens.

Viel Freude beim Lesen und Entdecken wünschen herzlich Ihr

Dr. Hellmuth Karasek

Dr. Ulf Merbold

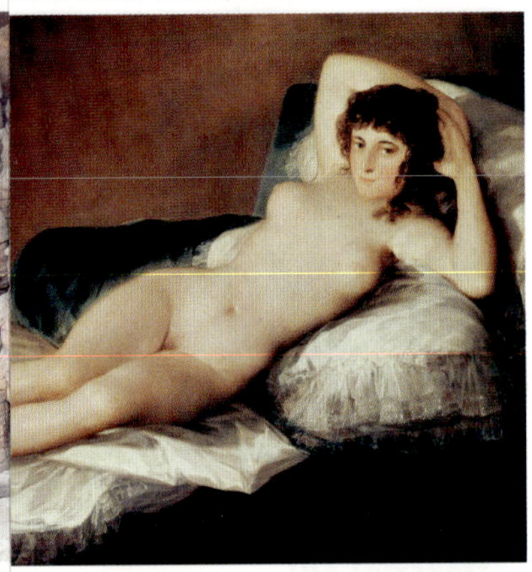

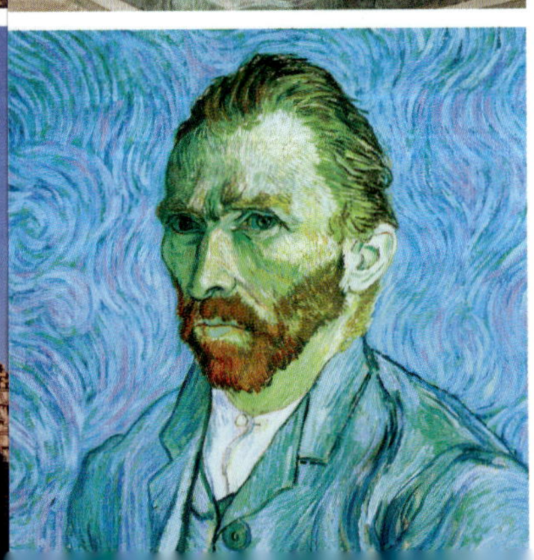

Anfänge und Antike – der Mensch rückt in den Mittelpunkt

Obwohl der Mensch bereits vor 2,5 Millionen Jahren die ersten Steinwerkzeuge benutzte, können wir seine frühesten uns bekannten Kunstwerke erst auf eine Zeit datieren, die nicht länger als 35 000 Jahre zurückliegt. Allerdings zeugen diese Höhlenmalereien und Skulpturen bereits von einer so hohen künstlerischen Reife, dass man sie zunächst für Fälschungen hielt, als sie in der Neuzeit entdeckt wurden.

Mit der Entstehung der frühen Hochkulturen erreichte auch das Kunstschaffen des Menschen neue Höhepunkte. Es erlaubt uns tiefe Einblicke in das damalige Weltbild. Während in der Altsteinzeit das Tier bevorzugtes Thema der Kunst war, wurde sich der Mensch in den Hochkulturen zunehmend seiner Bedeutung und seines Wesens bewusst. Er rückte sich selbst und die menschengestaltig gedachten Götter in den Mittelpunkt seiner Kultur und seines Kunstschaffens. Zu den frühen Kunstzentren zählen neben Mesopotamien, Ägypten und Kreta die Indus-Kultur, das bronzezeitliche China sowie die Kultur der mexikanischen Olmeken.

Fabeltiere spielten in der Kunst der Hochkulturen nach wie vor eine Rolle, der Greif etwa, der Sphinx oder der babylonische Schlangendrachen. Besonderes Interesse verdienen die bronzezeitlichen Gefäße Chinas, deren kunstvolles Dekor mythische Tiere wiedergibt, die in ihrer Ausführung einen engen Bezug zur Kunst der Steppenvölker aufweisen.

Die verschiedenen Kulturen standen in engem Kontakt miteinander, was sich auch im Austausch von künstlerischen Motiven widerspiegelt. Griechenland nahm Anregungen aus Ägypten und dem Vorderen Orient auf, integrierte sie in seine Kunst und beeinflusste seinerseits die Kunst der Etrusker und Römer. Die römische Kunst dominierte ein Weltreich und wurde so grundlegend für das Kunstschaffen Europas.

◀ Die berühmten Pyramiden von Gizeh galten schon im Altertum als eines der sieben Weltwunder.

▲Auch außerhalb Europas entstand Felsmalerei – hier jungsteinzeitliche Figuren aus dem algerischen Tassili N'Ajjer.

Wie alt sind die Höhlenmalereien?

Erste Zeichnungen und Ritzungen von Tieren und stilisierten Frauen gab es schon seit rund 33 000 v. Chr. im so genannten Aurignacien; doch im Magdalénien erlebte die Malerei eine 10 000-jährige Blüte, vor allem im Südwesten Europas. Die Bilder wurden mit Erdfarben gemacht und sind mit Pinsel oder Blasrohr aufgetragen. Zumeist handelt es sich um einzelne Figuren ohne Beziehung zueinander und ohne einheitliche Größe. Oft überlagern sie sich in mehreren Schichten.

Was wird dargestellt?

Die häufigsten Darstellungen gelten der Jagdbeute: Mammut, Wisent, Auerochse, Pferd, Rentier, Hirsch, Fisch und Vogel, aber auch Raubtiere wie der Bär kommen vor. Daneben gibt es Jäger und seltsame Mischwesen sowie abstrakte Zeichen – die weibliche Scham als Fruchtbarkeitssymbol oder negative Handabdrücke – die vielleicht einen zeremoniellen Hintergrund haben.

In der Höhle von Rouffignac (um 22 000 v. Chr.) überwiegen noch Gravierungen und einfarbige Bilder vor allem von Mammuts und Nashörnern. In der etwas jüngeren Tropfsteinhöhle von Pech-Merle wurden zwei Pferde über eine längere Zeit hinweg immer wieder mit farbigen Punkten »getroffen«. Das bekannteste Bild in der nach ihren Entdeckern benannten Höhle Les Trois Frères (um 18 000 v. Chr.) ist der aus verschiedenen Lebewesen zusammengesetzte »Zauberer«.

Fand eine künstlerische Entwicklung statt?

Ja, die Entdeckung der Höhle von Lascaux 1940 durch Jugendliche galt als Sensation. Dort waren seit etwa 16 000 v. Chr. mehrfarbige Bilder in einem immer reiferen, plastischen Stil entstanden, vor allem Pferde, Auerochsen und Wisente in einer Größe bis über fünf Meter. Neu sind die Jäger, die zur gleichen Zeit auch in Le Portel und Niaux

Wann lebten die Menschen der Magdalénien-Kultur?

Als die letzte Eiszeit um 20 000 v. Chr. ihrem Höhepunkt entgegenging und die nördliche Hälfte Europas bedeckte, entstand im wildreichen Tundragürtel von Frankreich bis zur Ukraine eine neue, an das Klima gut angepasste Kultur. Die Menschen machten entscheidende Fortschritte im sozialen Leben, in Kunst und Technik und produzierten vielfältige Werkzeuge wie Harpunen, Meißel und Speerschleudern. Nach der Felsüberhangsiedlung La Madeleine im südfranzösischen Vézère-Tal wird die ganze Epoche als »Magdalénien« bezeichnet. Günstige Lebensbedingungen vor allem in Südfrankreich und Nordspanien ließen die Bevölkerung wachsen, die sich nun in Stammesgruppen formierte. Zur Organisation, zum Austausch von Waren und zur Partnerwahl waren Treffen nötig, die möglicherweise im Zusammenhang mit den ausgemalten Höhlen stehen.

◄ Altsteinzeitliche Höhlenmalerei mit einer Jagdszene

auftauchen. Dort wurde die Darstellung um 11 000 v. Chr. zunehmend realistischer, es gibt viele Waffen und verwundete Beutetiere. Bis heute werden neue Funde gemeldet, so 1991 die nur per Tauchgang aus dem Meer zugängliche Cosquer-Höhle bei Marseille (17. Jahrtausend v. Chr.), in der viele Meerestiere, Robben und Riesenalken zu sehen sind.

Warum wurden die Höhlenwände verziert?

Mit Sicherheit verfolgten die Malereien einen konkreten Zweck. Fußabdrücke in der Galerie Noir von Niaux und in der Höhle Le Tuc d'Audoubert sowie Musikinstrumente deuten auf Tänze und kultische Handlungen hin. Da auch Jugendliche anwesend waren, könnten Initiationsriten eine Rolle gespielt haben. Viele Bilder und Tonreliefs wie in Le Tuc d'Audoubert und in Bédeilhac haben symbolische »Einstichwunden«, die nur mit einem Jagdzauber zu erklären sind.

Gab es in der Steinzeit bereits eine Religion?

Vieles deutet darauf hin. Ein wichtiger Hinweis auf religiöse Vorstellungen sind die seltsamen Mischwesen wie etwa der »Zauberer« in Les Trois Frères und Le Gabillou. Es handelt sich um verkleidete Menschen oder um verwandelte Wesen, die wie die Schamanen heutiger Naturvölker Kontakt zum Geist der Tiere aufnehmen. Die stilistisch recht einheitlichen Malereien dürften von einer solchen Priesterschaft stammen, die ihr Wissen und ihre Kunstfertigkeit nur unter sich weitergab.

Zieht man ethnologische Studien bei Naturvölkern wie den australischen Aborigines zum Vergleich heran, wird deutlich, dass auch die Menschen der älteren Steinzeit an übernatürliche Kräfte geglaubt haben müssen. Ihre Rituale dienten dazu, sich in ihrer Welt zurechtzufinden. Gleichzeitig förderten sie die Abgrenzung zu benachbarten Stämmen und das Zugehörigkeitsgefühl zum eigenen Stamm – beides sollte sich als wichtiger Faktor für das Überleben und die kulturelle Weiterentwicklung bewähren.

Wussten Sie, dass …

- die steinzeitlichen Höhlenbilder auch modernen Künstlern noch etwas zu sagen haben? Picasso zum Beispiel sah in ihnen eine Brücke zur Ursprünglichkeit der Kunst.
- die kleine Tochter des Hobby-Gelehrten Don Marcelino de Sautuola die erschreckend naturnahen Tierbilder in der Höhle von Altamira in Spanien fand, als dieser 1879 nach vorgeschichtlichen Steinwerkzeugen suchte? Die Wandmalereien waren so ungewohnt, dass niemand an die Echtheit glauben mochte, bis Ausgrabungen das hohe Alter bestätigten.

◄ Schwarz-braune Konturen und ein warmes Ockerrot wie hier bei diesem Wisent sind charakteristisch für die Höhlenmalereien von Altamira.

▲Eines der Glanzstücke des Ägyptischen Museums in Kairo: die eindrucksvolle steinerne Grabplastik des herrschaftlichen Paares Rahotep und Nofret, die um 2620 v. Chr. entstand.

Aus welchem Zeitalter stammen die Herrscherstatuen?

Aus der Zeit des so genannten Alten Reiches. Das Alte Reich (um 2755–2255 v. Chr.) umfasst die 3. bis 6. Dynastie und darf als wohl großartigster Abschnitt der ägyptischen Geschichte gelten. Symbolisch für dieses goldene Zeitalter stehen die Pyramiden, die ab der 4. Dynastie entstanden. Doch nicht nur in der Baukunst wurden »Weltwunder« geschaffen, auch Malerei und Bildhauerei erreichten eine einzigartige Blüte.

Die Kunst des Alten Reiches war nicht zuletzt Grabkunst. Auch eine ihrer bedeutendsten Schöpfungen, die Paarstatue von Rahotep und Nofret, wurde in einer Grabanlage gefunden: 1871 entdeckte sie der Ägyptologe Auguste Mariette in Meidum in einer Ziegelmastaba nördlich der Pyramide des Pharaos Snofru, des siegreichen Feldherrn und Begründers der 4. Dynastie. Rahotep dürfte einer seiner Söhne gewesen sein. Er erfüllte wichtige Aufgaben bei den königlichen Bauarbeiten, diente als General und Hoher Priester des Gottes Re in Heliopolis.

Die Entstehung der Paarstatue wird auf die Zeit um 2620 v. Chr. datiert. Sie ist aus Kalkstein gearbeitet, etwa 1,20 Meter groß, 50 Zentimeter breit und farbig bemalt.

Woher weiß man, wen die Statuen darstellen?

Der breitschultrige Rahotep und seine Frau Nofret sitzen auf Blöcken mit hoher Rückenlehne, darauf befinden sich verschiedene Hieroglypheninschriften, die ihre Namen und Titel genau auflisten.

Welche besonderen Merkmale haben die Figuren?

Das einzige Kleidungsstück des Prinzen ist ein einfacher weißer Schurz, um den Hals trägt er eine Röhrenkette mit einem kleinen Amulett, dessen Form an eine Schildkröte erinnert. Der rechte Arm liegt angewinkelt vor seiner Brust, während die linke Faust auf dem Knie ruht.

Wieso bildete Stein das Baumaterial der Ägypter?

Bei den Ägyptern, die über ihre Lebenszeit weit hinausdachten und Bauten und Kunstwerke für die Ewigkeit schaffen wollten, war der langlebige Stein das bevorzugte Material. So entwickelten sie herausragende Fertigkeiten bei der Verarbeitung, wie die frühe Blüte der Steinskulptur und natürlich der Pyramidenbau belegen. Auch Schmuck wurde aus Stein gefertigt. Neben Kalkstein fand vor allem Alabaster Verwendung bei der Anfertigung von Gefäßen, die zur Aufbewahrung wertvoller Salben und Kosmetik dienten.

Der Name Nofret bedeutet »die Schöne« und schön ist ihr Bildnis gestaltet: Ein eng anliegendes Gewand unterstreicht die Weiblichkeit der »Königsbekannten«, wie ihr Ehrentitel lautet. Sie trägt eine schwere Strähnenperücke, die von einem mit Rosetten geschmückten Diadem gehalten wird. Solche Diademe sind auch als Originalstücke, aus Gold und mit Halbedelsteinen verziert, erhalten. Doch das Diadem der steinernen Nofret ist weiß bemalt, was den Schluss zulässt, dass das reale Vorbild aus Silber gearbeitet war. Dabei ist zu bedenken, dass Silber zu bestimmten Zeiten wertvoller, weil seltener als Gold war. Unterhalb der Perücke ist der Stirnansatz ihres eigenen Haars deutlich zu erkennen. Den Hals umfasst ein mehrfarbiger Kragen aus Perlenschnüren und tropfenförmigen Anhängern.

Was bedeuten die unterschiedlichen Hautfarben der Herrscher?

Mit der unterschiedlichen Hauttönung von Rahotep und Nofret – er dunkel, sie hell – folgt die Grabplastik einer allgemeinen Vorgabe, die für die altägyptische Kunst galt: Die dunklere Hautfarbe des Mannes weist auf seine Aktivitäten im Freien hin, die hellere der Frau dagegen auf ihr von Heim und Herd bestimmtes Leben.

Warum strahlen die Augen der Figuren so?

◀ Aus demselben Zeitraum wie die Herrscherstatuen stammt die 7,5 Zentimeter hohe Elfenbeinstatuette des Königs Cheops (um 2604 bis 2581 v. Chr.); Kairo, Ägyptisches Museum.

Die ungewöhnliche Lebendigkeit, die diese Plastik ausstrahlt, wird auch durch die lebhaft schimmernden Augen aus Quarz und Bergkristall erzielt. Man erzählt sich, dass die Arbeiter bei den archäologischen Ausgrabungen die Flucht ergriffen, als sie unerwartet mit dem »Blick« dieser Augen konfrontiert waren. Die ägyptischen Künstler bedienten sich eines aufwändigen Verfahrens, um diese Lebendigkeit zu erzielen: Aus undurchsichtigem weißem Quarz wurde der Glaskörper des Auges gefertigt. In dessen Zentrum bohrte man ein kleines Loch, das schwarz ausgefüllt wurde und die Pupille markierte. Ein durchsichtiges, rund geschliffenes Stück Bergkristall bildete die darüber liegende Iris.

Was haben die Statuen mit dem Leben nach dem Tod zu tun?

Das Bildnis sollte das Weiterleben nach dem Tod garantieren. So wurden die Personen in der sozialen Stellung oder Funktion, die sie zu Lebzeiten innehatten, abgebildet, im Sitzen oder im Stehen, nie jedoch in Bewegung.

Wussten Sie, dass …

- die realistisch wirkenden altägyptischen Grabfiguren Bestandteil eines ausgeprägten Totenkults waren?
- der Priester beim Bestattungsritual den Statuen auf magische Weise Leben einhauchte? So sollten die Verstorbenen an den Opfergaben teilhaben können.

◀ Um 2650 v. Chr. steigerten sich die Ägypter vom ungebrannten Ziegelbau zu Monumentalbauten aus Stein. Der älteste Steinbau ist die Stufenpyramide des Königs Djoser in Sakkara. Die Erbauer zeigten bereits eine derart ausgereifte Qualität der Steinbearbeitung, als wäre diese schon lange angewandt worden.

▲Der Cheopspyramide sind Grabmale hoher Würdenträger vorgelagert, wie diese so genannte Mastaba-Grabanlage mit ihrem säulengestützten Portal.

Warum wurden die Pyramiden von Gizeh erbaut?

Sie dienten den Pharaonen als eindrucksvolle Grabstätten. Zwölf Kilometer von Kairo entfernt, westlich des Nils am Rande der libyschen Wüste, erheben sich die drei großen Pyramiden von Gizeh: die des Cheops, des Chephren und des Mykerinos. Die Königsgrabmäler wurden in der 4. Dynastie des Alten Reiches errichtet, also etwa zwischen 2560 und 2500 v. Chr. Wie alle ägyptischen Pyramiden waren sie Teil einer riesigen Totenstadt mit zahlreichen Kultbauten, Tempeln und Gräbern. Dazu zählten kleinere Pyramiden der königlichen Gemahlinnen und Grabanlagen für Beamte und Angehörige des Königshauses.

Welche anderen Bauten befinden sich in der Nähe der Pyramiden?

An der Ostseite jeder der drei großen Pyramiden befinden sich die so genannten Totentempel, die durch einen langen Aufweg mit dem Taltempel verbunden sind. Neben dem gut erhaltenen Taltempel des Chephren steht die berühmte Sphinx, die Kolossalstatue eines liegenden Löwen mit dem Kopf des Pharao. Warum die Statue und ein weiterer daneben liegender Tempel an dieser Stelle erbaut wurden, wissen wir nicht. Gut erforscht sind hingegen die weitflächigen Friedhöfe der Cheopspyramide. Sensationeller Fund: ein komplett erhaltenes königliches Schiff, das in einer von fünf Bootskammern geborgen wurde.

Wie wurden die Monumentalbauten errichtet?

Die technischen und logistischen Anforderungen auf der Großbaustelle waren immens. Der griechische Historiker Herodot meinte, dass allein am Bau der Cheopspyramide über einen Zeitraum von 20 Jahren 100 000 Menschen gearbeitet haben müssten. Manche moderne Archäologen halten diese Zahl für realistisch. Nach wie vor diskutiert wird auch die Frage, wie die tonnenschweren Steine in bis zu 147 Meter Höhe gehoben werden konnten. Möglich scheint eine Kombination aus komplexen Rampensystemen und Hebevorrichtungen – die altägyptischen Quellen geben leider keine Auskunft. Darüber hinaus mussten die schweren Felsblöcke erst einmal aus den Steinbrüchen herantransportiert werden.

Welches ist die eindrucksvollste Pyramide?

Sicher die Cheopspyramide, die größte Pyramide, die jemals in Ägypten erbaut wurde. Sie entstand um 2560 v. Chr. und war ehemals 147 Meter hoch; Schätzungen zufolge wurde sie aus etwa 2,5 Millionen Steinblöcken mit einem Gewicht von jeweils 2,5 Tonnen erbaut. Ursprünglich bestand die Cheopspyramide aus 210 übereinander geschichteten Steinlagen. Heute sind es noch 201. Das Verkleidungsmauerwerk aus feinem Kalkstein ist nur an wenigen Stellen erhalten.

Wie sieht die Cheopspyramide innen aus?

Der heute benutzte Eingangsstollen wurde von Grabräubern angelegt und befindet sich nur knapp unterhalb des ursprünglichen Zugangs. Über einen engen Gang gelangt man in die Große Galerie, die 47 Meter lang und 8,5 Meter hoch ist, und mit einem Kraggewölbe aus riesigen Steinblöcken versehen ist. An das obere Ende schließt sich ein kurzer Gang an. Auf ihn folgt ein System von drei hintereinander liegenden Fallsteinen aus Granit. Die bis auf einen leeren Granitsarkophag ausgeräumte Grabkammer zeigt, dass das Hindernis umgangen wurde. Die Sargkammer des Cheops besteht aus Rosengranit, die Decke aus mehreren, je 40 Tonnen schweren Steinblöcken. Darüber sind fünf betretbare Entlastungskammern mit Giebeldach.

Welche Rätsel gibt das Grabkammersystem auf?

Unklar ist etwa die Bedeutung einiger enger Schächte, die sowohl von der Sargkammer als auch von der Großen Galerie schräg nach oben aufsteigen. Die Erklärungen reichen von einer symbolisch-magischen Bedeutung bis hin zur Belüftungsfunktion. Ebenso ungewiss ist die Bedeutung der so genannten Königinnenkammer, die den Abschluss eines von der Großen Galerie abzweigenden Ganges bildet. Ferner existiert unter der Pyramide ein in den Felsen getriebener unfertiger Gang.

Wie heißen die beiden anderen Pyramiden?

Die Pyramiden des Chephren und des Mykerinos. Die 143,5 Meter hohe Chephrenpyramide, die mittlere der drei großen Pyramiden, wirkt von fern größer als die Cheopspyramide, weil sie höher liegt und eine besser erhaltene, mit Kalkstein verkleidete Spitze besitzt. Das Grabkammersystem ist hier einfacher angelegt. Zwei Eingänge führen in absteigende Gänge, die beide in einen waagerecht verlaufenden Korridor münden, an dessen Ende sich die Sargkammer befindet.

Die 66 Meter hohe Pyramide des Mykerinos besteht in ihrem Kern genauso aus Kalkstein, für die Verkleidung allerdings wurde in den unteren 16 Lagen roter Granit verwendet, nur in den oberen Lagen Kalkstein. Die im Felsgrund gebaute Grabkammer erreicht man durch einen absteigenden Gang mit Vorkammer und einem Falltorsystem aus drei Granitsteinen.

Wussten Sie, dass …

- die Pyramiden von Gizeh die wohl berühmtesten Denkmäler der Erde sind? Sie waren und sind das Erste der sieben Weltwunder.
- das so genannte Pyramidion der Cheopspyramide, die etwa zehn Meter hohe Gipfelspitze, verschollen ist?
- ein Wissenschaftler berechnete, dass in der Cheopspyramide die fünf größten christlichen Kirchen des Abendlandes, den Petersdom eingeschlossen, Platz fänden?

◄ Weltberühmt ist die große Sphinx mit dem Kopf eines Pharaos, eines altägyptischen Königs.

▶ Goldgefäße aus dem »Schatz des Priamos«; Heinrich Schliemann barg ihn aus der Schicht von Troja II, das um 2250 v. Chr. unterging und somit über 1000 Jahre älter ist als das Troja Homers.

Warum ist der Goldfund so geheimnisumwittert?

Die Wiederentdeckung Trojas und des Goldhorts, der unter dem Namen »Schatz des Priamos« bekannt wurde, ist mit kaum weniger Dramatik verbunden als der Trojanische Krieg selbst. Bereits die spektakulären Umstände, unter denen Heinrich Schliemann 1873 diese Kostbarkeiten fand und anschließend aus dem Osmanischen Reich schmuggelte, begründeten den Mythos. Es folgte eine Klage des Sultans, worauf Schliemann eine großzügige Abfindung zahlte, die allerdings dem ideellen und historischen Wert dieses sensationellen Fundes gar nicht gerecht werden konnte. Doch die Geschichte war damit noch lange nicht zu Ende. Sie gipfelte im Verschwinden des Schatzes aus Berlin in den letzten Tagen des Zweiten Weltkriegs, in seinem Wiederauftauchen nach der Wende in der ehemaligen Sowjetunion und in dem seither wogenden Streit um die Eigentumsrechte.

Warum wurde die archäologische Sensation angezweifelt?

Missverständliche Behauptungen und so manche nachgewiesene Lüge Heinrich Schliemanns rückten ihn selbst und seinen Schatzfund in ein ungünstiges Licht. Dies führte bei einigen Wissenschaftlern sogar zu dem Verdacht, dass ein zusammengehöriger Schatz ursprünglich gar nicht existiert habe. Vielmehr habe Schliemann Stücke aus dem Antiquitätenhandel und aus mehreren Grabungen zusammengetragen und als »Schatz des Priamos« ausgegeben, um seine Eitelkeit durch einen »Sensationsfund« zu befriedigen. Doch diese Mutmaßungen gelten heute als endgültig widerlegt.

Was enthält der Schatz?

Der so genannte »Schatz des Priamos« umfasst mehr als 100 größere Objekte, darunter Gefäße aus Gold, Silber und Elektron – einer Gold-Silberlegierung –, außerdem goldene Ohrgehänge und Goldperlen, die ursprünglich an Schnüren zu Ketten aufgereiht waren. Glanzstücke sind die beiden aus Tausenden von feinen Plättchen und Ringen bestehenden Golddiademe und ein goldenes Stirnband.

Wie alt ist der Fund?

Die Lage des Horts in einer Mauernische nahe dem Skäischen Tor, die zu einer Brandschicht gehörte, wertete Schliemann als Beweis, dass es sich um einen Fund aus dem homerischen Troja handelte. Er brachte ihn mit dem trojanischen König Priamos in Verbindung. Wie sein Assistent Wilhelm Dörpfeld, der die Grabungen nach Schliemanns Tod fortführte, feststellte, gehörte die Fundlage des Schatzes aber zu Troja II, das um 2250 v. Chr. unterging und somit um mehr als 1000 Jahre älter ist als das Troja Homers. Neuere Forschungen haben den Fundort genauer definiert: in der Innenmauer einer Toranlage, die zu Schliemanns Zeit noch nicht entdeckt war. Daher wäre es durchaus möglich, dass es sich bei dem Hort nicht um einen in unruhigen Zeiten versteckten Schatz, sondern womöglich um ein Bauopfer handelte.

Was erzählt der Schatz über die damalige Kultur?

Die Beschaffenheit des Schatzes lässt darauf schließen, dass Troja in der Mitte und in der zweiten Hälfte des 3. Jahrtausends v. Chr. im engen Austausch mit den benachbarten Kulturen stand, mit der ägäischen Inselwelt und Griechenland, aber auch mit Anatolien, Syrien und sogar Mesopotamien. So stammen etwa die einzigen, wenn auch nur einhenkligen und einschnabligen, Vergleichsstücke für das zweihenklige Goldgefäß aus der Ägäis. Zum diademartigen Stirnband aus Gold gibt es Entsprechungen in der Ägäis, in Anatolien und Mesopotamien. Für die beiden Diademe, die möglicherweise als Schmuck für Götterbilder dienten, fehlen konkrete Vergleichsstücke, wenngleich einige Einzelheiten auf die Ägäis und Anatolien verweisen.

Der zwischen 2500 und 2200 v. Chr. datierte Goldfund steht durch seine künstlerische Ausführung für den hohen Stand, den die trojanische Goldschmiede- und Metalltechnik um 2500 v. Chr. erreicht hatte. Die nicht weit entfernten Gold-, Silber- und Kupfervorkommen deckten den Bedarf an Rohmaterial.

Die verschiedenen Techniken der trojanischen Goldschmiedemeister umfassten unter anderem das Schmieden von dünnem runden und quadratischen Draht sowie die Herstellung außerordentlich feiner Goldbleche. Dazu kam die Filigran- und Granuliertechnik, bei der Drähte und winzige Goldkügelchen auf Schmuckgegenstände gelötet werden. Auch diese kunsthandwerklichen Verfahren scheinen auf dem Weg über Handelsbeziehungen von Mesopotamien über Nordsyrien nach Troja und Kleinasien gelangt zu sein.

◀Die Epen Homers führten Heinrich Schliemann (1822 bis 1890) nach Kleinasien, wo er schließlich das historische Troja fand.

Welche weiteren Funde machte Schliemann?

Der »Schatz des Priamos« stellt nicht den einzigen, aber den größten zusammenhängenden Schatzfund dar. Insgesamt entdeckte Heinrich Schliemann in Troja 19 Schätze, die die wissenschaftliche Nummerierung A bis S tragen, wobei der »Schatz des Priamos« mit A gekennzeichnet ist. Die Funde umfassen unter anderem Gefäße und Schmuck aus Edelmetallen, Bronzewaffen sowie kleine Linsen aus Bergkristall. Letztere benutzte man wahrscheinlich als Lupe für die extrem feinen Goldschmiedearbeiten.

▼Schliemann machte 1873 den Anfang und bis heute ist die archäologische Erforschung des antiken Trojas nicht abgeschlossen.

▲Die umstrittene Rekonstruktion des Palastes von Knossos geht auf den englischen Archäologen Sir Arthur Evans zurück.

Wann wurde der Minospalast ausgegraben?

Der britische Ausgräber Sir Arthur Evans brachte den Palast von Knossos seit 1900 ans Tageslicht und begründete eine speziell minoische Forschung. Fast wäre ihm der berühmte Ausgräber Trojas, Heinrich Schliemann, zuvorgekommen. Diesem jedoch war das Grundstück zu teuer. So entging ihm der Ruhm, dem Minotauros auf der Spur gewesen zu sein.

Welche Bedeutung hatte Knossos in minoischer Zeit?

Es war das Machtzentrum Kretas. Seit etwa 6000 v. Chr. war der Ort durchgehend besiedelt. Seine größte Bedeutung erlangte Knossos während der »Palastzeit« etwa 2000 bis 1400 v. Chr. Damals wurde vielleicht ganz Kreta von hier aus regiert. Die Gründung von Knossos wird dem mythischen König Minos zugeschrieben, dem Sohn des Zeus und der Europa. Er soll den am kretischen Hof lebenden athenischen Handwerker Daidalos mit dem Bau des Palastes und eines unterirdischen Labyrinths beauftragt haben.

Von den einzigartigen minoischen Palastanlagen auf Kreta ist der Palast von Knossos mit einer Fläche von 22000 Quadratmetern nicht nur hinsichtlich seiner Ausdehnung, sondern auch vom Bauvolumen und

Was war der »Ariadne-Faden«?

Das ist eine lange Geschichte. König Minos soll einst vergeblich versucht haben, Athen einzunehmen. Seine hasserfüllten Gebete bewirkten jedoch, dass eine Pestplage über die Stadt hereinbrach. Zur ihrer Abwendung musste der athenische König Aigeus sich verpflichten, alljährlich sieben Jünglinge und sieben Jungfrauen nach Kreta zu schicken. Dort wurden sie dem Minotauros, einem Ungeheuer mit Stierkopf und Menschenleib, zum Fraß vorgeworfen.

Theseus, Sohn des Königs Aigeus und der größte Held Attikas, kam mit einer dieser Gruppen nach Kreta und tötete den Minotauros im Labyrinth. Ariadne, die Tochter des kretischen Königs, half Theseus, mit dem sprichwörtlich gewordenen »Faden der Ariadne« den Weg aus dem Labyrinth heraus zu finden. Gemeinsam flohen die beiden von Kreta. Obwohl Theseus Ariadne die Heirat versprochen hatte, ließ er sie beim ersten Halt auf der Insel Dia (später Naxos) zurück.

Wussten Sie, dass …

- zum Palast auch eine Stadt gehörte? Sie lag unterhalb des Palasthügels und wurde um 3000 v. Chr. gegründet. Wahrscheinlich hatte sie um die 50000 Einwohner und stand in Verbindung mit zwei Häfen.
- in der Nähe von Knossos die Diktaiische Grotte lag, in der dem Mythos zufolge der griechische Gott Zeus geboren sein soll?
- Fachleute Sir Arthur Evans' Rekonstruktion kritisieren, weil sie den Palast zur Zeit seiner höchsten Blüte im 16. Jahrhundert v. Chr. zeigt und nicht zur Zeit seines Baus?

▲Die Aufnahme zeigt den englischen Archäologen Sir Arthur Evans (1851–1941), den Leiter der Ausgrabungen ab 1900, in seinem Arbeitszimmer.

der politischen Bedeutung her der größte. Die minoischen Paläste dienten nicht nur als Residenz des jeweiligen Herrschers, sondern auch der Verwaltung, dem Warenaustausch, dem Gewerbe und als Magazine.

Was hat die Architektur des Palastes mit der Sage vom Minotauros zu tun?

Die verschachtelte Bauweise mit einem komplizierten Wege-, Korridor- und Rampensystem hat später die Sage von Theseus und dem Minotauros im Labyrinth beeinflusst. In Knossos konnten insgesamt nahezu 1200 Räume freigelegt oder nachgewiesen werden. Dabei gruppieren sich Repräsentations-, Wohn-, Kult-, Wirtschafts- und Lagerräume sowie Werkstätten und Magazine um einen großen rechteckigen Zentralhof. Die Ausstattung des Palasts zeugt vom hohen zivilisatorischen Stand der Minoer. So gab es komfortable Bade- und Toilettenanlagen mit Wasserspülung.

◀Vor einem dekorativen Greifenfresko steht der Alabasterthron des Königs im Thronsaal des Palastes von Knossos.

Wodurch wurde der Palast zerstört?

Lange Zeit war vermutet worden, dass die Zerstörung um 1550 v. Chr. Folge des verheerenden Vulkanausbruchs bei Thera (heute Santorin) war. Neuesten geologischen Untersuchungen zufolge fand dieser Vulkanausbruch aber etwa 200 Jahre früher statt als bisher angenommen, so dass er nicht die Ursache der Zerstörungen gewesen sein kann.

Der erste Palast von Knossos war wohl um 2000 v. Chr. entstanden. Er wurde um 1700 v. Chr. entweder durch einen Krieg oder ein Erdbeben zerstört, jedoch bald wieder aufgebaut. Um 1550 v. Chr. kam es zur genannten Zerstörung, bald darauf ein weiteres Mal. Durch ein Erdbeben wurde der Palast um 1450 v. Chr. stark beschädigt, aber von den vom Festland eingewanderten Achaiern wieder aufgebaut. Bei einem Brand vermutlich im 14. Jahrhundert v. Chr. wurde er endgültig zerstört. Die Siedlung war zwar noch weiter bewohnt, verlor jedoch zunehmend an Bedeutung. Knossos musste seine Vormachtstellung an Gortyn im Süden Kretas abgeben.

Was leistete der Ausgrabungsleiter?

Sir Arthur Evans schuf nicht nur die immer noch gültige Periodisierung der minoischen Kultur, sondern vermittelte mit weit gehenden Rekonstruktionen der Gebäude und Fresken einem breiten Publikum auch ein anschauliches Bild der Epoche.

▲Von allen Seiten schön ist die Kalksteinbüste der Nofretete. Sie war die Hauptfrau des ägyptischen Königs Echnaton (um 1355 v. Chr., Staatliche Museen Berlin).

Zu welcher Zeit lebte Nofretete?

Die Pyramiden von Gizeh standen bereits seit eineinhalb Jahrtausenden, als das Pharaonenpaar Nofretete und Echnaton ungefähr 300 Kilometer nilaufwärts anstelle des alten Theben um 1350 v. Chr. Achetaton (»Horizont des Aton«) als neue Hauptstadt Ägyptens gründeten. 17 Jahre lang dauerte ihre Herrschaft. Sie wird nach dem Ort Tell Al Amarna, an dem die Ausgräber seit dem Jahr 1891 die Residenz des Königspaares frei legten, »Amarna-Zeit« genannt.

Wo wurde die Büste gefunden?

Während der Grabungskampagne im Winter 1912/13 legten die Ausgräber von Amarna einen Gebäudekomplex frei, der sich als Bildhauerschule entpuppte. Der Rest einer Scheuklappe weist auf den »Oberbildhauer Thutmose« als Besitzer hin. Im Haupthaus stießen die Archäologen auf ein Depot von Bildnisköpfen, das den kunsthistorisch bedeutendsten Fund von Amarna bildete. Unter den Darstellungen der königlichen Familie befand sich die berühmt gewordene, lebensgroße Büste der Königin Nofretete. Der aus Kalkstein gehauene Porträtkopf war mit Stuck modelliert und mit Mineralfarben bemalt. Im Gegensatz dazu steht ein Porträtkopf, der wohl für eine Statue vorgesehen war. Im Vergleich mit der bemalten Büste sind die Gesichtszüge hier anders stilisiert. Einige wenige schwarze Linien setzen diese gegen den nicht stuckierten Stein ab.

Wie sah Nofretete aus?

Man weiß nicht genau, wie Nofretete ausgesehen hat. Zwar hielt der Künstler die Schönheit der Königin in verschiedenen lebensnah wirkenden plastischen Bildnissen fest. Allerdings zeigte eine Untersuchung mittels eines Quadratrasters, das über eine fotogrammmetrische Darstellung des berühmten Kopfes gelegt wurde, dass seine Proportionen idealtypisch konstruiert sind. Dennoch bestechen die Thutmose-Bildnisse durch eine äußerst individuell wirkende Physiognomie, die auch die Veränderungen durch das Alter miteinbezieht. So gehörte auch eine wundervolle Kalksteinstatuette der Königin zu diesem Fund, mit der der Künstler ganz offenbar ein stilisiertes Altersporträt schuf, wie sich aus den ungewöhnlich starken Mund-Nasen-Falten schließen lässt. Eine derartige Individualisierung gab es weder vor noch nach der Amarna-Zeit ein zweites Mal.

Was weiß man über den Pharao Echnaton?

Im fünften Jahr seiner Herrschaft führte der Pharao aus der 18. Dynastie, Amenophis IV., den Kult des Sonnengottes Aton ein und nannte sich selbst fortan Echnaton: »Aton ist gnädig«. Er verließ die Residenz des Neuen Reiches in Theben, um Achetaton zu gründen. Wir können nur ahnen, was ihn zu diesem Schritt bewog. Offenbar geschah es aus Unmut über die thebanischen Priester, die ihm eine »unvergleichliche Kränkung« zugefügt hätten. Damals war die Priesterschaft zu einer starken Macht gelangt, die den Pharaonen gefährlich werden konnte. So besaß sie ein Drittel des Landes und hielt mit einer unübersehbaren Zahl von Nebengöttern nicht nur das Volk, sondern auch die Pharaonen in Schach.

◀Der deutsche Ägyptologe und Archäologe Ludwig Borchardt (1863–1938) leitete die Grabungen in der Ruinenstadt Amarna; Gemälde von Max Liebermann aus dem Jahr 1910.

Was für eine Stellung hatte Nofretete am Hof?

Vieles deutet darauf hin, dass Echnatons Hauptfrau Nofretete oder Nefertiti eine glühende Verfechterin des neuen Glaubens wurde. Wie keine Ehefrau eines Pharaos vor oder nach ihr war sie an allen öffentlichen und kultischen Handlungen ihres Mannes beteiligt. Vielleicht erhielt sie das höchste Priesteramt, eine Position, die normalerweise den Königen vorbehalten war. Entgegen häufiger Meinung hatte Echnaton aber keine Ein-Gott-Religion eingeführt. So wurde in Amarna neben dem Sonnengott auch die ihm eng verbundene Uräusschlange verehrt; nach der Mythologie schützte sie den Sonnengott mit ihrem Feueratem vor den Feinden.

Über politische Ereignisse während der Regierungszeit des Pharaos Echnatons ist wenig bekannt. Offenbar übte er die gewonnene Macht unangefochten aus.

Wie starb die Königin?

Auch darüber gibt es bisher lediglich Vermutungen. Im zwölften Jahr der Regierungszeit Echnatons starb Nofretete – oder sie fiel in Ungnade, denn sie wurde von Meritaton, einer der sechs gemeinsamen Töchter des Regentenpaars, in ihrer Rolle als Königin abgelöst.

Wahrscheinlicher ist es jedoch, dass Nofretete ihren Gemahl überlebte: In Amarna deutet nichts auf eine dortige Beisetzung noch auf eine frühere Bestattung zur Regierungszeit Echnatons hin. Im für sie bestimmten königlichen Grab in Amarna finden sich nur Reste von Beigaben für Echnaton und die im Alter von etwa 17 Jahren verstorbene Tochter Maketaton.

Wussten Sie, dass ...

- der Name Nofretete so viel wie »die Schöne ist gekommen« bedeutet?
- Echnaton seinem Selbstverständnis als Gottkönig auch dadurch Ausdruck verlieh, dass er die alte Hauptstadt Theben verließ, um – wie er selbst sagte – an einer Stelle, »die bisher noch keinem Gott oder einer Göttin gehört hatte«, seine neue Residenz Achetaton zu gründen?
- es auffallend viele private Darstellungen von Echnaton, seiner Gattin Nofretete und der gemeinsamen sechs Töchter gibt? Als wohl erstes Herrscherpaar machten sie so ihr Privatleben öffentlich.

◀Frontalansicht einer Skulptur des Pharaos Echnaton aus der Bildhauerschule Tell Al Amarna; Ägyptisches Museum, Kairo

▲Die wohl berühmteste Totenmaske der Welt ist die Goldmaske des bereits im jugendlichen Alter verstorbenen ägyptischen Königs Tutanchamun (1337 v. Chr.).

Wer entdeckte das Grab von Tutanchamun?

Der Archäologe Howard Carter machte den sensationellen Fund. Er stieß mit seinem kleinen Arbeitertrupp am 4. November 1922 im Tal der Könige (beim oberägyptischen Theben) auf antike Treppenstufen. Nachdem die Stufen freigelegt waren, standen sie vor einer zugemauerten Tür. Die Tür war versiegelt. Carter ließ den Eingang wieder zuschütten und telegrafierte an seinen Auftraggeber Lord Carnarvon in England: »Habe endlich eine wundervolle Entdeckung im Tal gemacht. Ein Grab mit unbeschädigten Siegeln. Bleibt bis zu Ihrer Ankunft verschlossen.« Carnarvon traf drei Wochen später in Theben ein. Am 24. November, als sie erneut vor der Tür standen, entdeckten sie zwei weitere Siegel. Sie trugen den Namen Tutanchamuns (reg. 1346–1337), des Sohnes des Echnaton und jugendlichen Königs der 18. Dynastie, der unter ungeklärten Umständen mit 17 Jahren gestorben war.

Was fanden die Archäologen im Grab?

Carter und Carnarvon stießen auf einen Schatz. Als die Tür aufgebrochen war, gelangten sie in einen 7,60 Meter langen Eingangskorridor, an dessen Ende sich eine weitere Tür befand. Nachdem diese aufgebrochen worden war, blickten sie in eine Vorkammer, die mit zahlreichen Gegenständen gefüllt war. Dazu zählten drei große vergoldete Holzbetten mit Tierköpfen und -körpern, prachtvolle Stühle, Sessel und Hocker, Truhen mit Kleidungsstücken, Krüge mit wertvollen Ölen und Salben, Alabastervasen und vier zerlegte, mit Stuck und Blattgold verkleidete Streitwagen des Königs.

Zu den kostbarsten Funden zählte eine bemalte Truhe, deren höchst detaillierte Szenen den Pharao als Eroberer und Jäger zeigen, und der so genannte Goldene Thron, eines der großartigsten und berühmtesten Kunstwerke des Grabes. Auf der Rückenlehne des Thrones ist der unter dem Sonnengott Aton thronende Tutanchamun dargestellt, der von seiner Gemahlin gesalbt wird.

Wussten Sie, dass ...

- das Grab des Tutanchamun das erste und bisher einzige nahezu vollständig erhaltene Grab eines altägyptischen Königs ist? Seine Entdeckung bedeutete den größten Schatzfund in der Geschichte der Archäologie. Die bis dahin entdeckten 25 Pharaonengräber waren allesamt schon in der Antike geplündert und ihrer wertvollen Beigaben beraubt worden.
- Howard Carter sechs Jahre lang im Tal der Könige nach dem Grab Tutanchamuns gesucht hatte – trotz der damals vorherrschenden Meinung, dass in diesem kleinen, abgelegenen Felstal keine weiteren Gräber mehr zu entdecken seien?

Es folgten noch drei weitere Räume, darunter die Sargkammer. Das Ganze fügte sich zu einem Ensemble von unermesslichem archäologischen und künstlerischen Wert. Insgesamt 5000 Gegenstände, fantastische Kunstwerke, rituelle und alltägliche Dinge, die noch niemand zuvor gesehen hatte (außer vielleicht auf altägyptischen Darstellungen), kamen nach über 3000 Jahren ans Tageslicht.

▲Über Jahrtausende ruhte der mumifizierte König Tutanchamun unter einer Maske mit kostbaren Einlegearbeiten in einem Sarkophag aus purem Gold.

Wo befand sich die Mumie Tutanchamuns?

Sie lag in der Sargkammer, zu der von der Vorkammer ein vermauerter Eingang führt, den zwei Wächterfiguren mit einer Größe von zwei Metern flankieren. Als die Mauer durchbrochen war, sahen Carter und Carnarvon die goldene Wand eines riesigen Holzschreines vor sich. Der fünf Meter lange, 3,30 Meter breite und 2,75 Meter hohe Schrein enthielt drei weitere vergoldete und verzierte Schreine. Im vierten Schrein befand sich ein steinerner Sarkophag, der wiederum drei ineinandergestellte – mumienförmige – Särge enthielt.

Die zwei äußeren Särge waren vergoldet, der innerste, 110 Kilogramm schwere Sarg war aus purem Gold. Darin lag der einbalsamierte Körper des toten Königs, dessen Gesicht und Oberkörper mit der weltberühmten Goldmaske, einem Meisterwerk ägyptischer Goldschmiedekunst, bedeckt war. In den Bandagen des Leichnams hatte man 125 wertvolle Schmuckstücke und Amulette eingewickelt.

Welche Kostbarkeiten enthielt die Schatzkammer?

Im Mittelpunkt der sich an die Sargkammer anschließenden »Schatzkammer«, die von dem schakalköpfigen Gott Anubis bewacht wurde, befand sich ein vergoldeter Schrein, umstanden von vier künstlerisch einzigartigen Göttinnenfiguren. In ihm entdeckte man eine Alabastertruhe mit vier goldenen Miniatursärgen, die die mumifizierten Eingeweide des Königs enthielten. In der »Schatzkammer« und in der an die Vorkammer grenzenden Seitenkammer stieß man schließlich auf Kisten mit insgesamt 413 Figuren, so genannte Uschebtis (Dienerfiguren), die dem Pharao im Jenseits zur Seite stehen sollten. In anderen Kisten fand man Königsstatuen und zahlreiche tier- und menschengestaltige Götterfiguren. Ferner lagerten dort unter anderem unzählige Möbel, Bootsmodelle, Truhen mit Kleidung und Schmuck sowie Nahrungsmittel.

◀Der vergoldete Schrein mit den Eingeweiden des Königs und den Schutzgöttinnen Selket und Isis; Ägyptisches Museum, Kairo

Die Untersuchung des Grabes zeigte allerdings auch, dass viele Kostbarkeiten offenbar von antiken Grabräubern gestohlen worden waren, denn unzählige Schatullen hatte man eindeutig aufgebrochen und durchwühlt, bevor das Grab dann vor über 3000 Jahren endgültig verschlossen worden war.

▲ Wahrscheinlich wurde das Kuppelgrab nicht vollendet, doch ist das uralte massive Steinrund allein als solches faszinierend.

Aus welcher Zeit stammt das »Schatzhaus des Atreus«?

Dieses Gebäude im griechischen Mykene gehört zu einer Gruppe von monumentalen Kuppelgräbern aus der Zeit von 1400 bis 1250 v. Chr. Mit ihnen erreichen die aus der Jungsteinzeit überlieferten Techniken der Kragkuppel und des Megalithbaus ihren Höhepunkt.

Gibt es ähnliche Grabbauten?

In gewisser Weise ja. Dieses Mykener Kuppelgrab weist große Ähnlichkeit mit einem Grabbau in Orchomenos in Mittelgriechenland auf, das der griechische Geograph Pausanias als »Schatzhaus des Minyas« bezeichnet hatte. Die baulichen Merkmale gleichen sich so sehr, dass Fachleute denselben Architekten beziehungsweise dieselbe Bauschule vermuten. Alle wesentlichen Elemente des ägäischen Grabbaus sind in den mykenischen Kuppelgräbern der späten Bronzezeit zwischen 1400 und 1250 v. Chr. erfasst: ein Tumulus (Hügel) als äußerlich sichtbare Form, ein gemauerter Dromos (Eingangsweg) als Zugang, die Kragkuppel als Überdeckung sowie Schacht- oder seltener Kammergräber im Innern der Anlagen. Als weiteres gemeinsames Kennzeichen findet sich ein Tor mit einem tonnenschweren entlasteten Türsturz. Dieser Grabtypus war im gesamten mykenischen Herrschaftsgebiet verbreitet; am häufigsten findet er sich im Kerngebiet, der Argolis, davon allein neunmal in Mykene selbst.

Warum gilt das Mykener Kuppelgrab als architektonische Meisterleistung?

Weil es das herausragende Beispiel seiner Gattung ist und 1400 Jahre lang, bis zum Neubau des römischen Pantheon, dem Bau für die römischen Staatsgötter und Heroen, unter Kaiser Hadrian (Reg. 118–138) die größte Kreiskuppel der Antike bleiben sollte. Das um 1250 v. Chr. errichtete Bauwerk ist das am besten erhaltene Grab dieses Typus.

Welche Ausmaße hat das Gebäude?

Der zum Eingang führende ungedeckte Gang von 35 Metern Länge und sechs Metern Breite wird flankiert von zehn Metern hohen Mauern aus rechtwinkligen Quadern. Das Tor erweckte ursprünglich den Eindruck einer Palastfassade. Insgesamt etwa elf Meter hoch, war der Eingang von grünen Halbsäulen flan-

Wussten Sie, dass …

- Atreus die Söhne seines Bruder Thyestes tötete, kochte und dem Bruder zum Essen vorsetzte? Das war die Rache dafür, dass Thyestes zuvor Atreus' Frau Aerope verführt hatte.
- der Name Atreus auf Griechisch »der Furchtlose« bedeutet?
- Atreus es fertigbrachte, die Sonne rückwärtsgehen zu lassen? Das war ein geschickter Schachzug im Thronstreit mit Bruder Thyestes, bei dem Zeus dem Atreus zu Hilfe kam und den Lauf des Gestirns veränderte.

kiert und reich mit plastischen, farbigen Ornamentbändern sowie Reliefs dekoriert.

Bei einem Durchmesser von 14,50 Metern erreicht der dahinter liegende bienenkorbförmige Raum aus strengen Quadern eine Höhe von 13,20 Metern. Wir haben hier die vollendete Umsetzung der Technik des »falschen Gewölbes« vor uns: Jeder der waagrecht gesetzten Steine ist so behauen, dass die innen sichtbare Seite entsprechend der Kreisform des Grundrisses gebogen ist. Nach oben hin überragen sie sich jeweils so weit, dass sich daraus die Bienenkorbform der Kuppel ergibt.

Warum ist die Grabkammer nicht geschmückt?

Vermutlich wurde sie nicht fertig gestellt. Die Grabkammer ist ein roh in den Felsen gehauener Raum. Der Zugang erfolgt durch ein Tor, das konstruktionsmäßig dem Eingangsportal ähnelt, aber viel kleiner dimensioniert ist.

Welcher Fluch lag auf dem Haus des Atreus?

Nach der griechischen Mythologie war das königliche Haus von Atreus vom Unglück verfolgt. Der Grund lag bei Großvater Tantalos: Dem König von Lydien war der lange Umgang

◀ Auf seiner leidenschaftlichen Suche nach den Stätten des griechischen Mythos grub Heinrich Schliemann (1822–1890) zwischen 1874 und 1876 auch in Mykene.

mit den Göttern zu Kopf gestiegen. Um sie auf die Probe zu stellen, servierte er ihnen seinen Sohn Pelops zerteilt zum Mahl. Natürlich merkten die Götter das und setzten den Jungen wieder zusammen. Tantalos wurde mit ewigen Qualen im Hades bestraft und vererbte seine Schuld bis ins vierte Glied. Pelops wurde verflucht, blieb aber ansonsten verschont. Niobe, Tochter des Tantalos, straften die Götter für ihren Hochmut. Atreus, Sohn des Pelops und der Hippodeima, und seine Kinder und Enkel aber bekamen die ganze Last des göttlichen Zornes zu spüren.

Die berühmtesten Söhne des Atreus, Menelaos und Agamemnon, mussten in den Trojanischen Krieg ziehen, nachdem Menelaos' Frau Helena vom trojanischen Prinzen Paris entführt worden war. Nach dem Krieg kehrten Menelaos und Helena versöhnt und glücklich nach Sparta zurück. Der siegreiche Agamemnon jedoch starb gleich nach seiner Rückkehr nach Mykene einen schmählichen Tod in der Badewanne: Seine Gattin Klytämnestra hatte sich zwischenzeitlich mit Aigisthos verbandelt, dem Cousin Agamemnons, der auch schon den Onkel Atreus umgebracht hatte. Sieben Jahre später wurde der Mord an Agamemnon von dessen Kindern Elektra und Orestes gerächt. Erst als Orestes auf Fürsprache von Athena und Apollon vom Areopag in Athen vom Mord an seiner Mutter freigesprochen wurde, war der Fluch auf dem Haus Atreus gebrochen.

◀ Wer einst die Burganlage von Mykene betreten wollte, wurde vom berühmten Löwentor (14. Jh. v. Chr.) empfangen.

▲Der liegende Hirsch mit dem mächtigen Geweih aus dem Fürstengrab von Kostromskaja Stanica (um 600 v. Chr.); Sankt Petersburg, Eremitage

Wer waren die Skythen?

Ein Reitervolk, das seit dem frühen 7. Jahrhundert v. Chr. in den Steppen nördlich des Schwarzen Meers lebte. Der Reichtum und die Macht der Fürsten spiegeln sich in der reichen Ausstattung ihrer Hügelgräber wider. Da fanden sich, neben vielfältigen anderen Grabbeigaben, auch zahlreiche aus Gold gefertigte Objekte: Gefäße und Schmuck, aber auch Beschlag- und Zierteile für Kleidung, Zaumzeug und Sättel von Pferden, Schilde und Waffen.

Warum wissen die Historiker so wenig über die Skythen?

Weil dieses Reitervolk keinerlei schriftliche Zeugnisse hinterließ, auch keine größeren Siedlungen, Paläste oder Tempel, aus denen sich Rückschlüsse auf ihre Lebensweise ziehen ließen. Deshalb ist man auf Aussagen von Nachbarvölkern angewiesen – und auf die Grabfunde. So sind die skythischen Goldarbeiten nicht nur in künstlerischer Hinsicht hochinteressant. Denn auf den Gefäßen und Schmuckstücken finden sich detailgetreue Szenen des skythischen Lebens, mit genauer Wiedergabe der Waffen und der Kleidung. Wilde Kampfszenen wechseln sich ab mit Alltagstätigkeiten wie dem Melken von Schafen, der Dressur von Pferden und sogar einer Zahnbehandlung.

Welchen besonderen Kunststil prägten die Skythen?

Den »Tierstil«. Das Tier als künstlerisches Hauptmotiv erklärt sich nicht zuletzt aus der Lebensweise der Skythen, die als Reiternomaden und Jäger, Viehzüchter und Hirten eine sehr enge Verbindung zum Tier hatten. Dargestellt wurden Hirsche, Steinböcke, Raubtiere und Greifvögel sowie mythische Fabelwesen. Diese thematische Bevorzugung führte zur kunsthistorischen Bezeichnung »Tierstil«.

Wie stellten die skythischen Goldschmiede Tiere dar?

Der Tierstil stellt das Tier in einer vereinfachten Form dar, die allerdings differenziert genug ist, um die eindeutige Identifizierung der Art zu erlauben. Auch die Bewegung, in der ein Panther festgehalten wird, ist deutlich als Anpirschen zu erkennen. Die wesentlichen Körpermerkmale werden durch Stilisierung hervorgehoben. So dominiert etwa beim Hirsch das Geweih, das in seiner fantasievollen Formgebung die Realität übertrifft.

Auch beim so genannten Rolltiertypus, der das Tier kreisförmig zusammengerollt zeigt, ist beispielsweise die charakteristische Muskulatur der Großkatze noch herausgearbeitet. Die skythische Kunst zielte nicht auf eine detailgetreue, naturalistische Wiedergabe des Tiers ab, sondern auf die Darstellung seines Wesens, der Eigenschaften und Körperpartien, die ein bestimmtes Tier ausmachen.

Wie beeinflusste der Tierstil die Entwicklung der Kunst?

Der Tierstil gilt als Schöpfung der Skythen, wurde in der Folgezeit aber zum Gemeingut aller zentralasiatischen Reitervölker und beeinflusste so die Kunst des bronzezeitlichen Chinas. Im Westen überdauerte der Tierstil die Skythen um viele Jahrhunderte. Die Sar-

◀ Ein Glanzstück skythischer Goldschmiedekunst – kämpfende Skythen und ein Löwenfries schmücken den um 400 v. Chr. von einem skythischen Handwerker gefertigten Bartkamm aus dem Dnjeprgebiet. Das prächtige Stück wurde 1913 gefunden.

maten, die ab dem 4. Jahrhundert v. Chr. in die südrussischen Gebiete zwischen Don und Schwarzmeerküste eindrangen, beendeten zwar die Herrschaft der Skythen, übernahmen aber ihre künstlerische Tradition und gaben sie weiter an die Stämme der Völkerwanderungszeit. So lebte der Tierstil bei Germanen, Langobarden und Wikingern weiter und beeinflusste die frühmittelalterliche Kunst des Abendlands.

Hatten die Skythen Kontakt mit dem Vorderen Orient?

Ja. Ihr unstetes Leben hat die Reitervölker mit vielerlei Kulturen in Kontakt gebracht. Man hat sich gegenseitig beeinflusst. Einen wichtigen Beitrag zur Ausprägung der skythischen Kunst leistete vor allem der Vordere Orient. Stilelemente und Motive der vorderasiatischen Kunst des späten 2. und des 1. Jahrtausends v. Chr., darunter solche hethitischer, syrischer und iranischer Herkunft, wirkten auf den Tierstil ein. Im 7. Jahrhunderts v. Chr. verschmolzen all diese Einflüsse zu einer Einheit. Die Goldplastik dieser Zeit gehört zu den prächtigsten Kunstschöpfungen der Skythen. Ein herausragendes Beispiel stellt der Hirsch von Kostromskaja Stanica dar, der als Schmuckplatte eines Schildes des späten 7. oder frühen 6. Jahrhunderts v. Chr. diente. Seine liegende, dennoch angespannte Haltung mit untergelegten Beinen zeigt ein immer wieder aufgegriffenes grundlegendes Schema.

Wie beeinflussten die Griechen die skythische Kunst?

◀ Meisterhafte Tierdarstellung: Der Panther im so genannten Rolltiertypus, also kreisförmig eingerollt, ist trotz der vereinfachten Form sofort als Raubkatze zu identifizieren. Er gehört zur Antikensammlung Peters des Großen in der Eremitage zu Sankt Petersburg.

Ab dem 6. Jahrhundert v. Chr. zeigt sich ein zunehmender griechischer Einfluss auf die skythischen Goldarbeiten, was auch damit zusammenhängt, dass griechische Meister für skythische Auftraggeber arbeiteten. Bei diesen Kunstwerken, etwa einem prächtigen Brustschmuck aus dem 4. Jahrhundert v. Chr., bildete nach wie vor die Darstellung des Tierkampfes eines der Hauptmotive, doch ist die Ausführung rein griechisch. Trotz dieser starken Einflüsse von außen behielt der Tierstil seine originären Merkmale bei, die noch jahrhundertelang für die Kunst der Steppenvölker prägend sein sollten.

Wussten Sie, dass ...

- wahrscheinlich die Holzschnitzerei für die Goldschmiedekunst der Skythen Pate gestanden hat? Darauf weisen die scharfen Umbrüche und tiefen Grate – typisch für die Holzschnitzerei – hin, die in den Arbeiten der Skythen erkennbar sind.
- es sich bei der skythischen Kunst vor allem um kostbare Grabbeigaben handelt, die der aristokratischen Oberschicht vorbehalten waren und deren herausgehobene soziale Stellung belegen sollten?

► Rätselhafte Gestalt aus der Vergangenheit – die Wissenschaft weiß zu wenig über das Leben in der Nok-Kultur, um solch ungewöhnliche Figuren deuten zu können.

Wussten Sie, dass …

- eine der ersten Nok-Skulpturen, die von Forschern entdeckt wurde, als Vogelscheuche gedient hatte?
- die Terrakotten auf dem Schwarzmarkt für Tausende von Euro gehandelt werden?
- man die Skulpturen und Gefäße der Nok-Kultur unter anderem als Grabbeigaben gedeutet hat? Allerdings wurden bislang bei Ausgrabungen keine Terrakotten in Gräbern gefunden und auch keine Menschenknochen in unmittelbarer Nachbarschaft der Kunstwerke.

Wo ist die Nok-Kultur geografisch anzusiedeln?

Die Nok-Kultur verdankt ihren Namen dem kleinen Ort Nok, der östlich des Flusses Niger auf dem Jos-Plateau im Zentrum Nigerias liegt. In seiner Umgebung wurde 1928 beim Zinnabbau der erste Fund eines eigenständigen Kunststils gemacht: ein imposanter, fast lebensgroßer Terrakotta-Kopf, offensichtlich Bruchstück einer Figur. Hier schuf ein Volk, dessen Geschichte völlig im Dunkeln liegt, vor rund 2000 Jahren die ältesten bekannten Kunstwerke aus dem Afrika südlich der Sahara.

Auf den Zufallsfund folgten zahlreiche archäologische Grabungen, die bis heute mehrere tausend Objekte ans Tageslicht brachten. Zahlreiche Fragmente waren darunter, aber auch fast vollständige Figuren. Neben Skulpturen verschiedener heimischer Tiere – Elefanten etwa, Schlangen, sogar eine Zecke – zeigt ein Großteil der Funde menschliche Figuren und Köpfe. Auch fantastische Mischwesen aus menschlichen und tierhaften Elementen sowie Gefäße mit figürlichen Verzierungen wurden in den letzten Jahren von den Archäologen immer häufiger gefunden.

Was macht die Figuren so einzigartig?

Die Skulpturen bezeugen durch ihre Dimensionen eine außerordentliche Meisterschaft in der Brenntechnik und die fachmännische Beherrschung des Materials. Auch ihre kühne Ästhetik erregt Bewunderung. Die Bildhauer der Nok-Kultur gelten als die frühesten Künstler im Afrika südlich der Sahara, die sich an die Herstellung von nahezu lebensgroßen Terrakotta-Figuren gewagt haben. Die größten der bisher geborgenen Werke sind bis zu eineinhalb Meter hoch.

Als Rohmaterial für die Skulpturen diente Lehm, der zerkleinerte Steinstücke und Quarzbestandteile enthielt. Die Wahl der Tonsorten und das Mischungsverhältnis waren wohldurchdacht. Die Terrakotten wurden von Hand in Aufbautechnik modelliert. Innen sind sie stets hohl, denn dort waren sie durch ein Holzgerüst gestützt, das beim anschließenden Brennen – im offenen Feldbrand – vom Feuer aufgezehrt wurde. Die Werke blieben unglasiert.

Was ist charakteristisch für den Stil der Nok?

Die vollständig erhaltenen menschlichen Figuren sind sitzend oder kniend dargestellt. Die Köpfe sind langgezogen, konisch oder zylindrisch und stark vergrößert. Die stilisierten Gesichter zeichnen sich durch flache Nasen und Augen in Dreiecksform aus. Bei größeren Köpfen sind die Pupillen, Nasenlöcher und Mundöffnungen gelocht. Die kunstvollen Frisuren und Schmuckstücke sind sehr detailliert ausgeführt. Trotz der Stilisierung zeigen die Bildnisse unterschiedliche »Persönlichkeiten«, lassen in den Gesichtszügen Individualität aufscheinen, was ihre kraftvolle Wirkung auf den Betrachter noch verstärkt.

Wen zeigen die Figuren?

Die oft sehr aufwändigen Frisuren und Schmuckstücke lassen vermuten, dass sie Herrscher, Priester oder andere hochrangige Persönlichkeiten darstellen. Möglicherweise handelt es sich auch um Ahnenfiguren, also Figuren von Verstorbenen, die von der Gemeinschaft als Ahnen anerkannt waren. Vielleicht waren die Figuren auf Altären, in Schreinen oder rituellen Räumen aufgestellt, wie es in Nigeria bei bestimmten Bevölkerungsgruppen bis ins 20. Jahrhundert mit Holz- und Lehmfiguren üblich war. Die kleinsten unter ihnen mögen als Amulette oder Schmuck getragen worden sein.

Wann sind die Kunstwerke entstanden?

Wann genau die Skulpturen geschaffen wurden, kann nicht mit letzter Sicherheit gesagt werden. Moderne naturwissenschaftliche Untersuchungen datieren die meisten Kunstwerke der Nok-Kultur zwischen 500 vor und 500 n. Chr. Einige Forscher weiten allerdings ihren Entstehungszeitraum erheblich aus. Sicher ist jedoch, dass die Menschen der Nok-Kultur auch zu den ältesten uns bekannten Eisenschmelzern südlich der Sahara zählten. Dies belegen verschiedene Funde von eisernen Gegenständen und die Überreste von Schmelzöfen, Schlacke sowie Tonröhren für Blasebalge.

Wie ist es um die Archäologie in Afrika bestellt?

Schlecht, denn fachmännische Grabungen finden im Afrika südlich der Sahara bislang nur selten statt. Dennoch werden immer wieder frühe afrikanische Kulturen mit beeindruckenden Kunstformen entdeckt. Ein großes Problem stellen die häufigen Raubgrabungen dar, die wertvolle Spuren für die wissenschaftliche Erforschung afrikanischer Vergangenheit zerstören. Und dieses Problem ist nicht neu, nachdem afrikanische Kunst bei europäischen Sammlern seit Anfang des 20. Jahrhunderts begehrt ist und deshalb viel Geld bringt.

Wodurch wird die Arbeit der Archäologen erschwert?

Meist fehlt zu den Fundumständen jede Dokumentation. Die meisten Nok-Terrakotten werden in einer Tiefe von eineinhalb bis zehn Metern gefunden, und zwar vielfach von archäologischen Laien und Raubgräbern. Und die haben leider meist nur ein finanzielles Interesse an den gut erhaltenen Köpfen der Skulpturen, lassen dazugehörige Fragmente im Boden oder zerstören sie. Deshalb fällt es den Archäologen schwer, die Kunstwerke in einen historischen Kontext einzubinden, Informationen zu sammeln über die Menschen, die sie erdachten und erschufen, und über die Kultur, die sie entstehen ließ.

▲Bei dieser Terrakotta-Figur der Nok-Kultur handelt es sich um ein Mischwesen aus Mensch und Vogel, das wohl kultischen Zwecken diente.

◀Zu den kostbarsten Exponaten des nigerianischen Nationalmuseums von Lagos gehört dieser um 400 v. Chr. von Künstlern der Nok-Kultur gefertigte Kopf aus Jeema.

▶ Der bronzene Wagen von Strettweg, eine Grabbeigabe des 7. Jahrhunderts v. Chr., ist heute in Graz im Steiermärkischen Landesmuseum Johanneum zu sehen.

Warum ist der Wagen von Strettweg so wichtig für die Forschung?

Der bronzene Wagen mit seinen vielen Figuren steht nicht nur als Kunstwerk für sich, sondern lässt auch Rückschlüsse auf seine Schöpfer zu, das Volk der Kelten, das einst weite Räume Europas besiedelte und doch so wenige Spuren hinterlassen hat. Gefunden wurde der Wagen im Jahr 1851 in einem Grabhügel bei Strettweg in der Steiermark.

Welche Figuren sind auf dem Wagen dargestellt?

Die zentrale Figur des Wagens ist eine Göttin oder Priesterin mit erhobenen Armen, die einen Kessel hält, welcher zusätzlich von Stäben gestützt wird. Ihre Gestalt ist mehr als doppelt so groß wie die anderen Personen auf dem Wagen. Sie trägt Ohrringe und einen breiten Gürtel. Der Gürtel findet seine Entsprechung in den bronzenen Gürtelblechen der damaligen Frauentracht und auch die Helme und Beile der Männer spiegeln die Funde aus dieser Zeit deutlich wider.

Vorne und hinten ist die Göttin von jeweils zwei Figurengruppen in szenischer Komposition umgeben, die ihr den Rücken zukehren. An den Achsen des Wagens stehen jeweils zwei Männer, die einen Hirsch am Geweih festhalten, dahinter befindet sich ein nacktes Paar. Die Frau trägt Ohrringe, der Mann schwingt ein Beil und ist im Begriff, den Hirsch zu opfern. Das Paar wird auf beiden Seiten von jeweils einem mit Helm, Rundschild und Speer ausgerüsteten Reiter flankiert.

Wussten Sie, dass ...

- der Kultwagen von Strettweg einen knappen halben Meter lang ist?
- der Wagen an beiden Achsen mit jeweils zwei Pferdeprotomen, also Kopfteilen von Pferden, geschmückt ist, die die Zugtiere symbolisieren?
- die an den beiden Achsen des Kultwagens von Strettweg angebrachten Protome nach Ansicht der Forschung darauf hinweisen, dass der Wagen im Rahmen von kultischen Handlungen in verschiedene Richtungen bewegt wurde?

Ist der Strettwegwagen ein Einzelstück?

Nein. Der Wagen steht bezüglich seiner technischen und gestalterischen Ausführung mit den spätbronzezeitlichen Kesselwagen Mitteleuropas, Skandinaviens und Italiens in Zusammenhang. Sie haben ihre Vorbilder möglicherweise in ähnlichen Wagen des östlichen Mittelmeerraums, von denen einige Exemplare des späten 2. Jahrtausends v. Chr. in Zypern zu Tage kamen.

Zeitlich und formal am nächsten steht dem Wagen von Strettweg ein ähnliches Gefährt aus dem späten 8. Jahrhundert v. Chr., das aus der Nekropole von Olmo Bello in der Toskana stammt. Auch hier tragen Frauen Gefäße auf dem Kopf und die Männer sind mit Schilden und Helmen bewehrt.

Aus welcher Zeit und Kultur stammt der Wagen?

Der Kesselwagen von Strettweg stammt aus dem 7. Jahrhundert v. Chr. und gehört zur eisenzeitlichen Hallstattkultur. Deren Kerngebiet erstreckte sich seit Mitte des 8. Jahrhunderts v. Chr. vom östlichen Alpenraum über Süddeutschland bis nach Westfrankreich. Träger der Hallstattkultur waren die frühen Kelten. So weist der Wagen einige bemerkenswerte Details auf, die ein Licht auf die keltische Welt werfen. Sehr wahrscheinlich war der Wagen Teil eines Begräbnisrituals, bei dem der Verstorbene zur Begräbnisstätte gefahren wurde und an dessen Ende der Wagen selbst als wertvolle Grabbeigabe einer herausragenden Persönlichkeit diente. Die Kessel waren vermutlich mit einer heiligen Flüssigkeit, zum Beispiel Met, gefüllt.

Welche Bedeutung haben die Figuren?

Das Opfertier, der Hirsch, war auch noch in späterer Zeit ein wichtiges Symboltier der Kelten und stand in enger Beziehung zum Gott Cernunnos, der mit einem Hirschgeweih dargestellt und als Naturgottheit verehrt wurde. Den Bezug zu Natur und Fruchtbarkeit stellt auch die Göttin her. Sie steht auf einer strahlenförmigen Bodenplatte, die als Symbol des Rades und der Leben spendenden Sonne gilt, und trägt den die Fülle repräsentierenden Kessel.

Die Aufteilung der Figuren in Gruppen zu je sechs Personen erinnert an die Aufteilung des zwölfmonatigen Jahreslaufs durch die Sommersonnenwende. Damit würde die Bewegung des Wagens auch die Bahn der Sonne versinnbildlichen. Den Künstlern des Kultwagens gelang es auf kleinstem Raum und mit sparsamen Mitteln, eine komplexe Zeremonie in bildhafter, abstrakter Symbolsprache wiederzugeben.

▼Meisterhafte Bronzeplastik der Kelten – Detail des Wagens von Strettweg, der zu den eindrucksvollsten Kunstwerken der Hallstatt-Zeit gehört

▲Das aus originalen Fundstücken rekonstruierte neubabylonische Ischtartor im Pergamonmuseum in Berlin

Wer ließ das Ischtartor erbauen?

Der in der Bibel erwähnte König Nebukadnezar II. (604–562 v. Chr.), der Babylon nach dem Untergang des Assyrischen Reiches im Jahre 612 v. Chr. noch einmal zu einer neuen Blüte verhalf. Er stellte die Machtposition Babylons wieder her. Zugleich scheute er keine Mittel, Babylon als neue Hauptstadt der alten Welt entsprechend auszubauen. Er befestigte die Stadt durch ein doppeltes Mauersystem mit mindestens sieben Toren und es entstanden zudem neue Paläste und Tempel. Von der Architektur wie auch von den berühmten hängenden Gärten am Palast Nebukadnezars II. ist jedoch nur wenig erhalten. Eines der wenigen erhaltenen Gebäude ist das Ischtartor (um 575 v. Chr.).

Welche Funktion hatte das Ischtartor?

Das Ischtartor, das größte und prächtigste Tor von Babylon, war eines der Stadttore. Die breite Prozessionsstraße, die vom Haupttempelbezirk nach Norden zum Ischtartor führte, war mit rosa marmorierten Kalksteinblöcken gepflastert. Die Wände wurden zu beiden Seiten mit glasierten Reliefziegeln verkleidet, die rechts und links jeweils 60 majestätisch hintereinanderschreitende Löwen zeigten, jeder 1,95 Meter lang. Allein diese Monumentalität muss schon beeindruckend gewesen sein.

Was war auf dem Tor abgebildet?

Auf dem in seiner vollen Höhe mit blauen Emailleziegeln verblendeten Tor hatte man in sechs übereinander angeordneten Reihen goldfarben getönte Tierbilder eingefügt – jeweils abwechselnd ein Stier und ein »muschchusch« genanntes Tier, eine Art Schlangengreif. Der Stier war das Symboltier des Wettergottes Adad, der Schlangengreif das des babylonischen Hauptgottes Marduk; das Symbol der Göttin Ischtar dagegen war der am Prozessionsweg dargestellte Löwe. Vermutlich hatten die Tiere Abwehrfunktion und sollten Besucher mit bösen Absichten fernhalten.

Das gesamte Doppeltor maß 48 Meter in der Länge und etwa 30 Meter in der Breite. Es wurde wiederholt umgebaut, da man mehrfach das Straßenniveau erhöhte. Das ältere

Wer gab dem Tor seinen Namen?

Das Ischtartor war der Hauptgöttin der Babylonier und Assyrer geweiht. Offiziell hieß es »Ischtar-sakipat-tebischa« – »Ischtar, die Bezwingerin ihrer Feinde«. Ischtar war sowohl die Göttin der Liebe und Fruchtbarkeit als auch die ungebärdige und kriegerische Göttin der Jagd und des Krieges. Bei den Babyloniern wurde sie vor allem als Große Muttergöttin und in Verbindung mit dem Abendstern verehrt. Die Griechen und Römer kannten sie unter dem Namen Astarte. Dargestellt wurde sie entweder nackt mit großen Brüsten oder als nährende Mutter mit einem Kind an der Brust.

Tor war mit unglasierten Ziegelreliefs verziert gewesen. Da man diese kurzerhand als Fundament für das neuere Tor genutzt hatte, blieb es – im Gegensatz zum rekonstruierten jüngeren Tor – unter dem letzten Straßenniveau erhalten.

Was führte zum Niedergang Babylons?

Der Anfang vom Ende war die Eroberung durch den Perserkönig Kyros II. im Jahre 539 v. Chr. Babylon blieb 200 Jahre unter persischer Herrschaft und verlor zunehmend an Bedeutung. Bei der Niederschlagung eines Aufstands im Jahre 482 v. Chr. zerstörte der persische Großkönig Xerxes I. die Stadt. 331 v. Chr. eroberte Alexander der Große Babylon. Er wollte die Stadt wieder aufbauen, doch bevor es dazu kam, starb er. Einer seiner Nachfolger, Seleukos, gründete südlich vom heutigen Bagdad am Westufer des Tigris eine neue Residenz, Seleukeia am Tigris. Als ein Großteil der Bevölkerung Babylons dorthin umzog, war das Schicksal der Stadt endgültig besiegelt. Sie verfiel immer mehr und geriet schließlich in Vergessenheit.

Wann begann die moderne Babylonforschung?

Vom Schutt befreit wurde Babylon erst vor einem Jahrhundert. Ab 1899 grub der deutsche Archäologe Robert Koldewey 18 Jahre lang aus und konzentrierte sich auf die Großbauten der neubabylonischen Zeit. Allerdings war aus älteren Schichten auch wenig erhalten, denn die von Nebukadnezar II. vorgenommenen Änderungen der alten Stadtanlage waren so einschneidend, dass damals nahezu alle älteren Spuren vernichtet wurden. Das Ischtartor wurde 1902 vollständig ausgegraben; dabei mussten sich die Ausgräber durch bis zu 17 Meter dicke Schuttschichten kämpfen. Im Rahmen der im Antikengesetz des Irak verankerten Fundteilung und dank des Wohlwollens der britischen Direktorin des Archäologischen Departements des Königreichs Irak, Gertrude Bell, gelangten die Ziegelbruchstücke in den 1920er Jahren nach Berlin.

In mühevoller Kleinarbeit wurden sie zusammengesetzt und in eine architektonische Rekonstruktion des Ischtartores und der Straße eingefügt; dabei muss der Besucher sich vergegenwärtigen, dass heute nur das 14,73 Meter hohe und 15,70 Meter breite Vortor mit zwei flankierenden Türmen im Berliner Pergamonmuseum zu bewundern ist. In Babylon selbst steht als Eingang zum Grabungsgelände eine Rekonstruktion im Maßstab 1:2.

▲Die im heutigen Irak gelegene Ausgrabungsstätte des antiken Babylon beherbergt die Überreste des originalen Ischtartors. Zu sehen sind hier die Figuren eines Stiers und eines Schlangengreifs, die abwechselnd auf der Oberfläche abgebildet sind.

◀Kunstvolles Detail des Ischtartors – glasiertes Ziegelrelief mit einem Stier, dem Symbol des Wettergottes Adad

▲Vieles von dem, was über die sagenumwobenen Etrusker bekannt ist, wurde aus ihrem hoch entwickelten Grabkult abgeleitet; eine etruskische Grabkammer im italienischen Cerveteri (Caere).

Was verrät ihre Bestattungskultur über die Etrusker?

Die farbenfrohen Wandmalereien, die Reliefkunst der Urnen und Sarkophage sowie die kleinen Beigaben aus Bronze, Eisen oder Elfenbein vermitteln das Bild einer etruskischen Welt, in der das irdische Leben in vollen Zügen genossen wurde und keine Angst vor dem Jenseits existierte. Man glaubte, der Verstorbene würde mit einem Teil seines Wesens weiterleben. So gab man ihm Speisen, Geschirr, Mobiliar, Schmuck und Waffen mit auf den Weg. Auch szenische Darstellungen wie Tänze, Spiele, Wettkämpfe und Bankette sollten ihn imaginär begleiten. Erhalten blieb unter anderem ein knapp zwei Meter langes und 1,40 Meter hohes Kunstwerk aus Terrakotta. Dieser so genannte Ehegatten-Sarkophag steht heute im weltgrößten Etruskermuseum, der Villa Giulia am Stadtrand von Rom. Die Darstellung entstammt dem 6. Jahrhundert v. Chr. (um 530–520) und wurde in einer Nekropole, einer Gräberstadt in Caere, gefunden.

Wussten Sie, dass …

- vieles an Kultur und Geschichte der Etrusker ein Rätsel ist? Sicher ist, dass sie im Gebiet der heutigen Toskana und von Umbrien und Latium zwischen dem 10. und 1. vorchristlichen Jahrhundert die erste Hochkultur auf italienischem Boden entwickelten.
- die Etrusker Weltmeister im Agrarwesen, im Städte- und Straßenbau, in der Eisenverarbeitung und im Schiffsbau waren? Nebenbei legten sie die Fundamente der Stadt Rom.

Was ist auf dem Sarkophag abgebildet?

Ein Mann und eine Frau ruhen auf einer Kline, einer Art Liege, wie sie auch in Griechenland bekannt war. Das Paar hat die Beine bequem ausgestreckt und lehnt auf einem Polster. Der Arm des Mannes ist in einer liebevollen Geste um die Schulter der Frau gelegt. Die beiden sind nicht einander zugewandt, sondern richten sich frontal an den Betrachter, als würden sie die Rolle eines Gastgebers wahrnehmen.

Wie ist das Paar dargestellt?

Beide Figuren zeichnen ein kräftiger Körperbau und verhältnismäßig breite Schultern aus. Der Mann trägt einen gepflegten Bart, sein Oberkörper ist unbekleidet, die Frau dagegen ist in einen Mantel gehüllt. Dazu trägt sie spitze weiche Schnabelschuhe und auf dem Kopf einen Tutulus, eine traditionelle etruskische Kopfbedeckung. Die Gesichter sind großflächig, die mandelförmigen Augen, Nase und Lippen von knappem, scharfem Umriss, die Gesichtszüge zart und voller Anmut. Das Paar blickt uns in vornehmer Zurückhaltung entgegen und scheint uns sogar zuzulächeln.

Die Darstellung von Verstorbenen in halb aufgerichteter Haltung auf einer Liege ist ein Kennzeichen etruskischer Sepulkralplastik. Ob auf kleinen Alabasterurnen oder schweren Tuffsarkophagen: Überall ruhen Etrusker ausgestreckt und leicht zurückgelehnt, als wären sie noch lebendig. Die Griechen pflegten diese Sitzhaltung, wenn sie sich zu einem gemeinsamen Mahl einfanden.

Was ist über die Kultur der Etrusker bekannt?

Etrusker galten in der antiken Welt als unbeschwert, anpassungsfähig und trinkfest. Im Gegensatz zur griechischen und römischen Kultur war die Frau in der etruskischen Gesellschaft nach allem, was wir heute wissen, dem Mann gleichgestellt: im Spiel, in der Liebe, im Alltag und – wie der berühmte Ehegatten-Sarkophag zeigt – auch im Tod. Die etruskische Kultur kam ohne Patriarchat aus. Diese Andersartigkeit erschien den Zeitgenossen offenbar gefährlich.

Welchen Ruf hatten die Etrusker bei ihren Zeitgenossen?

Sie galten als dekadent. In Rom und Athen begegnete man der etruskischen Lebenswelt mit Hohn und Spott. Man mokierte sich darüber, dass Etrusker gar zweimal am Tag üppig tafelten und sich mit Luxus in jedweder Form umgaben. Man warf ihnen vor, sie seien verweichlicht und ließen es an Selbstdisziplin fehlen. Etruskische Frauen widmeten sich gern der Körperpflege und galten als besonders schön. Im Gegensatz zu Griechinnen und Römerinnen nahmen sie wie selbstverständlich an der Seite ihrer Ehemänner an allen gesellschaftlichen Ereignissen teil, auch wenn es sich dabei um Abendveranstaltungen mit privatem Charakter handelte.

Vor diesem Hintergrund ist der berühmte Ehegatten-Sarkophag auch ein soziologisches Dokument. Er bringt ein inniges Beisammensein zweier Menschen zum Ausdruck, eine Vertrautheit, die ohne großes Pathos daherkommt. Selten hat ein Kunstwerk die Partnerschaft zwischen Mann und Frau so eindrucksvoll beschrieben.

▼Halb aufgerichtet, freundlich und entspannt – das anmutige Paar des Ehegatten-Sarkophags zählt zu den schönsten Kunstwerken der Etrusker. Der in Cerveteri gefundene Terrakotta-Sarkophag befindet sich in der Villa Giulia in Rom.

▲Auf den Reliefs, welche die Treppenaufgänge zur einstigen Audienzhalle des Xerxes flankieren, sind in erster Linie die Soldaten der königlichen Leibwache dargestellt.

Auf wen geht die Gründung von Persepolis zurück?

Um 520 v. Chr. legte König Dareios I. der Große (549–486 v. Chr.) den Grundstein für eine achämenidische Frühjahrsresidenz in Persepolis, obwohl er bereits zwei Hauptstädte besaß. Er wollte der Welt einen Palast präsentieren, der die Bedeutung seines Weltreichs widerspiegelte. Angeregt durch mesopotamische Vorbilder, wurde Persepolis – neben Pasargadai und Sousa – die glanzvollste der drei großen persischen Residenzen.

Allerdings war insbesondere Persepolis wohl keine Residenz im eigentlichen Sinne, sondern eher eine Art Pfalz, die der Großkönig anlässlich bestimmter Gedenktage aufsuchte und die der repräsentativen Selbstdarstellung des persischen Großkönigtums diente. Da die Perser innerhalb des Achämenidischen Reiches nur eine Minderheit bildeten, teilte Dareios I. das Reich in Provinzen ein, denen jeweils ein Satrap (Statthalter) vorstand. Die Vertreter der besiegten Länder sollten ihm in seiner Residenz ihre Aufwartung machen. Damit sie den richtigen Eindruck von der Macht des »Königs der Könige« bekamen, wurden sie über viele Terrassen und durch viele Säle geführt, ehe sie die Audienzhalle betraten.

Unter wem stand das Persische Reich im Zenit seiner Macht?

Seine größte Ausdehnung und seine höchste Blüte erreichte das Persische Reich unter Dareios I. dem Großen. Zu verdanken war dies dem Aufstieg der Achämeniden, die für gut 200 Jahre von der südiranischen Region Pars (griechisch Persis) aus die Macht im Vorderen Orient von Griechenland bis Indien übernahmen. Unter den Nachfolgern Dareios' I. kam es dann immer wieder zu langen, verlustreichen Kämpfen gegen die Griechen bis zum Ende des Achämenidenreichs 330 v. Chr.

Wie ist die königliche Residenz angelegt?

Auf einer 125 000 Quadratmeter großen Terrasse, teils natürlich, teils aufgeschüttet, entstanden im Laufe von rund 60 Jahren mehrere Tore, Paläste, Schatzhäuser, der Thronsaal mit den 100 Säulen und eine alles überragende Audienzhalle (Apadana). Obwohl unter mehreren Königen erbaut, erweckt die Gesamtanlage von Persepolis einen sehr einheitlichen Eindruck. Die Anordnung der Gebäude, Freitreppen und Prunktore entspricht dem Zeremoniell der nationalen Feste, insbesondere dem der großen Neujahrsfeierlichkeiten. Gleichzeitig versuchten die persischen Baumeister und Bildhauer, aus den Traditionen

◄Die Residenz von Persepolis zeichnet sich nicht zuletzt durch großartige Reliefs aus. Die wunderbar gearbeitete, ausdrucksstarke Szene mit dem Löwen, der einen Stier angreift, findet sich auf einer Treppenwange des Dareios-Palastes.

des altiranischen Holzbaus und nomadischer Zeltarchitektur sowie den Techniken und Baustilen der unterworfenen Völker einen großpersischen Nationalstil zu entwickeln.

Was ist der »Zug der Unsterblichen«?

Es handelt sich dabei eigentlich um eine Darstellung von Kriegern. Vom Platz vor dem Apadana führen im Norden und Osten Treppen von beiden Seiten zu den Portiken (Vorhallen) hinauf. Die ausgedehnten Reliefs, die an der umgebenden Backsteinmauer, den Treppenaufgängen und den Wänden angebracht wurden, zeigen achämenidische Hofzeremonien. Dargestellt sind vor allem Soldaten der königlichen Leibwache, die »Unsterbliche« genannt wurden, weil ihre Zahl von 10 000 nach jedem Verlust sofort ergänzt wurde. Dazwischen befinden sich persische und medische Würdenträger, denen besonders an den Treppenaufgängen der Ostseite die Gaben bringenden Abordnungen von 23 der 28 Völker des Achämenidenreichs folgen.

Obwohl die Namen aller 28 unterworfenen Völker bekannt sind, ist es nicht einfach, die verschiedenen Gestalten zu identifizieren. Anhand typischer Attribute wie Haartracht, Kopfbedeckung, Gewandung und Schuhe sowie durch Vergleich mit Reliefs aus den verschiedenen Regionen des Reichs konnten Forscher eine einigermaßen stichhaltige Zuordnung vornehmen. So erkennt man die Meder an ihren runden oder auch dreilappigen Hüten, die Elamiter und auch die Perser tragen eine Art Faltenrock, während die Babylonier sich in ein Wickelgewand hüllen.

Wurde Persepolis fertig?

Nein, Dareios I. erlebte nur die Vollendung des Schatzhauses und des Audienzsaales. Sein Sohn Xerxes (486–465 v. Chr.) setzte die Pläne des Vaters fort, fügte das »Tor aller Länder« und seinen eigenen Palast hinzu. Er kam jedoch auch nicht zur Vollendung des monumentalen Hundert-Säulen-Saales, der erst von Dareios' Enkel Artaxerxes I. (465–423 v. Chr.) fertig gestellt wurde. Unter dessen Nachfolgern kam es ohne ersichtlichen Grund zur Einstellung aller Bautätigkeiten. Erst Artaxerxes III. (359–337 v. Chr.) setzte sie in nennenswerter Weise fort. Nach der Brandschatzung und Zerstörung durch Alexander den Großen im Jahre 330 v. Chr. verlor Persepolis zunehmend an Bedeutung, bis Erbauer und Zweck der Palastanlage vergessen waren.

Wussten Sie, dass ...

- sich der damalige Schah Reza Pahlevi anlässlich der 2500-Jahr-Feier des »iranischen« Königtums 1971 als Nachfolger der Achämeniden darstellte und in den Ruinen eine gigantische Historienschau ausrichtete?
- den Europäern der Platz bis zu seiner Wiederentdeckung durch Pietro della Valle im 17. Jahrhundert verborgen blieb? Der Italiener unternahm eine elfjährige Forschungsreise durch den Orient.

◄Das Ruinenfeld von Persepolis liegt im Süden des Iran, etwa 60 Kilometer nordöstlich der Stadt Schiraz. Die auf einer Hochebene gelegene Stadt verfügte neben drei Palästen über einen »Hundert-Säulen-Saal« und einen Audienzsaal mit 36 Säulen von 20 Metern Höhe.

▲Die Akropolis hoch über der griechischen Hauptstadt Athen ist eines der symbolträchtigsten Bauwerke der europäischen Kultur: Es steht für die Anfänge der Demokratie in Europa.

Welche Geschichte hat die Akropolis?

Der Kalksteinfelsen im Zentrum Athens war bereits in der Steinzeit bewohnt. Dann hatte ein mykenischer König hier seinen Palast und umgab ihn um 1200 v. Chr. mit einer teilweise erhaltenen Befestigungsmauer. Ein halbes Jahrtausend später entstanden Tempel, bis schließlich der ganze Berg als heilig galt. Nach der Zerstörung durch die Perser wurden Trümmer und Statuen in große Löcher geschüttet – ein Glücksfall für Archäologen und Touristen, die heute ein großartiges Museum besuchen können. Im 5. Jahrhundert v. Chr. erhielt die Akropolis (Oberstadt) das Gesicht, das sie nun wieder prägt. Dennoch ist das heutige Bild unvollständig, denn die unzähligen Weihegeschenke wie die riesige, schon vom Piräus aus sichtbare Athena Promachos (Vorkämpferin) sind verloren.

Wie wurde der Parthenon zweckentfremdet?

Er diente im Mittelalter als Kirche, dann als Moschee. Bei der Belagerung durch den Venezianer Morosini 1687 diente er als Pulverlager und wurde durch eine Explosion zerstört. Danach bedienten sich Bildungsreisende an den Trümmern, bis 1801 Lord Elgin alle Skulpturen, die er finden konnte, entfernen ließ. Heute sind die Elgin Marbles eine Hauptattraktion des Britischen Museums in London und ein Zankapfel zwischen England und Griechenland, das seine Kunstschätze ins Land zurückholen möchte und eigens ein Museum dafür baut.

Wie ist die Akropolis aufgebaut?

Der Aufgang zur Akropolis wurde von 437 bis 432 v. Chr. vom Architekten Mnesikles gefasst. Eine 80 Meter lange Rampe führte zum Vortor (Propylon) des Tempelbezirkes, einem zentralen Torbau mit dorischer Tempelfassade sowie mit ionischen Säulen entlang des Weges durch den Bau. Rechts und links flankieren heute noch Säulenhallen auf hohen Fundamenten die Rampe. Davor steht ein hohes Pfeilermonument, das dem römischen Admiral Agrippa geweiht ist. Zur Rechten ragt eine alte mykenische Bastion vor, auf der von 427 bis 424 v. Chr. ein kleiner, gedrungener Tempel mit Säulenvorhalle auf beiden Seiten entstand. Er war der »siegreichen« Athena geweiht: der Nike-Tempel.

Welche Funktion hatte das Erechtheion?

Das Erechtheion (erbaut 421–406 v. Chr.) beherbergte viele alte Kulte unter einem Dach und ist entsprechend dieser Funktion kompliziert gebaut. Im Ostteil mit eigener Tempelfront stand das uralte hölzerne Kultbild der Stadtgöttin Athena Polias. In der tiefer gelegenen Nordhalle zeigte man eine Einschlagstelle von Poseidons Dreizack. Dahinter wurde unter anderen der mythische König Erechtheus verehrt, dessen Name auf das ganze Gebäude überging. Daneben wuchs der Olivenbaum, mit dem Athena beim Streit um Attika Poseidon ausgestochen hatte. Am bekanntesten ist die Korenhalle, bei der die Statuen von sechs jungen Frauen (Koren) die Säulen ersetzen. Hier soll sich das Grab des Kekrops, eines weiteren Königs aus der Vorzeit, befunden haben.

Wem ist der Parthenon geweiht?

Der imposante Parthenon ist der Tempel der Athena Parthenos (der »Jungfräulichen Athena«) und eines der ausgefeiltesten und am reichsten geschmückten Bauwerke der Antike. Es entstand 447– 432 v. Chr. auf Betreiben des athenischen Staatsmanns Perikles; der berühmte Bildhauer Phidias hatte die Bauleitung. Obwohl ein Bau mit acht Frontsäulen, wie in der eleganten ionischen Ordnung üblich, wurde bei diesem Tempel die gedrungenere dorische Ordnung verwendet. Ein ausgeklügeltes Maßverhältnis und kleine optisch wirksame Korrekturen gleichen diese Wirkung jedoch wieder aus – kein Stein ist hier genau wie der andere gearbeitet.

Was zeigen die Darstellungen am Parthenon?

Die Giebel zeigten im Osten Athenas Geburt, im Westen ihren Streit mit Poseidon um die Vorherrschaft in Attika; die insgesamt 92 Metopen (Felder im Gebälk) schildern mythische Schlachten. Eine Besonderheit war der 200 Meter lange Fries um die Cella. Auf ihm ist in flachem Relief der Panathenäen-Zug zu sehen, der alle vier Jahre durch die Stadt auf die Akropolis führte und in der feierlichen Übergabe eines neuen Kleides für die Göttin gipfelte. Im Inneren schuf Phidias selbst die Statue der Athena Parthenos aus Elfenbein und mehr als einer Tonne Gold. Sie war zwölf Meter hoch und teurer als der ganze Bau. Später wurde sie nach Konstantinopel gebracht und dort bei einem Brand zerstört, deshalb überliefern ihr Aussehen nur noch verkleinerte Marmorkopien aus römischer Zeit. Das ganze Bildprogramm hatte einen Zweck: Es sollte Freund und Feind beeindrucken und beweisen, dass Athen die Quelle aller Zivilisation und Kultur war.

Wussten Sie, dass …

- in den Ruinen der Akropolis im Mittelalter und in der Türkenzeit Häuser und Paläste errichtet wurden? Erst als Athen 1834 Hauptstadt Griechenlands wurde, wurden sie beseitigt.
- die Einzelteile des Nike-Tempels nach seiner Zerstörung zunächst als Baumaterial in einer Befestigung Verwendung fanden? 1836 wurden sie wieder zusammengepuzzelt.

▼Zwar nurmehr ein Schatten seiner einstigen Pracht, aber deshalb nicht minder eindrucksvoll: der Parthenon-Tempel in einer Teilansicht der Westseite

▲Der große Fries des Zeusaltars von Pergamon zeigt den erbarmungslosen Triumph der olympischen Götter über die aufständischen Giganten als Verherrlichung des Sieges des Königs von Pergamon über die eingefallenen keltischen Stämme. »Zeus erschlägt die Giganten« am Ostfries des Pergamonaltars; 2. Jh. v. Chr., Berlin, Pergamonmuseum.

Was stellte die griechische Skulptur dar?

Die antike griechische Bildkunst beschäftigte sich besonders mit dem Ideal und der Natur körperlicher Schönheit. Die Statuen stellten vor allem Götter und Helden sowie Personen dar, die öffentlich geehrt wurden.

Welchem Vorbild folgten die ersten Statuen?

Erste Bildwerke schufen die Griechen unter dem Einfluss der Monumentalskulptur Ägyptens. Die vierkantigen Steinfiguren haben ein Bein vorgestellt, die Arme liegen mit geballten Fäusten fest an. Noch ist die Darstellung des menschlichen Körpers formelhaft und stilisiert.

Wie entwickelte sich die griechische Bildkunst?

In der klassischen Epoche gelang der Durchbruch zur natürlich dargestellten Idealität. Die Bewegung des Körpers wurde als organische Einheit aufgefasst. Als Höhepunkt galten die Kunstregeln des Polyklet (tätig um 450–410 v. Chr.), Kanon genannt. Er wandte sie in seiner Bronzefigur des »Speerträgers« an. Praxiteles (tätig um 370–320 v. Chr.) schuf die erste nackte Frauenstatue der griechischen Kunst, die »Aphrodite von Knidos«. Nach Lysippos (tätig um 370–300 v. Chr.), dem Hofbildhauer Alexanders des Großen, orientierten sich die Künstler vorrangig an der äußeren Erscheinung. Alte und hässliche Menschen, Fischer, Marktfrauen, Kinder und das ausgelassene mythische Gefolge des Weingottes Dionysos wurden zum Thema.

Wie wirkten die Statuen weiter?

Jahrhundertelang galten dem Christentum die antiken Statuen als »Götzenbilder«. Seit dem Hochmittelalter wurden antike Statuen als Vorbilder verwendet, doch erst die Renaissance entdeckte die körperliche Schönheit als Ausdruck seelischer Vollkommenheit und die Idee von Kunst als Naturnachahmung wieder. Michelangelo entwickelte seinen Stil unter dem Eindruck neu entdeckter Skulpturen des Hellenismus. Der Klassizismus des 18. Jahrhunderts erhob die Antike zum verbindlichen ästhetischen Vorbild. Bis heute wirkt die antike Auffassung von körperlicher Schönheit nach.

◀ Eines der Monumente der neuen Staatsidee unter Augustus ist die Ara Pacis, der Altar zu Ehren des augusteischen Friedens. Ein Relief zeigt die Blüte und Fruchtbarkeit Italiens im goldenen Zeitalter unter der Herrschaft des Kaisers; Reliefs des rekonstruierten Friedensaltars in Rom.

Wussten Sie, dass ...

- die griechischen Statuen ursprünglich farbig bemalt waren?
- das »archaische Lächeln« der frühen Statuen die Lebendigkeit der Person bezeichnete?
- die römischen Kaiser zu Propagandazwecken offizielle Bildnisse anfertigen ließen, die in alle Provinzen verschickt wurden?
- im Klassizismus J. J. Winckelmann und G. E. Lessing ihre ästhetischen Theorien auf die Betrachtung des »Laokoon« gründeten?

Welche Einflüsse prägten die römische Bildkunst?

Die meisten Künstler, denen wir römische Werke verdanken, waren griechischer Herkunft. Rom erlag mit der Eroberung der griechischen Welt im 2. und 1. Jahrhundert v. Chr. dem Glanz der hellenistischen Kultur. Die Plünderung griechischer Städte brachte gewaltige Mengen an Reichtümern und Kunstwerken nach Rom. Zahlreiche Werke wurden als Kopien oder Varianten vervielfältigt, um die große Nachfrage zu befriedigen. Die Laokoon-Gruppe ist ein herausragendes Beispiel für die Tätigkeit griechischer Künstler in Rom.

Welche neuen römischen Kunstgattungen gab es?

Neuentwicklungen der Römer sind das realistische Porträt, die Staatsreliefs und die Sarkophagskulptur. Das realistische Porträt geht auf die Tradition von wächsernen Totenmasken im Ahnenkult zurück. Porträtbüsten dienten als Erinnerung an die Verstorbenen der Familie. Verdienten Politikern wurden auf dem Forum Romanum Ehrenstatuen errichtet.

Welchem Zweck dienten die Statuen?

Vor allem der Verherrlichung römischer Herrscher. Mit Kaiser Augustus, der von 27 v. Chr. bis 14 n. Chr. herrschte, begann eine neue Epoche. Der Kaiser griff für seine propagandistische Kunstpolitik den Stil der griechischen Klassik auf. Den augusteischen Klassizismus zeichnet eine idealisierte Würde aus sowie ein Autorität ausstrahlender Stil. Auch die folgenden Kaiser verherrlichten auf ihren Monumenten in Reliefs ihre Herrschaft und ihre Siege, wie z. B. an den berühmten Triumphsäulen Trajans und Marc Aurels.

Wie wurde die römische Skulptur aufgenommen?

Die römische Skulptur prägte seit der Renaissance die europäische Kunst. Renaissancekünstler studierten bereits im 15. Jahrhundert die römischen Sarkophage. Das römische Porträt ist Pate des neuzeitlichen. Die 1506 in Rom gefundene Laokoon-Gruppe erregte das Interesse vieler Gelehrter und Künstler. Auch für die propagandistische Nutzung der Kunst lassen sich bis ins 20. Jahrhundert Beispiele im klassischen Stil anführen.

▼ Die ungeheure Expressivität in der Verkörperung von Schmerz und Todeskampf ist einzigartig in der antiken Kunst; Laokoon-Gruppe im Belvedere-Hof der Vatikanischen Museen, Rom.

▲Diese Tonkrieger bewachen seit über zwei Jahrtausenden die Grablege des Ersten Kaisers von China in der Provinz Shaanxi.

Wen bewachen die Soldaten aus Ton?

Ihr Herr ist der Reichseiniger und Gründer des ersten chinesischen Zentralstaats Shihuangdi (259–210 v. Chr.), der Gründer der Qin-Dynastie. Er hatte gute Gründe, den Ort für sein Mausoleum sorgfältigst auszuwählen: Mit seinem Unterdrückungsapparat hatte er sich viele Gegner geschaffen. Auf der Grundlage der legalistischen Staatstheorie gab es drakonische Strafen für alle, die sich gegen die zur Kontrolle des Reiches durchgesetzten Vereinheitlichungsgesetze aufbäumten. Maßnahmen zum eigenen Schutz hielt der Kaiser daher für geraten. Die aus mehreren Regimentern bestehende Kampftruppe, die in Schlachtformation in fünf bis sieben Metern tief liegenden Kammern östlich des Mausoleums aufgestellt wurde, diente diesem Ziel. Süden und Norden des Denkmals waren durch natürliche Barrieren, Berg Li und Fluss Wei, abgeschirmt. Ein an der Westseite aufgefundener Schacht enthielt bemannte Streitwagen, die wohl sicheres Geleit für den Verstorbenen garantieren sollten.

Wie viele Menschen bauten am Mausoleum?

Allein für die Errichtung des Grabmals, eines der vielen Bauprojekte des Kaisers, sollen den Quellen zufolge 700 000 Menschen rekrutiert worden sein. Ein Heer von Sträflingen, Handwerkern, Künstlern und Architekten arbeitete hart, um in kurzer Zeit den unterirdischen Palast des bis heute ungeöffneten Mausoleums zu errichten. Der Erste Kaiser fand nach seinem plötzlichen Tod 210 v. Chr. die letzte Ruhe in dem Palast: verborgen unter einem 46 Meter hohen Tumulus, geschützt von einer Innen- und Außenmauer und seinen Soldaten.

Wie wurde die Terrakotta-Armee entdeckt?

Im März 1974 machte man bei einer Brunnenbohrung in Lintong bei Xi'an zufällig die ersten Funde. Sie lösten in den Folgejahren eine intensive archäologische Aktivität aus. Man entdeckte vier Schächte von ungleicher Größe und unterschiedlichem Grundriss, die

Nach welchen Vorbildern wurden die Krieger modelliert?

Die lebensnah ausgeführten Details der Tonsoldaten könnten zwar zu der Vermutung führen, dass es sich hier um Individualporträts handelt, man steht jedoch vor den Typologisierungen von Kriegern der Qin-Armee. In ihrer Monumentalität und Mannschaftsstärke zeugen sie von der Macht und dem Anspruch des Reichsgründers Shihuangdi, als Erster einer 10 000 Generationen umfassenden Herrscherfolge in die Geschichte einzugehen.

so genannten Gruben 1 bis 4. Dabei handelt es sich um drei Gruben für Infanteristen, Bogenschützen, Kavalleristen und Streitwagenlenker mit Pferden und Waffen sowie eine vierte leere Grube. Wegen des plötzlichen Todes des Kaisers waren die Arbeiten an dieser vierten Grube nie fertig gestellt worden. Zudem fielen vier Jahre später Hauptstadt und Nekropole Plünderungen und Brandschatzungen von Rebellen zum Opfer.

Wie umfangreich ist die tönerne Streitmacht?

Die etwa 6000-köpfige berühmte Hauptstreitmacht, die durch Korridore voneinander getrennt ist, steht in der größten der drei Gruben. Neun Kolonnen marschieren hinter einer Vorhut und sechs bemannten Quadrigen, an den Flanken gedeckt von 518 Armbrustschützen. In Zone 2 legten die Archäologen Teile einer Einheit von schätzungsweise über 1400 Streitwagen und Kavalleristen mit etwa 600 Pferden frei. In dieser Grube sind, wegen ihrer Vielschichtigkeit, erst einzelne Areale in Angriff genommen worden. Errechnet wurde die Regimentsstärke aufgrund der Vorgaben in den bereits aufgefundenen Schächten. Im dritten und kleinsten Grabungsbereich, in Grube 3, dürfte es sich wohl um die Kommandozentrale handeln. Sie ist wie ein Armeezelt gestaltet, und in einem separaten Sektor steht umgeben von Kriegern der überdachte Streitwagen des Kommandeurs.

Auf welche Weise wurden die Figuren hergestellt?

Das von überallher rekrutierte Heer der Handwerker und Künstler ging, schon allein wegen der knapp angesetzten Zeitspanne für dieses Großprojekt, arbeitsteilig zu Werke. In den Ton tragenden Lössschichten der nordchinesischen Ebenen bestand an Material für die Streitmacht der lebensgroßen Figuren kein Mangel. In Serie fertigte man zunächst standardisierte Versatzstücke wie Beine, Rümpfe, Arme, Hände und Köpfe. Dann wurden die aus Tonstreifen aufgebauten hohlen Rümpfe mit den kompakten Extremitäten und den – mit Hilfe von Hohlformen hergestellten – Köpfen zusammengefügt. Anschließend, nach Aufbringen einer dünnen Tonschicht, ging es an die Feinarbeiten. Auf die Gestaltung der individuellen Züge, auf Augen, Nase, Mund und Haartracht sowie die separat hergestellten und anschließend angefügten Ohren und Rüstungsdetails verwandte man viel Mühe. Nicht ganz zu klären ist, ob die Tonskulpturen als Ganzes gearbeitet oder in zwei Teilen – Kopf und Rumpf – gebrannt und dann auf die Sockel gesetzt wurden.

Unterstrichen wurde der gestalterische Realismus noch durch die auf eine leichte Glasur aufgebrachten Farben. Obwohl heute größtenteils verblasst, geben deren Spuren wichtige Aufschlüsse: So unterschieden sich etwa die Regimenter und ihre Untereinheiten farblich voneinander.

▼Haartracht und Kleidung der Krieger kennzeichnen ihren Rang und ihre Funktion.

▲Bollwerk gegen die »Barbaren des Nordens«: Die Chinesische Mauer zieht sich Tausende von Kilometern an den Außengrenzen des Reichs der Mitte entlang.

Wann entstanden erste Grenzbefestigungen des chinesischen Reiches?

Schon im dritten vorchristlichen Jahrhundert wurden unter dem ersten Kaiser des »Reichs der Mitte«, wie es sich selbst nannte, vorhandene Mauern zwischen den gerade eroberten Fürstentümern zu einem Wallsystem gegen die Reitervölker im Norden umgebaut. Zunächst bestand das Verteidigungssystem aus Erdwällen, aufgeschichteten Felsbrocken und hölzernen Palisadenwänden.

So wie Besucher dieses längste Bauwerk der Erde heute sehen, stammt es aus der Zeit der Ming-Dynastie, die nach dem Sieg über die Mongolen an die Macht kam. Die Söhne der Steppe hatten im 13. Jahrhundert ihren Einfluss immer weiter nach Süden und nach Westen ausgedehnt und beherrschten weite Teile des eurasischen Kontinents, ehe nun endlich wieder ein Chinese als Kaiser auf dem Thron saß. Jetzt errichtete man ein besonders solides Bollwerk gegen jene »Barbaren des Nordens«.

Wie offen waren die Grenzen des »Reichs der Mitte«?

Die Chinesische Mauer war als »antibarbarischer Schutzwall« angelegt, der das »Reich der Mitte« nach außen hin abschloss und die nördliche Grenze sicherte. Aber nicht nur nach außen grenzten sich die »Söhne des Himmels« ab, sondern auch im Inneren: Mauern umgaben die Städte und teilten Stadtviertel voneinander ab, während jede Familie ihren Hof mit einer eigenen Mauer umgab. Selbst das chinesische Schriftzeichen *cheng* wird sowohl für »Mauer« als auch für »Stadt« verwendet. Im Gegensatz zum »blauen«, dem Meer zugewandten südlichen China blickte das »gelbe Reich«, das dem Lössboden im Norden verhaftete kaiserliche China, nach innen und schuf eine Selbstisolation, aus der es sich nur selten und unter größten Schwierigkeiten lösen konnte.

Welche Materialien wurden beim Bau der Mauer verwendet?

Bei der Chinesischen Mauer besteht nur die äußere Verkleidung aus Bruchsteinen, die allerdings über einen Meter dick sein können. Der Zwischenraum wurde mit Geröll, gestampfter Erde und anderen Materialien aufgefüllt. Es klingt überaus makaber, wenn man erfährt, dass auch die beim Bau ums Leben gekommenen Soldaten, die zwangsverpflichteten Bauern oder die Arbeitssklaven, die den Strapazen bei der Errichtung des gewaltigen Mauerwerks erlagen, als Füllmaterial herhalten mussten.

Nur durch die schwere Fronarbeit Hunderttausender, die zu jeder Jahreszeit mit bloßen Händen oder einfachen Werkzeugen zu schuften hatten, konnte dieses Jahrhundertwerk überhaupt vollendet werden.

◄Zum traditionellen chinesischen Herbstfest 2002 lief der Seiltänzer Zhang Shenglei auf einem in 100 Meter Höhe über der Chinesischen Mauer gespannten Seil.

Welche Besonderheiten weist die Mauer auf?

Sie passt sich dem Gelände an. Je nach Geländeprofil wuchs die Mauer auf drei bis acht Meter Höhe. Vom etwa sieben Meter breiten Mauerfuß aus verjüngte sich das »Wehr aus Stein« bis zur Krone auf vier bis sechs Meter Breite; die Zinnen maßen außen zwei, innen einen Meter. In Sichtweite voneinander ragten zwölf Meter hohe Türme auf, in denen Waffen und Munition gelagert wurden und die den Soldaten als Unterkunft dienten.

Welche Funktion hatte das Bauwerk noch?

Das Verteidigungswerk war auch ein wichtiges Kommunikationssystem: Auf den Wehrgängen bewegten sich Soldaten, selbst auf Pferden, wesentlich schneller als in dem umliegenden unwegsamen Gelände. Von Turm zu Turm wurden zudem tagsüber mit Flaggen, nachts mit Feuern Botschaften weitergegeben. Aus diesem Grund findet man auch im Hinterland noch Ruinen von Signaltürmen, die die Verbindung zu den weiter landeinwärts gelegenen Festungen aufrechterhielten.

Wie lang ist die Chinesische Mauer?

Diese Frage lässt sich nur schwer klären, die Vermutungen gehen weit auseinander, da es sich eigentlich um ein System von Mauern handelt, von dem weite Teile verfallen sind. Die Angaben bewegen sich zwischen 2400 und 6350 Kilometern.

Was sieht man vom Weltraum aus?

Die Mauer ist – entgegen der immer wieder aufgestellten Behauptung – vom Mond aus nicht sichtbar und auch vom Weltraum aus kann man sie trotz ihrer gewaltigen Ausmaße nicht immer erkennen. So berichtete – sehr zum Kummer seiner Landsleute – der chinesische Astronaut Yang Liwei, der im Oktober des Jahres 2003 ins All geschickt worden war: »Die Aussicht war wunderschön. Aber ich konnte die Große Mauer nicht sehen.« Zwei Jahre später will sein Kollege Leroy Chiao aber von der Internationalen Raumstation ISS aus bei schönem Wetter einen Blick auf das berühmte Bauwerk seines Heimatlandes erhascht haben.

Wussten Sie, dass ...

- die Chinesische Mauer, korrekt aus dem Chinesischen übersetzt, eigentlich »Lange Mauer« heißen müsste?
- der beim Bau verwendete Mörtel neben gebranntem Kalk den aus der chinesischen Küche bekannten Klebreis enthielt?

▼Imposant wirken die in Sichtweite zueinander platzierten Türme der Chinesischen Mauer.

▲Zwei der drei Architrave (Hauptbalken) des Nordtors des Stupas von Sanchi. Zwischen den Querbalken stehen jeweils kleine Säulen und Reiter.

Was ist ein Stupa?

Ein Stupa ist ein dem Totengedenken gewidmetes, stets frei stehendes Gebäude. Dem Gläubigen muss es nämlich möglich sein, den Stupa in Richtung des Sonnenlaufs zu umrunden: Der Stupa symbolisiert den Himmel und der Umlauf den Weg der Sonne. Der Reliquienkasten auf der Spitze steht für den Weltenberg. Umgeben ist der Bau von einem steinernen Zaun: Innerhalb der Umfriedung wird der Kult ausgeführt.

Was ist über den Erdgeist Yakshi bekannt?

Die Yakshi, eine der Figuren am Osttor des Stupas, ist eine Gestalt aus der indischen Mythologie, die sowohl im Buddhismus als auch im Hinduismus bekannt ist. Meist wird sie als gütige Spenderin der Fruchtbarkeit gesehen, was in Sanchi sehr beredt durch ihre üppigen Brüste und Hüften hervorgehoben wird. Doch sie hat auch eine andere, dämonische Seite, kann durch ihre Sinnlichkeit den Meditierenden stören und damit ein Hindernis auf dem Weg zur Erleuchtung sein. Ihre Darstellung an den Toranas in Sanchi lässt sich auch als Akt der Zähmung durch die Lehre des Buddha verstehen.

Welche Bedeutung hat der Buddhismus in der Kunst Indiens?

Zur Zeit der Entdeckung der Anlage war der Buddhismus in seinem Herkunftsland Indien längst keine bedeutende Religion mehr. Ende des ersten nachchristlichen Jahrtausends hatte der Hinduismus ihn verdrängt. Wer jedoch in der indischen Kunstgeschichte zurück in die vorklassische Epoche geht, der stößt auf buddhistische Kunstwerke und Bauten von außerordentlich hoher Bedeutung in künstlerischer, historischer und religionsgeschichtlicher Hinsicht. Dazu gehört auch der Stupa von Sanchi.

Wie kam es zum Bau des Stupas von Sanchi?

Die ältesten Teile der Kultanlage von Sanchi, die im heutigen Bundesstaat Madhya Pradesh liegt, ließ wahrscheinlich der indische Maurya-Kaiser Ashoka (Reg. um 270–232 v.Chr.) errichten. Die Inschriftensäule mit dem charakteristischen Abschluss in Gestalt von vier Löwen, die man in der Nähe des südlichen Tores fand, wird ihm sicher zugewiesen. Aber nicht nur mächtige Fürsten, auch die reichen Handelsherren der benachbarten Stadt Vidisha förderten die Klosteranlage von Sanchi. Im 2. Jahrhundert v. Chr., unter der Shunga-Dynastie, wurde der ursprüngliche Ziegelbau dann mit Sandstein verkleidet. Er ist das älteste erhaltene Steingebäude Indiens. Aus dem folgenden Jahrhundert stammen der Steinzaun, Vedika genannt, und die prachtvoll verzierten, über zehn Meter hohen Eingangstore, die Toranas.

Warum gibt es in Sanchi keine Buddha-Bildnisse?

In dieser frühen Zeit kannte der Buddhismus noch keine figürlichen Darstellungen seines Stifters. So wurde der Buddha in Sanchi durch verschiedene Symbole vergegenwärtigt. Die Lotosblüte steht dabei für seine Geburt, der Baum für den erleuchteten Buddha, das Rad für seine erste Predigt, Fußabdrücke und Thron für seine allumfassende Anwesenheit. Auch der Stupa selbst kann dazu in Bezug gesetzt werden; er ist das Symbol des Nirvana.

Welche Geschichten erzählen die Bildfolgen auf den Toren?

Das Osttor schildert, wie der junge Prinz Siddharta den väterlichen Palast verlässt, um die Erleuchtung zu finden. Auf der Innenseite des rechten Stützpfeilers kann man den Traum seiner Mutter Maya vor seiner Empfängnis erkennen. Die Reliefs des Westtors zeigen

◄Die Tore des Stupas zieren berühmte Reliefs und Skulpturen – der weibliche Erdgeist Yakshi, Symbol der Fruchtbarkeit, aber auch dämonischer Sinnlichkeit, am Osttor des Stupas von Sanchi.

Episoden aus den Jatakas, den Erzählungen von seinen früheren Inkarnationen. So wird etwa die Geschichte des Mahakapi dargestellt, eines früheren Buddha in Gestalt eines Affen, der seine Familie vor einem Jäger beschützte, indem er sich als lebende Brücke zwischen zwei Bäume spannte. Das Südtor kündet von der Geburt des Siddharta Gautama.

Am besten erhalten ist das Nordtor. Bekrönt wird es von einem Rad als Sinnbild für die Wunder Buddhas aus den Jatakas. Diese sind auch Thema des oberen und unteren Hauptbalkens. Der mittlere Hauptbalken erzählt von der Versuchung durch Mara, den Herrn des Bösen. Buddha wird hier als Baum dargestellt.

Welche Bedeutung haben die weiteren Figuren?

Bei den Toranas finden sich Figuren von Elefanten und Reitern. Möglicherweise verewigten sich hier einige Stifter des Klosters aus dem nahen Vidisha. Löwen, Elefanten und Yakshis, weibliche Erdgeister, stützen die untersten Architrave (Hauptbalken). Die Löwen zeigen starke Ähnlichkeit mit den Löwenkapitellen der Steinsäulen aus der Ashokazeit.

Mit dem aufkommenden Mahayana-Buddhismus, der figürliche Darstellungen des Buddha gestattet, wurden am Stupa Mitte des 5. Jahrhunderts vier Steinfiguren des Buddha aufgestellt, je eine gegenüber einem Torana.

Wussten Sie, dass ...

- die buddhistische Kultanlage von Sanchi im Jahr 1818 von einem britischen Kolonialoffizier wiederentdeckt wurde?
- Buddha selbst seine Jünger aufforderte, zu seinem Gedenken einen Stupa zu errichten?

◄Außenansicht des Stupas in Sanchi. Stupas sind buddhistische Sakralbauten, die auf Grabhügel zurückgehen und in denen meist Reliquien aufbewahrt werden.

▲ Geschichtsträchtiger Boden: Das berühmte Alexandermosaik ist heute im Archäologischen Nationalmuseum von Neapel zu bewundern. Deutlich zu erkennen sind die Schäden, die durch einen herabstürzenden Balken beim Erdbeben 62 n. Chr. verursacht wurden.

► Marmorbüste des makedonischen Königs Alexander des Großen nach einem hellenistischen Original des 4. Jahrhunderts v. Chr.

Warum ist das Alexandermosaik so kostbar?

Mit seiner Größe, seiner dynamischen Komposition und seiner Ausdruckskraft gehört das Mosaik zu den eindrucksvollsten Bildkunstwerken der Antike. Man möchte kaum glauben, dass dieses kostbare Mosaik einst den Fußboden eines römischen Zimmers zierte.

Das Fußbodenmosaik wurde am 24. Oktober 1831 bei Grabungen in einem prunkvoll ausgestatteten Wohnhaus in Pompeji entdeckt. Der künstlerische und historische Stellenwert dieses Fundes war sofort klar. Mit seiner Größe von 5,17 auf 2,77 Meter nahm das Mosaik den gesamten Fußboden eines Raumes ein. Aus diesem Grund geht man heute davon aus, dass es eigentlich zu groß für das Zimmer war, da bei einer Möblierung die Abbildungen verdeckt worden wären. Leider ist das Mosaik teilweise beschädigt. Diese Beschädigungen entstanden aber bereits in römischer Zeit, als Pompeji im Jahr 62 n. Chr., also Jahre vor dem katastrophalen Vulkanausbruch, von einem starken Erdbeben heimgesucht wurde. Der Ausguss der schadhaften Stellen mit Mörtel zeigt, dass der letzte Besitzer anscheinend nicht mehr die Mittel hatte, das Mosaik fachgerecht reparieren zu lassen.

Was zeigt das Mosaik?

Zu sehen ist eine Szene aus der Schlacht bei Issos, in der der Makedonenkönig Alexander der Große im Jahr 333 v. Chr. den Perserkönig Dareios besiegte. Viele kennen noch aus dem Schulunterricht den Merkspruch »Drei, drei, drei – bei Issos Keilerei«.

Die dargestellte Szene zeigt den triumphalen Höhepunkt der Schlacht, nämlich jenen Moment, in dem sich der persische Großkönig zur Flucht wendet und damit sein ganzes Heer ins Verderben reißt.

Wie ist das Bild aufgebaut?

Das Mosaik gliedert sich in zwei Hälften. Auf der linken Seite des Bildes dominiert Alexander, auf seinem berühmten Pferd Bukephalos reitend. Dicht gefolgt von seinen Makedonen durchbricht er die letzte Reihe der persischen Kavallerie. Auf der rechten Seite stehen die Perser, wobei sich hier ganz klar Dareios auf seinem Kampfwagen hervorhebt. Während er noch entsetzt den Tod eines Getreuen beobachtet, der sich Alexander entgegenwirft und dabei von dessen Lanze durchbohrt wird, erkennt sein Wagenlenker die gefährliche

Wie wirklichkeitsgetreu ist Alexander dargestellt?

Nach dem Fund des Mosaiks stritten sich die Experten, ob Alexander wirklichkeitsnah dargestellt ist oder ob es sich um eine Idealisierung handelt. Dass sein Kopf mit dem zotteligen Haar, den glasigen Augen und dem flachen Hinterkopf dem antiken Schönheitsideal eher nicht entspricht, galt als Anzeichen einer realistischen Darstellung. Speziell die glasigen Augen wurden gern mit dem heftigen Alkoholkonsum des Königs in Verbindung gebracht und verstärkten die Spekulationen über eine wirklichkeitsnahe Darstellung.
Heute geht man eher davon aus, dass Alexanders Erscheinungsbild bewusst auf die Szenerie abgestimmt wurde. Indem der Künstler dem König ein wildes Aussehen verlieh, steigerte er die Dramatik der Schlacht. Auf anderen Darstellungen trägt Alexander einen Löwenhelm und so würde diese Gestaltung gut in das gängige Alexanderbild eines göttlichen Heros passen. Demzufolge schauen wir beim Alexandermosaik nicht dem großen Feldherrn ins Gesicht, sondern erblicken das Antlitz eines Gottes.

Situation und wendet den Wagen zur Flucht. Diese gestaltet sich panikartig und so zermalmt der Streitwagen die eigenen Leute.

Die Bildkomposition lenkt das Auge des Betrachters auf die beiden zentralen Figuren Alexander und Dareios. Durch die Einfügung eines abgestorbenen Baumes im Hintergrund und Felssteinen im Vordergrund gewinnt das Mosaik an räumlicher Tiefe und schafft außerdem eine gewisse Distanz zum Betrachter.

Welches Vorbild hatte das Alexandermosaik?

Da das Mosaik einige Detailfehler aufweist, zog die Forschung den Schluss, dass es sich um die Kopie eines antiken Gemäldes handeln muss, das jedoch verloren ging. So gibt es beispielsweise an Alexanders Schulter Spuren eines Nimbus, eines Heiligenscheins, der nicht mehr ausgeführt wurde. Da das Zaumzeug und die Bewaffnung der dargestellten Soldaten hellenistische Typen der Diadochenzeit als Vorbilder haben, glaubt man heute, dass die Originalvorlage kurz nach dem Tode Alexanders entstand. Eine mögliche Datierung des Originalgemäldes wäre also die Wende des 3./2. Jahrhunderts v. Chr. Vielleicht malte es die berühmte Helena, die einzige uns überlieferte Malerin der Antike, für den ptolemäischen Königshof in Ägypten.

Genauer lässt sich das Mosaik datieren: Es entstand um 100 v. Chr., als Pompejis Bürger sich anschickten, Römer zu werden. Und so verzichtete der Auftraggeber auf die Vergöttlichung Alexanders nach hellenistischem Vorbild und akzeptierte die Detailfehler.

Wussten Sie, dass ...

- zunächst nicht klar war, was das Mosaik in dem pompejanischen Haus zeigte? Erst ein Jahr nach der Auffindung interpretierte der italienische Forscher Antonio Niccolini die Darstellung auf dem Mosaik als Szene aus der Schlacht bei Issos.
- der namhafte Altertumswissenschaftler Ernst Robert Curtius das Alexandermosaik als königlichstes Bild der Welt bezeichnet hat?
- das Alexandermosaik aus ca. vier Millionen Steinchen besteht?

◄ Alexanders Triumph: Der mächtige Perserkönig Dareios muss der schmachvollen Niederlage ins Auge blicken und flieht Hals über Kopf in seinem Streitwagen.

▲Der mächtige Travertin-Bogen zu Ehren des Kaisers Konstantin ragt 25 Meter hoch auf und ist 7,5 Meter tief.

Was symbolisiert der Konstantinsbogen?

Der Ehrenbogen für Kaiser Konstantin ist nicht nur Denkmal für einen Herrscher, sondern auch für die historische Wende im römischen Imperium, denn mit Konstantin stieg das Christentum zur Staatsreligion auf. Das Bauwerk gilt als schönster und besterhaltener aller römischen Triumphbögen.

Warum wurde der Bogen errichtet?

Rom liebte nichts mehr als den Erfolg. Den siegreich heimkehrenden Feldherren wurden Triumphbögen errichtet, Torbauten mit Inschriften, schmückenden Reliefs und Skulpturen. Den Konstantinsbogen ließen Senat und Volk Roms um 315 n. Chr. für den Imperator Caesar Flavius Constantinus Maximus, kurz: Kaiser Konstantin den Großen (Reg. 306–337) errichten. Anlass war sein 10-jähriges Regierungsjubiläum und der entscheidende Sieg über den Mitregenten Maxentius. Der Konstantinsbogen war der letzte seiner Art, den das antike Rom aufstellen ließ.

Warum ist die Ehrung des Kaisers zwiespältig?

Weil das Imperium zu Beginn des 4. Jahrhunderts in einer schweren Krise steckte. Hatte Rom doch nicht militärisch über äußere Feinde triumphiert – der Konstantinsbogen feierte vielmehr den Sieg eines römischen Mitregenten über seinen Rivalen. Die innere Zerrissenheit war offenkundig. Auch die Ausführung des Monuments spiegelt die damaligen Verhältnisse wider: Mitten in der Stunde des größten Jubels zeichnen sich bereits die ersten Verfallserscheinungen ab.

Woher stammt das Material für den Bau des Triumphbogens?

Die meisten Reliefs der Schaufronten gehen auf ältere Denkmäler für Trajan, Hadrian und Marc Aurel zurück. Bei der Wiederverwendung hat man die Köpfe der Kaiser vielfach

Wussten Sie, dass ...

- Konstantin vor der Schlacht mit Maxentius in einer Vision das Kreuz Christi und die Worte »Unter diesem Zeichen siege!« gesehen haben soll?
- der spätere Kaiser Konstantin im Sieg über seinen Rivalen Maxentius einen Gnadenbeweis des Christengottes sah und den Christen daraufhin volle Religionsfreiheit gewährte?
- der Konstantinsbogen ursprünglich von einem Viergespann gekrönt gewesen sein soll? Diese Quadriga verschwand aber unter dem Ansturm der Völkerwanderung im 5. Jahrhundert.

Wie kam es zum Niedergang Roms?

Die Hauptstadt des Imperiums baute ihrem Kaiser einen Triumphbogen – und wurde bitter enttäuscht. Konstantin verlegte die Hauptstadt im Jahr 330 aus strategischen Gründen in das weiter östlich gelegene Byzanz, das er in Konstantinopel umbenennen ließ (heute Istanbul). Der Niedergang der ewigen Stadt am Tiber, die das Imperium einst hervorgebracht hatte, war fortan nurmehr eine Frage der Zeit.

◀ Säulen, Skulpturen und Reliefs aus unterschiedlichen Zeiten wurden für den Ehrenbogen zusammengetragen.

entfernt und durch das Bildnis Konstantins ersetzt. Aus trajanischer Zeit (98–117) stammen die vier Säulen mitsamt den Figuren im Attikabereich, die gefangene Daker darstellen, sowie die Reliefs an den Schmalseiten der Attika. An Trajans Daker-Kämpfe erinnern auch die Wandreliefs im Hauptdurchgang. Für Hadrian (117–138) waren die runden Medaillons mit Jagd- und Opferszenen angefertigt worden, die im Konstantinsbogen nun über den Seitendurchgängen zu sehen sind. Die Attikareliefs der Nord- und Südseite stammen von einem im Jahr 176 für den Kaiser Marc Aurel errichteten Triumphbogen.

Wie werden die wiederverwendeten Stücke gedeutet?

Die älteren Bildwerke könnten als Spolien (wiederverwendete Stücke älterer Monumente) gedeutet werden, deren Anbringung auf einen symbolischen Charakter hinweist. Sie spielen vielleicht auf die damals heiß ersehnte Erneuerung des Reiches an, die Konstantin bewirken sollte. Während ihn die große Inschrift in der Attika als Befreier und Friedensstifter ehrt, werden ihm ruhmreiche Vorgänger als Leitbilder zur Seite gestellt. Siegreich wie Trajan, mutig wie Hadrian und weise wie Marc Aurel soll Konstantin Macht und Ansehen des Reiches mehren.

Was zeigen die neu gefertigten Stücke?

Zu den neu angefertigten Stücken zählen diverse Bau- und Dekorationselemente: die Sockelreliefs mit Kriegsdarstellungen, die Bogenzwickel mit Siegesgöttinnen und Flussgöttern, die Medaillons mit Sonne und Mond an den Seitenwänden und die Büsten in den Nischen der Seitendurchgänge. Auch die sechs schmalen Friesreliefs über den Seitendurchgängen und an den Schmalseiten stammen aus der Zeit um 315, sie berichten von Konstantins Schlachten. Konstantin und sein Heer zogen aus Mailand ab, belagerten Verona und siegten schließlich über Konstantins Rivalen Kaiser Maxentius an der Milvischen Brücke. Danach sprach der neue Kaiser zum römischen Volk, umgeben von Senatoren und der Garde. An den Seiten der Rednerbühne erkennt man die Statuen der thronenden Kaiser Hadrian und Marc Aurel. Das Volk hört aufmerksam zu. Im Hintergrund zeichnen sich die Umrisse anderer Bauwerke auf dem Forum Romanum ab. Der Bilderreigen des Triumphbogens schließt mit einer Szene, in der Konstantin großzügig Geldgeschenke an das versammelte Volk verteilt.

◀ Kaiser Konstantin der Große als Feldherr, einst auf eine Standarte gestützt, bekleidet mit Tuniken und einem Panzer

MATER SCA DEI
SIS CAUSA SENIS REQUIEI · SIS DUCIO VITA TE QUIA
PINXIT

Kunst des Mittelalters – in der Mitte der Zeit

Der Begriff »Mittelalter« bezeichnet die Zeit zwischen Spätantike und italienischer Renaissance, zwei Epochen, die ihre Leitbilder aus der antiken Philosophie, Kunst und Architektur bezogen. Dazwischen liegen rund 1000 Jahre! Doch dieses Jahrtausend ist mehr als ein »Dazwischen«, mehr als die »Mitte« zwischen zwei großen Kulturepochen, wie es der Name »Mittelalter« andeutet, es ist eine Epoche mit vielfältigen künstlerischen Entwicklungen. Weder war dieses Jahrtausend so barbarisch und »finster«, wie es die Renaissance in Abkehr vom Alten, Gewesenen darstellte, noch so romantisch verklärt, wie es das 19. Jahrhundert sah.

Der Bruch nach dem Untergang des Römischen Reichs in der Völkerwanderungszeit war scharf. Der Neubeginn war zum einen vom christlichen Glauben geprägt, zum anderen von der Verlagerung der politischen Macht vom Mittelmeerraum nach Norden. Italien zehrte noch lange vom kulturellen Vorsprung als Herz des untergegangenen Römerreichs. Doch Mittel- und Westeuropa emanzipierten sich, fanden in der Gotik zu völlig authentischer künstlerischer Ausdruckskraft.

Charakteristisch für das Mittelalter war die starke Position der Städte, besonders im deutschsprachigen und oberitalienischen Raum. Aber auch in Flandern, dem neuen europäischen Wirtschaftszentrum, bildete sich eine spezielle urbane Kultur. Getragen wurde sie vom durch Handel und Gewerbe wohlhabend gewordenen Bürgertum.

Die Kunst des Mittelalters ist zuvorderst religiöse Kunst. Das Spektrum reicht vom byzantinisch beeinflussten Mosaik bis zur klösterlichen Buchmalerei, von der romanischen Steinskulptur bis zum spätgotischen Holzschnitzwerk, vom sehr intimen Andachtsbild bis zum repräsentativen Tafelbild. Trotz der stark religiösen Orientierung zeichnet sich in der Entwicklung von der Frühromanik bis zur Spätgotik eine zunehmende Verweltlichung der Kunst ab. War sie zunächst ganz der Heilsgeschichte verpflichtet, so wurden allmählich Erzählfreude und Individualität kunstbestimmend.

◀ Mit seiner »Maestà« schuf Duccio di Buoninsegna (1255-1319) ein Meisterwerk der mittelalterlichen Malerei (hier »Maria mit Kind«, auf der Vorderseite des Altarbildes).

▲Jaguarkopf am Tempel der Gottheit Quetzalcoatl, der »gefiederten Schlange«

Was bedeutet Teotihuacán?

Die Azteken stießen 500 Jahre nach dem rätselhaften Untergang der Stadt um 750 n. Chr. auf deren Überreste und gaben dem Ort den Namen »Teotihuacán« – der Ort, an dem die Götter geschaffen wurden. Zu ihrer Blütezeit um 500 n. Chr. gehörte die Metropole im Hochtal von Mexiko mit ihren Pyramiden und Palästen, mit einer Kanalisation, kilometerlangen Straßen und schätzungsweise 200 000 Einwohnern zu den größten Städten der Welt.

Die Azteken waren beeindruckt von der monumentalen, steinernen Architektur der Ruinen, die ihrer Meinung nach nur von Götterhand geschaffen worden sein konnten. Gemeint waren zweifellos die imposantesten Bauwerke der Stadt, die Sonnen- und Mondpyramide und die so genannte Zitadelle. Sie sind Teil des riesigen Zeremonialbezirks, dessen Gebäude sich von Norden nach Süden über zwei Kilometer hinziehen entlang der 45 Meter breiten *Miccaotli*, der »Straße der Toten«. Der gewaltige Ruinenkomplex vermittelt heute noch eine Vorstellung von der Macht und politischen Bedeutung der Stadt während der so genannten klassischen Epoche.

Nach welchem Plan wurde die Stadt erbaut?

Die Anlage der Stadt folgt offenbar einem schachbrettartigen Grundplan, der schon in den ersten Jahren der Siedlung festgelegt war. Damals entstanden die größten Bauwerke entlang der Straße der Toten. Im Lauf der Jahrhunderte hielten sich die Baumeister an das strikte Rastersystem. Die Hauptachse teilte die Stadt in vier Distrikte mit dem Marktplatz im Zentrum, den Tempelbezirk und die Stadtviertel mit ethnischen Gruppen oder bestimmten Handwerkszweigen.

Wie war Teotihuacán geschmückt?

Als besonderes Kennzeichen der prunkvollen Stadt Teotihuacán gelten die einzigartigen Wandmalereien. Alle bisher aufgedeckten Mauern zeigen Farbspuren. Die Künstler schmückten nicht nur Sakralgebäude, sondern auch öffentliche und private Paläste und normale Häuser. Die Bemalung reicht von einfarbigen, roten Flächen bis zu vielfarbigen Kombinationen mit figürlichen Motiven und abstrakten Ornamenten.

Was hat die Architektur der Häuser mit dem Straßenmuster zu tun?

Das rechtwinklige Straßensystem wiederholt sich in einem immer wiederkehrenden Fassadenschema bei den einzelnen Gebäuden. Dieser Baustil gilt als typisch für die Architektur Teotihuacáns. Er kombiniert eine schräge Grundmauer (*talud*) mit einem rechteckigen Element (*tablero*), das sich darüber erhebt. Für die Vergrößerung eines Bauwerks genügte es, diese Kombination beliebig oft aufeinanderzusetzen. Bis heute nimmt man das Auftreten dieses Baustils an anderen Orten in Mesoamerika – wie man das Gebiet der vorkolumbischen Hochkulturen nennt – als Beleg für den Einfluss Teotihuacáns.

Wie wohnten die Menschen?

Das typische Wohngebäude war der »Palast.« Die quadratischen oder rechteckigen einstöckigen Wohnkomplexe mit Flachdächern messen zwischen 25 x 25 und 50 x 50 Metern und sind in der Regel von einer fensterlosen Mauer umgeben. In ihrem Inneren befinden sich zahlreiche Räume, Korridore und Höfe. Im Haupthof gibt es fast immer einen eigenen Zeremonialbereich, in dessen Mitte manchmal ein Tempel steht. Die Raumgröße variiert und reicht von engen Kammern für die einfachen Leute bis zu großzügigen Räumen der Privilegierten. Häufiges Motiv der Fassadengestaltung sind vollplastische Schlangenköpfe.

Welchen Gestirnen waren die Pyramiden gewidmet?

Es gab eine Sonnen- und eine Mondpyramide. Die Sonnenpyramide im mittleren Bereich der Miccaotli mit einer Grundfläche von 222 x 225 Metern und einer Gesamthöhe von 64 Metern ist eines der gewaltigsten Bauwerke des Alten Amerika. Grabungen im Inneren der Pyramide förderten alte Mauern und Keramikfiguren aus vorklassischer Zeit zu Tage und belegen, dass die Pyramide nicht auf einem natürlichen Hügel, sondern samt Unterbau komplett von Menschenhand errichtet wurde.

Die Mondpyramide am nördlichen Abschluss der Straße der Toten misst 45 Meter Höhe bei einer Grundfläche von 130 x 163 Metern. Untersuchungen ergaben, dass der Monumentalbau eigentlich aus fünf übereinander gebauten, zwischen der Zeitenwende und 450 n. Chr. errichteten Pyramiden besteht.

Welche unterschiedlichen Funktionen hatten die Stadtviertel?

Die Gebäude entlang der Miccaotli dienten wohl vorwiegend religiösen Zeremonien, hatten aber daneben auch weltliche Funktion. Sie verbanden also wirtschaftliche, sakrale und administrative Aufgaben. Der Nachweis von Obsidianwerkstätten in der zentralen Zone verdeutlicht die Bedeutung und sakrale Anbindung dieses Handwerks. Die Töpfereien für Gebrauchskeramik etwa lagen weit entfernt von der Miccaotli. Während die Architektur grundsätzlich dem vorgegebenen Schema folgte, geben Ausgrabungen künstlerischer Artefakte Auskunft über die ethnische Vielfalt und damit die individuelle Ausprägung der einzelnen Stadtviertel.

◀ Zu den Funden in Teotihuacán zählen viele kleinere Kunstgegenstände wie diese Maske.

Wussten Sie, dass …

- es in Teotihuacán eine Art Verkehrszeichen gab? Das waren an Wänden angebrachte Logogramme, die von Menschen unterschiedlicher Sprachen verstanden wurden.
- im Zentrum der Zitadelle in Teotihuacán auch die Maya Spuren hinterließen? Archäologen fanden Hinweise auf die Maya in der Keramik und einigen Details von Wandmalereien.

◀ Die Ruinen der Sonnenpyramide beherrschen den heiligen Bezirk der Stadt.

▲Ansicht der Hagia Sophia von Süden – die Minarette zeugen von der jahrhundertelangen Nutzung der Kirche als Moschee.

Was heißt Hagia Sophia?

Die 532 bis 537 erbaute Haupt- und Krönungskirche des Oströmischen Reiches war der heiligen Weisheit geweiht, griechisch *hagia sophia*. Das Gebäude spiegelt die politische Geschichte der einstigen Hauptstadt Konstantinopel – heute Istanbul – wider.

Was war der Ikonoklasmus?

Dem Ikonoklasmus (der Begriff leitet sich ab von griechisch *eikon* für Bild sowie *kloein* für zerstören) oder Bildersturm fiel in der Hagia Sophia ein Großteil der frühbyzantinischen Tafelbilder, Mosaiken und Fresken zum Opfer. Dazu zählen Darstellungen von Christus als Weltenherrscher in der Kuppel und von zwei der Seraphim in den Hängezwickeln darunter. Der Bilderstreit basiert auf dem 726 von Kaiser Leon III. ausgesprochenen und von seinen Anhängern vehement durchgesetzten Verbot der Bilderverehrung. Es wurde erst 787 nach der Thronbesteigung Kaiserin Irenes wieder außer Kraft gesetzt und lebte kurzfristig im 9. Jahrhundert noch einmal auf.

War der Standort der Kirche schon früher bebaut?

Ja, an der Stelle entstand bereits unter Konstantin dem Großen (Reg. 306–337) eine erste Kirche. Sie fiel den Zerstörungen im Nika-Aufstand 532 zum Opfer. Kaiser Justinian I. (Reg. 527–565) ließ daraufhin von den Architekten Anthemios von Tralles und Isidor von Milet einen Neubau errichten. Schon kurz nach der Weihe im Jahr 537 erwies sich dessen flaches Kuppelgewölbe als nicht tragfähig und stürzte bei einem Erdbeben 538 ein. 563 wurde eine neue Kuppel mit höherer Wölbung eingezogen.

Welche Wandlungen erlebte die Hagia Sophia?

Einen großen Einschnitt bedeutete die Eroberung Konstantinopels 1453 durch die Türken: Nun wurde aus der christlichen Kirche eine Moschee. Später kamen zahlreiche Anbauten hinzu, die vor allem die äußere Erscheinung veränderten. Die wenigen Eingriffe im Innern dienten hauptsächlich kultischen Zwecken, etwa die nach Mekka ausgerichtete Gebetsnische (Mihrab) in der Hauptapsis, die Sultan Süleiman II. der Prächtige (Reg. 1520 bis 1566) stiftete. Ein weiteres Erdbeben im Jahr 1894 zerstörte etliche der alten Mosaiken. Im Jahre 1934 wandelte sich der Zweck des Baus noch einmal. Aus dem Sakralbau wurde nun ein profanes Museum.

Was kennzeichnet den Kirchenraum?

Die Hagia Sophia vereint das Prinzip des Richtungsbaus (Langhaus mit Hauptschiff und Seitenschiffen) mit dem eines überkuppelten Zentralbaus – ein Gedanke, der von der byzantinischen und frühchristlichen Architektur bis in die Renaissance und den Barock weiterentwickelt werden sollte. Die Genialität der Erfindung liegt in der Qualität des Raums und seiner Anmutung, die unwiederholt und ohne Nachfolge bleiben sollte.

Hat man die verschiedenen Vorräume der Kirche durchschritten – ein (heute zum größten Teil zerstörtes) säulenumstandenes Atrium, eine äußere und eine innere Vorhalle (Narthex) –, betritt man den Hauptraum. Er bildet faktisch einen überkuppelten Saal mit quer zu ihm gesetzten kleineren Räumen. Für den Eindruck bestimmend ist jedoch die mächtige Hauptkuppel mit einem Durchmesser von 33 Metern und einer Scheitelhöhe von 56 Metern. Ihre gewaltigen Schubkräfte werden in der Längsachse auf je zwei Halb- und drei (bzw. zwei) Nebenkuppeln abgeleitet. Doppelstöckige Arkaden bilden den Übergang vom Kuppelraum zu den angrenzenden Seitenräumen.

Die gewaltige Leistung der Baumeister bestand darin, die tragenden massiven Pfeiler der Kuppel so geschickt in die Wandmassen einzubinden, dass sie als solche kaum erkennbar sind. Stattdessen wirkt es, als ob der innere Kuppelraum von einem hinter den Arkaden liegenden, äußeren Raum umschlossen wäre. Die Kuppel schließlich scheint über spielerisch durchbrochenen und durchfensterten Wänden zu schweben – bedenkt man die Monumentalität der Anlage und ihre Entstehungszeit, das 6. Jahrhundert, ein nicht nur in technischer Hinsicht höchst beeindruckendes Raumerlebnis.

Aus welcher Zeit stammen die Mosaiken und was zeigen sie?

Von der ursprünglichen Ausstattung fiel das meiste dem Bildersturm im 8. Jahrhundert zum Opfer, ein Großteil der Mosaiken stammt aus späterer Zeit. Viele zeigen Darstellungen der jeweiligen Kaiser, in deren Regierungszeit die Erneuerungen fielen (so etwa Kaiser Leon VI., vor Christus kniend, im inneren Narthex, um 900).

Thema des Widmungsmosaiks aus dem 10. Jahrhundert über der südlichen Narthextür ist die Stiftung der Kirche: Der thronenden Muttergottes werden von Kaiser Konstantin und Justinian Modelle von Stadt und Kirche dargebracht. Auch auf den Emporen sind noch Reste alter Mosaiken zu erkennen.

Wer ist auf den Mosaiken der Apsis abgebildet?

Das Halbrund der Kuppel zeigt die thronende Muttergottes mit kaiserlich gewandetem Kind, flankiert von den Erzengeln Gabriel (rechts) und Michael (links) schräg darunter an den Wänden des Altarraums. Der ursprüngliche Mosaikschmuck in der Apsis wurde zerstört, jedoch unmittelbar nach dem Bildersturm wiederhergestellt (um 867).

Wussten Sie, dass …

- die acht grünen Marmorsäulen der Arkadenreihe im Erdgeschoss vom Tempel der Artemis in Ephesos stammen sollen?
- die vier Porphyrsäulen in den seitlichen Apsiden wohl aus dem Jupitertempel in Heliopolis (heute Baalbek im Libanon) als Symbol der Überlegenheit des Christentums über die heidnischen Kulte herbeigeschafft wurden?
- die Mosaiken wegen des islamischen Bilderverbots nach der Umgestaltung zur Moschee unter Putz lagen?

▼Das lichtdurchflutete, riesige Kuppelquadrat im Inneren mit den Rundschilden des 17. Jahrhunderts, die Kalifen und Koranverse nennen

▲Die Höhlen von Ajanta mit ihren üppigen Dekorationen gehören zu den eindrucksvollsten Zeugnissen des Buddhismus in Indien.

Wie kam es zur Entdeckung der Höhlen?

Offiziere der britischen Kolonialarmee stießen bei einer Tigerjagd 1819 zufällig auf den Höhlenkomplex von Ajanta. Damals waren die Höhlen, die einst buddhistischen Mönchen als Kloster und Tempel gedient hatten, bereits seit einem Jahrtausend verlassen. Überwältigt standen nun die Offiziere vor der Pracht und der Fülle der monumentalen Wandmalereien, Reliefs und Skulpturen. Seit 1983 gehören die Höhlen im indischen Bundesstaat Maharashtra zum UNESCO-Weltkulturerbe.

Wann entstanden Höhlen und Kunstwerke?

Die ersten Höhlen wurden im 2. und 1. Jahrhundert v. Chr. in die steilen Felswände über dem Fluss Wagora geschlagen. Eine mühsame Arbeit, aber die schwindelnde Höhe bot den Mönchen während des Monsuns Schutz vor Überschwemmungen. In einer zweiten Periode, zwischen dem 5. und dem 7. Jahrhundert n. Chr., kam es zu einer wesentlichen Erweiterung. Diese hauptsächlich in der Gupta-Zeit, 320 n. Chr. bis um 500 n. Chr., entstandenen Kulthöhlen bilden den größten und imposantesten Teil der Anlage.

In die Zeit der Gupta-Dynastie fällt die klassische Epoche der altindischen Malerei. Der hohe Entwicklungsstand der Freskotechnik zeigt sich deutlich in der unvollendeten Höhle 2 von Ajanta: Zwei Schichten aus gemagertem Ton wurden auf den Fels aufgetragen und dann mit einer feinen, glatten Lehmschicht bedeckt. Auf den feuchten Putz wurden zunächst die Umrisse der Figuren mit rotem Hämatitpulver skizziert, mit fünf verschiedenen Farben ausgemalt und abschließend die trockenen Wände glänzend poliert.

Was zeigen die Bilder?

Das reiche Bildprogramm der Höhlen von Ajanta erzählt von Buddha und seinen früheren Existenzen. Breiten Raum nehmen Szenen aus dem luxuriösen, sehr weltlichen Leben des Prinzen Siddharta Gautama ein. Ein anderes zentrales Motiv ist Siddharta als Bodhisattva, der, unter dem Bodhi-Baum sitzend, den richtigen Weg zur Erlösung erfährt und zum Buddha, dem Erleuchteten, wird. Die Malereien sind ein gutes Beispiel für das breite Motivrepertoire der klassischen Epoche.

Wo befinden sich ähnliche Höhlen?

Die Weiterentwicklung der religiösen Kunst Indiens lässt sich im Höhlenkomplex von Ellora studieren, das wie Ajanta im Bundesstaat Maharashtra liegt und ebenfalls zum UNESCO-Weltkulturerbe gehört. Die in den Fels gehauenen Klöster und Tempel von Ellora stammen aus der Zeit vom 5. bis 13. Jahrhundert, sind also jünger als die von Ajanta und zeigen einige der bedeutendsten Kunstwerke der Chalukya-Epoche (6./7. Jh.). Neben buddhistischen und hinduistischen Anlagen – herausragend der Dumnar-Lena-Tempel – finden sich hier auch Heiligtümer des Jinismus, einer extrem asketischen Religion, die im 5. Jahrhundert v. Chr. in Indien begründet wurde.

Welche Stilelemente zeigt die klassische Malerei?

Im Stil zeichnet sich die klassische Malerei durch feine Wiedergabe der Details aus, eine stärkere Betonung der Umrisslinie und geschickte Überschneidungen der Motive, mit denen räumliche Tiefenwirkung erzielt wird. Die Männer sind kraftvoll, die Frauen üppig dargestellt, ihre Gesten wirken sehr gefühlsbetont. Hervorstechendes Merkmal der klassischen Malerei sind die Augenpartien der Personen. Deutlich zeigen sich diese Stilmerkmale am großen Bodhisattva aus der Höhle 1.

Welche Art von Heiligtum finden wir in Ajanta?

Die Höhlenanlage von Ajanta ist ein Heiligtum des Mahayana-Buddhismus, der im 1. Jahrhundert v. Chr. aufkam und den Bodhisattva nicht, wie im frühen Buddhismus, als Menschen sieht, der nach Erleuchtung strebt, sondern als einen bereits Erleuchteten. Aufgrund seines Mitleids verzichtet er jedoch auf den sofortigen Eintritt ins Nirvana, um alle anderen Wesen zu erlösen.

Was ist die bedeutendste Figur in den Höhlenmalereien von Ajanta?

Das ist ohne Zweifel der barmherzig-erlösende Bodhisattva Padmapani in Höhle 1, einem Vihara (Mönchszellentrakt) aus dem 6. Jahrhundert n. Chr. Er ist dargestellt in höfischer Tracht, mit Halsschmuck, langen Locken, feinem Gewand und einer prächtigen Krone. Der Körper ist in hellen Tönen leicht modelliert, wirkt jedoch nicht feminin. Die helle Hautfarbe zeigt die vornehme Herkunft des Prinzen, auch die graziöse Körperhaltung der Figur verrät Eleganz. Zwischen den manieristisch gespreizten Fingern der rechten Hand hält er eine Blüte. Doch der meditative Gesichtsausdruck lässt daran zweifeln, dass der Bodhisattva die diesseitige Existenz der Blume überhaupt wahrnimmt. Der Eindruck der Entrücktheit wird gefördert durch die – in typischer Art der Epoche gezeichneten – Augen, deren Lider tief über den Augapfel gezogen und durch einen Lidstrich verlängert sind. Die Schminke lässt die Augen noch schmaler und länger erscheinen. Die natürlichen Brauen sind rasiert und oberhalb der Brauenpartie in kühnem Schwung aufgemalt.

Wussten Sie, dass …

- sich die Gestalt des barmherzigen Bodhisattva in Höhle 1 harmonisch in eine paradiesische Felsenlandschaft einfügt? Affen, Pfauen und verschiedene Fabelwesen bevölkern die Szene.
- ein ganzer Hofstaat mit üppigen, reich geschmückten Schönheiten inmitten traumhafter Szenerien den faszinierenden Gesamteindruck vervollständigt?

◀ Religiöse Entrücktheit gepaart mit höchster künstlerischer Eleganz – der große Bodhisattva aus dem 6. Jahrhundert in der Höhle 1 von Ajanta

Wer ließ den Felsendom erbauen?

Bauherr des im Jahr 691 fertig gestellten Felsendoms war der Kalif Abd Al Malik (Reg. 685–705). Er gehörte dem Geschlecht der Omajjaden an, der ersten Kalifendynastie, die in Damaskus residierte. Die Omajjaden dehnten das Islamische Reich nach Nordafrika, Turkistan, Pandschab und Spanien aus und wussten ihre Macht gegen andere muslimische Herrscher zu verteidigen. So beseitigte Abd Al Malik den Gegenkalifen in Mekka, um die Einheit des Reiches wiederherzustellen.

Mit dem Bau des Felsendoms auf dem Tempelberg schuf er ein Symbol für den Triumph des Islams. Indem er den »Heiligen Felsen« der älteren biblischen Überlieferung für den Islam in Anspruch nahm, behauptete er die Überlegenheit der neuen Religion.

Wie ist der Innenraum des Heiligtums gestaltet?

Der Felsendom ist der älteste weitgehend im Originalzustand erhaltene Sakralbau des Islams. Zwar erfolgten vor allem in osmanischer Zeit einige Umbauten und Restaurationen, bei denen die Fassadenmosaiken zerstört wurden. Der Ausgestaltung des Inneren jedoch, und ihr gebührt höchste Aufmerksamkeit, blieb der spätantik-byzantinische Charakter erhalten. So sind die Wandfläche

▲In kühlem Blau schimmert die prachtvolle Mosaikfassade, die mit arabischen Schriftzeichen sowie kleinteiligen Mustern geschmückt ist.

Warum ist der Felsendom ein heiliger Ort für Juden und Muslime?

Einst stand der Tempel des Königs Salomo an diesem Ort – einem heiligen Ort. Denn der Fels, über dem sich heute der achteckige Kuppelbau erhebt, gilt den Juden als die Stätte, an der Abraham sich anschickte, seinen Sohn Isaak zu opfern. Nach islamischem Glauben ist von diesem Felsen der Prophet Mohammed in den Himmel aufgefahren. So gehört der Felsendom, nach Mekka und Medina, traditionell zu den bedeutendsten Pilgerstätten der Muslime. Erst 1855 wurde auch Andersgläubigen der Zutritt erlaubt.

▶Der Felsendom gehört zu den bedeutendsten Pilgerstätten des Islams.

im mittleren Kuppelraum bis zum Ansatz der Kuppel sowie die Bögen des Umgangsbereichs mit prächtigen Mosaiken aus der Erbauungszeit geschmückt: Auf dem vergoldeten Grund erhebt sich ein üppiges Dekor aus Ranken, Akanthusblättern und Palmetten. Die Ranken, die aus kostbaren, mit Edelsteinen verzierten Gefäßen herauswachsen, bedecken mit ihren schwungvollen Einrollungen die Flächen. Diese Bildwerke werden von aneinandergereihten, mit Edelsteinen geschmückten Medaillons umrahmt. Zwischen den einzelnen Pflanzenmotiven finden sich alte Herrschaftssymbole wie Kronen, Halsschmuck und Ohrringe, die ebenfalls als Mosaik gestaltet und mit ausgesucht wertvollen Steinen besetzt sind.

Was erzählen die Inschriften?

Die umlaufenden Inschriften, die neben den Mosaiken zur Innenausstattung des Felsendoms zählen, zitieren Passagen aus dem Koran. Die Auswahl der Suren bezieht sich dabei hauptsächlich auf die kompromisslose Eingottlehre des Islams und ihre Abgrenzung gegen andere Gottesvorstellungen. Zudem demonstrieren die Inschriften die hohe Wertschätzung, die im Islam dem Wort zukommt, das deutlich über das Bild gestellt wird. Daraus entwickelten sich die Verwendung von Schrift und Schriftsymbolen in der Dekoration sowie die wesentliche Rolle, die die Kalligrafie, die Schönschreibekunst, in der islamischen Kultur spielt.

Welche künstlerischen Einflüsse sind im Felsendom erkennbar?

Ein Charakteristikum der Frühphase islamischer Kunst ist die Orientierung an der überlieferten antiken Kunst. So kann die Ausgestaltung des Felsendoms ihre byzantinischen, altpersischen, vor allem auch griechisch-römischen Vorbilder nicht verleugnen. Symmetrisch aufgebaute, fächerförmige Pflanzenmotive wurden in der antiken Kunst des Mittelmeerraums häufig verwendet. Aus dem Byzantinischen Reich und dem persischen Sassaniden-Reich hat man als dekorative Elemente den Schmuck, die Gefäße, die Kronen, die Medaillons und das Doppelflügel-Motiv entlehnt.

◄Die Kuppel über dem heiligen Felsen glänzt auch im Inneren in kostbarem Gold.

Die frühe islamische Kunst hat ihre Vorbilder aber nicht einfach nur kopiert, sondern eigenständig fortentwickelt. Die Palmette beispielsweise zeigt sich im Felsendom ins Monumentale übersteigert, wobei sie in der Form entweder dem »klassischen« Vorbild folgt oder als innovative Mischform mit aufsteigenden Blattranken gestaltet ist.

Warum gibt es keine Darstellungen von Mensch und Tier?

Am völligen Fehlen der Darstellung von Mensch und Tier, wie sie in zeitgleichen Mosaiken der spätantik-byzantinischen Welt selbstverständlich ist, wird die im Islam prinzipielle Ablehnung des Kultbildes deutlich. Die islamische Kunst ist ja wesentlich von der Religion und ihren Gesetzen und Prinzipien bestimmt. Deshalb mussten künstlerische Vorbilder, die man von alten Kulturen übernahm, an die neue Religion angepasst werden.

Welche Bedeutung hat das üppige Pflanzendekor?

Das in der üppigen Pflanzendarstellung versteckte inhaltliche Weiterleben der antiken Lebensbaum- und Paradiessymbolik macht dem Gläubigen auch islamische Vorstellungen vom Paradies als immergrünem Ort anschaulich. Die Übernahme der Kunstform des Mosaiks an sich, der Machtsymbole aus der byzantinischen und altorientalischen Kultur symbolisiert deren Überwindung durch den Islam und den Anbruch einer neuen Zeit.

Wussten Sie, dass ...

- den Schöpfern der Mosaiken unter Umständen die Symbolik der überlieferten alten Motive gar nicht bewusst war? So steht die Weinranke in der griechischen Antike für den Vegetationsgott Dionysos, der seine Anhänger in orgiastischen Taumel versetzte – ein Zustand, den der Islam ablehnt.

▲Die im 9. Jahrhundert errichtete Capilla de Villaviciosa war ursprünglich die Gebetsnische (Mihrab) der Moschee.

Was macht die Moschee so besonders?

Die Freitagsmoschee im andalusischen Córdoba gilt als eindrucksvollstes Zeugnis islamischer Architektur in Spanien. Mit ihren stattlichen Ausmaßen von 178 x 128 Metern ist sie die drittgrößte Moschee der islamischen Welt und hat alle späteren Raubzüge und Eroberungen nahezu unbeschadet überstanden.

Fast 800 Jahre lang, von 711 bis 1492, herrschte der Islam im Südwesten Europas. In seiner Blütezeit vom 8. bis 10. Jahrhundert nahm das islamische Spanien den größten Teil der Iberischen Halbinsel ein. Nördlich davon hatten Christen ein kleines asturisch-galizisches Königreich gegründet, von wo aus sie neidvoll auf das reiche islamische Spanien blickten. Dessen politisches und kulturelles Zentrum war im 10. Jahrhundert Córdoba, mit rund 500 000 Einwohnern die größte Stadt im westlichen Mittelmeerraum und neben Bagdad die Metropole der islamischen Welt.

Wer ließ die Moschee erbauen?

Die Moschee hatte mehrere Bauherren. Zunächst hatten die islamischen Eroberer nach dem Sieg über die Westgoten im 8. Jahrhundert Córdoba zur Residenzstadt ausgebaut. Emir Abd ar-Rahman I., der Al-Andalus zu einem mächtigen und reichen Staat machte, ließ ab 785 in Córdobas Zentrum eine neue Moschee errichten. Er wollte damit der Herrschaft seiner Dynastie und der wachsenden islamischen Bevölkerung ein religiöses Zentrum geben. Spätere Herrscher wie Mohammed I., Abd ar-Rahman III., Al-Hakem II. und Almansor vergrößerten das Bauwerk, bis es schließlich zu einem gewaltigen Moscheebezirk von 23 400 Quadratmetern herangewachsen war.

Welche Wirkung erzielt die Architektur?

Der schlichte Außenbau mit seinen zwölf Meter hohen Mauern gleicht einer Festung. Künstlerische Akzente setzen mehrere Portale entlang der Ost- und Westflanke. Hervorzuhe-

Wie gingen die Christen mit dem Zeugnis islamischer Baukunst um?

Selbst die christlichen Herrscher, die Córdoba 1236 erobern konnten, bewunderten die islamische Moschee. Anders die Domherren von Córdoba, die inmitten des Gebetsraumes ein mittelmäßiges Gotteshaus im Stil der Spätgotik errichten ließen. Kaiser Karl V. hatte ihnen – in Unkenntnis der Situation – seinen Segen gegeben. Als er später den brachialen Eingriff persönlich in Augenschein nahm, soll er ausgerufen haben: »Hätte ich gewusst, was das hier war, ich hätte nie gewagt, den alten Bau anzutasten. Ihr habt zerstört, was in der Welt einmalig war und etwas hingestellt, was man überall sehen kann!«

ben ist die reiche Dekoration der Puerta del Palacio, deren Tor von einem kühn geschwungenen Hufeisenbogen bekrönt und von verblendeten und filigran vergitterten Fenstern sowie Blendarkaden eingefasst wird. Besonders reizvoll ist das Wechselspiel von rotem Ziegel und sandfarbenem Gestein. Im Patio de los Naranjos, dem Moscheevorplatz innerhalb der Mauern, standen einst Zypressen, Lorbeer- und Olivenbäume. Daneben gab es auch Brunnen, da das Areal den rituellen Reinigungsbädern vorbehalten war. Der Überlieferung nach ließ erst der christliche König Alfons X. hier Orangenbäume anpflanzen. Der heute steil aufragende Glockenturm ist ein barocker Umbau des Minaretts, das unter den Mauren im 10. Jahrhundert errichtet worden war.

Was gliedert den Innenraum?

Im Inneren der Moschee empfängt ein Wald aus dicht beieinanderstehenden Säulen den Besucher. Die 860 schlanken, schwerelos wirkenden Säulen sind größtenteils antikrömischen Ursprungs. Auf ihnen lasten die so genannten Kämpferblöcke. Sie dienen sowohl den Hufeisenbögen, die zu den benachbarten Stützen überleiten, als auch den aufragenden Pfeilern als Basis. Diese bilden ein oberes, von Halbkreisbögen bestimmtes »Stockwerk« aus, dessen Farbenspiel den Blick immer wieder auf sich zieht. Der älteste Bauabschnitt aus der Zeit Abd ar-Rahmans I. erstreckt sich über den nordwestlichen Teil der Gebetshalle und nahm einst elf Schiffe ein. Die Säulen schimmern rosafarben und blaugrau, die Keilsteine der Bögen setzen mit dem Wechsel aus rotem Ziegel und sandfarbenem Haustein optische Akzente. Der Mihrab (die Gebetsnische) des ersten Erweiterungsbaus aus dem 9. Jahrhundert hat sich in Gestalt der Capilla de Villaviciosa als eine der schönsten Raumschöpfungen der Moschee erhalten. Eine Rippenkuppel bekrönt die verzierten Schauwände mit ihren Vielpassbögen.

Wodurch zeichnet sich der Erweiterungsbau aus?

Durch seine hohe künstlerische Qualität. Der im Südwesten anschließende Erweiterungsbau erfolgte ab 961 unter Al-Hakem II. Sein Prunkstück ist ein zweiter Mihrab in Gestalt einer tiefen Nische mit muschelförmiger Kuppel, die je fünf quadratische Räume flankieren. Ausgezeichnet wird der Bereich durch eine zur Gebetshalle hin mit blauen und goldenen Mosaiken geschmückte Prachtfassade. Die Inschriften zitieren Koranverse und rühmen Al-Hakem II. Nicht minder aufwendig ist der Vorraum gestaltet, der aus ineinander verflochtenen Streben besteht. Ihn zieren Vielpassbögen sowie eine dünne Haut aus filigranem Stuckdekor. Die aus Bogenrippen gebildete Kuppel ist reich mit Mosaiken besetzt.

Wussten Sie, dass ...

- Córdoba 169 v. Chr. von den Römern besetzt und im 3. Jahrhundert n. Chr. Bischofssitz wurde?
- an der Stelle, wo heute die Moschee ihre Pracht entfaltet, zuvor schon ein römischer Tempel sowie eine christliche Kathedrale stand?
- die beeindruckenden Säulen des Inneren aus Jaspis, Onyx, Granit und Marmor bestehen?
- Córdoba 1236 von den Christen zurückerobert wurde? Nur dem Geldmangel ist es zu verdanken, dass den Umbauplänen der neuen Herrscher nicht mehr zum Opfer fiel.

◄ Faszinierend und geheimnisvoll wirkt der riesige »Säulenhain« im Inneren mit dem unzählige Male wiederholten Stützmotiv.

▲Das Oktogon mit den antiken Säulen als Würdemotiv spiegelt den Anspruch Karls des Großen als Kaiser eines »neuen Rom«.

Wo verbirgt sich die Pfalzkapelle?

Im Aachener Münster. Von außen lässt sich der Kern dieses Bauwerks unter den Anbauten der Jahrhunderte kaum erkennen. Im Inneren öffnet sich jedoch ein über die Zeiten kaum veränderter Raum von epochaler geschichtlicher und kunstgeschichtlicher Bedeutung: die Pfalzkapelle Karls des Großen.

Wie ist der Raum gebaut?

Die Pfalzkapelle ist ein steiler, achteckiger Zentralbau. Er wird auf zwei Geschossen von einem sechzehneckigen Umgang umschlossen und von einem Klostergewölbe überspannt. Der Kernraum des Oktogons (Achtecks) ist ein Arkadenraum, das heißt, er öffnet sich zu den Umgängen mit Rundbögen. Das niedrige, untere Geschoss erscheint wie ein Sockel für das höhere darüber, das dem Kaiser und seinem Gefolge vorbehalten war und daher besonders ausgezeichnet ist.

Die einst vergoldeten Bronzegitter des Obergeschosses stammen aus der Erbauungszeit. Im Osten schloss sich das zweigeschossige Altarhaus mit den Altären für Christus und Maria an. Im Westen ist der Bau mit der Kaiserempore vorgelagert. Der Königs- und Krönungsthron des Reiches steht noch heute auf dem westlichen Umgang vor der Kaiserempore, mit direkter Sicht auf das gegenüberliegende Altarhaus. Vor dem Westbau der Kirche, der eine riesige Rundbogennische für den Kaiser aufwies, erstreckte sich der für feierliche Anlässe benutzte Vorhof, das Atrium.

Warum steht die Kapelle in Aachen?

In Aachen sollte erstmals ein festes Zentrum für das fränkische Reich entstehen: ein zweites Rom in Rivalität mit dem oströmischen Byzanz. Als Architekt der Kapelle, dem Mittelpunkt der neuen Pfalz, wird Odo von Metz genannt. Das entscheidende Vorbild war die Kirche San Vitale in Ravenna, die Karl aus eigener Anschauung kannte und schätzte. Dieser doppelgeschossige Zentralbau entstand unter byzantinischer Herrschaft im zweiten

Was bewahrte die Kapelle vor Umbauten und Veränderungen?

Mit der Bestattung des am 28. Januar 814 verstorbenen Karl des Großen wurde die Pfalzkapelle zur Grabeskirche. Vom 9. bis zum 11. Jahrhundert wurden im Reich aus ideologischen Gründen viele Kirchen errichtet, deren Formen sich an der Pfalzkapelle orientierten. Nachdem sich Otto der Große 936 in Aachen zum deutschen König krönen ließ, wurde Aachen Krönungsstätte. Die Bedeutung der Kapelle erklärt, dass sie kaum verändert, sondern nur durch Anbauten ergänzt und mit Kostbarkeiten beschenkt wurde. Um Karl den Großen entwickelte sich ein Kult, der bis zu seiner Ernennung zum Staatsheiligen führte.

◀ Das mit Edelsteinen besetzte Büstenreliquiar Karls des Großen (14. Jh.) ist ein Meisterwerk gotischer Goldschmiedekunst; Aachen, Domschatzkammer.

Viertel des 6. Jahrhunderts und ist heute noch für seine Mosaiken berühmt, die unter anderem den byzantinischen Kaiser Justinian und seine Frau Theodora zeigen.

Wussten Sie, dass ...

- die Bezeichnung »Kapelle« ihren Ursprung in Aachen hat? Der Begriff *capella* bezeichnete den Mantel des heiligen Martin; die Reliquie war im Besitz der fränkischen Könige.
- im Aachener Dom Reliquien wie das Lendentuch Christi, das Kleid Mariens sowie das Enthauptungstuch Johannes' des Täufers aufbewahrt werden?

Was verbindet die Kapelle mit ihrem Vorbild?

Hier wie dort handelt es sich um ein Oktogon mit Umgang, Empore und Obergaden (der durchfensterte obere Anschluss), mit Arkaden und Säulenstellungen sowie einer Wölbung. Einiges unterscheidet jedoch die beiden Bauten. So steht die Steilheit und Kantigkeit des Baus im deutlichen Gegensatz zu San Vitales Architektur. Vor allem aber gilt es zu beachten, wie der Architekt die Säulen aus Porphyr und Granit mit ihren Marmorkapitellen präsentierte, die eigens aus Ravenna und Rom herbeigeschafft wurden. Die kostbaren kaiserlich-antiken Materialien stehen für die Idee des »neuen Rom« und Karls Anspruch einer Legitimation in Anknüpfung an das antike Kaisertum. Übrigens verzichtete der Architekt auf die in San Vitale ausschwingenden Arkaden der Oktogonkompartimente wohl, um die Säulen besser zur Geltung zu bringen.

Welche technischen Mittel setzten die Erbauer ein?

Die Kapelle war der erste gewölbte Großbau nördlich der Alpen seit der Antike. Er entstand in einer völlig neuen Technik, bei der man sich erstmals einer Ringkonstruktion aus Eisen bediente. Die antikisch gestalteten, bronzenen Emporengitter und Türen wurden gegossen: Zum ersten Mal seit der Antike kam diese Technik in Aachen wieder zur Anwendung. Neu war der Westbau mit der Thronanlage, der große Nachfolge finden sollte. Die Pfalzkapelle steht schließlich am Beginn einer langen Reihe zweigeschossiger Hofkapellen im mittelalterlichen Abendland.

▼ Der schlichte Marmorthron Karls des Großen steht bis heute auf der Empore der kaiserlichen Grabeskirche.

▲Vor allem wegen seiner erotischen Figuren bekannt: der Kandariyo-Mahadeva-Tempel, Khajuraho, Madhya Pradesh, Indien.

Warum stehen so viele Tempel an einem Ort?

Khajuraho, das alte Kharjjuravahaka, war einst Hauptstadt einer der mächtigen Dynastien ihrer Zeit, der Chandella. Die Tempel entstanden zwischen dem 9. und 12. Jahrhundert n. Chr. Von den etwa 80 Heiligtümern sind heute nurmehr rund 30 Tempel und Schreine erhalten, davon einige nur noch als Ruinen. Die bewahrten Heiligtümer können jedoch als beste und spektakulärste Beispiele der sakralen Architektur Indiens im nördlichen Stil gelten – von welchem sie sich allerdings durch eigene Charakteristika unterscheiden.

Wie gliedert sich der Tempel?

Der Gläubige betritt den Tempel von Osten durch einen Eingangsraum (*ardhamandapa*) und einen Vorraum (*mandapa*). Aus dem Versammlungsraum (*mahamandapa*) führt ein Vestibül (*antarala*) in das Allerheiligste (*garbhagrha*); alle Räume liegen auf einer Achse. Die Gläubigen verehren das garbhagrha von einem Wandelgang auf dem Umgangskorridor (*pradakshina*) aus. Über allen Bauteilen des Tempels ragen immer höhere Türme auf, die – nach dem Willen der Erbauer – wie Himalaya-Gipfel erscheinen sollen.

Der Bau steht auf einer hohen Plattform, von der fast senkrecht die Architektur aufragt, zuweilen unterbrochen durch Fenster, Balustraden und Balkone sowie rundum von waagerechten Reliefbändern überzogen. Die darüberliegenden Dächer werden ebenfalls durch Reliefwerk in horizontale Streifen gegliedert. Die Dächer erhalten ihre charakteristische Form durch viele Nebentürme und -türmchen, die dicht beieinanderstehen.

Haben die erotischen Figuren eine religiöse Dimension?

Die Darstellung von Liebespaaren ist ein bedeutender Aspekt der im Hinduismus tief verwurzelten Fruchtbarkeitskulte. In der sexuellen Ekstase wird das Göttliche und damit das eigentliche Ziel eines jeden Lebewesens erfahren. Die Gesichter der Liebenden spiegeln hier auch nicht Lüsternheit und Erregung, sondern fast schon weltentrückte Gelassenheit wider. Die sexuelle Vereinigung ist hier kein in erster Linie körperlicher Akt, sondern eine spirituelle und damit religiöse Form der Gotteserfahrung. Von der Götterstatue im Inneren geht die Kraft aus, die sich an den Außenwänden des Tempels zum »Tanz des Lebens« steigert.

Woher kommen die Schattenspiele?

Überfordert von der Fülle der Eindrücke, orientiert sich das Auge an den Schatten, die sich über den gesamten Bau ziehen. Sie ent-

stehen dadurch, dass die Reliefs sehr tief ausgearbeitet sind. Teilweise bilden die Figuren sogar dreidimensionale Skulpturen aus.

Was stellen die vielen Skulpturen dar?

An den Tempelfassaden sieht man an entsprechender Stelle Skulpturen mit den Königen der Himmelsrichtungen sowie weibliche Gottheiten, Musikanten und Prunkprozessionen. Besonders reich wurden die Portale geschmückt. Zu beiden Seiten der Türöffnung sind hier die Flussgöttinnen dargestellt, Ganga und Yamuna, die der Tradition gemäß auf Krokodil und Schildkröte stehen. Im Gegensatz zu früheren indischen Tempeln im Gupta-Stil wurden die Tempelbauten der Chandella auch innen mit Reliefwerk geschmückt. Der berühmteste Tempel von Khajuraho ist der shivaitische Kandariya-Mahadeva vom Anfang des 11. Jahrhunderts, geschmückt mit über 600 Statuen auf seinen Außenfassaden und ausgestattet mit 200 Figuren im Inneren.

Was bedeuten die erotischen Darstellungen?

Die Bedeutung der erotischen Skulpturen an den Fassaden des Tempels ist bis heute nicht ganz geklärt. Sie zeigen sexuelle Vereinigungen, die nach europäischen Maßstäben im Bereich des Obszönen und Orgiastischen liegen. Man versucht sie mit dem Shiva-Kult oder aber mit Praktiken einer geheimen Lehre zu verbinden, des so genannten Tantra. Diese indische Erlösungslehre mit stark erotisch gefärbter, mystischer Symbolik wurde auch unter den Chandella-Königen praktiziert. Die tantrischen Praktiken haben ähnlich dem Yoga als oberstes Prinzip die Vereinigung von Körper und Geist. Hier wird dieses Ziel durch rituellen Genuss von all jenem zu erreichen versucht, das in der Askese verboten ist – darunter auch Geschlechtsverkehr. Andererseits lassen sich die Darstellungen der Liebespaare, der so genannten *mithunas*, an den Außenwänden und Umzäunungen der Heiligtümer bis in die früheren Epochen der indischen Kunst zurückverfolgen, in denen die Tantra-Lehre noch lange nicht erfunden war.

◀ Mit feiner Hand schufen indische Künstler erotische Szenen in Stein.

Wussten Sie, dass …

- sich der höchste Turm des Tempels über dem Allerheiligsten erhebt?
- die Tempel größtenteils Heiligtümer zweier hinduistischer Glaubensrichtungen – des Shivaismus und des Vishnuismus – sind?
- der hinduistische Gott Shiva noch 108 weitere Namen führt?
- einige Tempel auf die Anhänger des Jinismus zurückgehen, einer unorthodoxen Glaubensrichtung aus dem 5. Jahrhundert v. Chr.?

▼ Sockelfries im Lakshana-Tempel von Khajuraho

▲Die heutige Anlage lässt die Pracht des einstigen romanischen Benediktinerklosters kaum mehr erahnen.

Wie wurde Cluny zu einem der einflussreichsten Klöster in Europa?

Im Jahr 910 stiftete Wilhelm, Herzog von Aquitanien und Graf von Auvergne, die Abtei dem Benediktinerorden und stellte sie unter die Hoheit der Päpste. Kein geistlicher oder weltlicher Herr hatte Einfluss auf ihre internen Belange. Die Stiftungsbestimmungen ließen das Kloster bald zu einer kirchlichen Feudalmacht werden, deren Reichtum durch zahlreiche Stiftungen beständig erweitert wurde. Hinzu kamen Einkünfte aus den in ganz Europa Cluny unterstellten Klöstern, wodurch ein streng hierarchisch gegliederter Klosterverband entstand. Zu den Stiftern gehörten sogar Könige wie Alfons VI. von León und Heinrich I. von England.

Cluny entwickelte sich zum Zentrum einer Reformbewegung des gesamten abendländischen Mönchtums. Architektonischer Ausdruck dessen war die nach 1070 begonnene dritte Klosterkirche (Cluny III). Dieser gewaltige Kirchenbau stand sinnbildhaft für die weltliche Macht der Cluniazenser, der einflussreichsten Mönchskongregation im 11. und 12. Jahrhundert in Europa.

Warum rebellierte Bernhard von Clairvaux gegen die Cluniazenser?

Die gewaltigen Abmessungen von Cluny III lassen sich nicht allein durch die zunehmende Zahl von Mönchen erklären, die in der Mitte des 11. Jahrhunderts bei rund 400 lag. Vielmehr war das übersteigerte Selbstbewusstsein der Abtei Anlass genug, um alles bis dahin Erbaute zu überbieten. Das Streben nach Größe und die Entfaltung von Pracht standen in krassem Gegensatz zu der ursprünglich angestrebten strengen Einhaltung der benediktinischen Ordensregel. Der später heilig gesprochene Bernhard von Clairvaux kritisierte die cluniazensischen Kirchen heftig und gründete als Reaktion den Orden der Zisterzienser. Die Reform des Mönchtums im Sinne christlicher Armut musste schließlich von Cluny an die Zisterzienser abgegeben werden.

◀ An die feierliche Weihe des Chors von Cluny III im Jahr 1095 erinnert diese Miniatur – links Papst Urban II. mit seinem Gefolge, rechts der Klosterabt und die Mönche.

Wie sahen die Vorgängerbauten aus?

Über die erste Kirche von Cluny ist nur bekannt, dass es sich um eine 915 geweihte steinerne Saalkirche handelte. Bereits kurz darauf begann man mit einem ehrgeizigeren Projekt. Die zweite Kirche des Klosters war spätestens seit 948 im Bau, 981 wurde sie geweiht. Man errichtete eine dreischiffige Basilika mit ausladendem Querhaus und langem dreiteiligem Chor mit gestaffelten Apsiden. Dem Langhaus war im Westen ein Atrium vorgelagert. Cluny II wurde zum Vorbild der cluniazensischen Reformbaukunst, die im Deutschen Reich vom Kloster Hirsau aus Verbreitung fand. Die Kirche wurde um 1118 für den Kreuzgang abgebrochen, Chor und Atrium blieben bis zum 18. Jahrhundert erhalten.

Welche Ausmaße hatte Cluny III?

Bis zum Neubau von Sankt Peter in Rom war die um 1088 unter Abt Hugo begonnene dritte Kirche von Cluny mit einer Länge von fast 188 Metern, einer Breite des Querschiffs von rund 74 Metern und einer Höhe des Kirchenschiffs von fast 33 Metern die größte Kirche der Christenheit. Vor dem eigentlichen Kirchenbau befand sich ein gewaltiger Narthex (Vorhalle) mit zwei massiven Türmen, das gesamte Bauwerk hatte eine Länge von fast 220 Metern. Der Ostteil der Kirche wurde durch vier große Türme nachdrücklich betont.

Das fünfschiffige, im Osten durch ein großes Querhaus abgeschlossene Langhaus bestand aus elf Jochen (Raumabschnitten). Daran schloss der Chor mit einem zweiten Querhaus an. Durch zahlreiche Apsiden und Umgangskapellen war es möglich, viele Nebenaltäre für private Stiftungen und Messen einzurichten. Erstmals fanden nun auch an einem Bauwerk dieser Größe Strebebögen zur Stabilisierung der Gewölbe Verwendung.

Der enorme Kirchenbau von Cluny III wurde 1810 im Gefolge der Französischen Revolution verkauft und abgebrochen.

Wie war der Innenraum gestaltet?

Der Aufriss des fast 30 Meter hohen Kirchenschiffs setzte sich im Inneren aus drei Zonen zusammen. Die unterste wurde von hohen Arkaden auf kreuzförmigen Pfeilern gebildet. Darüber befanden sich zwei Reihen rundbogiger Öffnungen, deren untere einen Laufgang aufnahm, während die obere Fensteröffnungen umfasste. Das Mittelschiff war mit einem Tonnengewölbe gedeckt, das Gurtbögen in einzelne Joche unterteilten.

Die korinthischen Kapitelle der Säulen folgen antiken Vorbildern. Ihre zum Teil figürliche Plastik beginnt, sich von der reliefartigen Verschmelzung der Darstellungen mit den Kapitellkernen früherer Epochen zu lösen. Nun wurden die Figuren in ihrer Körperlichkeit betont. Die Kapitelle sind ein Höhepunkt der romanischen Monumentalskulptur in Burgund.

◀ Der gewaltige Kirchenbau von Cluny III als Modell: vorne die gestaffelten Apsiden des Chors sowie das ausladende Querschiff, dahinter das riesige Langhaus und die Türme der Eingangsfassade

Wussten Sie, dass …

- Papst Urban II., der 1095 den Chor der neuen Kirche von Cluny weihte, vormals dort Prior gewesen war?
- allein der Südarm des großen Querhauses, einige Grundmauern sowie einzelne Kapitelle und andere Bauplastik vom einstmals stolzen Kirchenbau erhalten geblieben sind?

▲Die riesige Tempelanlage von Angkor Vat liegt etwa 240 Kilometer nördlich von Phnom Penh in Kambodscha.

Welches Volk erschuf den Tempel von Angkor Vat?

Das Volk der Khmer. Das größte sakrale Bauwerk der Menschheit ist der in Stein gehauene »Traum von Angkor«, der Tempelkomplex von Angkor Vat. Er ist architektonisch-künstlerischer Inbegriff eines der mächtigsten Reiche in der Geschichte Südostasiens. In ihm entfaltete sich die Hochkultur der Khmer zur vollen Blüte.

Wer beauftragte den Tempelbau?

Suryavarman II., der 1113 den Thron bestieg. Mit ihm als neuem, starkem König kehrte wieder Stabilität ein in das durch Bürgerkriege geschwächte Reich. Der Titel Suryavarman, »der Schützling Suryas« (des indischen Sonnengottes) zeugt von der Bedeutung dieses Herrschers, der die Khmer zur größten territorialen Herrschaft in der Geschichte ihres Staates führte. Er ließ in der Hauptstadt Angkor den Tempel errichten und weihte ihn Vishnu. Die Arbeiten dauerten knapp 40 Jahre, bis über den Tod des Königs im Jahre 1150 hinaus, die Ausgestaltung dauerte weitere Jahrhunderte. Die künstlerische Qualität zu Suryavarmans Zeit sollte später nie mehr erreicht werden.

Zwischen dem frühen 9. und späten 16. Jahrhundert beherrschten die indisierten Khmer weite Teile Südostasiens. Ihr Reich währte etwa 100 Jahre länger als die islamische Periode der Iberischen Halbinsel unter den Arabern und Berbern. Über Jahrhunderte war Angkor im heutigen Kambodscha politisches und kulturelles Zentrum. Von Mitte des 10. bis Mitte des 13. Jahrhunderts entwickelte sich hier der Höhepunkt der Khmer-Kultur.

Wie entwickelte sich der Bau der Tempelanlage?

Im insgesamt etwa 400 Quadratkilometer großen Gebiet von Angkor entstand in den einzelnen Herrscherperioden eine Fülle von Tempeln, von denen heute noch 72 Bauwerke erhalten sind. Die Tempel waren für die Ewigkeit gebaut: Als Baumaterial kamen Sandstein und Laterit zum Einsatz.

Die Tempelanlage, in der etwa 20 000 Menschen lebten, wurde als Stadt in der Stadt erbaut. Ein 200 Meter breiter Wassergraben umfängt einen geometrisch exakt konzipierten Gesamtkomplex. Er bedeckt eine Fläche von 1500 x 1300 Metern und weicht ein wenig von den für die Khmer-Architektur charakteristischen, axial angelegten Zentralbauten ab.

◀ Die Reliefs auf der äußeren Galerie der Tempelanlage beeindrucken noch heute mit ihren Darstellungen aus der Geschichte der Khmer.

Warum ist die Anlage noch so gut erhalten?

Über die Jahrhunderte wurde der Tempel von buddhistischen Mönchen unterhalten, wodurch sich sein vergleichsweise guter Gesamtzustand erklärt. Eine Sandsteinbrücke führt von Westen durch das Haupttor der Umfassungsmauer ins Innere der Anlage, die noch heute zwei Klöster beherbergt. Über drei ansteigende Terrassen erhebt sich das zentrale Heiligtum, das nur dem König und den Priestern zugänglich war. Es schließt auf der dritten Terrasse mit fünf Türmen ab, die Lotosblüten nachgebildet sind und das Nationalemblem Kambodschas darstellen.

Was zeigen die Reliefs?

Die äußere der beiden Pfeilergalerien, die den Tempelkern umfassen, zieren weltberühmte Flachreliefs. Sie greifen die großen Stoffe der indischen Epen auf, aber auch solche aus der Geschichte Angkors. Als in Stein gehauene Sagen und Mythen erzählen sie vom Ringen guter und böser Kräfte und erteilen Unterweisungen in altindischer Moralethik. Die Darstellungen bilden zugleich eine reiche Quelle unseres Wissens über die Kultur der Khmer und zu historischen Ereignissen. Besonders eindrucksvoll sind die Szenen mit dem königlichen Hofstaat oder die militärische Prozession Suryavarmans II. nach einem siegreichen Feldzug gegen die Cham und Siamesen, die die Macht der Khmer im Lauf der Geschichte öfter herausforderten.

Was symbolisiert die Tempelanlage?

In seiner Gesamtanlage bildet Angkor Vat entsprechend der hinduistischen Mythologie ein Abbild des Universums. So repräsentieren die Wassergräben das Urmeer, Mauern und Galerien die Gebirgsketten und das Zentralheiligtum selbst den Berg Meru, der als Wohnsitz der Götter betrachtet wird. Von diesen leiteten die Könige ihre Herkunft ab. Das Grabmal Suryavarmans II. wurde im zentralen Turm eingerichtet, beleuchtet von der untergehenden Sonne. In diesem Bauwerk ist der Geist Indiens allgegenwärtig – und eine Ahnung vom einstigen »Traum von Angkor«.

Wussten Sie, dass …

- der Name Angkor Vat in Khmer-Sanskrit »Kloster-Hauptstadt« bedeutet?
- die Häuser der Khmer Holzbauten waren, während die Tempelanlage aus Stein entstand?
- der innerste Kultraum als erster Teil des Tempels fertig gestellt werden sollte? So wurde vom Tempel des zentralen Turms aus, der die anderen vier Türme der obersten Terrasse überragt, nach außen weitergebaut.

▼ Die terrassenförmige Anlage des Tempels mit den alles überragenden Türmen im Hintergrund

▲ Von seinem erhöhten Standpunkt am nordwestlichen Chorpfeiler des Bamberger Doms blickt der unbekannte Reiter in die Ferne.

Aus welcher Zeit stammt der Bamberger Reiter?

Er stammt aus der späten Stauferzeit. Damals entstand unter Kaiser Friedrich II. auf dem Höhepunkt ritterlicher Kultur der prächtige Neubau des Domes in Bamberg. Sein Figurenschmuck zählt zu den größten Meisterwerken deutscher Kunst des 13. Jahrhunderts. Am populärsten ist der »Bamberger Reiter«.

Warum gibt die Skulptur Rätsel auf?

Es ist unklar, wen der Reiter darstellt. Weder historische Quellen noch Inschriften auf dem Kunstwerk geben Hinweise. Generationen von Kunsthistorikern bemühten sich bereits, das Rätsel um die Monumentalplastik im Georgenchor des Bamberger Domes zu lösen. Doch bis heute konnte die Frage nicht eindeutig beantwortet werden: Wer ist der Reiter?

Die Krone, die der Unbekannte trägt, weist ihn als Herrschergestalt, wohl als König oder Kaiser aus. Der Baldachin, die feierliche Überdachung über dem Haupt des Reiters, symbolisiert hingegen das »himmlische Jerusalem« und setzt einen starken religiösen Bezug. Sollte es sich um Kaiser Heinrich II., Stifter des Bamberger Domes und Gründer des Bistums handeln, der 1146 heiliggesprochen wurde? Oder um dessen ebenfalls heiligen Schwager, König Stephan von Ungarn, der bereits in einem Reisebericht des 18. Jahrhunderts mit dem Dargestellten gleichgesetzt wurde?

Könnte der Unbekannte Friedrich II. sein?

Möglich wäre es gewesen, dass man Anfang des 13. Jahrhunderts einfach den gerade herrschenden Kaiser darstellte, also den Staufer Friedrich II., der das Projekt des Domneubaus finanziell unterstützt hatte. Wenn dem so wäre, bestünde sogar die Möglichkeit, dass die Figur Gesichtszüge Friedrichs zeigt und somit zu den wenigen Beispielen von sehr frühen »Porträts« des Mittelalters gehört. Aber auch Kaiser Konstantin der Große, der erste christliche Kaiser, wäre als Deutungsver-

Was sollte mit Reiterstandbildern zum Ausdruck gebracht werden?

Reiterstandbilder waren schon in der Antike beliebt, um militärische und politische Gewalt bedeutender Persönlichkeiten auszudrücken – man denke etwa an das Reiterdenkmal für den römischen Kaiser Marc Aurel. Im Mittelalter scheint das Motiv des Reiters untrennbar mit dem Idealbild des heldenhaften Ritters verbunden zu sein, wie man ihn aus den großen Epen von Wolfram von Eschenbach oder Hartmann von Aue kennt. Auch der Bamberger Reiter muss in diesem Zusammenhang gesehen werden. Doch war er als allgemeines Sinnbild ritterlicher Tugend gedacht oder verkörpert er einen konkreten Helden der Geschichte?

◄Die frühgotische Figur der heiligen Maria aus der Heimsuchungsgruppe ist von beeindruckender Präsenz (»jüngere« Werkstatt).

such denkbar. Der Reiter, der sein Pferd plötzlich zum Innehalten bringt – die Zügel sind spätere Ergänzungen und waren in der Originalfassung gespannt – und seinen Blick in die Ferne richtet, könnte den Kaiser im Augenblick seiner Kreuzesvision darstellen.

Warum hat der Reiter eine so große kunstgeschichtliche Bedeutung?

Die Bamberger Reiterskulptur gilt stilistisch als eines der frühesten und faszinierendsten Beispiele für den Einzug des gotischen Stils in Deutschland. Innerhalb der knapp zwölf Jahre, in denen der Figurenschmuck des Bamberger Domes entstanden sein muss, vollzog sich der Umbruch zwischen den beiden großen Kunststilen des abendländischen Mittelalters, also von der Romanik zur Gotik.

Eine »ältere« Bildhauergruppe, welche die Reliefdarstellungen von Aposteln und Propheten für die Chorschranken des Domes schuf, war noch der alten Tradition verhaftet. Offensichtlich orientierten sich diese Künstler an großen Werken der Buchmalerei und gestalteten ihre Figuren noch ganz im Stil der späten Romanik mit vielsagenden Gebärden und dramatisch betonten, doch unnatürlichen Faltenwürfen der Gewänder.

Welche neuen Stilmerkmale zeigen die Figuren?

Die »jüngere« Werkstatt, die unter anderem den Reiter sowie die Skulpturen von Maria und Elisabeth anfertigte, arbeitete zwar noch unter dem Eindruck ihrer »älteren« Kollegen, doch brach in ihrer Kunst der neue Stil der Gotik bereits durch. Die Figuren wirken mit einem Male viel lebendiger, persönlicher. Durch die üppigen Gewänder hindurch werden nun die natürlichen Körperformen der Dargestellten wieder erkennbar.

Unübersehbar ist der Einfluss durch die französische Kunst. Die Meister, die in Bamberg die Gotik einführten, müssen die unmittelbar zuvor (vor 1233) entstandenen Skulpturen der Kathedrale in Reims gekannt haben. Vielleicht hatten sie dort sogar mitgearbeitet. Durchdrungen vom Geist der französischen Gotik könnten sie anschließend nach Bamberg gekommen sein, wo sie die Meisterwerke schufen, die in Deutschland den Beginn einer neuen Epoche der Kunst einleiteten.

▼Der Bamberger Dom auf dem Domberg: Wahrzeichen der Stadt und Schatzkammer mittelalterlicher Kunst

▲ Zwei Einzelbilder aus Duccios berühmtem Sieneser Passionszyklus – oben die »Verspottung und dritte Verleugnung Christi«, darunter die vorausgehende Szene »Jesus vor Kaiphas«.

Was bedeutet die »Maestà« für die Kunstgeschichte?

Das grandiose Altarbild steht für Duccios Beitrag zur Wende der Malerei am Beginn des 14. Jahrhunderts. Ausmaß und Harmonie der Komposition, der intensive Einsatz der Farbe und die psychologische Einfühlung in die Dramatik der erzählten Handlung fügen sich zu einem Gesamtbild höchster Meisterschaft.

Wie sieht das Gesamtwerk aus?

Das eigentliche Hochaltarbild [→ S. 56 f.] zeigt die Muttergottes mit dem Jesuskind auf einem Thron sitzend, umgeben von kostbar gekleideten Engeln und Heiligen. Zu Recht trägt dieses feierliche Leinwandgemälde den Titel »Maestà« (Majestät). Die Rückseite des Altarbildes, zur Gänze mit insgesamt 43 Episoden aus der Leidensgeschichte Christi bemalt, besteht aus 26 Bildfeldern. Sie überwältigen den Betrachter durch die erzählerische Kraft, mit der das biblische Geschehen vermittelt wird. Duccio ist in seinem Passionszyklus darum bemüht, nicht nur sinngemäß zu illustrieren. Vielmehr hält er sich genau an die Überlieferung der vier Evangelien, gibt jede Episode so textgetreu und anschaulich wie möglich wieder.

Was zeigen die wichtigsten Einzelszenen?

Einen dramatischen Höhepunkt erreicht der Leidensweg des Heilands in seiner Verurteilung und seiner Verhöhnung. Der von seinem Thron aus richtende Hohe Priester Kaiphas hat das Todesurteil über Jesus gesprochen, der mit gefesselten Händen und verbundenen Augen vorgeführt wurde. Nach dem Richterspruch bleibt er regungslos stehen, während Ohrfeigen und Hiebe mit Schlagstöcken auf ihn niederprasseln. Andere sprechen Jesus direkt an und verspotten ihn als den selbst ernannten »König der Juden«. Während sich dieses Geschehen in einem größeren öffentlichen Raum, dem Palast des Kaiphas, abspielt, findet draußen ein anderes, kleineres Drama statt: Eine alte Frau glaubt,

Was ist über Duccio bekannt?

Über Duccios Leben ist wenig bekannt. Geboren wurde er vermutlich um 1255 in Siena, hier starb er um 1319. Duccio di Buoninsegna ist mehr als nur der Begründer der sienesischen Malereischule. Er zählt zu den bedeutendsten Erneuerern der abendländischen Malerei. Die byzantinischen Wurzeln mit ihrer Formenstrenge mischen sich in seinem Stil mit den bewegten, fließenden Linien der Gotik.

◀ Einzug nach Jerusalem, Detail der »Maestà«; Siena, Dommuseum

in dem Mann mit weißem Bart und grünem Tuch – es ist Petrus – einen Jünger Jesu wiederzuerkennen und spricht ihn an. Doch Petrus hat Angst und behauptet, Jesus nicht zu kennen. In diesem Moment erfüllt sich die Prophezeiung Christi, der Petrus vorausgesagt hatte, dass er seinen Meister verleugnen werde, noch ehe der Hahn zum dritten Mal kräht. Und dieser Hahn sitzt im Bild auf einer Stange. Petrus ist zutiefst beschämt wegen seiner Feigheit und bereut.

Wie sind die Szenen konstruiert?

Mit architektonischen Elementen scheidet Duccio Innen- und Außenbereich, weist den beiden Szenen bestimmte Räume zu und setzt mit dunklen Toröffnungen Akzente, die die wichtigsten Personen – Kaiphas, Jesus, die alte Frau – optisch hervorheben. Petrus ist dem Hahn zugeordnet und erscheint isoliert.

Die Farbgebung dient der körperlichen Modellierung und Differenzierung der Personen. Diese handeln – dem biblischen Text und Duccios Bilddramaturgie folgend – als Einzelfigur oder in Gruppen. Sie agieren auf unterschiedliche Weise, ihre Mimik und Gestik spiegeln innere Bewegung, wodurch sich ihre emotionale Beteiligung an dem Geschehen kundtut.

In seinem Passionszyklus rückt Duccio von dem strengen byzantinischen Bildaufbauschema, das in der »Maestà« ansonsten noch dominiert, ab. Es geht ihm nicht um sakrale Symbolik, sondern um Wirklichkeitsnähe. Das Leiden Christi wird nicht verklärt. Es findet auf der Erde statt, mitten unter uns Menschen.

Wussten Sie, dass …

- die »Maestà« nach ihrer Vollendung 1311 im Triumphzug von der Werkstatt des Meisters in die Kathedrale getragen wurde?
- die durchgreifende Neugestaltung des Stadtzentrums mit der berühmten Piazza del Campo, dem Palazzo Pubblico und dem Neubau des Doms, für den Duccio seine »Maestà« lieferte, Ausdruck des Stolzes der Bürger auf ihre mächtige Stadt war?

▼ Gesamtansicht der 26-teiligen Bilderfolge zur Passion Christi – der Rückseite von Duccios »Maestà« für den Dom seiner Heimatstadt; Siena, Dommuseum

▲Der lichtdurchflutete Laufgang im Obergeschoss des Domchores und die Gestaltung der Gewölbezone sind nur zwei Beispiele für die Neuerungen, die Peter Parler in die Kathedralbaukunst einführte.

Wie kam es zum Bau des Doms?

Durch den Aufstieg Prags zum politischen und kulturellen Mittelpunkt des späteren Habsburgerreiches Anfang des 14. Jahrhunderts, der begann, als Böhmen durch Erbschaft an das Haus Luxemburg fiel: König Karl von Böhmen (1313–1378) wurde auf Betreiben des Papstes und mehrerer Kurfürsten zunächst zum Gegenkönig erklärt und im Jahr 1347 als Karl IV. offiziell anerkannt. Das Hauptaugenmerk des neuen Kaisers verlagerte sich nun von Italien, das unter seinen Vorgängern jahrhundertelang Mittelpunkt machtpolitischer Auseinandersetzungen gewesen war, nach Osten, wo er die wehrhafte böhmische Residenzstadt zur prachtvollen Metropole ausbaute.

So stiftete er dort 1348 nicht nur die erste Universität des Heiligen Römischen Reiches, sondern veranlasste im Zusammenhang mit dem repräsentativen Ausbau des Burgkomplexes auf dem Prager Hradschin auch den Bau des Doms. Dieser stand im Zusammenhang mit der Erhebung Prags zum Erzbistum im Jahr 1344. Er wurde dem heiligen Vitus geweiht, einem im slawischen Raum populären Märtyrer. Für dessen Armreliquie war bereits um 930 die Sankt-Veits-Rotunde entstanden, die dem heutigen Dom eingegliedert wurde.

Welche Architekten waren am Dombau beteiligt?

Man begann die Bauarbeiten zunächst unter dem Architekten Matthias von Arras aus Avignon nach Plänen, die dem französischen Kathedraltypus des 13. Jahrhunderts entsprachen. Nach Arras' Tod übernahm dann der erst 23-jährige Peter Parler die Bauleitung. Zu diesem Zeitpunkt stand bereits ein großer Teil der acht polygonalen Chorkapellen, des Chor-

Wo arbeitete die Familie Parler?

Die große Baumeister- und Bildhauerfamilie mit »sprechendem« Namen (»parlier« war der Werkführer der mittelalterlichen Bauhütte) war im 14. Jahrhundert in den wichtigsten Zentren tätig (Schwäbisch Gmünd, Freiburg, Ulm, Straßburg, Basel, Wien oder eben auch Prag) und führte herausragende Neuerungen in die gotische Baukunst ein. Patriarch Heinrich Parler wurde um 1300 geboren. Er hatte schon am Kölner Dombau mitgewirkt und erwarb sich einen Ruf als Meister des Hallenumgangschores der Heilig-Kreuz-Kirche in Schwäbisch Gmünd, der ein neues Verständnis für das räumliche Gefüge eines gotischen Chores begründete. Bedeutender noch war sein Sohn Peter (1330/33–1399), der in Prag vielfache Spuren hinterließ (Allerheiligenkirche, Karlsbrücke mit Altstädter Brückenturm). Als erste und wichtigste Arbeit vollendete er dort den Dom, in dem sich auch sein bildhauerisches Werk konzentriert. Der »Parlerstil«, den eine in der Gotik zuvor unbekannte Lebensnähe der Figuren auszeichnet, beeinflusste bis ins 15. Jahrhundert in Österreich und Ungarn sowie im süd- und mitteldeutschen Raum maßgeblich die Entwicklung der gotischen Skulptur.

◄Die Kalkstein-Skulpturen Peter Parlers im Chor des Doms zählen zu den schönsten Porträts des 14. Jahrhunderts: Mit dieser Büste verewigte sich der Künstler höchstpersönlich (um 1380).

umgangs und des Arkadengeschosses. Parler entschied nun eine Planänderung, die eine Fülle an Neuerungen umfasste, aus der ganze Architektengenerationen schöpfen sollten.

Welche Neuerungen führte Parler ein?

Mit freier Hand verteilte er am Außenbau des Chores die unterschiedlichsten Ausformungen von Maßwerk, nicht mehr starr gereiht, sondern mit vielfältigen Variationen. Bauglieder sitzen nicht mehr nur nebeneinander, sondern durchdringen sich. Im Inneren ist Parlers Hand über dem noch von Arras gebauten Arkadengeschoss leicht zu erkennen: Die gesamte Zone darüber scheint von einer rhythmischen Wellenbewegung erfasst, eine gitterartige, lichtdurchströmte Triforiumszone (der niedrige Laufgang über den Arkaden) gewährt ungekannte Durchblicke und selbst das Chorgewölbe ist in seiner Anlage innovativ – alles Neuheiten, die hier erstmals in die gotische Baukunst Eingang fanden.

Im Triforium brachte Parler elf Büsten (1374–1385) an, die in ihrer erfrischend individuellen Gestaltung die Renaissance vorwegnehmen und zum Bedeutendsten zählen, was spätmittelalterliche Skulptur hervorbrachte. Sie zeigen neben Karl IV. samt seinen Gemahlinnen, Brüdern, Eltern, Sohn und Schwiegertochter auch die Dombaumeister Matthias von Arras und Parler selbst, der sich mit Zunftzeichen verewigte.

Welche Schätze birgt das Innere des Doms?

Eine Fülle hochrangiger Kunstschätze von der Gotik bis zum Barock findet sich in Chorumgang und Kapellenkranz, darunter ein von Karl IV. gestifteter silberner Reliquienaltar nach Entwurf des bedeutenden Barockarchitekten Johann Bernhard Fischer von Erlach für den 1393 in der Moldau ertränkten heiligen Johann Nepomuk. Die als edelsteinverkleideter Reliquienschrein gestaltete Kapelle des böhmischen Herzogs Wenzel (um 903–935), National- und Namensheiliger des Kirchenstifters (Karl IV. = Wenzel von Böhmen), ist ein virtuoses Beispiel hochgotischer Raumgestaltung und diente religiöser wie politischer Legitimation. Die Wände überziehen zwei komplexe Bildfolgen: die Passion Christi in Edelstein eingelegt, darüber als Freskenzyklus die Vita des heiligen Wenzel. Dessen Statue von Heinrich Parler (1372) zählt zu den Hauptwerken böhmischer Gotik.

Wussten Sie, dass …

- der Dom als Krönungskirche der böhmischen Könige der ideologischen Fundierung ihrer Herrschaft dienen sollte?
- in der Krypta die böhmischen Herrscher ruhen, darunter Kaiser Rudolf II. (1552 bis 1612), der auch den Auftrag zum Habsburger-Mausoleum im Chor erteilte?
- die Sigismundglocke des Doms mit 17 Tonnen die schwerste Glocke des Landes ist?

▼Am Gesamtkunstwerk des Prager Veitsdoms arbeiteten über die Jahrzehnte zahlreiche Baumeister – die heutige Erscheinung des Außenbaus geht vor allem auf Matthias von Arras und Peter Parler zurück.

▲Eine fast märchenhafte Atmosphäre herrscht im Löwenhof, dem Zentrum der königlichen Gemächer der Nasridenherrscher. Das Wasser des Brunnens fließt als Symbol Leben spendender Kraft über Kanäle in alle Himmelsrichtungen.

Wer residierte in der Alhambra von Granada?

Den Grundstein für die Alhambra legte Mohammed Ibn Yusuf Nasr, der 1238 die Herrschaft der Nasriden-Dynastie in Granada begründete. Alle ihm folgenden 23 nasridischen Fürsten residierten in der Alhambra (arabisch *al-hamra* bedeutet »die Rote«). Erst im Januar 1492 ging die maurische Herrschaft in Spanien nach fast 800 Jahren zu Ende. Der letzte Nasriden-Herrscher Boabdil übergab die Festung kampflos an die Katholischen Könige Isabella und Ferdinand.

Mit der Eroberung Granadas fand die Reconquista, Spaniens Kreuzzug im eigenen Land, ihr Ende. Noch im selben Jahr erhielt Kolumbus den Auftrag, im Westen neue Länder für die spanische Krone zu erobern. So steht die Alhambra am Ende beziehungsweise Beginn zweier weltpolitisch bedeutender Epochen.

Welche Funktion hat der Löwenhof?

Der Patio de los Leones ist das Herzstück der Anlage. Er ist benannt nach zwölf kleinen Löwen in der Mitte, die eine breite Brunnenschale tragen. Der Hof bildete den Kern des Palastes von Mohammed V. aus der zweiten Hälfte des 14. Jahrhunderts. Dem Grundmuster maurischer Wohnarchitektur folgend, gruppieren sich separate Wohnsäle um den Innenhof. Er war der Mittelpunkt aller Wohnkultur – die Orientierung der Baukunst nach innen ist das Wesensmerkmal islamischer Architektur. Diesem Prinzip entspricht die gesamte Alhambra: Die massiven Außenmauern haben Festungscharakter, während das Innere kaum filigraner ausgestaltet sein könnte.

Wie ist der Löwenhof angelegt?

Der unter Mohammed V. 1378 begonnene Löwenhof ist mit den Ausmaßen von 28,50 x 15,70 Metern nicht sonderlich groß. Das dennoch eindrucksvolle Raumgefühl hat seinen Ursprung im Wechsel der Bauglieder und der reichen Ornamentik. Neu in der maurischen Hof- und Gartenarchitektur ist die umlaufende Säulengalerie, die zu jener Zeit nur bestimmten Fassaden vorgeblendet worden war. Ihre eleganten, zierlich wirkenden Einzel- und Doppelsäulen mit schlanken Blattkapitellen, die gestelzten Arkaden sowie

Auf wen übte die Alhambra eine besondere Anziehung aus?

In späteren Jahrhunderten zog es Adelige und Mönche, Zigeuner und Romantiker wie François René Chateaubriand, Washington Irving und Théophile Gautier hinauf zur einstigen Maurenresidenz. Die meisten der im 19. Jahrhundert angereisten Schriftsteller ließen sich vom Löwenhof zu faszinierenden Liebesromanen und Heldenepen inspirieren. In Irvings »Tales of the Alhambra« heißt es, die Alhambra zeuge noch heute trotz der verfallenen Szenerie von vergangener Pracht und Herrlichkeit und bringe im Besucher verborgene Saiten zum Klingen. In diesem Punkt kann man Irving nur beipflichten.

das feinmaschig gewobene Stuckornament, das die Wände in Spitzenvorhänge verwandelt, lassen die Hofarchitektur kostbar und schwerelos erscheinen. Die Schmalseiten werden zudem durch pavillonartige Vorbauten akzentuiert. Die Umgänge bieten Schatten und führen zu den königlichen Wohngemächern.

Wozu dienten die umliegenden Räume?

Wie bei allen Räumen der Alhambra ist die Funktion auch dieser Säle durch ihre einstigen Besitzer nicht definiert. Sie bilden vielmehr die kunstvolle Kulisse für beliebige Tätigkeiten. Die heutigen Bezeichnungen gehen größtenteils auf die Fantasie der Romantik im frühen 19. Jahrhundert zurück. An der Nordseite, nahe dem Durchgang zum Myrtenhof, befindet sich die Sala de los Mozárabes und im Osten schließt sich die Sala de los Reyes (Königssaal) an. Die südlich gelegene Sala de los Abencerrajes ist ein quadratischer, überkuppelter Raum mit zwei Nischen und einem Gewölbe, das mit einem Gespinst aus stuckiertem Holz überzogen ist und dabei feinzellige Stalaktiten bildet. Im Norden schließlich folgt die Sala de las dos Hermanas (Saal der zwei Schwestern).

Raumbestimmend ist überall das Ornament in Gestalt farbiger Fayencemosaiken sowie in Form von Modellierungen im frisch aufgetragenen Stuck. Die geheimnisvolle Atmosphäre in den Höfen der Alhambra verdankt sich vor allem der ornamentalen Dekorationskunst. Der reich verwendete Stuck legt sich wie eine zweite Haut über Wände und Gewölbe. Dabei wirkt islamisches Ornament weder wandfüllend noch überladen. Der Wechsel mit leeren Wandflächen ist wohlüberlegt und Ornament wird nur dort eingesetzt, wo Bau- oder Wandteile eine Auszeichnung verdienen.

Welche Auffassung von Baukunst ist erkennbar?

Offenbar erhob die Alhambra keinen Anspruch auf Ewigkeit, denn manche verwendeten Baustoffe wie Holz, Ziegel und Gips versprechen keine lange Lebensdauer. Immerhin aber konnte jeder Bauherr damit rechnen, den von ihm in Auftrag gegebenen Bau selbst noch bewohnen zu können. Aus dieser Auffassung von Baukunst spricht die Erinnerung an die Zeit des Nomadentums in Nordafrika.

Wahrscheinlich war es genau diese Andersartigkeit des Bauens, die Leichtigkeit und spielerische Eleganz maurischer Wohnkultur, welche die Katholischen Könige daran hinderte, die Maurenresidenz in Granada – immerhin ein Symbol maurisch-islamischer Macht auf spanischem Boden – zu zerstören. Im Gegenteil: Sie nahmen höchstpersönlich Quartier in der Hochburg der früheren Glaubensfeinde.

Wusstten Sie, dass …

- die Alhambra der kostbarste historische Baukomplex Andalusiens und die meistbesuchte Sehenswürdigkeit Spaniens ist?
- die »rote Burg« auf einem Berg Granadas einst eine wahre Palaststadt war? Sie verfügte über 23 Türme, vier Tore, sieben Paläste, etliche Moscheen, Bäder, Nutzgärten und eine eigene Trinkwasserversorgung. Noch heute erhält man hier eine Vorstellung vom ehemaligen Glanz der Maurenresidenz.

◀ Die zwölf kleinen Löwenfiguren, die den Brunnen im Innenhof tragen, gaben dem Löwenhof seinen Namen.

▶ Der Inbegriff der spätgotischen Madonnenskulpturen, die seit 1923 mit dem Begriff »Schöne Madonnen« bezeichnet werden, ist die Krumauer Madonna aus farbig gefasstem Stein (um 1400).

Was kennzeichnet eine »Schöne Madonna«?

Das Gesicht einer »Schönen Madonna« ist stets auffallend zart und schön, über dem lockigen Haar trägt sie einen Schleier. Typisch für die »Schönen Madonnen« sind vor allem auch der leichte, s-förmige Schwung des Körpers sowie die aufwendigen Faltengebilde ihres Mantels. Das nackte Kind, das unruhig auf Marias linkem Arm sitzt, scheint auf die tiefen Schüsselfalten des Gewandes gebettet zu sein, während links und rechts von ihren Armen Stoffbahnen in kaskadenartigen Falten herunterfallen. Bemerkenswert ist auch die rundplastische Ausarbeitung der Figuren. Die Madonnen standen anscheinend nicht mehr – wie noch die typischen frühgotischen Kathedralplastiken – in einer Nische oder dicht vor einer Wand, sondern waren dem Betrachter etwas »näher gerückt«. Dadurch gewannen sie an Persönlichkeit und Menschlichkeit.

Wer hat die »Schöne Madonna« geschaffen?

Das ist nicht geklärt. Es gibt mehrere andere »Schöne Madonnen«, die etwa zur gleichen Zeit – Ende des 14. Jahrhunderts – entstanden und von ähnlich herausragender Qualität sind. Man vermutete deshalb schon, dass diese Werke alle von demselben Künstler gemacht worden seien: einem »Wander-

Wann wurde die Krumauer Madonna entdeckt?

Im Sommer 1910 fanden zwei Kunstgeschichtsstudenten aus Prag in einem bescheidenen Privathaus der südböhmischen Stadt Krumau (Cesky Krumlov) an der Moldau eine wunderschöne Madonna aus farbig gefasstem Kalkstein. Drei Jahre später verkaufte die Besitzerin des Hauses – nicht ohne schlechtes Gewissen – die langjährige Beschützerin ihres Hauses an die kaiserlich-königliche Staatsgalerie Wien. Bald wurde die so genannte Krumauer Madonna zum Inbegriff der »Schönen Madonnen« und des »Weichen Stils« in der Kunstgeschichte.

Bezeichnet die Bibel die Gottesmutter als »schön«?

Ja, schon im Hohelied Salomons im Alten Testament heißt es »Vollkommen schön bist du, meine Freundin.« Bereits im frühen Christentum wurde dieser Satz von den Kirchenvätern auf die Gottesmutter gedeutet. Während die Kunst der Romanik Maria noch majestätisch thronend und in streng frontaler Ansicht darstellte, wurde die Madonna – so nennt man die Darstellung von Maria mit Kind – seit der Gotik immer schöner, lieblicher und mütterlicher gestaltet. Zunehmend inniger wurde auch die Beziehung zwischen Mutter und Kind. Mit den »Schönen Madonnen« des »Weichen Stils« erreichte diese Interpretation um 1400 ihren Höhepunkt.

meister«, der im Rheinland seine frühesten Figuren schuf und dann über Schlesien (Breslau) nach Böhmen zog, wo er zuletzt die Krumauer Madonna gefertigt haben soll. Wahrscheinlicher ist jedoch, dass es gegen Ende des 14. Jahrhunderts diverse exportierende Werkstätten gab, die wohl in Schlesien, Böhmen oder dem Salzburger Umland ansässig waren – dort gibt es die meisten Beispiele.

Wussten Sie, dass ...

- der durch Zartheit, Lieblichkeit und Weichheit ausgezeichnete Stil der »Schönen Madonnen« im 14. Jahrhundert in einer Zeit von Elend, Pest, Krieg und Verwüstung entstand?
- der Fundort der Madonna, die Stadt Krumau, am Rande des Böhmerwaldes auf beiden Seiten der Moldau liegt und mit seinem schönen mittelalterlichen Stadtbild (UNESCO-Welterbe) ein großartiges Reiseziel darstellt?
- »Schöne Madonnen« nicht nur in Stein, sondern auch in Holz ausgeführt wurden?
- die Madonnenfiguren meist in Weiß, Blau und Rot gefasst wurden? Die Säume der Gewänder wurden gelegentlich vergoldet.

Kennt man andere Figuren im »Weichen Stil«?

Ja, um 1400 wurden auch andere Themen im »Weichen Stil« dargestellt. Charakteristisch sind ein zarter, inniger Ausdruck der Figuren sowie vor allem üppige, weiche Gewandfalten. Das Vesperbild beispielsweise, bei dem Maria den Leichnam Christi auf dem Schoß hält und dessen Tod beweint, finden wir ebenso in Serie dargestellt wie die Madonnen. In der Prager Werkstatt der Familie Parler wurde der Typus der »schönen Vesperbilder« aus Kalkstein erstmals um 1360 entwickelt und von dort aus weithin versandt; so entstanden bald auch in anderen Städten neue Herstellungszentren.

War der »Weiche Stil« international?

Ja, so international wie das Mittelalter. Die Wurzeln des Stils liegen in der ersten Hälfte des 14. Jahrhunderts, und zwar vor allem in der französisch-gotischen Buchmalerei sowie in der florentinisch-sienesischen Malerei. Dabei war der damalige Hof der Päpste im südfranzösischen Avignon von zentraler Bedeutung: Hier fanden beide Stile zusammen und von hier aus wurde bald die Pariser Hofkunst beeinflusst. Um die Jahrhundertmitte stieg Prag unter Kaiser Karl IV., der aus dem Hause der Luxemburger stammte, zu einem wichtigen kulturellen Zentrum auf. Karl versammelte viele Künstler aus verschiedenen Ländern an seinem Hofe, wodurch es zum Austausch und zur Weiterentwicklung des Stils kam. Unter dem Einfluss der Kunst, die am Prager Hof entstand, wurde der »Weiche Stil« schließlich zu einem internationalen Stil, der an den anderen europäischen Höfen genauso gepflegt wurde wie in den wichtigsten Städten. Paris, London, Prag, Mailand, Wien und Köln waren also schon um 1400 Metropolen der Kunst, die in gegenseitiger Konkurrenz standen.

▼Die Internationale Gotik wird im deutschen Sprachraum auch »Weicher Stil« genannt und umfasst Beispiele wie dieses Vesperbild (die trauernde Maria mit ihrem toten Sohn), das fließende Gewänder und ein Ausdruck von Ergriffenheit charakterisieren; München, Bayerisches Nationalmuseum.

Was ist ein Stundenbuch?

Die Bezeichnung ist abgeleitet von den Gebeten und Liedern, die zu bestimmten Stunden des Tages gelesen wurden. Diese »Horen« (von lateinisch *hora*, die Stunde) bilden den eigentlichen Schwerpunkt eines Stundenbuchs. Ein Stundenbuch ist ein Gebetbuch zum persönlichen Gebrauch von Laien. Die Horen wurden meist ergänzt durch ein Kalendarium, Auszüge aus den Evangelien sowie Gebete und Andachtsübungen für einzelne Wochentage. Daneben findet man in Stundenbüchern auch Litaneien, Bußpredigten und religiöse Texte zu bestimmten Kirchenfesten.

Wer waren die Brüder Limburg?

Die Brüder Paul (Pol), Herman(t) und J(e)an von Limburg waren Söhne eines Bildschnitzers und stammten aus dem niederländischen Nimwegen. Während Herman und Jan eine Goldschmiedlehre absolvierten, ist über die Ausbildung Pauls, des Begabtesten der Brüder, nichts bekannt. Die Brüder waren als Buch- und Tafelmaler tätig und hatten für den Herzog von Berry bereits das Stundenbuch »Les belles heures« illuminiert. Es gefiel ganz offensichtlich, denn gleich nach Fertigstellung folgte 1413 der nächste Auftrag zu einem noch prächtigeren Werk, »Les très riches heures«, an dem die Künstler bis zu ihrem Tod arbeiteten. Sie wurden vom Herzog nobel honoriert und zu Mitgliedern seiner Hofhaltung gemacht.

▲Das Januarbild aus dem Kalendarium des Stundenbuchs zeigt den Herzog von Berry, im blauen Gewand am Tisch sitzend, beim Empfang seiner Gefolgsleute zu Neujahr.

Welche Bedeutung hatte die Buchmalerei im 14. Jahrhundert?

Die Handschriften aus dem 14. Jahrhundert sind vielfach mit kostbaren Miniaturen geschmückt. Die Buchmalerei war damals sehr beliebt. In Paris gab es so viele Illuminatoren – als Illuminationen bezeichnete man die farbigen Verzierungen und Bilder in Büchern –, dass sie sich in Handwerkergilden zusammenschlossen. Das berühmteste illuminierte Stundenbuch ist das von den Brüdern von Limburg gefertigte »Les très riches heures« (Die sehr reichen Stunden). Es wurde von dem wohlhabenden Herzog Jean de Berry (1340–1416) in Auftrag gegeben.

War der Auftraggeber Berry ein Kunstkenner?

Ja, Jean de Berry, dritter Sohn von Johannes dem Guten, König von Frankreich, gilt sogar als einer der größten Kunstmäzene seiner Zeit. Er interessierte sich für das künstlerische Erbe seiner Vorfahren und ließ in seinem Herrschaftsgebiet alte Gebäude wie Schlösser und Kirchen restaurieren. Als Sammler beschäftigte er sich mit Preziosen, aber auch mit der Natur. In seinen Parks hielt er exotische Tiere wie Strauße und Dromedare. Die besondere Liebe des Herzogs galt aber der Buchkunst und er beschäftigte die besten Buchmaler seiner Zeit. Bei seinem Tod umfasste seine Bibliothek fast 300 kostbare illuminierte Handschriften.

Warum ist das Stundenbuch des Duc de Berry einzigartig?

Die genaue Naturbeobachtung im Stundenbuch des Herzogs von Berry gilt als absolut innovativ. Besonders herausragend sind die Monatsbilder in »Les très riches heures«: Sie stellen einen wirklichen Meilenstein in der europäischen Malerei dar, denn erstmals wurden Landschaften und Bauten wirklichkeitsnah dargestellt. Eine weitere Neuheit ist die Genauigkeit, mit der Szenen des Lernens und Studierens und der Wissenschaft dargestellt werden. In diesen Bildern spiegeln sich auch die persönlichen Interessen des Herzogs wider.

Die Malweise der Brüder von Limburg, sehr empfänglich für die französische Tradition der stilisierenden Zeichnung, deutet auf niederländische Schulung hin, weist aber auch Einflüsse aus Italien auf.

Wie ist »Les très riches heures« aufgebaut?

Das Kalendarium, mit dem das Stundenbuch beginnt, enthält farbenprächtige Miniaturen zu den zwölf Monaten mit für die Jahreszeit typischen Bildmotiven aus dem Umfeld des Herzogs. Darüber erhebt sich jeweils eine halbkreisförmige astrologische Darstellung, begleitet von einem Kalenderblatt. Im Hintergrund vieler Monatsbilder sind Schlösser des Herzogs auszumachen: Lusignan (März), Poitiers (Juli) oder sein Geburtsschloss Vincennes (Dezember).

Charakteristisch für die Kunst der Zeit ist das in lebhaften Szenen versteckte Selbstbildnis des Künstlers. Möglicherweise hat sich Paul von Limburg im Januarbild des Stundenbuchs verewigt, als Mann mit eckigem Gesicht und eigenwilliger Mütze, der in der Menge derer steht, die darauf warten, vom Herzog mit Neujahrsgeschenken bedacht zu werden.

Ändert sich nach dem Tod der Limburgs der Stil?

Ja. Nach dem Tod des Herzogs und der Brüder von Limburg – alle vier starben 1416, vermutlich an der Pest – wurde das Stundenbuch eine Generation später von dem Buchmaler Jean Colombe in abweichendem Stil fortgesetzt. Sein Blatt »Das Fegefeuer«, das die für den Montag vorgesehene Seelenmesse illustriert, weist hohe künstlerische Originalität auf: Die reuigen Seelen werden vom Feuerstrom des Purgatoriums weggerissen, darüber eine Formation goldener Engel, die sie zum Himmel tragen. Doch die Darstellung lässt die formale Eleganz der Limburgs vermissen. Deren thematisch vergleichbare Illumination der »Hölle« ist ikonografisch weniger ausgefallen, dafür in Komposition und Farbgebung erstrangig.

◀ Eine bedeutende Rolle spielt in »Les très riches heures« die Astrologie; hier das Blatt »Anatomie des Menschen« mit dem Tierkreis.

Wussten Sie, dass …

- Jean de Berry als Sohn, Bruder und Onkel französischer Könige auch in der Politik mitmischte?
- das Stundenbuch auch Humoristisches enthält? So findet sich ein Bär, der auf einer Schubkarre sitzt und Dudelsack spielt, oder ein Pfarrer, der mit einer Leiter auf Vogeljagd geht.

◀ Die Darstellung der Hölle aus »Les très riches heures«, dem Stundenbuch des Herzogs von Berry; Chantilly, Musée Condé

▲Farbenprächtig und detailgenau präsentiert der Maler dem Betrachter der aufgeklappten Mitteltafel die Herrschaft der Kirche über die Welt.

Warum gilt der Genter Altar als Meilenstein der Kunstgeschichte?

Mit seinem Naturalismus setzte das Werk der Brüder Hubert und Jan van Eyck im 15. Jahrhundert neue ästhetische Maßstäbe. Hinter dem farbenfrohen Bildprogramm verbirgt sich eine komplexe Symbolsprache. Die große Bilderwand, die 1432 vollendet wurde, gilt als Hauptwerk der altniederländischen Malerei und bedeutendstes Kunstwerk des Spätmittelalters. Die Bildtafeln des Altars in Sankt Bavo in Gent (Belgien) leben von der außerordentlichen Vielfalt der Figuren, die hier erstmals Schatten werfen, vom Farbreichtum der Ölmalerei, die hier mit perfektionierter Technik zum ersten Mal angewandt wurde, und einer überaus genauen Wiedergabe aller Dinge.

Wussten Sie, dass ...

- Jan van Eyck beim Studium von Gegenständen wie Perlen und Gewändern oder auch Pflanzen modernste optische Geräte benutzte?
- Botaniker in der üppigen Landschaft des Altarbildes allein 30 verschiedene einheimische und südländische Pflanzenarten entdeckten? Alle sind mit erstaunlicher Präzision wiedergegeben.

Was zeigt das Altarbild?

In den Nischen der Außenseiten des Wandelaltars erscheinen kniend und demütig betend die Stifter des Altars, das dem wohlhabenden Genter Patriziat angehörende Ehepaar Jodocus Vijdt und Isabella Borluut. Zwischen beiden stehen die Statuen von Johannes dem Täufer, dem damaligen Patron der Kirche und Schutzheiligen Gents, sowie vom Apostel Johannes als dem Namenspatron des Stifters Jodocus Vijdt. In einem darüber liegenden Saal erscheint der Erzengel Gabriel der Magd Maria. Mit der Geburt Christi schließt der neue Bund an den alten an, darauf spielen die Fenster im romanischen und gotischen Stil an. Handtuch und Waschbecken sind Hinweise auf das Al-

Wie teilten sich die Brüder Hubert und Jan van Eyck die Arbeit am Genter Altar?

Hubert van Eyck hat laut Inschrift den größten Anteil am Genter Altar gemalt. Die Forschung nimmt jedoch an, dass auf ihn hauptsächlich Gesamtentwurf und Konzeption der Innenseite zurückgehen. Die Arbeiten wurden 1420 begonnen, doch starb Hubert 1426, so dass sein Bruder Jan das Werk in den folgenden sechs Jahren allein vollendete.
Über Jan van Eyck ist nicht viel bekannt. Geboren wurde er um 1390 in Maaseik bei Maastricht. Seit 1425 stand er als Hofmaler und Kammerherr in Diensten des burgundischen Herzogs Philipps des Guten, der ihn, über die künstlerische Tätigkeit hinaus, auch mit diplomatischen Aufgaben betraute. 1441 starb Jan van Eyck, noch immer in Diensten Philipps stehend.

tarsakrament, eigentliches Thema des Altars. In den abschließenden Feldern erscheinen die alttestamentarischen Propheten Zacharias und Micha sowie die Sibyllen von Erythräa und Cumä, zwei heidnische Seherinnen.

Auf den Außenflügeln sehen wir Adam und Eva. Sie lockt ihren Gatten mit einem Apfel und verweist damit auf den Sündenfall. Die menschliche Tragödie setzt sich über ihren Häuptern in winzigen Grisaille-Szenen (Grau-in-Grau-Malerei) fort, wo mit dem Mord Kains an seinem Bruder Abel erneut göttliches Gebot ignoriert wird. Auf weiteren Tafeln erscheinen flügellose Engelswesen, die mit Inbrunst singen oder musizieren.

Die Mitteltafel präsentiert in monumentaler Größe die göttliche Majestät. In der Mitte thront Gottvater mit der Identität Christi, die rechte Hand segnend und richtend erhoben, eingehüllt in edelsteinbesetzten Königsornat und ausgestattet mit den Herrschaftsinsignien des Papstes. Mit der Tiara (der dreifachen Papstkrone) auf dem Haupt und der weltlichen Königskrone auf dem Boden ist deutlich kommentiert, wer die Stellvertreterfunktion Christi auf Erden einnimmt. Gott zur Seite thront Maria mit der lilienbesetzten Krone der Himmelskönigin. Ihr gegenüber sitzt Johannes der Täufer als Schriftgelehrter in grünem Umhang. Seinem Attribut, dem Lamm, ist das untere Bildfeld gewidmet.

Sehen wir auf dem Altarbild das Paradies?

Ja, die üppig bewachsene Landschaft, die die Tafeln der unteren Bildreihe verbindet, ist eine Vision des Paradieses. In deren Mittelpunkt steht ein Altar mit dem Lamm Gottes. Es gibt in Anspielung auf den Opfertod Christi sein Blut für die Sünden der Menschheit. Der heiligen Stätte nähern sich die Auserwählten, Heiligen und Heerscharen. Zur Linken kommen die gerechten Richter, Ritter und Streiter Gottes heran, die Patriarchen und Propheten, unter ihnen im weißen Gewand der antike Dichter Vergil. Von rechts nähern sich Pilger und Wallfahrer, überragt vom Riesen Christophorus. Sie folgen dem edel gekleideten Klerus, Päpsten, Äbten und Bischöfen. Vor diesen finden sich die Apostel ein. Aus dem Hintergrund nahen die Märtyrer der Kirche, darunter erneut Päpste, Kardinäle und Bischöfe, aber auch viele schöne Jungfrauen.

▼Bei geschlossenem Altar sieht man die knienden Stifter neben zwei Johannes-Figuren, darüber verkündet der Engel seine frohe Botschaft an Maria.

▲Ein faszinierender Panoramablick öffnet sich oberhalb von Machu Picchu, das von der UNESCO zum Weltkulturerbe erklärt wurde.

Wie war das Inkareich aufgebaut?

Das riesige Reich setzte sich aus einer Konföderation ethnischer Gruppen zusammen, die ihre kulturellen, militärischen, sprachlichen und religiösen Gedanken und Fähigkeiten in den Dienst der Inkas stellten. Als die Dynastie der Inkas um 1200 n. Chr. das Tal von Cuzco in 3400 Meter Höhe erreichte, war der Ort nicht mehr als ein kleines Dorf. Von hier aus begannen sie zunächst mit der Eroberung der umliegenden Völker, um sich später immer weiter entfernte Gebiete einzuverleiben.

Es entstand ein zentralistischer Staatsapparat mit Cuzco als politischem, religiösem und kulturellem Zentrum. In weniger als 100 Jahren errichteten die Inkas in Teilen Südamerikas ein straff organisiertes Imperium.

Welchen Prinzipien folgte die Architektur der Inkas?

Die Bauten scheinen in Größe und Stabilität als Zeugnisse der Macht für die Ewigkeit gedacht. Im Gefolge des Inkaheeres reisten Architekten, die den Bau von Stützpunkten, Verwaltungs- und Zeremonialzentren, von Brücken, Kanälen oder Terrassen für den Feldbau leiteten. Die Siedlungen entstanden nach einem unveränderlichen Grundmuster, das als »kancha« bezeichnet wurde: Innerhalb eines rechteckigen Mauerblocks wurden mehrere Gebäude errichtet.

Die Architekten berücksichtigten die geographischen Gegebenheiten und passten die monumentalen Gebäude und Kanchas der Landschaft an. Natürliche Felsen wurden beispielsweise als Fundamente oder untere Mauerabschnitte in die Pläne miteinbezogen. Bevor ein Bauwerk in die Konstruktion ging, fertigten die Architekten Skizzen und Tonmodelle an, wobei sie einen anthropometrischen Maßstab nahmen: Als Ausgangsmaß dienten beispielsweise Arm-, Fuß- oder Schrittlänge.

Welche Bautechniken wendeten die Inkas an?

Zur Errichtung des fein eingepassten Mauerwerks nutzten die Inkas diverse Gesteinsarten wie Basalt, Granit, Kalkstein, roten

Wie erschlossen die Inkas das bergige Land?

Zu den architektonischen Leistungen der Inkas müssen neben den monumentalen Profan- und Sakralbauten auch der Feldbau mit der Terrassenkultur und das weit reichende Straßennetz gerechnet werden. Da die landwirtschaftlich nutzbaren Flächen um Cuzco für die Versorgung der Bevölkerung nicht ausreichten, entwarfen die Inkas Terrassen, die sich wie Treppenstufen die Hänge entlangzogen. An den Vorderseiten durch Steine befestigt und mit Erde aufgefüllt, erlaubten sie den Anbau auch in steiler Höhe. Das dichte Straßennetz bestand aus Pfaden, Steigen, Treppen, Brücken sowie breiten, befestigten Straßen und verband jeden Ort des riesigen Reiches mit dem Zentrum Cuzco.

◀ Die Reste der Wohnhäuser, Tempel und Terrassenfelder in Machu Picchu zeugen von der hohen Kultur der Inkas.

Rhyolith oder grünen Porphyr. Die zum Teil tonnenschweren Steinblöcke wurden an den Fundorten grob behauen und wahrscheinlich mit Stricken und Körperkraft zu den Baustellen geschafft. Dort behandelten die Steinmetze die Oberfläche mit Kieselsteinen, bis die einzelnen, zum Teil vieleckigen Elemente millimetergenau zusammenpassten und ohne Mörtel aufeinandergesetzt werden konnten.

Ein besonderes Kennzeichen der Inkaarchitektur sind trapezförmige Türen, Fenster und Nischen und die nach innen geneigten Mauern. Neben den Steinbauten entstanden auch Lehmhäuser aus Adobeziegeln, das sind luftgetrocknete Lehmziegel. Das Mauerwerk konnte verputzt und bemalt werden.

Wie war Cuzco angelegt?

Der Plan von Cuzco hatte die Gestalt eines Pumas mit der Festung Sacsahuaman als Kopf, dem Hauptplatz Aucaypata zwischen Vorder- und Hinterbeinen und dem Bau Coricancha als Sexualorgan unterhalb des Pumaschwanzes. Die gepflasterten, geraden Gassen führten an hohen Steinmauern vorbei, den Begrenzungen der Höfe. Der Hauptplatz erstreckte sich über eine Länge von 600 Metern und teilte die Stadt in die beiden Bezirke Hanan Cuzco und Hurin Cuzco, oberes und unteres Cuzco. Die Paläste der Inkaherrscher säumten den Rand. Die Festung Sacsahuaman oberhalb der Stadt war von einem dreifachen Mauerring umgeben.

Noch heute gibt die Errichtung der gewaltigen Mauern aus Steinblöcken von bis zu fünf Metern Höhe und 200 Tonnen Gewicht Rätsel auf. Hinter den Mauern verbargen sich einst Bauwerke, die von den Spaniern für ihre Kirchenbauten abgetragen wurden. Die Festung diente vermutlich als Verteidigungsanlage, hatte aber auch heiligen Charakter. Die Coricancha, zugleich Tempel und Wohngebäude, war dem Sonnenkult geweiht und wird auch als »Haus aus Gold« beschrieben. Heute stehen auf ihren Resten die Kirche und das Kloster von Santo Domingo.

Warum wurde Machu Picchu erbaut?

Pachacuti Yupanqui, der ab 1438 an der Spitze des Staates stand, gab vermutlich eine völlige Neukonzeption der Stadt Cuzco in Auftrag und befahl den Bau der Anlage auf dem »Alten Berg«, dem Machu Picchu, rund 100 Kilometer Luftlinie von Cuzco entfernt. In seine Regierungszeit fallen zahlreiche Eroberungen und eine ausgedehnte bauliche und künstlerische Aktivität. Machu Picchu gilt als bautechnisches Meisterwerk. Bis heute spekulieren Wissenschaftler, wer von der Inkagesellschaft die Stadt bewohnte und aus welchem Grund sie verlassen wurde. Hier verbinden sich alle Elemente des inkaischen Gestaltungsprinzips – wir stehen vor einer Architektur, die genau eingepasstes, gereihtes Steinmauerwerk auszeichnet und sich harmonisch den Gegebenheiten der Natur einfügt.

▼ Millimetergenau angepasst greifen die Steine der Mauern ineinander; die Festung Sacsahuaman in Cuzco.

▲Der Heiligblut-Altar in Rothenburg ob der Tauber – den Kastenraum mit dem »Letzten Abendmahl« überragt das für spätgotische Altarschreine charakteristische Gesprenge, der holzgeschnitzte Aufbau.

Warum dominierte im Mittelalter die Sakralkunst?

Das abendländische Mittelalter war noch grundlegend vom christlichen Glauben geprägt. Die Kunst, die diese Zeit hervorbrachte, entstand deshalb fast ausschließlich für den religiösen Gebrauch. Große Bedeutung kam bereits damals dem Hochaltar zu, vor dem man (wie noch heute) den Höhepunkt der Heiligen Messe feierte, das »Hochgebet« mit der Wandlung von Brot und Wein.

In der Gotik wurden die Altäre in zunehmendem Maße auch zum optischen Mittelpunkt der Kirchen. Die so genannten Wandel- oder Flügelaltäre bestanden – im Aufbau einem Schrank ähnlich – aus einem Mittelschrein und mindestens zwei Seitenflügeln, die zur Verschließung des Schreins dienten.

Was kennzeichnet die spätgotischen Schnitzaltäre?

Bei den spätgotischen Schnitzaltären waren die Flügel meist an ihren Außenseiten bemalt und an den Innenseiten mit geschnitzten Reliefs versehen. Den Mittelschrein zierten plastische Schnitzfiguren oder sogar szenische Darstellungen. Bei mehreren Seitenflügeln ergab sich eine große Wandlungsfähigkeit der Ansichten: An einfachen Werktagen sahen die Gläubigen einen geschlossenen, schlicht bemalten Altar; sonntags und feiertags öffnete er sich hingegen zu einer oft ungeahnt prächtigen dreidimensionalen Ansicht.

Ihre besondere Faszination verlieh diesen kunstvoll ausgearbeiteten Altären der spätgotische Stil, in dem die Künstler in besonders lebendiger Weise die heiligen Geschichten erzählten. Zu den bedeutendsten Bildhauern dieser Zeit gehörten unter anderem Hans Multscher, Michael Pacher, Veit Stoß und Tilman Riemenschneider.

Wo lebte und arbeitete Tilman Riemenschneider?

Tilman Riemenschneider wurde um 1460 wahrscheinlich in Heiligenstadt bei Erfurt geboren. Seine Wanderschaft als Künstler führte ihn nach Schwaben und an den Oberrhein. 1478 kam er erstmals nach Würzburg, wo er später die Meisterwürde und das Bürgerrecht erhielt. Hier baute er eine Werkstatt auf, die bald zu den bedeutendsten Altar-Lieferanten in Süddeutschland zählen sollte. Als erstes großes Projekt entstand der Magdalenen-Altar für die Stadtpfarrkirche in Münnerstadt, leider wurde er im 19. Jahrhundert in Stücke geteilt. In ursprünglicher Gestalt erhalten sind hingegen zwei weitere große Altäre in Rothenburg ob der Tauber und Creglingen. Bald stieg Riemenschneider zum Mitglied des Stadtrats von Würzburg auf und wurde sogar zum Bürgermeister gewählt. Als er jedoch 1525 für das Bauernheer eintrat, brachte ihm das nicht nur den Ausschluss aus dem Rat und die Einziehung eines beträchtlichen Teils seines Vermögens, sondern sogar zwei Monate Kerkerhaft und Folter ein.

◀ Riemenschneiders geschnitzte Apostel des Heiligblut-Altars sind eindrucksvolle, individuell agierende Persönlichkeiten.

Was war neu an Riemenschneiders Kunst?

Er verzichtete als Erster unter den spätgotischen Künstlern auf dem Gebiet der Schnitzaltäre auf eine polychrome Fassung seiner Altäre, das heißt, dass er diese nicht mehr vielfarbig anmalen ließ. Lediglich Lippen und Augen der Figuren wurden zart eingetönt und der ganze Altar einheitlich mit einer speziellen Lasur aus Leim und Öl überzogen. Für den Künstler bedeutete dies eine enorme Herausforderung, denn man konnte keinerlei geschnitzte Ungenauigkeiten mehr kaschieren. Dafür charakterisierte die Heiligenszenen nun eine ruhige, beschauliche Stimmung.

Eine weitere Invention Riemenschneiders war die Tatsache, dass er erstmals die Rückseiten seiner Altarschreine durchbrach. Sie bildeten nun keine geschlossenen Wände mehr, sondern waren als Fenster gestaltet. Dadurch erzielte der Künstler eine größere räumliche Weite und interessante Lichteffekte. Darüber hinaus bewirkte er die Vorstellung eines realen Innenraums, in dem die szenische Handlung seiner Figuren spielt. Betrachtet man die beiden Altäre in der Jakobskirche in Rothenburg ob der Tauber, erkennt man schnell, um wie viel fortschrittlicher Riemenschneiders Heiligblut-Altar (1501–1505) war im Vergleich zu dem älteren Werk (1466) von Friedrich Herlin und Hans Multscher.

Warum gilt Riemenschneider noch nicht als Renaissance-Künstler?

Trotz aller Neuerungen stehen Riemenschneiders Figuren noch ganz in der spätmittelalterlichen Tradition. Nicht individuelle Züge prägen die Gesichter, sondern einige wenige, immer wiederkehrende Gesichtstypen. Darüber hinaus kommt der Darstellung von Händen eine sehr wichtige Rolle zu: Die jeweiligen Gesten sollen die Handlung einer Szene verdeutlichen.

Die künstlerischen Einflüsse, unter denen Riemenschneider seine Altäre schuf, sind vor allem an seinen Reliefs zu beobachten. Einerseits knüpfte er an die oberrheinische und schwäbische Kunst an, andererseits greift er deutlich auf Vorbilder der südniederländischen Malerei – etwa Rogier van der Weyden – und Skulptur zurück. Wenngleich Riemenschneider selbst wahrscheinlich nie in den Niederlanden gewesen ist, kannte er den niederländischen Kunststil durch druckgrafische Abbildungen.

◀ Stimmung, Lichtführung und die sorgfältige Ausführung machen Riemenschneiders Altar der Himmelfahrt Mariens (um 1505–1510) in Creglingen zu einem spätgotischen Meisterwerk.

Wussten Sie, dass …

- zur Zeit Tilman Riemenschneiders Anfang des 16. Jahrhunderts in Italien die Renaissance bereits ihren Höhepunkt erreicht hatte? Im deutschsprachigen Raum kam es dagegen damals vielerorts zu einem letzten Aufblühen spätgotischer Kunst.
- der Heiligblut-Altar seinen Namen einer Reliquie verdankt? Diese wird in einer Bergkristallkapsel des Reliquienkreuzes im Gesprenge aufbewahrt.

Renaissance und Barock – Ordnung und Bewegtheit

Giorgio Vasari, der Begründer der Kunstgeschichte, prägte um 1550 den Begriff »Renaissance«, Wiedergeburt, und benannte damit eine Kunstepoche, deren Anfänge im Italien des mittleren 14. Jahrhunderts liegen.

Gemeint war die »Wiedergeburt« der antiken Kunst. In Ablehnung der vorherrschenden Gotik verstand sich die Renaissance-Kunst nicht als Kopie des klassischen Altertums, sondern orientierte sich am Geist und Schönheitsideal der griechisch-römischen Antike. Man versuchte, eine umfassende Harmonie zwischen Göttlichkeit und Menschsein im Diesseits herzustellen. Vor allem der Mensch gewann einen neuen Stellenwert innerhalb der Schöpfung und wurde allein darstellungswürdig. Der Blick des Künstlers galt der Individualität und Anatomie, der perspektivischen Konstruktion des Bildraumes ebenso wie dem Naturstudium. Mit Raffael und Michelangelo erlangte die italienische Renaissance ihren Höhepunkt. Baukunst, Malerei und Skulptur vereinten sich in der kurzen Phase von etwa 1490 bis 1520 zu einer souverän wirkenden Gesamtkraft.

Gegen den Wohlklang der klassischen Ordnung rebellierte der Manierismus mit dynamischer Bewegtheit und Übersteigerung. Vasari, auch hier Schöpfer des Begriffs, meinte damit ein Kunstverständnis, das provozieren wollte.

Die beiden Prinzipien Ordnung und Bewegtheit in sich zu vereinen, gelang schließlich dem Barock, der, um das Jahr 1600 von Rom ausgehend, ganz Europa erfasste. Mitreißende Dynamik und konzentrierte Lichtführung, Ironie und Illusion, repräsentative Pracht, die Sinnlichkeit selbst religiöser Themen charakterisieren die Barockkunst.

Der Barock hat nicht nur die Mächtigen bedient, sondern wurde auch vom Volk aufgenommen wie kein Stil je zuvor oder danach. Regionale Kunsttraditionen sind bis heute vielfach von barocker Ornamentik, Farb- und Formensprache geprägt.

◀ Michelangelos Fresken in der Sixtinischen Kapelle im Vatikan sind vollendeter Ausdruck der Renaissancekunst.

▲Filippo Brunelleschis Relief der »Opferung Isaaks« (Florenz, Dommuseum) unterlag trotz seiner eindringlich geschilderten Dramatik dem Werk Ghibertis.

Wie entstanden die beiden Kunstwerke?

In den Jahren 1401/1402 fand in Florenz ein Wettbewerb statt für die Reliefs der Bronzetür am Nordportal des Baptisteriums. Sieben ausgewählte Künstler präsentierten ihre Entwürfe zum Thema der Opferung Isaaks, darunter auch Filippo Brunelleschi und Lorenzo Ghiberti. Die Konkurrenzreliefs der beiden Künstler spiegeln den Umbruch vom Spätmittelalter zur Neuzeit und bilden den Auftakt zum Beginn der modernen Plastik.

Das Florentiner Baptisterium entstand wohl zwischen 1059 und 1150 und war bis zur Errichtung des Doms der bedeutendste Sakralbau der Stadt. Bereits in den Jahren 1330 bis 1336 hatte der Bildhauer, Goldschmied und Architekt Andrea Pisano für das Südportal Bronzereliefs geliefert. In Vierpässen sind Szenen aus dem Leben Johannes des Täufers, des Schutzpatrons von Florenz, sowie Tugendallegorien dargestellt. Pisanis Reliefs erregten die Bewunderung der Zeitgenossen und veranlassten die Zunft der Großkaufleute, einen Wettbewerb für das Nordportal auszuloben.

Thema war eine Szene des Alten Testaments, die Opferung Isaaks: jener Moment, in dem Abraham auf Geheiß des Herrn Hand an seinen Sohn legen will, doch von einem Engel daran gehindert wird (1 Mose, 22). In der Ausschreibung war eine feste Größe für die Reliefs vorgegeben sowie eine Vierpassrahmung nach Pisanis Vorbild. Die sieben Bewerber gehörten zur Crème de la Crème der damaligen Bildhauergarde: Neben Brunelleschi und Ghiberti waren auch dessen späterer Schüler Donatello und Jacopo della Quercia beteiligt. Die Entscheidung des 34-köpfigen Preisgerichts fiel am Ende zugunsten Ghibertis.

Was stellt Brunelleschis Entwurf dar?

Der an zweiter Stelle nominierte Wettbewerbsentwurf Filippo Brunelleschis zeigt die Protagonisten in der Mitte des Reliefs. Isaak windet sich mit ängstlichem Gesichtsausdruck und verzerrter Körperhaltung, während von links der Engel herbeieilt. Seine Hand greift nach dem Messer, das Abraham dem Sohn gerade an die Kehle setzen will. Rechts unten ist ein Knecht in einer ungewöhnlichen Kauerhaltung gezeigt, ein zweiter überschneidet links unten den Vierpassrahmen. Die ganze Szenerie strahlt Wirklichkeitsnähe aus. Der

Wussten Sie, dass ...

- die Verkürzung des Engels in Ghibertis Entwurf zu den gewagtesten Versuchen perspektivischer Darstellung um 1400 zählt?
- Ghiberti mit seiner Werkstatt fast 30 Jahre an den Reliefs der »Paradiestür« mit Szenen aus dem Alten Testament arbeitete?
- der Künstler neben einer Autobiografie mit einem Abriss der Kunst seit der Antike (»Commentarii«) auch eine wichtige Quellenschrift zur Renaissance hinterließ?

Wie revolutionierte Lorenzo Ghiberti die Bronzekunst?

Lorenzo Ghiberti (1378–1455), Goldschmied, Maler und Architekt, zählt zu den bedeutendsten Künstlern der Florentiner Frührenaissance. Aus seiner Bronzewerkstatt gingen berühmte Bildhauer hervor, darunter Donatello. Ghibertis größtes Verdienst war die Entwicklung des bildlichen Reliefs zu einer eigenständigen Ausdrucksform: Seine figurenreichen Darstellungen in einer Idealarchitektur fanden bei vielen Künstlern bis in den Barock hinein großen Nachklang. Zu seinen bedeutendsten Bronzestatuen zählt Johannes der Täufer (1412 bis 1416) für Or San Michele in Florenz. Ghiberti sollte nach den Reliefs der Nordtür auch diejenigen des Ostportals des Baptisteriums ausführen, das Michelangelo »Paradiestür« taufte.

Betrachter scheint dem Geschehen in jener Sekunde höchster Dramatik beizuwohnen, in der sich alles entscheidet. Zugleich bleiben die Landschaft und die Gewänder in der Tradition gefangen, während der Vierpassrahmen wie eine zu enge Grenze erscheint.

Wie ist Ghibertis Werk aufgebaut?

Ganz anders ist die Komposition bei Ghiberti: Sein Entwurf bindet die Szenerie wie selbstverständlich dem Rahmen ein. Hier ist das entscheidende Geschehen nun in die rechte Bildhälfte gerückt, während links wie ein ruhiger Gegenpol die beiden Knechte zu sehen sind. Diese Arbeit strahlt zweifellos keine vergleichbare Dramatik aus, steht sie doch noch deutlich im Banne des eleganten Weichen Stils der internationalen Gotik. Doch herrscht hier eine Harmonie, die wohl auch die Jury überzeugte. Die Plastizität von Figuren und Landschaft ist erstmals in der Geschichte der Bildreliefs so angelegt, dass ein Vorder- und Hintergrund realistisch erlebbar wird.

Dazu kommen zahlreiche, bruchlos verarbeitete Zitate der Antike – damals gleichbedeutend mit einem modernen Stil: Isaak und die beiden Knechte etwa lassen antike Jünglingsdarstellungen als Vorbilder erahnen, auch das Altarrelief mit seinen Akanthusranken wirkt antik. Schließlich achte man darauf, wie die Handlung auch im Gewand Abrahams anklingt, dessen Mantelzipfel spannungsgeladen zu flattern scheint.

Was motivierte die Entscheidung der Jury?

Im Gegensatz zu Ghibertis meisterhafter Technik mussten die Figuren im Reliefstil Brunelleschis separat gegossen und mittels Nieten einzeln fixiert werden. Diese praktische Tatsache gab nicht zuletzt der Spekulation Nahrung, die Entscheidung der Juroren sei vielleicht auch aus ökonomischen und nicht nur aus künstlerischen Gründen gefallen: Schließlich hätte man bei diesem Verfahren mindestens ein Drittel mehr von dem teuren Bronzematerial benötigt.

▼Lorenzo Ghiberti gewann mit seinem ausgewogen und räumlich überzeugend komponierten Relief der »Opferung Isaaks« den Wettbewerb für die Nordtür des Florentiner Baptisteriums; Florenz, Dommuseum.

▲ Die von Filippo Brunelleschi entworfene Kuppel des Florentiner Doms zählt mit ihrer damals revolutionären Konstruktion zu den Marksteinen der Architekturgeschichte.

Wem ist der Florentiner Dom geweiht?

Der Dom in Florenz ist der Muttergottes geweiht. Der Zusatz »del Fiore« (»Blume«) bezieht sich auf das Lilienwappen der Stadt und drückt damit den Bürgerstolz der Florentiner aus, der das Bauwerk seit seinen Anfängen begleitete. Die Baugeschichte war ungewöhnlich lang. Sie begann 1296 unter Arnolfo di Cambio, der bereits die enorme Breite des Langhauses von 38 Metern anlegte. Nach seinem Tod wurden die Arbeiten unter Giotto fortgesetzt. 1368 wurde nach langen Diskussionen ein Modell präzisiert, an das sich alle künftigen Baumeister halten mussten. Heftig umstritten war vor allem die Frage gewesen, wie die künftige Kuppel aussehen sollte. Zwischen 1410 und 1413 entstand zunächst ein hoher, achteckiger Tambour, der Kuppelunterbau. Das größte Problem war jedoch noch völlig ungelöst: die Kuppelkonstruktion.

Wie kam Brunelleschi zu dem Auftrag?

Die Domkuppel ist das Ergebnis eines der ersten bekannten Architekturwettbewerbe in der Geschichte. Die Wollweberzunft, die den Dombau verwaltete, lobte ihn 1418 aus. Der Florentiner Architekt, Goldschmied und Bildhauer Filippo Brunelleschi (1377–1446), der zahlreiche weitere Bauten in seiner Heimatstadt errichtete, hatte sich von jeher besonders für bau- und konstruktionstechnische Fragen interessiert. Ausgehend von der Vorstellung der idealen Architektur orientierte er sich an der spätmittelalterlichen Florentiner Tradition (etwa dem Baptisterium) sowie an der Baukunst der Antike und entwickelte daraus klar gegliederte, streng geometrisch proportionierte Räume, die den Baustil der italienischen Frührenaissance begründeten. Seine Pläne für die Florentiner Domkuppel wurden von der Zunft mehrfach als waghalsig und verrückt zurückgewiesen, bis sich Brunelleschi am Ende durchsetzen konnte und zum Dombaumeister ernannt wurde.

Wie ließ sich das Bauwerk realisieren?

Durch geniale Ingenieurskunst. Für den Bau der Kuppel wäre angesichts der riesigen Spannweite (Durchmesser über 40 Meter) eigentlich ein Bodengerüst erforderlich gewe-

Wussten Sie, dass ...

- der Florentiner Dom nach dem Petersdom, der Saint Paul's Cathedral und dem Mailänder Dom die viertgrößte Kirche Europas ist?
- Brunelleschis Kuppelkonstruktion Michelangelo als Vorbild für die Kuppel des Petersdoms diente?
- zwischen den Schalen der Kuppel ein Laufgang zur Kuppellaterne hinaufführt, in dem einst die Maurer in Schwindel erregender Höhe arbeiteten?

Welche Kunstwerke sind im Dom zu sehen?

Im Florentiner Dom verbinden sich Elemente der Gotik (architektonische Grundkonzeption), der italienischen Protorenaissance (Marmorverkleidung) und der Renaissance (Kuppelkonstruktion). Zusammen mit dem Campanile und dem Baptisterium bildet er eines der harmonischsten Bauensembles Italiens. Trotz vieler späterer Veränderungen haben sich zahlreiche bedeutende Kunstwerke erhalten, darunter Glasmalereien (nach Entwürfen von Agnolo Gaddi, Lorenzo Ghiberti, Donatello, Andrea del Castagno und Paolo Uccello), das Kuppelfresko von Giorgio Vasari und Federico Zuccari, die Büsten der Dombaumeister (unter anderem Arnolfo di Cambio und Brunelleschi) sowie frühe Beispiele von Majolikareliefs von Luca della Robbia und das freskierte Reiterstandbild eines Söldnerführers von Paolo Uccello (1436). Im Eingangsbereich unter Bodenniveau wurde neben Überresten der Vorgängerkirche des Doms, Santa Reparata, auch das Grab Brunelleschis entdeckt.

sen. Eine Gerüsthöhe von bis zu 100 Metern war jedoch nicht realisierbar. Brunelleschi löste das Problem, indem er mit einem Hängegerüst arbeiten ließ, das Zug um Zug auf den achteckigen Mauerringen der wachsenden Kuppel nach oben versetzt wurde.

Wie ist die Kuppel konstruiert?

Bahnbrechend war die Idee, die Kuppel aus zwei konzentrischen Gewölbeschalen zu errichten, deren vier Meter dicke innere Schale das enorme Gesamtgewicht trägt. Das Schalensystem besteht aus acht kastenförmigen Hauptrippen, zwischen denen 16 weitere Rippen sitzen; alle sind untereinander durch bogenförmige Querrippen verbunden, hinzu kommt ein das Ganze fixierender Ankerring aus Holz am Kuppelansatz. Auf diesem komplizierten Stützsystem ruht die dünnere zweite Schale, deren acht an der Außenseite hervortretenden Rippen zur vollendeten Erscheinung der Kuppel beitragen. Ab einem bestimmten Zeitpunkt ließ Brunelleschi – immer das Gewicht und die Stabilität der Steinmassen bedenkend – die Kuppel statt mit Hausteinen mit Ziegelmauerwerk im Fischgrätverband legen. Auch der Kranz aus Konchen (große Nischen) am Unterbau sollte die gewaltigen Schubkräfte der Kuppel auffangen.

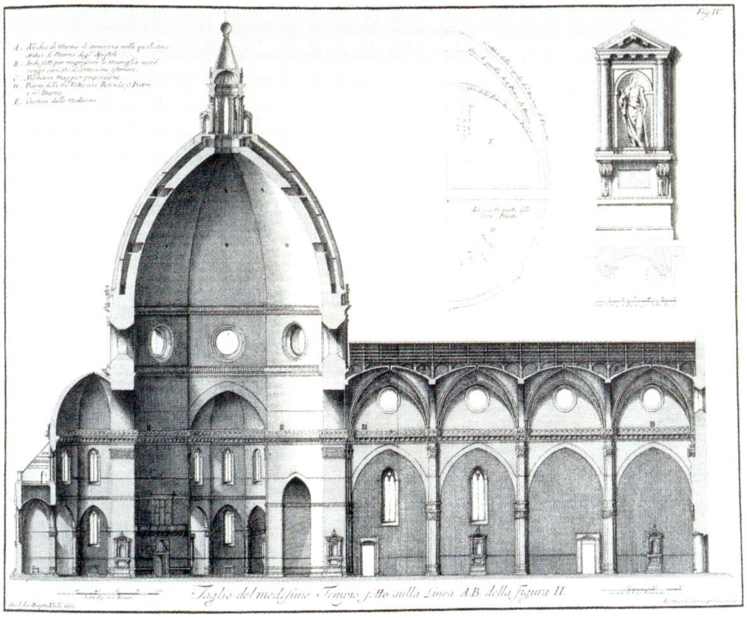

▲Der Kupferstich von 1733 zeigt einen Längsschnitt durch den Florentiner Dom.

Konnte Brunelleschi sein Werk vollenden?

Fast. 1438 war der Rohbau fertig. Den Wettbewerb für die Laterne gewann Brunelleschi ebenfalls, aber erst drei Jahrzehnte nach seinem Tod wurde der Marmoraufsatz auf der Kuppel vollendet, dem der Architekt die Gestalt eines kleinen Tempels gegeben hatte.

◀Die 3200 Quadratmeter Innenfläche der Kuppel wurden von Giorgio Vasari und Federico Zuccari zwischen 1575 und 1579 ausgemalt.

▲Seit 1924 hat die Bevölkerung Zugang zur Palastanlage.

Welche Vorgeschichte begleitet den Bau der »Verbotenen Stadt«?

Nicht immer regierten chinesische Kaiser Zhonghua, das »Reich der Mitte«. Im 13. Jahrhundert beherrschten die Mongolen fast das gesamte Gebiet des heutigen Chinas, bauten eine vor allem von Persern, Syrern und Türken dominierte Verwaltung auf und errichteten eine Hauptstadt, die nach dem Anführer, dem Großen Khan, als Khanbaliq bekannt war.

Welche Funktionen hatten die verschiedenen Hallen?

Die »Verbotene Stadt« war für fünf Jahrhunderte kaiserliche Residenz von insgesamt 24 Monarchen. Zentrum der Macht war die »Halle der Höchsten Harmonie« (Taihe Dian), die mit der »Halle der Vollkommenen Harmonie« (Zhonghe Dian) und der »Halle zur Erhaltung der Harmonie« (Baohe Dian) das Herz der »Verbotenen Stadt« bildete. Die »Halle der Militärischen Tapferkeit« (Wuying Dian) war einst Empfangssaal für die Damen der hohen Beamten, die »Halle der Berührung von Himmel und Erde« Residenz der Ming-Kaiserinnen.

Nachdem das rasch angewachsene Mongolenreich auch unter dem Druck chinesischer Aufstände zusammengebrochen war, etablierte sich unter dem Namen Ming – »leuchtend, hell, klar« – im 14. Jahrhundert wieder eine chinesische Dynastie, die den Palast des Khans einreißen und an seiner Stelle nach den Traditionen der frühen Han- und der Tang-Dynastie den Inbegriff einer chinesischen Palastanlage errichten ließ.

Abgelöst wurde die Ming-Dynastie im 17. Jahrhundert durch die Qing-Dynastie, die erst mit der Errichtung der Republik China 1911 endete. Der einfachen Bevölkerung war der Zutritt zum Herrschaftsbezirk untersagt, er war eine »Verbotene Stadt«.

Was symbolisiert die Form der Palastanlage?

Nicht hohe, aufstrebende Schlösser zeigten die Macht der chinesischen Herrscher an, sondern eine in der Fläche weite, möglichst quadratische Anlage, die die Erde symbolisierte – in chinesischer Vorstellung eine quadratische Scheibe. Die herausragende Lage, um die sich der Rest der Stadt zu gruppieren hatte, verdeutlichte die Machtansprüche, wobei die Mitte als fünfte und wichtigste Himmelsrichtung Bezugspunkt war.

Wie sind die Gebäude der Palastanlage angeordnet?

Auch wenn Peking nicht die geographische Mitte des Reiches darstellte, so galt die Hauptstadt doch als symbolische Mitte, in deren Mitte wiederum der Palast lag, Kern des Reiches, von dem alle Macht ausging. Alle wichtigen Gebäude liegen auf einer zentralen, genau von Norden nach Süden ausgerichteten Achse, die sich damals durch Stadttore und über eine Prachtstraße durch die gesamte Stadt zog. Weitere Gebäude sind paarweise zu beiden Seiten der Achse angeordnet oder richten sich an parallelen Nebenachsen aus.

Die großen Hallen, die Zeremonien und Empfängen dienten, also den staatlichen Bereich des Palasts darstellen, befinden sich im Süden der Anlage, die Wohnpaläste hingegen im Norden. Der »Palast der Himmlischen Reinheit«, der im Jahr 1798 zu seiner heutigen Gestalt umgebaut wurde, die »Halle der Berührung von Himmel und Erde« und der »Palast der Irdischen Ruhe« waren der kaiserlichen Familie und dem Hofstaat vorbehalten.

Welchen Prinzipien folgt der Bauplan?

Die Anordnung der Bauten hängt mit der chinesischen Vorstellung des Feng Shui zusammen, die die Einbettung des Menschen zwischen »Wind und Wasser« regelt. Demnach brauchen Gebäude Schutz nach Norden und öffnen sich nach Süden zum Licht und zur Wärme der Sonne. In der »Mitte des Reiches« sind diese Bedingungen erfüllt, da eine Bergkette die Stadt im Norden und Westen vor den Winden aus der Wüste Gobi schützt, während sich im Süden und Osten eine Ebene öffnet. Zum Schutz des Palasts schüttete man hinter seinem Nordtor mit dem Aushub des Wassergrabens einen Hügel auf – »Kohlehügel« genannt, da dort das Brennmaterial für den Palast lagerte.

▲Die »Halle der Höchsten Harmonie« mit dem Drachenthron

Wie sehen die einzelnen Gebäude aus?

Die Gebäude bestechen weniger durch ihre Höhe als durch ihre massige Breite. Alle stehen auf Podesten aus Bruchstein, die die hölzernen Bauteile vor Feuchtigkeit von unten schützen. Von diesen Podesten ragen die massiven Holzsäulen aus dem besonders harten Nanmu auf, das für den Palastbau über Kanäle aus Südchina herangeschafft wurde. Diese Säulen tragen die schweren, von glasierten Tonziegeln bedeckten Dächer.

Die Farbe der Ziegel wurde einem Gebäude vom Kaiser »verliehen«: Im Palast ist es Gelb, die Symbolfarbe für den Kaiser selbst. Die Hallen sind von zweistufigen Dächern bedeckt, die leicht und beschwingt wirken, weil durch einen speziellen Holzunterbau die Ecken nach oben gezogen werden konnten. Diese sind durch mythische Lebewesen aus glasiertem Ton »bevölkert«, die Gefahren vom Palast und seinen Bewohnern abhalten sollten.

Wussten Sie, dass …

- die Podeste, die die Gebäude tragen, bei den Empfangshallen immerhin imposante acht Meter erreichen?
- die »Verbotene Stadt« 1987 zum UNESCO-Weltkulturerbe ernannt wurde?

▼Die prachtvoll gestaltete Neun-Drachen-Mauer

▲Das Fresko der Dreifaltigkeit von Masaccio (1427) markierte den Beginn der zentralperspektivischen Malerei.

Was hat Masaccios Fresko mit Wissenschaft zu tun?

Masaccios berühmtes Trinitätsfresko in Florenz gilt in der Kunstgeschichte als erstes Werk der Malkunst, das nach den wissenschaftlichen Prinzipien der Zentralperspektive konstruiert wurde.

Hat Masaccio die Zentralperspektive entdeckt?

Nein, entdeckt und dokumentiert hat die Idee von der Zentralperspektive Filippo Brunelleschi, einer der wichtigsten Architekten der Florentiner Frührenaissance. Um 1420 präsentierte er in einer öffentlichen Demonstration die Ergebnisse seiner bahnbrechenden optischen und geometrischen Untersuchungen. Er stellte sich in die Mitte des Portals des Florentiner Domes und blickte zum gegenüberliegenden Baptisterium. Vor sich baute er einen Bildrahmen auf, der mit einem Raster aus Fäden versehen war. Den »Inhalt« dieses Rasters – die Ansicht des Baptisteriums – übertrug er daraufhin in eine Zeichnung, die ebenfalls mit diesem maßstabsgerechten Raster versehen war. Mathematisch für jedermann nachvollziehbar, konnte er so die Prinzipien der so genannten Zentralperspektive beweisen: Alle in die Tiefe weisenden Bildlinien laufen auf einen gemeinsamen Fluchtpunkt hinaus, der ungefähr auf der Augenhöhe des Betrachters liegt. Die Entdeckung des jungen Architekten Filippo Brunelleschi sollte Wissenschaft und Kunst des 16. Jahrhunderts zu einer enormen Innovationskraft verhelfen. Masaccio war der erste Maler, der diese Prinzipien des menschlichen Sehens in ein gemaltes Bild übertrug. Das großformatige Fresko mit der Darstellung der Trinität – der Dreieinigkeit Gottvater, Sohn und Heiliger Geist – in der Florentiner Kirche Santa Maria Novella entstand um 1427.

Wie ist Masaccios Perspektiv-Fresko konstruiert?

Ein wichtiges Instrument der Perspektive sind architektonische Elemente. Der Blick des Betrachters fällt in eine gemalte, beinahe sieben Meter hohe Nischenarchitektur, die von einer Sockelzone, flankierenden Säulen und Pilastern sowie oben von einem Arkadenbogen mit Architrav gebildet wird – architektonische »Versatzstücke« also, wie sie in der Baukunst von Florenz damals eingesetzt wurden. Die Darstellung wird von der mächtigen Gestalt Gottvaters beherrscht, der das vor ihm platzierte Kreuz Christi hält. Unter dem Kruzifix stehen Maria und der Apostel Johannes, vor dieser Szenerie kniet rechts und links das Stifterpaar.

War Masaccio ein »Koloss«?

▲Vermutliches Portrait Masaccios (1401 bis 1428) aus dem 15. Jahrhundert

Sein Name – Masaccio ist ein Spitzname und bedeutet so viel wie »riesiger Thomas« – deutet darauf hin. Unabhängig von seiner Statur war Tommaso Cassai, geb. am 21. Dezember 1401 in San Giovanni Valdarno, auf jeden Fall ein Koloss seines Fachs, der die Malerei der Renaissance nachhaltig prägte und beeinflusste.

In die Lehre ging Masaccio bei Masolino da Panicale. Gemeinsam mit seinem Lehrer schuf Masaccio seit 1424 in der Brancacci-Kapelle von Santa Maria del Carmine in Florenz eine in Perspektive und Farbe besonders ausdrucksstarke Vita des Apostels Petrus. 1428 folgte er seinem Meister nach Rom, wohin dieser vom Papst berufen worden war. Wieder arbeiteten die beiden Männer an einem umfangreichen Freskenzyklus, in der Kirche San Clemente, als Masaccio unter ungeklärten Umständen – mit nur 27 Jahren – starb. Vermutlich erlag er der Pest. In seinem kurzen Leben schuf Masaccio ein bleibendes Werk.

Wie entstand das Fresko der Trinität?

Zunächst erstellte Masaccio auf dem rohen Putz eine erste ungenaue Vorzeichnung der geplanten Gesamtkomposition und deren wichtigsten perspektivischen Linien. Dabei kam es besonders darauf an, die präzise Übertragung der Fluchtlinien zur Bestimmung der optischen Korrektheit von der ersten Vorzeichnung auf den endgültigen Kalkputz zu gewährleisten. Um dieses Ziel zu erreichen, brachte der Künstler an der Stelle des zentralen Fluchtpunktes unterhalb des Kreuzes einen Nagel an. Von diesem aus spannte er dann Fäden, deren Linien er in der Folge auf den nassen Feinputz übertrug. Diese Einzeichnungen mussten bei der anschließenden Ausführung des Freskos mit frischem Feinputz zugedeckt werden.

Wurde die Zentralperspektive in der Kunst zum Standard?

Nach Masaccio war das der Fall. Das Übertragen der korrekten Perspektive eines gesehenen Bildes in ein gezeichnetes oder gemaltes Abbild – von Brunelleschi in der öffentlichen Präsentation bewiesen – wurde zum Rüstzeug eines jeden jungen Künstlers. Albrecht Dürer erfand gar eine Vorrichtung zum Erlernen der Perspektive, die in die Natur oder zum Modell mitgenommen werden konnte.

Welche Botschaft enthält das Fresko?

Das Werk birgt eine auf den zeitgenössischen Betrachter ausgerichtete Mahnung. Die göttliche Szene ist in den sich nach hinten öffnenden »virtuellen« Bildraum gesetzt, der das »Jenseits« repräsentiert. Die beiden Stifter davor sind dagegen im Diesseits angesiedelt: Als lebende, konkrete Personen lassen sie sich – zusammen mit dem Betrachter – der aktuellen Realität zuordnen. Die Darstellung in der Sockelzone erklärt dies drastisch: Man sieht ein menschliches Skelett, das auf einem Sarkophag ruht. Die darüber befindliche Inschrift wendet sich direkt an den Betrachter und verknüpft noch einmal das gegenwärtige Diesseits mit dem zukünftigen Jenseits: »Ich war, was du bist, was ich bin, wirst du sein«.

◄Die Fassade von Santa Maria Novella – Heimatkirche des Trinitätsfreskos –, ein Meisterwerk der Frührenaissance von Leon Battista Alberti.

Wussten Sie, dass ...

► Masaccio mit seiner Werkstatt aufgrund des relativ schnell trocknenden Putzes den morgens begonnenen Abschnitt des Freskos jeweils am selben Tag vollenden musste? Diese abschnittsweisen Arbeiten werden auch Tagwerke genannt. In präzisen Untersuchungen konnten Kunsthistoriker rekonstruieren, dass der Künstler für die Vollendung des 21 Quadratmeter großen, berühmten Freskos etwa einen Monat benötigte.

Auf welche Geschichte geht die Statue zurück?

Mit seiner Bronzeplastik, die zwischen 1430 und 1440 entstand, griff Donatello ein Motiv aus dem Alten Testament auf: den ungleichen Kampf zwischen dem zierlichen David, später König der Israeliten, und dem riesenhaften Goliath. David überwindet den Philister mit einer Steinschleuder, tötet ihn anschließend mit dessen Schwert und schlägt ihm den Kopf ab. Das Motiv der beiden ungleichen Kämpfer war in der Renaissance ein beliebtes Thema und wurde mehrfach variiert. Donatello selbst schuf zwei berühmte David-Statuen, eine in Marmor und eine in Bronze. Der Bronze-David nimmt in seiner Interpretation des Themas und der künstlerischen Umsetzung einen ganz besonderen Rang ein.

In welchem Moment ist David dargestellt?

Nach dem Kampf mit Goliath. Donatello präsentiert seinen David als fast androgyn wirkenden jugendlichen Helden mit langen Locken und Hirtenhut. Er steht auf einer runden, kranzumwundenen Basisplatte. Goliath ist getötet, sein behelmtes Haupt liegt am Boden. Mit geradezu sinnlicher Entspanntheit hat der siegreiche Jüngling sein leicht angewinkeltes Bein darauf abgestellt, das riesige Schwert des Besiegten locker in der herabhängenden Rechten. In der anderen Hand, lässig in die Seite gestützt, hält er noch den großen Stein, mit dem er seinen Gegner niederstreckte.

Wie wirkt die Figur?

Donatello hat das harte Material der Bronze in einen überaus realistisch wirkenden Jünglingskörper verwandelt. Bis in die Details ist das Studium am lebenden Modell zu spüren. Unter einer jugendlich straffen Haut wölben sich Muskeln, zeichnen sich Rippen und Körperbau ab. Der Künstler griff hier zum einen auf das antike Ideal des nackten Körpers zurück. Die antike Bildsprache wird jedoch nicht zuletzt durch die kniehohen Stiefel gesprengt. Zugleich hat dieser David eine sinnlich-selbstbewusste Ausstrahlung, die das neue Selbstverständnis der Menschen zu Beginn der Renaissance wiedergibt und von

An welchen Orten in Italien war Donatello als Künstler tätig?

▲Manche Kunsthistoriker vermuten in diesem Bildnis ein Porträt Donatellos (um 1386–1466).

In Florenz, Siena und Padua. Donatello war einer der vielseitigsten Künstler der Frührenaissance. Der Florentiner Handwerkersohn wurde in der Bauhütte des in seiner Heimatstadt entstehenden Doms zum Steinmetz ausgebildet. Von 1404 bis 1407 wirkte er in der Werkstatt Lorenzo Ghibertis, der ihm die Reliefgestaltung und die neu entdeckte Zentralperspektive nahebrachte. Mit Nanni di Banco (um 1370–1421) schuf Donatello Marmorfiguren für die Domfassade. Später führte er in Siena mit den beiden bedeutendsten Bildhauern seiner Zeit – seinem Lehrer Ghiberti und Jacopo della Quercia (um 1374–1438) – die Relieftafeln am Taufbecken des Baptisteriums aus. Durch einen Aufenthalt in Padua trug er die neuen Errungenschaften aus Florenz nach Oberitalien. Auch sein Reiterdenkmal für den Söldnerführer Gattamelata, ebenfalls in Padua, wirkte epochemachend: Es war das erste profane Reiterstandbild der Renaissance.

vielen zeitgleichen wie auch nachfolgenden Künstlern aufgegriffen und verarbeitet wurde.

Was ist neu an der Statue?

Epochemachend war Donatellos Entscheidung, den David als eine frei stehende Plastik zu konzipieren. Während etwa sein »heiliger Georg« noch für eine Nische geschaffen war (an Or San Michele in Florenz, um 1415/1417) und eine einzige Schauseite bot, ist der David eine frei stehende Statue, die man umschreiten kann – und damit die erste allansichtige Figur seit der Antike.

Wie nennt man die Stellung der Figur?

Kontrapost (italienisch contrapposto, »Gegensatz«) ist ein Fachbegriff, der erst in der Renaissance geprägt wurde, obgleich er als Phänomen bereits aus der griechischen Klassik bekannt ist: Er bezeichnet eine Körperhaltung mit einem belasteten Standbein und einem unbelasteten Spielbein. Das vom Boden gelöste Spielbein – bei Donatellos David dasjenige, das auf dem Helm des Goliath steht – wird durch eine gegenläufige Bewegung des Oberkörpers ausgeglichen, so dass eine Balance entsteht. Bereits der griechische Bildhauer Polyklet (5. Jh. v. Chr.) fertigte Studien für den Kontrapost an, die er in einer verloren gegangenen Lehrschrift über Maße und Proportionen festhielt.

Die Wiederentdeckung des Kontraposts durch die Bildhauer der Frührenaissance, allen voran Donatello, ist eine ihrer größten Leistungen, vergleichbar mit der Entwicklung der Zentralperspektive in der Malerei.

Wussten Sie, dass ...

- die Bronzeplastik zeitweise den Park des Medici-Stammsitzes in Florenz und das Rathaus der Stadt schmückte? Ende des 19. Jahrhunderts wurde sie in die Skulpturensammlung des Bargello überführt.
- auch Michelangelo eine David-Figur gestaltete?
- Donatello mit der Skulptur »Judith und Holofernes« in Florenz auch die erste frei stehende Figurengruppe seit der Antike anfertigte?

◀Die anmutige Schönheit von Donatellos Bronze-Jüngling »David« ist aus jeder Perspektive beeindruckend.

▲Lippis »Marienkrönung« entstand zwischen 1441 und 1447: Wie auf einer Bühne vollzieht sich die Erhebung zur Himmelskönigin; Florenz, Uffizien.

Was ist typisch für die Malerei des Quattrocento?

Die Malerei des italienischen 15. Jahrhunderts (Quattrocento) ist gekennzeichnet von der Überwindung der gotischen Kunst des Mittelalters und dem Aufbruch in die Renaissance. Ein herausragender Vertreter dieser Epochenwende war der florentinische Meister Fra Filippo Lippi (um 1406–1469), der als Mönch im Karmeliterkloster Santa Maria del Carmine zum Maler ausgebildet wurde.

Welche Position hat Lippi in der Kunstgeschichte?

Die Kunstgeschichte sieht in Lippi den Vertreter eines weichen Stils mit fließender Bewegung und eleganter Linienführung, zarter Farbgebung und einer stillen, verhaltenen Poesie. Seine Figuren strahlen bei aller plastischen Schwere und Körperlichkeit Empfindsamkeit und Anmut aus. Die zentralperspektivisch erfassten Räume erzeugen die Wirkung großzügiger Weite.

Lippis Lehrer sind nicht bekannt. Beeinflusst war er aber wohl vom spätgotischen Meister Lorenzo Monaco (um 1370–1425) und von Masaccio (1401–1428), dem Mitbegründer der toskanischen Frührenaissance und Schöpfer eines berühmten Freskos in der Kirche des Karmeliterklosters. Lippis Schüler Sandro Botticelli wird den weichen Stil und die Feierlichkeit der Gesamtatmosphäre, die Lippis Werk markieren, fortführen und zu höchster Meisterschaft bringen.

Welche Vorgaben hatte Lippi für das Gemälde?

Wie wir aus dem erhaltenen Bestellvertrag wissen, war eine figurenreiche Komposition der »Marienkrönung« gefordert. Zwischen 1441 und 1447 malte Filippo das knapp sechs Quadratmeter große Tafelbild für den Hochaltar der Kirche Sant'Ambrogio in Florenz.

Wie kam Lippi ins Kloster?

Die Eltern des ca. 1406 in Florenz geborenen Filippo starben früh und so kam er, gemeinsam mit einer Tante, ins Karmeliterkloster Santa Maria del Carmine in Florenz. Dort erhielt er auch erste Unterweisungen in Malerei. Zu Beginn der 1430er Jahre führte er verschiedene, jedoch nicht erhaltene Arbeiten für das Kloster aus. Zu seinen Werken zählen, neben der Marienkrönung, noch eine Verkündigung des Todes an Maria (1437–1438, Florenz) und ein größerer Freskenzyklus über das Leben des heiligen Stephanus und Johannes des Täufers (1452–1457, Prato).

Wie zeigt sich die Epochenwende in der »Marienkrönung«?

Eine Neuheit ist der Bruch mit dem traditionellen Schema des Flügelaltars. Zwar deutet der Goldrahmen die Dreiteilung noch an, doch der Bildraum ist zentralperspektivisch angelegt und vereinheitlicht. Die Anordnung der zahlreichen Engel und sonstigen Akteure erfolgt auf einer Bühne mit einem erhöhten Mittelpodest, wo das Hauptthema, die Krönung Marias, seinen Platz erhält. Dieses Motiv ist bereits seit dem 12. Jahrhundert weit verbreitet: Gottes Sohn teilt seine königliche Würde mit seiner Mutter, Maria wird zur Himmelskönigin gekrönt. In Filippo Lippis »Marienkrönung« jedoch nimmt ein greiser Gottvater die Weihen an einer in demütiger Haltung vor ihm knienden Jungfrau Maria vor.

Die traditionellen Elemente im Bild sind unverkennbar: Das Rahmenwerk kommt ohne den symbolhaltigen Goldgrund nicht aus und verweist in kleinen, eingearbeiteten Rundbildern auf die Szene der Verkündigung als den Beginn des Marienzyklus. Hintereinander gestaffelte Engelschöre mit weiß blühenden Lilien, goldene Inschriften und üppiges Faltenwerk an den stoffreichen, langen Gewändern entstammen der herkömmlichen, gotischen Malweise. Dagegen vermitteln der klare Bildaufbau, die plastische Körperlichkeit und die Positionierung der Personen im Raum bereits den Geist der Renaissance.

Was zeigt das Bild?

Zwischen den Engelschören zu beiden Seiten wandert eine Figurengruppe von links nach rechts, beginnend mit Ambrosius, dem Patron der Kirche. Am rechten Bildrand erscheint Johannes der Täufer, Schutzpatron von Florenz. Hinter ihm kniet betend der Seelsorger des Nonnenklosters, den die Aufschrift »Is Perfecit Opus« (Dieser schuf das Bild) als Auftraggeber des Bildes ausweist. Den Künstler selbst erkennen wir in dem Mönch, der mit der Hand sein Kinn stützt und aus dem Bild herausschaut, als würde er den Betrachter eingehend mustern.

Wussten Sie, dass ...

- der Klosterbruder Filippo Probleme mit dem Keuschheitsgelübde hatte? Die blonde Nonne Lucrezia Buti, die ihm offensichtlich öfter Modell saß – ihr Porträt findet sich in mehreren Madonnenbildern wieder –, wurde schwanger, wohl von Fra Filippo. Der verliebte Mönch und Maler entführte seine schöne Nonne. Dank der Fürsprache der mächtigen Medici bei der päpstlichen Kurie wurde Filippo von seinen Ordensgelübden befreit und konnte Lucrezia heiraten. Ein Happyend, geschehen anno 1461. Der Auslöser der Geschichte, das Kind Filippino, sollte später als Maler in die Fußstapfen seines Vaters treten.

◀ 1460, mehr als ein Jahrzehnt nach seinem Meisterwerk für Sant'Ambrogio in Florenz, schuf Filippo Lippi eine weitere »Marienkrönung«: Im Gegensatz zu seinem früheren Werk dominiert hier wieder der dreiteilige Bildaufbau, wie man ihn vom gotischen Flügelaltar kennt, als strukturbestimmendes Element.

▲Figurenreiche Szenerie mit klarem Aufbau: aus Ghirlandaios Freskenzyklus in der Sassetti-Kapelle der Kirche Santa Trinità zu Florenz

Welche künstlerische Gabe machte Ghirlandaio berühmt?

Domenico Ghirlandaio (1446–1494) gilt als Meister der Freskenmalerei, der für seine klare Komposition figurenreicher Szenen vor architektonischen Hintergründen berühmt war. Er gehörte neben Botticelli zu den gefragtesten toskanischen Künstlern des ausgehenden 15. Jahrhunderts und war in Florenz, in Pisa und auch in Rom beschäftigt.

Was wissen die Forscher von Ghirlandaios Leben?

Nicht viel. Man weiß, dass er 1449 als jüngstes von acht Geschwistern in Florenz geboren wurde und dort auch starb (1494). Er war Schüler in der Mosaik- und Malerwerkstatt des Alessio Baldovinetti. Zwischen 1480 und 1491 hatte er wohl seine produktivste Zeit und galt als anerkannter Künstler. Aus zwei Ehen hatte Ghirlandaio drei Töchter und drei Söhne. Einer der Großen der Kunstgeschichte lernte in Ghirlandaios Werkstatt: Michelangelo Buonarroti.

Worum ging es dem Auftraggeber Sassetti?

Francesco Sassetti, ein angesehener Kaufmann und Geschäftspartner der Medici in Florenz, wollte das Leben seines Namenspatrons, des heiligen Franz von Assisi, von einem herausragenden Künstler bildlich darstellen lassen. Einen geeigneten Ort für das Kunstwerk hatte Sassetti auch schon bald gefunden: eine Familienkapelle in der Dominikanerkirche Santa Maria Novella – wo Ghirlandaio im Übrigen später für einen anderen Auftraggeber die großartige Freskierung des Chors übernahm. Doch die Dominikaner lehnten Sassettis Begehren, in ihrer Kirche ausgerechnet den Begründer des Franziskanerordens mit einem Bilderzyklus ehren zu wollen, rundweg ab. Zu groß war damals die Rivalität zwischen den beiden Bettelorden. Sassetti musste sich erneut auf die Suche nach einem angemessenen Ort machen. Beim Orden der Vallombrosaner und ihrer zentral gelegenen Kirche Santa Trinità fand der Geschäftsmann schließlich, was er suchte: eine geräumige Seitenkapelle mit hohen Wänden – bestens geeignet für die Ausmalung mit Szenen aus dem Leben des heiligen Franziskus. Ghirlandaio konnte mit seiner Arbeit beginnen.

Welche Episoden aus dem Leben des Franziskus zeigen die Fresken?

Der Zyklus schildert zunächst den Abschied des jungen Franziskus von seinem reichen Elternhaus. Er entsagt der Welt, verzichtet auf alle irdischen Güter, legt seine prächtigen Gewänder ab. Viel Raum wird der Verkündigung und Bestätigung der franziskanischen Ordensregel durch Papst Honorius III. eingeräumt. Schließlich empfängt Franziskus, der sich in die unwirtlichen Berge des Apennin bei La Verna zurückgezogen hat, die Wundmale Christi. Ein weiteres Wunder erlebt er bei der Begegnung mit einem Sultan, den er mit Hilfe einer spektakulären Feuerprobe zum christlichen Glauben bekehren kann. Der Poverello, der »kleine Arme«, wie der heilige Franz in Italien heute noch liebevoll genannt wird, stirbt 1226 mit 34 Jahren.

Seiner Aufbahrung und feierlichen Bestattung ist ein weiteres Fresko gewidmet. Ein Wunder, das ihm postum zugeschrieben wird, beschließt den Zyklus: Ein Kind der Familie Spini wird nach einem tödlichen Sturz wieder ins Leben zurückgeholt. Diese Szene verlegt Ghirlandaio auf den Platz vor der Florentiner Kirche Santa Trinità.

Auch bei der Darstellung der Bestätigung der Ordensregel durch den Papst, die historisch nachweislich im Jahr 1223 in Rom stattgefunden hat, erlaubt sich Ghirlandaio künstlerische Freiheiten: Er verlegt sie nach Florenz und in die Zeit der Entstehung der Fresken, also in die Jahre 1483 bis 1486. Unschwer zu erkennen ist die Piazza della Signoria mit der monumentalen Loggia dei Lanzi und dem wuchtigen Palazzo Vecchio. Im Vordergrund thront unterm Baldachin der Papst, umgeben von mehreren geistlichen Würdenträgern.

◄ Ghirlandaio hat die Kleidung und die Haartracht seiner Zeitgenossen in der für ihn charakteristischen Detailtreue abgebildet.

Spielen in dem Fresko auch weltliche Themen eine Rolle?

Ja, und zwar positioniert sich der Auftraggeber Sassetti in der Machtstruktur von Florenz: Am rechten Bildrand begegnen wir einem blau gewandeten Alten: Antonio Pucci, der als Parteigänger der Medici Verhandlungen mit der römischen Kurie geführt hatte. Daneben ist Lorenzo I. de' Medici (1449–1492) porträtiert, genannt der Prächtige, einer der reichsten und mächtigsten Männer seiner Zeit. Zu seiner Linken ließ sich der Auftraggeber selbst abbilden. Die Nähe zu dem großen Medici war gewollt und sollte vor allem Sassettis Loyalität gegenüber dem bedeutendsten Mann von Florenz unterstreichen. Beigestellt ist dieser Gruppe sein Sohn Federigo, der, wie einer der Medici-Söhne, für die geistliche Laufbahn bestimmt war.

◄ Der Auftraggeber Francesco Sassetti – zweiter von rechts, im leuchtend roten Gewand – zwischen seinem Sohn und Lorenzo de' Medici

Wussten Sie, dass …

- die Kirche Santa Trinità um 1200 an Stelle eines älteren Baus des 10. Jahrhunderts errichtet wurde? Im rechten Querschiff liegt die Kapelle mit den Ghirlandaio-Fresken.
- die seit Beginn des 14. Jahrhunderts in Kirchen ausgeführten Freskenzyklen auch nicht-lesekundigen Menschen das Leben der Heiligen vermitteln sollten?

▲Die dekorative, sinnenfreudige Kunst Botticellis erreichte in der »Geburt der Venus« einen Höhepunkt.

In was für einem geistig-kulturellen Umfeld entstand »Die Geburt der Venus«?

Sandro Botticelli malte das Bild 1484 bis 1485 in Florenz. Der wohlhabende Stadtstaat am Arnoufer war damals eines der Kulturzentren Europas und Ursprung sowie Mittelpunkt der Renaissance. Antike Schriftquellen und Ruinen wurden studiert, das dunkle Mittelalter schien überwunden – eine neue Zeit brach an. Der reichste Florentiner, Bankier Cosimo de' Medici, forderte diese Bewegung, indem er unter anderem die so genannte Platonische Akademie gründete: einen Kreis von Gelehrten, in den auch Maler und Bildhauer aufgenommen wurden. Mit Unterstützung der Medici hatte der Arzt Marsilio Ficino 1462 bis 1468 die Werke des griechischen Philosophen Platon übersetzt, die nun das Fundament neuer Denkmuster und Bildthemen bildeten.

Die philosophische Schule des Neuplatonismus geht von der Vorstellung aus, dass die Seele unsterblich ist und dass es eine Urweisheit gibt, welche die gesamte Geschichte kennzeichnet. Vom obersten Schöpfer ausgehend, ist sie auch im Menschen als Idee oder Möglichkeit vorhanden.

Auftraggeber des Venusbildes war vermutlich Lorenzo di Pier Francesco de' Medici aus einer Nebenlinie der Medici-Dynastie. Das Werk war für einen Raum in seiner Villa Castello nahe Florenz bestimmt.

Wussten Sie, dass ...

- Botticellis »Venus« mit einem Tabu brach? Sie ist der erste weibliche Akt der Neuzeit. Zuvor hatte Donatello den ersten männlichen Akt nach der Natur modelliert, einen jungen David aus Bronze (um 1430).
- das Bild »Der Frühling« als Hochzeitsbild der Medici deren dynastische, politische und wirtschaftliche Ziele ausdrücken soll?
- Botticelli eine Handschrift der »Göttlichen Komödie« Dante Alighieris mit 92 Federzeichnungen illustrierte?

Welche Einflüsse prägten den Maler in seiner künstlerischen Laufbahn?

▲Botticelli (um 1444 bis 1510) war eigentlich gelernter Goldschmied.

Der Florentiner Sandro Botticelli war gemeinsam mit Leonardo da Vinci ein Schüler von Andrea del Verrocchio. Malerei studierte er schließlich auch bei dem bedeutenden Fra Filippo Lippi.
Das Malen frommer Andachtsbilder brachte Botticelli Ruhm ein, seine Spezialität waren fließende Gewänder. Durch die Protektion der Medici kam er in Kontakt mit der geistigen Elite der Zeit. Die Humanisten führten ihn ein in die Welt der griechisch-römischen Mythologie. Wahrscheinlich befanden sich in der Kunstsammlung der Medici antike Venusstatuen, die Botticelli studieren konnte. Am Ende seines Lebens geriet er in den Bann des fanatischen Bußpredigers Savonarola, der ihn veranlasste, einige seiner Bilder zu vernichten.
1480–1484 malte er, berufen von Papst Sixtus IV., drei Fresken in der Sixtinischen Kapelle in Rom, die biblische Szenen darstellen.

Was stellt das Gemälde eigentlich dar?

Das Gemälde beschreibt die Ankunft der Liebesgöttin Venus auf Erden. Der Szene ist eine grausame Begebenheit vorausgegangen: Im Kampf der Götter hat Kronos seinen Vater Uranos entmachtet und ihn dabei entmannt, wobei sein Samen ins Meer fiel. Aus der wundersamen Verbindung von Himmel und Wasser ward die Liebesgöttin in einer Muschel geboren. Von links naht der Windgott Zephyr in Begleitung seiner Ehefrau Chloris. Er bläst der soeben aufgetauchten Venus den Westwind zu und treibt sie damit ans Ufer. Dort wartet der weibliche Genius des Frühlings, um Venus in ein blumenbesticktes Gewand zu hüllen. Doch Botticelli zieht es vor, dem Betrachter die schöne unbekleidete Venusgestalt zu offerieren.

Wie ist die Venusfigur gestaltet?

Die zauberhafte junge Frau ist das Ergebnis exakter anatomischer Studien. Sie ist von bestechender Plastizität, vollführt einen sinnlichen Hüftschwung und versucht, mit keuscher Geste – wenngleich nur halbherzig – ihre Brust zu verbergen. Mit der Ankunft der Liebesgöttin regnet es Rosen. Dank der Gegenwart von Venus gewinnt die Natur wieder Kraft, kehrt der Frühling nach hartem Winter zurück. Alles in diesem Bild ist von neuem Leben erfasst: Der Windstrom des Zephyr bewegt Gewänder und Haare, Wellen, Zweige und Blütenblätter.

Was sind die besonderen Merkmale des Werkes?

Die Formen leben vom leichten Fluss der Linien, die Figuren scheinen zu schweben. Das Bild ist ein einziger Ausdruck von Grazie und Eleganz, ein typisches Werk des dolce stilo, des »Weichen Stils«, wie er nach dem Ausklang der Spätgotik im Werk Botticellis weiterlebte. Die »Geburt der Venus« ist ein geglückter Versuch, antike Philosophie und christliche Heilslehre zusammenzubringen. Bereits die Komposition zeugt davon. Mangels direkter Vorbilder für das Thema griff Botticelli auf ein altbekanntes Motiv zurück, die Taufe Christi im Jordan, und ersetzte die biblischen Personen einfach durch mythologische.

▼Das gotische Ideal weiblicher Schönheit verarbeitete der Künstler auch in seinem Bild »Frühling« von 1477/78; Florenz, Uffizien.

▲ Ein Hauptwerk der Mailänder Pinakothek Brera ist Mantegnas Leinwandbild des »Toten Christus« (0,68 x 0,81 Meter).

Welche Faktoren prägten das Schaffen Mantegnas?

Leben und Werk des Künstlers entwickelten sich um 1500 in einer Zeit umfassender gesellschaftlicher und kultureller Veränderungen. Das Schaffen Mantegnas ist von seinem Interesse für die Archäologie und seiner Vorliebe für Perspektive und Illusionismus bestimmt.

Um 1500 herrscht in Italien noch der gotisch-erlesene Stil der Höfe, der nun jedoch einem wachsenden Interesse für die Antike weicht. Wissenschaftler, Schriftsteller und Künstler erarbeiten zuerst in Florenz und später in ganz Italien mit der Wiederentdeckung der antiken Kultur die Basis für die Wiederbelebung eines kulturellen Modells, in dessen Zentrum der Mensch steht. In der Frührenaissance finden die Ideale der lateinischen und griechischen Philosophie ihre Entsprechung in der Erforschung der harmonischen Proportionen des menschlichen Körpers. Er hat als Idealmaß auch für Architektur und Städteplanung Geltung. Im Zeitalter des Humanismus wird der Mensch als alleiniger Urheber seiner eigenen Geschichte wiederentdeckt. Aufgabe der Künstler war es, diese Idee in der Kunst sichtbar zu machen.

Setzt der »Tote Christus« das Menschenbild der Renaissance um?

Ja, Mantegnas »Toter Christus« gilt als herausragendes Beispiel für die Anwendung der neu entdeckten Ideale auf die bildliche Darstellung. Der Maler hat deutlich nicht die christliche Thematik in den Vordergrund seiner Darstellung gerückt. Er lässt vielmehr den Betrachter einen intimen Moment zwischen Menschen erleben: die Beweinung Christi vor

Wo arbeitete Mantegna?

▲Der Italiener Andrea Mantegna (um 1430 bis 1506) war Maler, Kupferstecher und Bildhauer.

Der humanistisch ausgerichteten Familie Gonzaga, die ihn 1460 als Hofmaler nach Mantua geholt hatte, blieb Mantegna über drei Generationen (Ludovico, Federico und Francesco II. sowie dessen Gattin Isabella d'Este) hinweg treu.
Seine Ausbildung erhielt der um 1430 in Isola di Cartura bei Padua als Sohn eines Tischlers geborene Andrea Mantegna 1441–1448 bei dem Maler Francesco Squarcione in Padua. Schon mit 17 Jahren führte er seinen ersten Auftrag aus: eine nicht erhaltene Altartafel für die Kirche S. Sofia. Mit der Ausmalung der Kapelle für Antonio Orvetari in der Chiesa degli Eremitani in Padua begann er seine erste Freskenarbeit. 1456–1459 schuf er den Hochaltar der Kirche San Zeno Maggiore in Verona. 1460 schließlich erhielt Mantegna den Ruf der Gonzagas. An deren Hof blieb er, unterbrochen von Aufenthalten in Florenz (1466–1468) und Rom (1488/89), bis zu seinem Tod 1506.

Wussten Sie, dass ...

- Mantegnas Bild sich beim Tod des Künstlers noch in seinem Atelier befand? Der »Tote Christus« entstand in der letzten Schaffensphase Mantegnas. Wahrscheinlich hatte er das Gemälde für seine eigene Grabkapelle vorgesehen, die noch zu Lebzeiten des Künstlers in der Kirche Sant'Andrea in Mantua errichtet worden war.
- die realistische Anmutung des toten Christus durch die Verwendung einer besonderen Maltechnik verschärft wird? Mantegna arbeitete mit Tempera ohne den üblichen Lackzusatz zur »Dämpfung« der Farben. So wirken die Farben besonders echt und lebensnah.

der Grablegung durch Maria und zwei weitere Personen. Das kleine Gefäß rechts neben dem Kissen verweist auf die letzte Ölung. Die realistische Darstellung der christlichen Bildinhalte ist für die Zeit um 1500 ungewöhnlich.

Wie erzielt der Künstler beim Betrachter den Eindruck besonderer Nähe?

Das Gemälde zeigt in extrem verkürzter Perspektive den Leichnam Christi. Sein in der Totenstarre bereits ergrauter Körper nimmt fast das gesamte Bild ein. Man wähnt sich unvermittelt im Bild, als ob man an der Szene teilhätte. Der tote Christus liegt auf einer Bahre aus rosa Marmor, sein Kopf ist durch das Kissen leicht zum Betrachter hin geneigt. Das Leichentuch bedeckt lediglich den Unterkörper des Toten. Die ungewöhnliche Nahsicht der Darstellung verhindert eine Zuordnung der Szenerie in einen konkreten räumlichen oder zeitlichen Kontext.

Was verrät das Bild über den Künstler?

Mantegna nutzte die Darstellung eines religiösen Themas als Vehikel, um seine Bravour in den beiden Hauptbereichen der Malerei zu demonstrieren, in Anatomie und Perspektive. Jeder Künstler der Renaissance absolvierte anatomische Studien als Teil seiner Ausbildung, um den Menschen »in seiner Wesentlichkeit« kennen zu lernen. Im »Toten Christus« sind sie vor allem in der Wiedergabe des Brustkorbes und seiner Muskulatur deutlich erkennbar.

Die ungemein gewagte Perspektive, die Andrea Mantegna für seinen Christus wählte, finden wir auch in den Fresken der Camera degli Sposi (Gemach der Eheleute), die der Künstler 25 Jahre zuvor im Palazzo Ducale von Mantua angefertigt hatte.

◀Dreidimensional wie eine Skulptur wirkt die Gestalt des heiligen Georg vor der Landschaft im Hintergrund – das Bild in der Galleria dell'Accademia von Venedig ist ein Beispiel für Mantegnas Beherrschung von Perspektive und illusionistischer Darstellung.

▶ Der Künstler als vollkommener Mensch, mit dem Vorbild der göttlichen Schöpferkraft – diesem Gedanken entwuchs das wohl berühmteste Selbstporträt der deutschen Renaissance; München, Alte Pinakothek.

Wie waren die Lebensumstände Albrecht Dürers?

Albrecht Dürer war mit 28 Jahren bereits ein über die Grenzen Nürnbergs hinaus bekannter, erfolgreicher Maler und Grafiker. Er verkehrte im Kreis von Humanisten und kannte die Schriften der bedeutendsten Philosophen seiner Zeit. In dem Nürnberger Humanisten Willibald Pirckheimer fand er einen langjährigen Freund. Um 1500 konnte Dürer, der sich als begnadeter Künstler stets ins rechte Licht zu setzten wusste, von seiner Kunst gut leben und ausgedehnte Auslandsreisen unternehmen. Der vielseitig begabte Künstler und Kunsttheoretiker wusste um die eigene Meisterschaft und erfreute sich – im aufblühenden Individualkult der Renaissance nicht ungewöhnlich – an der eigenen Persönlichkeit. Über seinen Tod hinaus sollte sein Ruhm unsterblich bleiben. Der Hinweis auf die »unvergänglichen Farben« und die moderne Technik der Ölmalerei in der Inschrift rechts oben war also nicht ganz unpassend gewählt.

Welchen gesellschaftlichen Rang des Künstlers spiegelt das Porträt?

Der Maler erscheint als gepflegter Herr von höherem Stand in modischer Kleidung. Einen pelzbesetzten Gehrock, wie ihn Dürer anhat, trug die bessere Gesellschaft nur zu besonderen Anlässen. Dieser ist unterhalb der Schultern schwarz abgesetzt und geschlitzt – typisch für die damalige Herrenmode. Dürers Haar fällt in langen, fein geringelten Strähnen bis auf die Schultern, über der Stirn bildet sich ein kurz geschnittener Haarwirbel. Wahrscheinlich trug der Künstler seit 1495 ständig schulterlanges Haar und einen Kinn- und Zwirbelbart. Ein solches Outfit war damals ungewöhnlich. Es sind Briefe erhalten, in denen sich Dürers Zeitgenossen über die Extravaganz des Malers mokierten.

Wie ist das Selbstbildnis komponiert?

Der Künstler sieht frontal aus dem Bild. Mit dieser sonst nur von Andachtsbildern bekannten strengen Frontalität wählte Dürer eine Bildnisform, die dem Selbstporträt besondere Würde verleiht und es einem Idealtypus annähert: dem Gesicht Christi. Das belegen Vergleiche mit byzantinischen Ikonen und zeitgenössischen Christusdarstellungen. Auch das strenge Kompositionsschema unterstreicht den Versuch einer idealtypischen Darstellung. Dem Bildaufbau liegt ein ausgewogenes, mathematisch berechnetes Konstruktionssystem zugrunde. Die Proportionen gehen auf geometrische Grundformen wie Kreis, Dreieck und Quadrat zurück. Anhand kleiner, aber nicht zufälliger Details werden bildbestimmende Achsen erkennbar, die die Form eines Kreuzes bilden. Auch ist eine Aufteilung der Flächen nach der klassischen Proportionsvorgabe des goldenen Schnitts und entsprechend dem Teilungsschema byzantinischer Christusbildnisse nachweisbar.

Wollte Dürer sich als Christus darstellen?

Die Ähnlichkeit des Selbstporträts mit Christusbildern verführt zu dieser Annahme. Dürers Absicht war aber eine andere. Betrachten wir das Bild im Detail. Die Augen des Künstlers sind weit geöffnet. Im rechten Auge spiegelt sich ein kleines Kreuz, das auch auf einen religiösen Zusammenhang schließen lässt. Dichter und Theologen deuteten das Auge als das Fenster der Seele. Symbolisch ist gemeint, dass der Gläubige das Kreuz Christi ständig vor Augen haben soll – eine Auslegung, die auf die Lehre eines Thomas von Kempen verweist, welche im Spätmittelalter als imitatio Christi große Verbreitung fand. Auch das Frömmigkeitsideal der Franziskaner forderte eine äußere und innere Ähnlichkeit mit Christus. Dürer war von dieser Glaubenshaltung sehr beeindruckt. Seine Annäherung an Christus ist somit nicht blasphemisch, sondern Ausdruck der Bereitschaft, Christus zu folgen. Die optische Ähnlichkeit meint in Wirklichkeit die wesensmäßige – er will dem Gottessohn in dessen Ziel entsprechen, bescheiden, einfach und demütig zu leben.

Wussten Sie, dass …

- Dürer seine Erscheinung in dem berühmten Selbstporträt geschönt hat? Der »Betrug« kam bei der Restaurierung nach einem Säureattentat 1988 zu Tage. Unter der Farbschicht liegt eine detailreiche Vorzeichnung, die Dürers wahres Gesicht zeigt: mit weniger feinen Zügen, einer klobigeren Nase, kürzerer Stirn, höher liegenden Backenknochen und kleineren Augen. Kein Zweifel: Mit Hilfe der Farbgebung hatte Dürer sein Antlitz »mal-chirurgisch« verschönert. Authentisch sind dagegen sein langes Haar, der lang gestreckte Hals und die zarten, feingliedrigen Hände.

Was ist über Dürers Biografie bekannt?

▲ Der 27-jährige Dürer in einem Selbstporträt

Der am 21.5.1471 in Nürnberg geborene Sohn eines Goldschmieds lebte genau in der Übergangszeit von der Spätgotik zur Renaissance. In seiner Künstlerpersönlichkeit fanden die beiden Epochen zusammen. Als Maler, Holz- und Kupferstecher verband er auf geniale Weise Elemente der gotischen deutschen Kunst mit den Entwicklungen der italienischen Renaissance.

Seine Lehre absolvierte Dürer in der Goldschmiedewerkstatt seines Vaters und lernte von 1486 bis 1490 weiter bei dem Holzschnittzeichner und Maler Michael Wolgemut. Nach Wanderjahren (1490 bis 1494) in Colmar und Basel lernte er 1495 und 1505/06 Italien und seine Kunst kennen, 1520/21 dann auch die Niederlande. Nach einem schaffensreichen Leben starb er am 6.4.1528 in seiner Heimatstadt.

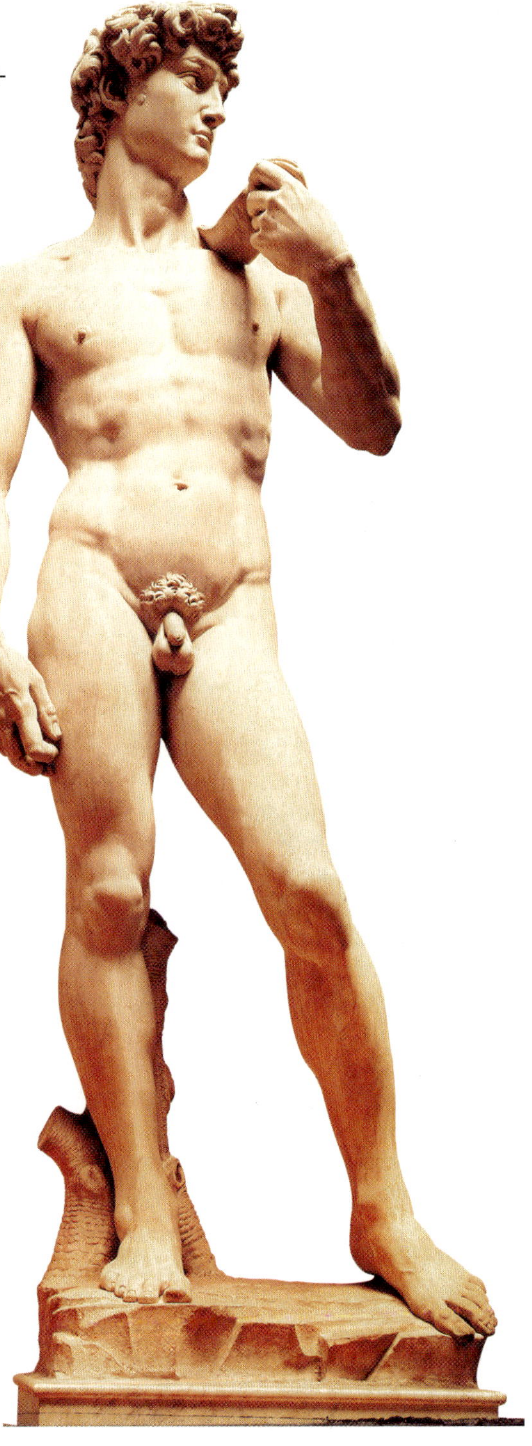

▶ Seit 500 Jahren hat er an Reiz nicht verloren: der monumentale »David« Michelangelos (Akademie von Florenz). Am ursprünglichen Aufstellungsort vor dem Palazzo Vecchio steht eine Kopie.

Wann entstand die »David«-Statue?

Der »David« von Michelangelo Buonarroti, der sich selbst nur Michelangelo nannte, gilt als Hauptwerk in der frühen Schaffensphase des Künstlers. Am 5. Juni 1504 wurde auf der Piazza della Signoria eine fast 4,50 Meter hohe Kolossalplastik aufgestellt. Sie stellt den biblischen Helden David dar, der mit Intelligenz und Geschicklichkeit den Riesen Goliath besiegt. Der Transport zum endgültigen Aufstellungsort hatte aufgrund der Schwere der Marmorskulptur über fünf Tage gedauert; währenddessen war »David« von der Bevölkerung mit Steinen beworfen und beschädigt worden. Man vermutet, dass die Bewohner von Florenz Anstoß nahmen an der völligen Nacktheit des »David«, die bereits vorher für hitzige Diskussionen gesorgt hatte.

Wie löste man das Problem der Platzierung?

Ursprünglich war Michelangelo beauftragt worden, eine Davidstatue für einen der Chorpfeiler des Florentiner Domes zu fertigen. Die Nacktheit widersprach aber wohl dem geplanten Aufstellungsort in einem Sakralraum, so dass eine hochkarätige Kommission – der unter anderem Sandro Botticelli und Leonardo da Vinci angehörten – eingesetzt wurde, um eine neue Platzierung zu diskutieren. Man entschied sich für den Platz vor dem Palazzo Vecchio, dem Rathaus der Stadt. Damit unterlag die Davidstatue einem grundsätzlichen Funktionswandel: von der ursprünglich geplanten Aufstellung in einem Innenraum und in religiösem Zusammenhang zur Platzierung im öffentlichen Außenraum vor dem wichtigsten Regierungsbau der Republik mit deutlich (staats)politischer Zielsetzung.

Wie gestaltete Michelangelo die Figur?

In Anlehnung an antike Statuen wie etwa den Apoll vom Belvedere aus dem 2. Jahrhundert n. Chr. schuf Michelangelo eine in Proportion und Haltung dem humanistischen Ideal entsprechende Figur. Sie verallgemei-

Wussten Sie, dass ...

- Michelangelo den »David« aus einem riesigen Marmorblock schuf, den ein anderer Bildhauer 40 Jahre zuvor vergeblich zu bearbeiten versucht hatte?
- der Künstler hinter einem Sichtschutz arbeitete, um vor Fertigstellung niemandem einen Blick auf das Werk zu ermöglichen?

Welche Sorgen plagten Michelangelo trotz seines Erfolgs als Künstler?

▲Ein Kopf wie eine Skulptur – Porträt Michelangelo Buonarrotis (1475–1564).

Obwohl Michelangelo bereits zu Lebzeiten den Beinamen »Il Divino« (»Der Göttliche«) erhielt, war er eine gebrochene Persönlichkeit. Ständig quälten ihn Selbstzweifel über die Qualität seines künstlerischen Schaffens. Zeit seines Lebens war er zudem von Geldsorgen geplagt – ein trauriger Kontrast zur künstlerischen Größe des Jahrhundertgenies.
Geboren in Caprese, zog der Künstler schon als Kind mit seiner Familie nach Florenz, wo er Malerei und Bildhauerei lernte. Der Sturz der Medici trieb ihn zunächst nach Bologna, 1495 kehrte er aber in seine nun von Savonarola beherrschte Heimatstadt zurück. Spannungsreich war Michelangelos Beziehung zu Rom und den dortigen Päpsten. Mehrere große Aufträge gelangten nie zur Ausführung oder blieben Fragment. Auch die Medici waren trotz aller politischen Wirren bis zu Michelangelos Tod wichtige Auftraggeber. Michelangelo starb 1564 in Rom.

nert den biblischen Schafhirten David zu einem heroischen Menschen: Ruhe und Bewegung, Konzentration und Anspannung, Überlegtheit und Willenskraft kennzeichnen die Darstellung Davids, der versucht, den Gegner einzuschätzen und im richtigen Moment mit der richtigen Reaktion zu besiegen. Im Kontext der geplanten Aufstellung in einem Kirchenraum ist das Thema »David und Goliath« sinnfällig. Im öffentlichen Außenraum an einer stadtpolitisch prominenten Stelle vor dem Rathaus aber unterliegt der »David« einem völlig anderen Deutungs- und Funktionszusammenhang.

Wofür steht der »David«?

Zusammen mit dem »David« und der »Judith-Holofernes-Gruppe« von Donatello ist dieses Hauptwerk Michelangelos das wichtigste Sinnbild der Florentiner Kommune. Doch wenn der »David« Florenz verkörpert – wer ist dann der Riese Goliath? Bereits Zeitgenossen gaben die Antwort auf diese Frage: Der kleine, aber intelligente und schlagkräftige David aus Florenz behauptet sich gegen den römischen Goliath des Vatikans. Der »David« erhielt durch seinen Aufstellungsort im öffentlichen Außenraum eine unerhörte politische Prominenz. Bis heute wird er von Touristenströmen millionenfach besichtigt und fotografiert als »künstlerische Allegorie« der Stadt Florenz. Doch da die Auftraggeber den ursprünglichen Auftrag an Michelangelo so grundsätzlich veränderten, empfand der Künstler die Aufstellung vor dem Rathaus als persönliche Niederlage.

Welches Erlebnis hatte den Künstler enttäuscht?

1496 war Michelangelo nach Rom gegangen, wo er sich mit der im Vatikan eingerichteten Antikensammlung vertraut machte. Hier entstand seine erste wichtige Skulptur, die lebensgroße Figur des Weingottes Bacchus. Allerdings war der Auftraggeber, Kardinal Raffaello Riario, mit dem Ergebnis nicht zufrieden. Die Arbeit kam in die Antikensammlung eines Bankiers. Was war geschehen?

Der Auftrag des Kardinals hatte von Michelangelo eine bewusste Antikenfälschung gefordert. Michelangelo machte das Motiv des Rausches, des Torkelns, zum Hauptaspekt seiner Arbeit. Die ideale antike Körperhaltung ging dadurch verloren. Jeder hätte sofort bemerkt, dass es sich nicht um eine antike römische Statue, sondern um eine zeitgenössische Interpretation des Bacchus handelte. Dieses Dilemma zwischen Tradition und Innovation, zwischen konkretem Auftrag und künstlerischer Umsetzung war letztlich auch der Grund, warum der »David« in Florenz nicht wie geplant im Florentiner Dom Aufstellung fand.

▼In Rom rang Michelangelo jahrelang mit Papst Julius II., für dessen ursprünglich geplantes Grabmal er die Sitzfigur des langbärtigen »Moses« schuf.

▲Wie ein Bilderbuch des Skurrilen, erschreckend und faszinierend zugleich, schildert Bosch in der Mitteltafel die Ereignisse am Tag des Jüngsten Gerichts.

In welchem geistigen Klima entstand das Bild?

Als das Werk entstand, das vermutlich von Philipp dem Schönen, Herzog von Burgund und Brabant und späterer König von Kastilien, 1504 bei Bosch in Auftrag gegeben wurde, herrschte im Abendland eine allgemeine Hysterie: Selbst ernannte Propheten sagten das bevorstehende Weltenende voraus. Seuchen, Überschwemmungen oder Missgeburten wurden als Zeichen göttlichen Zorns gedeutet. Ein Zeitgenosse Boschs wagte gar die Prognose, dass von 30 000 Menschen am Ende nicht mehr als zwei gerettet würden.

Die Mitteltafel in Boschs Flügelaltar zeigt dazu passend tatsächlich nur wenige, die von Engeln gen Himmel geführt werden. Der Rest der Menschheit scheint verloren. Die Kirche sah es als Hauptaufgabe an, die Menschen auf das Jüngste Gericht vorzubereiten. In zahllosen Büchern und Predigten wurden die endlosen Qualen der Verdammten beschrieben. Boschs Darstellung vom Ende der Welt ist somit ein Dokument des Zeitgeistes um 1500.

Welche Elemente prägen Boschs höllisches Szenario?

Boschs Vision vom letzten Tag der Menschheit und der Herrschaft des Bösen ist kleinteilig und grotesk, fantastisch, anziehend und abstoßend zugleich. Er malt eine Höllenfauna, bestehend aus Kröten, Ottern, Nattern sowie Drachen, und hält einen nicht enden wollenden Vorrat an Mischwesen bereit, bizarr verformte Menschentiere und Maschinen, welche den Menschen auf grausame Weise quälen. Der Künstler bricht dabei bewusst mit traditionellen Darstellungsformen: Der Einfluss Gottes ist reduziert, das Lager der Seligen verschwunden. Eingerahmt von einer Paradies- und einer Höllendarstellung schildert die Mitteltafel keinen dazwischen schwebenden Hoffnungszustand. Am Tag des Jüngsten Gerichts hat das Böse von der Erde bereits Besitz ergriffen. Aus der Vogelperspektive blicken wir auf eine Welt, in der nurmehr Chaos, Anarchie, Dunkel und Verwüstung herrschen. Nirgendwo finden wir Trost, die himmlische Sphäre Gottvaters ist weit entfernt.

Wer war Hieronymus Bosch?

Bosch (um 1450–1516), Maler dämonischer Welten und Schreckensvisionen, wurde in 's Hertogenbosch geboren, wo er bis zu seinem Tod arbeitete. Vermutlich leitet sich sein Name von dem niederländischen Provinzstädtchen ab. Fern der Kunstzentren entwickelte er eine eigenwillige Bilderwelt, die Fantasien und Traumbildern keine Grenzen setzte. Seine Sittengemälde sind plakativ und verschlüsselt zugleich, abstrus und satirisch, bisweilen heiter, aber auch zeitkritisch und auf eine verblüffende Weise modern.

Was zeigt der linke Flügel?

In aufgeklapptem Zustand schildert das Werk zur Linken das Leben von Adam und Eva im Paradies, deren Sündenfall und die Vertreibung. Der Garten Eden ist friedlich und leer, in der Mitte steht der Baum der Erkenntnis. Nicht nur das erste Menschenpaar erfährt Gottes gerechte Strafe, auch die abtrünnigen Engel Luzifers werden aus dem Himmel verstoßen.

◄ Die linke Außentafel zeigt das Paradies mit dem Sündenfall und der Vertreibung von Adam und Eva sowie darüber die von Gott verstoßenen Engel.

Wussten Sie, dass …

- die Altarflügel mit Bavo und Jakobus zwei in den Niederlanden und Kastilien verehrte Heilige zeigen? Es ist wohl eine Anspielung auf den Auftraggeber, Philipp von Burgund und Flandern sowie seine Frau Johanna.
- Boschs »moderner« Malstil den Surrealisten des 20. Jahrhunderts als Anregung diente?

Was ist auf dem Weltgericht zu sehen?

In dem obersten Feld des Mittelteils hält Christus Gericht. Während Posaunenengel zum letzten Appell blasen und Maria wie auch Johannes das Geschehen schweigend verfolgen, sehen wir die Apostel wild gestikulierend, als seien sie damit keinesfalls einverstanden. Die Sphäre des Himmlischen Gerichts ist der Erde entrückt, Gottes Gerechtigkeit kann die Welt nicht mehr erreichen, des Teufels grausamer Vollzug ist in vollem Gange.

Vor dem Betrachter breitet sich eine von Bränden und Zerstörung heimgesuchte Landschaft aus. Die Welt ist nurmehr ein nachtschwarzes Fegefeuer, Schauplatz von brutalen Massakern und Folterungen. Die Menschheit wird drangsaliert von Dämonen, merkwürdigsten Kobolden und Kopffüßlern oder Zwitterwesen aus Insekten, Schlangen, Reptilien, Fischen und Ratten. Dazwischen blitzt blankes Metall hervor, scharfe Messer und Spieße oder mobile Foltermaschinen mit skurriler Mechanik. Apathisch, vom Schmerz übermannt, haben sich die Menschen mit ihrem Schicksal abgefunden: Sie werden aufgespießt, gepfählt, verstümmelt oder in Obstpressen verrührt.

Wie ist die Hölle auf dem rechten Flügel gestaltet?

Die Darstellung der Hölle auf dem rechten Flügel ist das Schreckensbild ewiger Verdammnis. An der Pforte zur Hölle empfängt der Satan seine Beute. Riesige Ungeheuer verschlingen ihre Opfer – im Reich der Hölle geht es offenbar kaum schlimmer zu als auf Erden.

▲ Finster, beängstigend und voller grausiger Details veranschaulicht Bosch die Qualen der Hölle auf der rechten Außentafel.

▲ »Mona Lisa«, das berühmte Bildnis der Lisa del Giocondo, entstand zwischen 1503 und 1506 (Öl auf Holz, 77 x 53 cm); Paris, Musée du Louvre.

Wer ist auf dem Gemälde dargestellt?

Vor dem Hintergrund einer dramatischen Gebirgslandschaft blickt uns eine dunkel gekleidete Frauengestalt an. Die Dame ist etwa 25 Jahre alt. Ihren Zeitgenossen blieb sie weitgehend unbekannt – heute ist sie eine der berühmtesten Frauen der Renaissance. Ihr Name: Lisa del Giocondo. Sie war die Gemahlin des Florentiner Seidenhändlers Francesco del Giocondo, des Auftraggebers des Gemäldes.

Ein transparenter Schleier bedeckt das lange, gelockte Haar. Mit einer leichten Drehung wendet sich Mona Lisa dem Betrachter zu und fixiert ihn mit einem stillen Lächeln. In der Vergangenheit hob man immer wieder dieses geheimnisvolle Lächeln als eine Besonderheit des Bildes hervor. Es brachte und bringt sogar eingefleischte Museumsmuffel dazu, das obligatorische Schlangestehen im Pariser Louvre für einen kurzen Blick auf Leonardos weltberühmtes Bild in Kauf zu nehmen.

Was macht die Figur so geheimnisvoll?

Die Wirkung des Porträts beruht allerdings auf mehr als einer schlichten Mundbewegung. Die Faszination des Bildes gründet im Gesamtausdruck des Gesichtes. Mona Lisas Blick hat etwas seltsam Bannendes, dabei höchst Unbestimmtes. Sieht man näher hin, erkennt man, dass Leonardo die rechte Gesichtshälfte geschickt verfremdete. Mit Hilfe einer etwas größeren Schattenzone am rechten Auge entwickelte er einen Effekt, der dem eines aufgelegten Lidschattens vergleichbar ist. Zusätzlich verunklärte er den rechten Mundwinkel und zog ihn mit abstrahierenden Pinselstrichen in die Breite, wodurch jener nicht genau fassbare Ausdruck entstand. Bei Mona Lisas linker Gesichtshälfte verzichtete der Maler auf künstliche Effekte – somit präsentiert er uns zwei ungleiche Gesichtshälften, deren subtiles Zusammenspiel eine intensive psychologische Wirkung entfaltet.

Die Intensität des Blicks wird noch dadurch verstärkt, dass das linke, dem Betrachter näher liegende Auge auf der vertikalen Mittelachse des Bildes liegt. Hier entwickelte Leonardo einen Kunstgriff, mit dem die Maler bis in das 19. Jahrhundert hinein häufig operieren sollten. Der achsiale Effekt wird noch dadurch unterstrichen, dass die Augen knapp über der Horizontlinie des Bildhintergrundes positioniert sind. Die Horizontlinie erfährt auf diese Weise einen irritierenden Bruch. Es scheint, als läge der Horizont links vom Kopf etwas tiefer.

Wie belebt Leonardo die Frauenfigur?

Der Maler experimentiert mit den verschiedensten Mitteln, um die gemalte Gestalt zum Leben zu erwecken. Dazu gehört auch der kunstvolle Umgang mit Licht und Schatten. Die Buntfarben sind reduziert und lassen die Fleischfarben der Haut hervortreten. Gewand und Schleier werden in ein merkwürdiges Dunkel getaucht. Der Hautton (das so genannte Inkarnat), der die Farbgebung dominiert, verleiht dem Körper eine für damalige Betrachter ungewohnt lebensechte Fleischlichkeit. Die ausgedehnten Schattenzonen wiederum suggerieren räumliche Tiefe, etwa hinter den verschränkten Händen Mona Lisas.

Welche neuen Techniken führte Leonardo in die Malerei ein?

Eine innovative Leistung vollbringt Leonardo im raffinierten Einsatz weniger Pinselzüge und Lichtreflexe, um die Arme aus der Schattenzone heraustreten zu lassen. Der Künstler entwickelte eine Frühform der Hell-Dunkel-Malerei, des Chiaroscuro. Das malerische Verfahren wurde in der Folgezeit vor allem in Venedig aufgegriffen und etablierte sich vom frühen 17. Jahrhundert an europaweit zu einer der wichtigsten Maltechniken.

Eine weitere entscheidende maltechnischen Erfindung Leonardos war das Sfumato, das Verwischen und Verschwimmen der Linien und Umrisse. Auf diese Weise konnten Übergänge weicher und fließender modelliert und alle Bildelemente zu einer überzeugenden räumlichen Einheit verschmolzen werden.

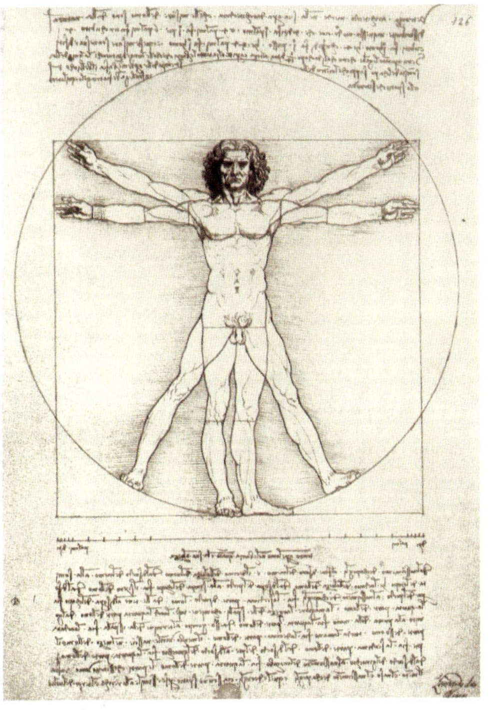

◀ Leonardos »Vitruvmann« aus dem Jahre 1490 korrigiert die antike Proportionslehre des Vitruv.

Was ist das Neue an dem Porträt?

Obschon sich die Porträtmaler seit etwa 1360 bemühten, identifizierbare und unverwechselbare Persönlichkeiten zu verbildlichen, präsentierten sie eher durch Konventionen festgelegte Typen als wirklich individuelle Charaktere. Leonardos Bild bedeutete eine gewaltige Pionierleistung: Es zeugt von seinem Bemühen, eine zeitgenössische Persönlichkeit als beseeltes Individuum im Bild einzufangen, ohne dabei den komplexen Regelkatalog der Figurenmalerei zu verletzen.

Welche weiteren Interessen verfolgte Leonardo neben der Malerei?

▲ Das Porträt galt lang als Selbstbildnis Leonardos, ist aber das Werk eines unbekannten Zeichners.

Wie kein anderer Maler verkörpert Leonardo da Vinci (1452–1519) den Forschertyp unter den Künstlern der Renaissance. Sein wissenschaftliches Interesse galt der Natur und der Technik – und allem voran dem großen Geheimnis Mensch. In der Malerei rang Leonardo nicht zuletzt um die Enträtselung der menschlichen Wahrnehmung. Darüber hinaus beschäftigte sich Leonardo da Vinci mit Mechanik, Militärwesen, Architektur und Anatomie. Bekannt sind seine Versuche, eine Flugmaschine zu konstruieren.

Den größten Teil seiner Jugend verbrachte Leonardo in Florenz. Die Medici ermöglichten ihm ein Studium bei Andrea del Verrocchio. Aus seiner Frühzeit sind wenige authentische Werke überliefert. 1487 ging der Maler nach Mailand, wo er für die Sforzas arbeitete. Dort entstand auch sein bekanntestes Fresko, das »Letzte Abendmahl«, für die Kirche Santa Maria delle Grazie.

▲ Die mächtige, erst um 1626 vorgeblendete Fassade verdeckt teilweise die grandiose Kuppel Michelangelos – gemeinsam beherrschen sie den Petersplatz mit seinem von einem Kreuz bekrönten ägyptischen Obelisken.

Warum steht die Peterskirche in Rom?

Die Päpste formten als Bischöfe von Rom das Gesicht der Stadt. Im Zentrum ihrer Bemühungen stand die Peterskirche, die für die gesamte Christenheit zu einem Fixpunkt werden sollte – bis heute symbolisiert im Segen »urbi et orbi«, den der Papst alljährlich »Stadt und Welt« vom zentralen Balkon aus spendet.

Wussten Sie, dass ...

- die Peterskirche offiziell San Pietro in Vaticano heißt?
- der Grundriss von Sankt Peter vom antiken Pantheon inspiriert ist?
- Bramante mit seinem Tempietto San Pietro in Montorio (1502) den ersten reinen Zentralbau Roms nach antikem Vorbild geschaffen hatte?
- Giottos Mosaik »Sturm auf dem See Genezareth« bereits aus der Vorgängerkirche stammt?

Was stand vorher an dem jetzigen Platz der Kirche?

Alt Sankt Peter. Unter dem ersten christlichen Kaiser Konstantin I. 324 begonnen (vollendet 349), entstand sie als fünfschiffige, flach gedeckte Basilika auf einem heidnischen Friedhof, auf dem man das Grab des Apostels Petrus vermutete. Erst nach der Rückkehr der Päpste aus dem Exil in Avignon wurde der heutige Bau 1506 in Angriff genommen. Unter dem extravaganten Papst Julius II. (1503–1513) nahm er langsam Gestalt an. Fatalerweise sollte ausgerechnet der Ablasshandel, der das Unternehmen finanzieren musste, Martin Luthers Kirchenkritik entzünden und damit das Christentum spalten.

Warum wurde so lange gebaut?

Die lange Baugeschichte stand im Zeichen der Konkurrenz zweier widerstrebender Konzepte: des Richtungsbau-Gedankens, auf den

Wer waren die Architekten?

Orientierungsmodell für alle weiteren Nachfolger war der Entwurf Donato Bramantes (1444–1514), der nach Bauten in Mailand als Baumeister Julius' II. die Architektur der Hochrenaissance maßgeblich prägte. Verschiedene Anbauten, besonders durch Raffael (1483–1520), der allerdings als Bauleiter kaum nennenswerte Spuren hinterließ, wurden 1547 bis 1564 unter Michelangelo (1475 bis 1564) wieder entfernt. Die von diesem entworfene Kuppel wurde von seinem Nachfolger Giacomo della Porta (1539–1602) vollendet. Domenico Fontana (1543–1607), der als Hausarchitekt Sixtus' V. auch den Lateranspalast entworfen hatte, brachte vermutlich seinen Neffen Carlo Maderno (1556–1629) ins Spiel. Ihm fiel die wenig dankbare Aufgabe zu, die die Gesamtproportionen verfälschenden Maßnahmen (Langhaus, Fassade) durchzuführen. Gianlorenzo Bernini (1598–1680) schließlich war unter Papst Urban VIII. und sechs weiteren Päpsten Bauleiter in Rom. Aus seiner Hand stammt der Entwurf für die Kolonnaden, mit denen er einen der Peterskirche würdigen Vorplatz schuf.

nicht zuletzt aus liturgischen Gründen immer wieder zurückgegriffen wurde (ein Langhaus kann eine größere Gemeinde fassen!), und des Zentralbau-Prinzips im Sinne des Architekten Bramante, das die Glaubenssymbolik pointierter zum Ausdruck bringt. Es wurde auch von Michelangelo favorisiert. Liturgische Erwägungen und der Stilwandel zum Barock führten zum Anbau eines Langhauses (ab 1607) und der Hinzufügung der breiten Fassade zum Petersplatz. Durch Papst Urban VIII. wurde 1626 der größte Kirchenbau der Christen (Gesamtlänge 211 Meter, Kuppelhöhe 132 Meter) eingeweiht.

Wie viele Menschen fasst der Raum?

Der Innenraum bietet 60 000 Gläubigen Platz und zählt zu den eindrucksvollsten Kirchenräumen überhaupt. Er ist ganz auf den sakralen Mittelpunkt des Baus hin ausgerichtet: Berninis barocken Hauptaltar über dem Grab Petri (1624–1633) am Kreuzpunkt zwischen Lang- und Querschiff – ein monumentaler, 29 Meter aufragender Baldachin über vier gewundenen Bronzesäulen. In der Apsis fällt der Blick auf eine weitere barocke Fantasie Berninis, den symbolischen Thron Petri (die Cattedra). Unzählige Meisterwerke der Renaissance und des Barock – darunter Giottos Mosaik »Sturm auf dem See Genezareth« – zählen zur hochrangigen Ausstattung des Petersdoms. Michelangelo sollte mit seiner frühen, anrührenden »Pietà« (1498–1500) seinen Ruhm als Bildhauer begründen.

◀ Michelangelos Kuppel von Sankt Peter ist mit 43,2 Metern noch 20 Zentimeter höher als das Pantheon.

Wie groß ist die Kuppel?

Die von Michelangelo entworfene Kuppel sitzt über einem hohen Kuppelunterbau mit einem Durchmesser von 42 Metern. Einer inneren Raumschale ist die äußere Kuppelschale übergestülpt, die von einer Laterne bekrönt wird. Bereits bei ihrer Vollendung 1590 wurde die Cupola als Wunderwerk bestaunt.

▼ Über Petrusgrab und Papstaltar errichtete Gianlorenzo Bernini einen monumentalen Bronze-Baldachin mit gedrehten Säulen.

▲ Michelangelos Version vom Ursprung der Menschheitsgeschichte – Gottvater schenkt Adam das Leben durch die Berührung der Zeigefinger.

Wer gab die Cappella Sistina in Auftrag?

Papst Julius II. war ein großer Kunstmäzen. 1505 lockte er Michelangelo nach Rom mit dem Auftrag, ein päpstliches Grabmal zu schaffen. Kaum lagen die ersten Entwürfe vor, ließ der Papst das Grabprojekt fallen und wies Michelangelo an, das Gewölbe der Sixtinischen Kapelle auszumalen. Obwohl in der Freskomalerei ungeübt, nahm Michelangelo die schwere Aufgabe an. Nach einem ersten unbefriedigenden Entwurf erweiterte er die auszumalende Gewölbefläche auf rund 1000 Quadratmeter, sah die Darstellung der Schöpfungsgeschichte auf neun rechteckigen Bildfeldern im Mittelteil vor und entwickelte ein aus rund 300 Figuren bestehendes Bildprogramm, dem der Papst am Ende zustimmte.

Wie arbeitete Michelangelo?

Vier Jahre lang stand Michelangelo Tag für Tag auf einem 20 Meter hohen, primitiven Holzgerüst unter dem Gewölbe – »gekrümmt wie ein syrischer Bogen«. Man fragt sich, wie er aus dieser Distanz Szenen und Figuren in richtiger Perspektive malen konnte. Außer einem Gehilfen, der ihm die Farben zubereitete, war Michelangelo auf sich allein gestellt. Sein Auftraggeber hatte wenig Geduld und drängte auf eine schnelle Fertigstellung. Endlich, am 31. Oktober 1512, war es so weit. Bei der feierlichen Enthüllung war die gesamte römische Prominenz vertreten, auch Michelangelos Erzrivale Raffael – der sprachlos staunte.

Wie ist Adam dargestellt?

Auf dem Boden einer noch vegetationslosen Erde liegt müde der erste Mensch, als sei er aus einem Urschlaf erwacht. Michelangelo beschreibt Adam als einen kräftigen und anmutigen jungen Mann, der sich mühsam aufzurichten versucht, während er seinen linken Arm dem Schöpfergott entgegenstreckt. Dieser ist eine würdevolle greise Gestalt mit grauweißem Haar und langem Bart, begleitet und getragen von Engeln. Ein majestätischer Mantel, wie ein Segel im Fahrtwind aufgebläht, umhüllt die himmlische Formation und geleitet sie durch das Universum. In nächster Nähe zu Adam streckt Gottvater seine Hand aus und vollendet seine Schöpfung, indem er ihm durch eine kurze Berührung der Zeigefinger Leben und Geist spendet.

Wussten Sie, dass ...

- Michelangelo eigentlich Michelangelo di Lodovico Buonarroti Simonibar hieß?
- der Künstler durch seine Arbeit jahrelang seine ganze Familie unterstützte?
- Michelangelo 1541 im Auftrag des neuen Papstes Klemens VII. auch noch das große Altarbild in der Kapelle fertigstellte? Das Fresko stellt das Jüngste Gericht dar.
- in der Sixtinischen Kapelle bis heute das Konklave, die Zusammenkunft der Kardinäle bei der Papstwahl, abgehalten wird?

◄Die freskierten Szenen und Motive der Sixtinischen Decke sind auf eine komplexe, bis heute nicht eindeutig geklärte Art miteinander verbunden.

Welcher Augenblick der Schöpfung ist zu sehen?

Michelangelo zeigt den Moment unmittelbar vor dem entscheidenden Schöpfungsakt – ein spannungsgeladener, an Bedeutung für die Menschheit kaum zu übertreffender Augenblick. Die ganze Dramatik der Darstellung lebt von dieser Berührung, der gesamte Bildaufbau mit dem an dieser Stelle ausgeblendeten Hintergrund ist darauf ausgerichtet. Michelangelo nutzte das relativ niedrige, jedoch breite Deckenfeld für einen kompositorischen Kunstgriff. Die beiden Hauptakteure sind schräg und dabei parallel zueinander angeordnet mit einem noch halb schlafenden Adam und einem schwebenden Gottvater. Wie unterschiedlich sind doch die beiden Welten: links Jugend und Unerfahrenheit, Hilflosigkeit und Passivität, eine leblose, an die Schwerkraft der Erde gebundene Kreatur, die ihren Finger kaum zu heben vermag und den Blick sehnsüchtig auf den Schöpfer richtet. Rechts hingegen die kreative Kraft eines alten, weisen Gottes, der sein Werk vollendet, indem er sich des Menschen mit beinahe väterlicher Fürsorge annimmt. Michelangelo beschreibt den Schöpfungsakt nicht als ein göttliches Modellieren mit Ton und Erde. Adam ist bereits als körperlich vollkommenes Geschöpf existent. Der Schöpfungsakt ist hier in unbeschreibbare Sphären entrückt, Geist und Odem fließen unsichtbar durch die Kuppen der Zeigefinger. Der große erste Akt der Menschheitsgeschichte wird mit besonderer Leichtigkeit und genialer Einfachheit vorgetragen. Der Künstler vergaß auch nicht eine andere wichtige Tatsache: In weiser Voraussicht hält Gott gegen Adams Einsamkeit ein weibliches Wesen bereit, das unter seinem Arm neugierig hervorschaut ...

Auf welchen Bibeltext bezog sich Michelangelo?

Michelangelo folgte mit seiner Darstellung der Erschaffung Adams der Beschreibung in der Genesis, dem ersten Buch des Alten Testaments. Hier heißt es, dass Gott den Menschen als sein Ebenbild schuf. Als letztes Werk der Schöpfung wird der Mensch als deren Krönung hervorgehoben – von Gott in die Welt gesetzt und zugleich ihm ebenbürtig. Nie zuvor in der Kunst war die Erschaffung des Menschen in ähnlich überzeugender Ausdruckskraft beschrieben worden. Spätere Malergenerationen konnten das Elementare dieses Vorgangs nur kopieren, nie mehr vollkommener darstellen.

▼Im ersten Mittelfeld der Deckenfresken der Sixtina ist die Scheidung von Licht und Finsternis am ersten Schöpfungstag dargestellt.

▶ Irreal die Atmosphäre, unwirklich die Farben – die Kreuzigung auf dem geschlossenen Isenheimer Altar zählt zu den eindringlichsten Schilderungen der Kunstgeschichte.

Was sind die Besonderheiten des Isenheimer Altars?

Das aus mehreren großformatigen Bildern bestehende Werk ist als Wandelaltar – das ist ein Altar mit auf- und zuklappbaren Flügeln – mit neun Tafeln und einer bemalten Gesamtfläche von 37 Quadratmetern angelegt.

Den Auftrag zu dem gewaltigen Opus erteilte 1512 der italienische Domherr Guido Guersi für ein Hospital des Antoniterklosters im elsässischen Ingelheim. Der Isenheimer Altar war Antonius, dem Ordensgründer und Schutzpatron bei ansteckenden Krankheiten, geweiht. Mit ergreifendem Realismus stellte der Künstler Matthias Grünewald mittelalterliche Themen in teils traditioneller, teils manieristisch-expressiver Form dar.

Die Bildtafeln des 1516 vollendeten Werks wurden 1794 ins nahe gelegene Colmar gebracht und sind seit 1852 im dortigen Unterlinden-Museum ausgestellt. Der einst mehr als fünf Meter hohe spätgotische Aufbau des Schnitzaltars blieb in Ingelheim und ging später verloren.

Wussten Sie, dass …

▶ sich Grünewald auf den Seitentafeln des Altars wohl selbst dargestellt hat? Die Forschung vermutet im Eremiten Paulus ein Selbstbildnis des Malers. Für den weißbärtigen Antonius soll dagegen der Auftraggeber Modell gestanden haben.

Wie sind die Tafeln des Altarbilds angeordnet?

In geschlossenem Zustand zeigt der Isenheimer Altar die Kreuzigung Christi, an den Seiten den heiligen Sebastian und den Ordenspatron Antonius sowie in der Predella (am Altarunterbau) die Grablege Christi. An Fest- und Feiertagen wurde der Altar geöffnet und die Gläubigen sahen drei verschiedene Ansichten: Auf dem linken Außenflügel die Verkündigung, im Mittelteil die Geburt Christi und rechts die Auferstehung des Herrn. Nur am 17. Januar, dem Festtag des heiligen Antonius, wurden auch die Innenflügel geöffnet, so dass der Schrein mit reich vergoldeten Holzskulpturen zu sehen war. Die hier versammelten Heiligen sind Augustinus, Antonius und Hieronymus, während in der Predella Christus inmitten der Apostel erscheint. Auf den Flügeln sieht man Szenen aus dem Leben des Einsiedlers Antonius.

Wie gestaltete der Künstler die zentrale Kreuzigungsszene?

Grünewald konfrontiert den Betrachter mit einem gequälten Christus am Kreuz. Der Leib ist gekrümmt und deformiert, der ausgemergelte Körper geschunden, die Hände sind krampfhaft gespreizt, die Füße verbogen. Nach der Geißelung stecken noch Dornen im Fleisch, aus den Wunden fließt Blut. Man fühlt geradezu, wie schwer die Dornenkrone drückt. Christi Haupt ist nach vorne gesunken, der letzte Atem ausgehaucht. Die dahinter ausgebreitete, trostlose Landschaft liegt in gespenstischem Dunkel. Angesichts der Agonie ihres Sohnes sinkt Maria in Ohnmacht, wird aber von Johannes, dem Lieblingsjünger des Herrn, gehalten. In ihrer Verzweiflung fällt Maria Magdalena auf die Knie und hebt flehend die Hände. Auf der gegenüberliegenden Seite steht Johannes der Täufer, der mit den Worten »Jener muss abnehmen, ich aber wachsen« auf Christus verweist. Neben ihm erscheint ein Lamm als Sinnbild des Opfertodes Christi; es trägt ein Kreuz und lässt sein Blut in den Abendmahlskelch fließen. Im Kontrast zu dieser Dramatik steht die stille Ruhe in der Predella, die sich mit der Bestattung des Christuskörpers einstellt.

Schuf Grünewald auch Bilder der Freude?

Ja. Die Weihnachtsszene zeigt eine glückliche junge Mutter mit ihrem Neugeborenen.

◀Jede Szene des Altars – hier musizierende Engel bei der Geburt Jesu – ist von einer Stimmung, wie nur Grünewald sie zu schaffen verstand.

Griffbereit stehen im Vordergrund Wiege und Badezuber. In einer strahlenden Himmelsgloriole im Hintergrund erscheint von Engelscharen umgeben Gottvater. Im prunkvollen Rundtempel zur Linken musizieren die Engel.

In der Szene der Auferstehung und Himmelfahrt Christi sehen wir den Erlöser als verklärte Lichtgestalt gemalt, von einem bunten Farbkranz umgeben und mit erhobenen Händen die Wundmale zeigend. Nach oben schwebend werden die Leichentücher, die in reicher Farbschattierung aufleuchten, mitgerissen, während die Kriegsknechte unten, vom himmlischen Licht geblendet, zu Boden stürzen.

Ist Matthias Grünewald ein Phantom?

▲Es ist umstritten, ob es sich um ein Selbstbildnis des Künstlers handelt.

Nein, seine Werke sind nachgewiesen, aber seine Identität ist bis heute umstritten, sein Lebenslauf teilweise ungeklärt.
Mathis Nithart (oder Neithart) wurde wohl um 1460 in Würzburg geboren, verbürgt ist sein Sterbedatum, der 31.8.1528 (Halle an der Saale). Später änderte er seinen Familiennamen in Gothart. Durch eine vermutliche Verwechslung seines Biografen Joachim von Sandrart wird er schon seit dem 17. Jahrhundert in der Kunstgeschichte als Matthias Grünewald geführt. Sein erstes datiertes Werk stammt von 1503. Seit 1508 arbeitete er für den Mainzer Erzbischof Albrecht von Brandenburg. Von 1520 bis zu seinem Tod 1528 wirkte er in Albrechts Residenzstadt Halle als »Wasserkunstmeister«. Über seine privaten Verhältnisse ist wenig bekannt.

▲ Raffaels monumentales Altarbild der Sixtinischen Madonna inszeniert die Marienerscheinung wie das Bühnenbild eines Theatrum sacrum, eines heiligen Theaters.

Wie kam es zum Kult um die »Sixtinische Madonna«?

Seit fast 150 Jahren versammeln sich Besucherscharen in der Dresdener Gemäldegalerie in stummer Ergriffenheit vor der »Sixtinischen Madonna«. Die Struktur des Bildes darf nicht darüber hinwegtäuschen, dass Raffael das Gemälde ursprünglich für eine ganz andere räumliche Situation konzipiert hatte: für den Aufsatz eines Hochaltars in einem dunklen Kirchenraum.

Im 16. und 17. Jahrhundert wurde die »Sixtinische Madonna« nicht zu den Hauptwerken Raffaels gerechnet. Die beispiellose Erfolgsgeschichte des Bildes setzte erst am Ende des 18. Jahrhunderts ein. Im Jahre 1754 wurde das Altarbild von seinem Standort im oberitalienischen Piacenza entfernt und an den sächsischen Hof verschickt. Wenige Jahrzehnte später erkor der Literaten- und Künstlerkreis der Dresdener Romantiker das Bild zur Ikone eines veränderten Lebensgefühls. Der Ruhm der »Sixtinischen Madonna« verbreitete sich rasch, als der junge Wilhelm Heinrich Wackenroder 1797 seine berührenden »Herzensergießungen eines kunstliebenden Klosterbruders« veröffentlichte. Seine Schrift verklärt Raffaels Gemälde zum Inbegriff des Andachtsbildes schlechthin. In dieser romantischen Tradition stehen letztlich noch heute die modernen Reproduktionen von Madonna und Engeln – zumeist rührseliger Andenkenkitsch.

Wo sollte das Bild hängen?

Raffael malte die »Sixtinische Madonna« wohl um 1515/16 für die Benediktinerkirche San Sisto in Piacenza. Es ist eines der wenigen Leinwandbilder dieser Epoche, zumeist wurde noch auf Holz gemalt. Der Künstler arbeitete damals in Rom. Manche Kunsthistoriker vermuten, dass Papst Julius II. der Auftraggeber des wohl berühmtesten Bildes Raffaels gewesen sein könnte, allerdings starb er bereits 1513. Wahrscheinlicher ist, dass die Mönche von San Sisto das Altarbild selbst bestellten.

Wie ist der Bildaufbau strukturiert?

Raffael inszeniert einem Theaterregisseur gleich mit dem Pinsel eine Art Bühnenbild: Ein schwerer samtgrüner Vorhang öffnet sich und dem Betrachter strömt goldenes Licht entgegen. Die Lichtfülle überstrahlt ein Heer aus unzähligen Engelsköpfen im Gefolge Mariens. Im Zentrum des Lichtstrahls schwebt die Muttergottes mit wehendem Gewand durch die Lüfte heran. Mit einer fast unmerklichen Schrittbewegung tritt sie in einen unwirklichen bühnenartigen Raum, der durch den Vorhang und eine Brüstung angedeutet ist.

Der Christusknabe auf ihrem Arm wirkt in seiner michelangelesken Körperlichkeit als ausgereifte Persönlichkeit. Sein ernster Blick verrät, dass er sein mit Leiden verbundenes Erlösungswerk schon jetzt erahnt. Wer das Bild an seinem ursprünglichen Aufstellungsort sah, der erlebte eine mit malerischen Mitteln inszenierte Marienerscheinung. Der Künstler provozierte bei den Gläubigen gewissermaßen ein heiliges Erschauern.

Wen stellen die anderen Figuren dar?

Die Madonna wird flankiert von zwei Heiligen, Sixtus – der die Züge des Papstes Julius II. trägt – und Barbara. In der für Raffael charakteristischen pyramidalen Komposition bildet Maria die Mitte. Der Fuß ihres rechten Standbeins und ihr linker Oberschenkel markieren die vertikale Mittelachse des Gemäldes – ein Detail, das dazu beiträgt, trotz der vielfältigen Körperbewegungen der Figuren eine Atmosphäre von Ruhe und Würde zu schaffen. Die heilige Barbara blickt mahnend zu den beiden Engeln herab, die – statt angemessen Aufmerksamkeit zu zollen – dem Laster untätiger Muße erliegen und die Erscheinung der Madonna zu versäumen drohen. Sixtus hingegen wendet sich als Fürsprecher der Menschen an Maria und Christus.

◀Das Florentiner Frühwerk des Künstlers ist vor allem durch herausragende Marienbilder wie »Madonna mit dem Stieglitz« geprägt; Florenz, Uffizien.

Nach welchem Modell ist das Bild geschaffen?

Zur Entstehungszeit der »Sixtinischen Madonna« wurden Altarbilder häufig nach dem Muster der Sacra Conversazione komponiert. Unter diesem Begriff (der erst im 19. Jahrhundert geprägt wurde) versteht man eine fiktive Versammlung von Heiligen um die Muttergottes. Oft thront die Madonna als Himmelskönigin in der Mitte, während um sie herum die Heiligen durch Mimik und Gestik andeutungsweise miteinander oder mit dem Betrachter kommunizieren.

Was macht Raffael aus dem Modell?

Raffael hat hier das konventionelle Schema in eine Szenerie von ungezwungener Natürlichkeit verwandelt. Die Heiligen entwickeln eine autonome und lebensnahe Präsenz. Zugleich wird aus dem Heiligenbild ein Handlungsbild. Der Maler zeigt das Geschehen in einem entscheidenden Moment: Maria erscheint in diesem Augenblick mit dem Heilsbringer Christus, noch haben nicht einmal alle Engel ihre Ankunft realisiert. Mit dem Moment, in dem Sixtus seine Fürbitte einlegt, ist für den Gläubigen die Erlösung näher gerückt.

Wussten Sie, dass …

- der Maler Carl Gustav Carus (1789–1869) das Gemälde 1857 zum »ersten Bild der Welt« adelte?
- der Maler im antiken Pantheon in Rom beerdigt wurde?
- die beiden Engel im Vordergrund das bekannteste Detail des Gemäldes darstellen? Sie sind auf zahllosen Postern, Tassen und T-Shirts verbreitet.

Wirkte der Maler der Madonna von Anfang an in Rom?

▲Raffael (1483–1520), eigentlich Raffaello Sanzio, auf einem Selbstbildnis von 1506.

Nein. Geboren wurde der Maler in der umbrischen Stadt Urbino als Sohn eines Goldschmieds. Er lernte in der Werkstatt von Pietro Vanucci (genannt Perugino). Schon früh bekam er eigene Aufträge und erwarb sich mit Sakralwerken für Kirchen in Perugia und Città di Castello erste Anerkennung. Besonders seine seit 1504 in Florenz entstandenen Madonnenbilder machten den Maler in ganz Italien bekannt. 1508 ging er auf Empfehlung Bramantes, des Architekten der Peterskirche, nach Rom. Papst Julius II. beauftragte ihn mit der Ausmalung der päpstlichen Gemächer (Stanzen). Berühmt ist vor allem »Die Schule von Athen«, eine Allegorie der Philosophie. Der Auftrag bedeutete für Raffael die Krönung seines Lebenswerks.
Der gefeierte Malerfürst starb bereits im Alter von 37 Jahren. Die Todesursache ist bis heute umstritten – diskutiert werden eine Geschlechtskrankheit oder auch eine ansteckende Seuche wie die Pest.

▲ Tizian schuf das Bild der »Himmelfahrt Mariens« für die Apsis der Frari-Kirche und berücksichtigte bei der Bildwirkung den Blick durch den Lettner, die Trennmauer zwischen Mönchschor und Laienraum.

Warum gilt Mariens Himmelfahrt in der Kunst als schwieriges Thema?

Bilder, die die Himmelfahrt Mariens zeigen, sollen, über den bloßen Flug der Gottesmutter hinaus, die Einmaligkeit des göttlichen Wunders illustrieren. Eine authentische und überzeugende Darstellung ist für den Künstler eine echte Herausforderung. Mit seinem ersten großformatigen Bild, dem ersten Hochaltar der Neuzeit, schaffte Tizian diese Gratwanderung.

Was war problematisch an Tizians Altarbild?

Die Arbeit, die Tizian 1518 präsentierte, begeisterte den Auftraggeber zunächst gar nicht. Als der Franziskanerkonvent dem Maler 1516 den Auftrag erteilte, für das geräumige Gotteshaus Santa Maria Gloriosa dei Frari ein Altarbild zu malen, ging er von einem Werk mit relativ bescheidenen Maßen aus. Tizians Großbild entsprach kaum diesen Erwartungen. Erst als die Kunstagenten des Kaisers großes Interesse an dem Gemälde bekundeten und

War Tizian ein Wunderkind?

▲ Bis ins hohe Alter war Tizian (1477–1576) als anerkannter und umworbener Künstler tätig.

Wenn man das von einem Zehnjährigen, der schon beeindruckend malen kann, sagen will, dann ja. In diesem Alter kam Tiziano Vecellio, geboren 1477 bei Belluno, nach Venedig, um Maler zu werden. Gelernt hat er beim Meister Giovanni Bellini, später wohl auch beim großen Giorgione, neben dem er 1508/09 die nicht überlieferten Fresken am Fondaco dei Tedeschi in Venedig ausführte. Die Himmelfahrt Mariens, die so genannte Assunta, schuf er 1516–1518. Mit Portäts Karls V. zog er die Aufmerksamkeit des Kaisers auf sich, der ihn 1533 zum Hofmaler ernannte. Schon lange hatte der Papst um Tizian geworben, 1545 schließlich zog der Maler tatsächlich nach Rom, porträtierte den Papst und malte die berühmten »Danae«. 1550 porträtierte Tizian Kaiser Karls Sohn und Nachfolger, Philipp II. von Spanien. Nach einem schaffensreichen Leben starb er am 27. August 1576 in Venedig an der Pest.

eine stolze Kaufsumme für das Werk boten, erkannten die Franziskaner den wahren Wert des Bildes und entschieden sich für seine sofortige Aufstellung. Von 1877 bis 1921 hing die »Assunta« in Venedigs prominenter Gemäldegalerie der Accademia, kehrte dann jedoch an ihren angestammten Platz im Chor der Frari-Kirche zurück.

Auch die Komposition reduziert sich auf ihre geometrischen Grundformen: Die Apostelschar bildet in der Fläche ein Rechteck; die überirdische Sphäre der Wolkenglorie ergibt einen Kreis. Zwei Jünger und Maria sind durch leuchtendes Rot hervorgehoben und bilden ein Dreieck, das irdische und überirdische Welt, Rechteck und Kreis, verbindet.

Wie erzielt der Künstler die Raumwirkung?

Dazu tragen die schiere Größe des Bildes und seine Positionierung im Kirchenraum bei. Alle Kleinteiligkeit und harmlose Fabulierkunst war einer zeitlosen Monumentalität und Dramatik gewichen. Das 6,90 x 3,60 Meter große Bild am Hauptaltar beanspruchte den Chor als Gehäuse und ließ sich am besten aus der Distanz im Kirchenraum bewundern. Auch aus großer Distanz hebt sich die Gestalt der Muttergottes hervor. Von einem bestimmten Punkt im Mittelschiff aus kann man das Altarbild durch das Portal des spätmittelalterlichen Lettners betrachten, als sei es mitsamt seinem halbkreisförmigen Abschluss exakt in die Laibung des steinernen Triumphbogens vor dem Mönchschor eingepasst.

Welche Funktion haben Form und Farbe?

Sie bestimmen entscheidend die Wirkung des Bildes. So erzeugt das dominierende kräftige Karminrot große Leuchtkraft. Dieser Farbwert erscheint sehr klar, fast übernatürlich. Im Zusammenspiel mit Blau und der Lichtfarbe Gelb sind die drei Grundfarben in vollkommener Reinheit vertreten. Die Farben stehen dabei nicht unvermittelt nebeneinander, sondern sind aufeinander bezogen.

Was bedeuten die verschiedenen Bildelemente?

Mit ihnen verdeutlicht der Maler die Begegnung zweier Welten, deren Akteure in die vorderste Bildebene gerückt sind. Die Schar der Jünger, die eben noch um die verstorbene Maria in ihrer Mitte trauert, reagiert teils heftig, teils pathetisch, verzweifelt und erschüttert auf das plötzliche Wunder. Die Apostel blicken Maria sehnsüchtig oder angstvoll nach, wollen sie festhalten oder ihr folgen. Während Maria bereits im Himmel von Engeln umgeben ist, bleiben die Männer auf der Erde zurück. Zwischen Himmel und Erde schwebt Maria, die ewig Vermittelnde. Sie bildet das Zentrum des Bildes, frei und unverstellt strebt sie, von Engeln getragen, dem göttlichen Licht entgegen. Während ihr Körper aus Scheu noch leicht zurückweicht, sind ihre Arme bereits erhoben, als wollte sie Gott ganz in sich aufnehmen. In ihrer Gottessehnsucht schaut sie verzückt, als wäre ihre Seele bereits beim Herrgott angelangt. Dieser kommt ihr aus der Tiefe des Raumes und des Lichtes entgegen und breitet seine Arme aus. Seine dienstbaren Geister tummeln sich auf dichten Wolkenbänken und bilden unterhalb Marias ein Halbrund, das sich oberhalb Gottes zu einem Vollkreis schließt. Im grellen göttlichen Licht verlieren sich die Konturen der Engel, geht das leuchtende Gelb in den Goldglanz eines endlosen Himmelsraumes über.

Wussten Sie, dass …

- Kaiser Karl V. seinen Hofmaler Tizian in den prestigeträchtigen Orden der Ritter vom Goldenen Sporn aufnahm?
- die Barockmalerei des 17. Jahrhunderts, namentlich die Bilderwelt von Rubens, entscheidend auf Tizians Gestaltungsprinzipien aufbauen sollte? Diese waren einfach und genial zugleich.
- Venedig in seiner Blütezeit, dem frühen 16. Jahrhundert, die führende Kunststadt war? Maler wie Tizian, Tintoretto und Veronese zauberten Farben von unvergleichlicher Intensität und Leuchtkraft auf Holz und Leinwand und wagten sich an neue Darstellungsformen heran, welche die Pracht der Barockmalerei vorwegnahmen.

◀ Farben, Licht und Atmosphäre der »Himmelfahrt« machen das Bild zu einem Meisterwerk der venezianischen Malerei.

▲Mit seinen 365 manieristisch dekorierten Kaminen spiegelt sich das Schloss wie eine zauberhafte Erscheinung im Wasser.

Welche Funktion hatte das Schloss?

Schloss Chambord entstand als repräsentatives königliches Lustschloss mit 440 Räumen. Der gewaltige Komplex liegt etwa fünf Kilometer von der Loire entfernt in einem ummauerten Waldstück der Sologne, dem bevorzugten Jagdrevier König Franz' I. Der Bau wurde 1519 begonnen, im selben Jahr, in dem der Bauherr mit seiner Bewerbung um die Kaiserwürde gegen Karl I. von Spanien (Karl V.) unterlag. Dieser soll seinerseits bei einem späteren Besuch den Schlossbau gerühmt haben als »Inbegriff dessen, was menschliche Kunst hervorzubringen imstande ist«.

Welcher Architekt plante Chambord?

Den mehrfach abgewandelten Plan, der auf eine eigene Idee des Herrschers zurückgeht, lieferte Domenico da Cortona (gestorben um 1549). Wahrscheinlich kam er als Schüler des Giuliano da Sangallo nach Frankreich, des großen italienischen Architekten, der im Dienst Karls VIII. tätig war. Als leitende Baumeister wirkten Jacques und Denis Sourdeau.

In ihrer Komplexität folgt die Anlage dem Vorbild idealstädtischer Planungen der italienischen Renaissance. Die Architektur steht hier nun ganz im Dienst der Repräsentation und Überhöhung der absolutistischen Herrschaftsidee.

Wussten Sie, dass ...

- rund 300 Schlösser und Adelssitze am Mittellauf der Loire liegen? Die größte Anlage ist diejenige von Chambord.
- das Schloss unter dem Sonnenkönig Ludwig XIV. (Regierungszeit 1643–1715) noch einmal verändert wurde? Der König zog vermutlich seinen Hofarchitekten Jules Hardouin-Mansart zu Rate.
- von der Dachterrasse aus eine einzigartige Aussicht über die zahllosen Türmchen und 365 Schornsteine des Schlosses bis hin zu den Wäldern der Umgebung zu genießen ist?

Aus welchem Herrschergeschlecht stammte Franz I.?

▲Macht und Anspruch Franz' I. spiegelt sein prächtiges Gewand in diesem Porträt des 16. Jh.

König Franz I. (1494–1547) stammte aus einer Seitenlinie der Valois. Seine Regierungszeit zeichnet der Umstand aus, dass es ihm niemals gelang, sich aus der Umklammerung durch die Habsburger zu befreien und die Vorherrschaft in Italien zu erringen.

Franz I. ging als Prototyp des absolutistischen Herrschers in die Geschichte ein. Der Lebensstil des Königs war ganz auf Repräsentation ausgerichtet und fand besonders in prächtigen Schlossbauten Ausdruck. Als großzügiger Förderer von Künsten und Wissenschaften erwies er sich als wahrer Renaissancepotentat. Er prägte einen eigenen, besonders von italienischen Künstlern beeinflussten Dekorationsstil (François-premier), mit dem er der Renaissance in Frankreich den Weg bereitete. Schulbildend wurde dieser Stil, der Traditionen französischer Gotik mit Einflüssen der italienischen Spätrenaissance verband, in der Schule von Fontainebleau.

Wie wirkt das Schloss?

Der vielfältig gegliederte, aber streng symmetrische Mittelbau suggeriert Wehrhaftigkeit und folgt darin der Tradition des französischen Festungsbaus des 14. Jahrhunderts – auch wenn er tatsächlich gar keine Verteidigungsfunktion erfüllen muss. Der Donjon (von lateinisch dominatio für Herrschaft), der traditionelle trutzige Wohnturm, ist hingegen zu einem dreistöckigen Wohnpavillon mit mächtigen Ecktürmen umkonzipiert. Er entstand ab 1526, danach wurden die ihn umgebenden Flügelbauten errichtet, an deren vier Ecken behäbige Rundtürme weitere wehrhafte Akzente setzen. Flügelbauten und Ecktürme sowie die Schlosskapelle im Westflügel folgten unter Franz' Sohn Heinrich II.

Was ist so besonders an diesem Bauwerk?

Ein auffallendes Charakteristikum von Schloss Chambord ist die Tatsache, dass hier eine Treppe das Zentrum bildet. Wohnbereich wie auch Flügelbauten, die gesamte Anlage ist auf sie ausgerichtet. Als kunstvolle doppelläufige Wendeltreppe führt sie innerhalb des Donjons über drei Stockwerke bis zur Dachterrasse empor. Dort wird sie in einer pittoresken Laterne (Aufsatz) einläufig weitergeführt. Sie hebt auch am Außenbau die Treppenanlage heraus und prägt den Gesamteindruck nicht unerheblich mit. Auf dem Weg nach oben ermöglichen zahlreiche Durchblicke und Fenster wechselnde Perspektiven.

Wer hinterließ seine Spuren im Inneren?

Auf den Erbauer verweisen immer wieder die Kapitelle, die das Initial F mit der Krone und dem gekrönten Salamander zeigen. Das kleine Tier ging angeblich unverletzt durchs Feuer und galt als Symbol unantastbarer Herrscherwürde. Putten und neckische Eroten spielen auf die Funktion als Lustschloss an. Lilien und gekrönte Halbmonde können wiederum als Indiz dafür gelesen werden, welches prominente Paar dies besonders zu schätzen wusste: der spätere König Heinrich II. (1519–1559) und seine Mätresse Diane de Poitiers.

▼Berühmte Attraktion Chambords ist die Doppeltreppe mit ihren zwei ineinandergedrehten Läufen.

▲Bruegels berühmtes Winterbild (117 x 162 cm), 1565 auf Eichenholz gemalt, hängt heute im Kunsthistorischen Museum in Wien.

Was zeigt Bruegels berühmtes Winterbild?

Man meint, die frostige Kälte unter dem fahlen, grauen Himmel zu spüren. Dunkel und schattenlos heben sich die Bäume, Menschen und Tiere von der verschneiten Landschaft ab. Vor der Gaststätte »Zum Hirschen« werden Vorbereitungen zum Absengen der Borsten geschlachteter Schweine getroffen. Mit den heimkehrenden Jägern und ihren Hunden wandert der Blick über die weiße Landschaft. Auf den zugefrorenen Fischteichen gönnen sich die Menschen Winterfreuden beim Schlittschuhlaufen oder Eisstockschießen. Es ist

Wie entfaltete sich Pieter Bruegels künstlerische Karriere?

▲Pieter Bruegel der Ältere

Pieter Bruegel wurde zwischen 1525 und 1530 in einem Dorf in Brabant geboren. 1552 schrieb er sich in die Lukasgilde, die Malerzunft von Antwerpen, ein. Eine Italienreise führte ihn 1552/53 nach Rom und Neapel. In Antwerpen arbeitete er mit Hieronymus Cock, dem wichtigsten Verleger von Drucken, zusammen. Seit etwa 1555 entstanden mehrere Folgen von Drucken, dann erst die berühmten Gemälde. Er malte biblische Geschichten, fantastische Themen in der Tradition Hieronymus Boschs und allegorische Szenen aus dem Volks- und Bauernleben, die die Interpreten bis heute herausfordern. 1569 starb Bruegel in Brüssel. Von seinen beiden Söhnen führte Pieter Bruegel der Jüngere die Tradition seines Vaters fort, Jan Bruegel der Ältere wurde ein Meister kleinformatiger Bilder.

auch ein Unglück zu erkennen, denn aus dem Kamin eines Hauses schlagen Flammen. Menschen versuchen, das Feuer zu löschen. In der Ferne schließen rechts die Berge mit steilen Felsen schroff ab. Links am Horizont erstreckt sich die vereiste Fläche eines Binnensees.

Woher kam die Tradition der Monatsdarstellung?

Die Abbildung der Monate mit den jeweils charakteristischen Tätigkeiten des Menschen war im 15. und frühen 16. Jahrhundert typisch für die Buchmalerei. Damit illustrierte man Kalender von Stundenbüchern, wie man die nach kirchlichem Tages- und Jahreslauf geordneten Gebetsbücher für private Zwecke nannte. Pieter Bruegel überführte diese Tradition erstmals in die Landschaftsmalerei. Sie war im zweiten Jahrzehnt des 16. Jahrhunderts in Antwerpen von Joachim Patinir als verdichtetes Abbild der Welt und Schauplatz der christlichen Heilsgeschichte begründet worden. Bruegel bekannte sich zu dieser traditionellen Bildform, die man heute »Weltlandschaft« nennt. Er schilderte die Schöpfung Gottes mit der Vielfalt ihrer Erscheinungen im Wechsel der Jahreszeiten und der Aktivitäten der Menschen. Sein Gespür für atmosphärische Wirkung war der älteren Landschaftsmalerei noch unbekannt.

Wie wirkte Bruegels Winterbild auf die Kunst?

Bruegel hat noch weitere Winterlandschaften gemalt und wirkte damit später traditionsbildend. In drei Bildern versetzte er Episoden der Weihnachtsgeschichte – die Volkszählung, die Anbetung der Könige und den Bethlehemitischen Kindermord – in winterliche flämische Dörfer. Das Heilsgeschehen sollte so überzeugend wie möglich vergegenwärtigt werden. Ein weiteres Bild zeigt ein friedliches flämisches Dorf mit einer Vogelfalle im Vordergrund. Bruegels Winterbilder sind die ersten einer großen Tradition, die bis ins 19. Jahrhundert reichen sollte.

Was beeinflusste die Entstehung der Winterbilder?

Es ist wohl kein Zufall, dass Bruegels Winterbilder alle ab 1565 entstanden sind: Bruegel verarbeitete die Erfahrungen während des besonders kalten Winters von 1564/65. Er war Teil einer weltweiten Abkühlung des Klimas, der so genannten kleinen Eiszeit, die etwa von 1450 bis 1880 andauerte. Die anhaltende Popularität von Winterdarstellungen erklärt sich also auch durch ein Klimaphänomen.

Wussten Sie, dass ...

- das Bild zu einer Folge von vermutlich ehemals sechs Bildern mit Darstellungen von je zwei Monaten in einem Bild gehört? Sie sind heute über verschiedene Museen verstreut.
- Bruegels Sohn Pieter vor allem für seine Darstellungen der Hölle bekannt wurde und daher zur Unterscheidung von seinem Vater als »Höllenbruegel« bezeichnet wird?

◀Nicht nur idyllische Landschaftsdarstellungen, sondern auch Themen in der Tradition Hieronymus Boschs finden sich in Bruegels Werk. In der Schilderung des grausamen »Triumphs des Todes« (um 1560) wütet der Schrecken von Kampf und Krieg.

▲Nicht nur die Maße des Gemäldes – 536 auf 1224 Zentimeter – sprengen jede Dimension: die »Kreuzigung Christi« von Tintoretto

Welche Fähigkeiten machten Tintoretto zum »gewaltigsten Geist« der Malerei?

Tintoretto, einem Hauptmeister des europäischen Manierismus mit großem Einfluss auf die Barockmalerei, gelang es, das Spirituelle, Geisterhafte, Jenseitige – also das eigentlich nicht Darstellbare – auf die Leinwand zu bringen. Der Kunsthistoriker Giorgio Vasari notierte bereits 1568, Tintoretto sei liebenswürdig in all seinem Tun, nur in der Malerei sei er wunderlich, bizarr, flink und kühn und der gewaltigste Geist, den die Malerei je besessen habe. Kaum einer verstand es wie Tintoretto, komplizierte Körperhaltungen und -bewegungen stimmig darzustellen. Atemberaubend sind seine Kompositionen und Bilderfindungen, gewöhnungsbedürftig sein oft gespenstisch wirkendes Kolorit, schier unglaublich ist der Umfang seiner Produktion meist großformatiger Ölgemälde auf Leinwand.

Wie kam Jacopo Robusti zu dem Namen »Tintoretto«?

▲Selbstbildnis des etwa 30-jährigen venezianischen Meisters Tintoretto (1518–1594)

Der in der Kunstgeschichte als Tintoretto bekannte Maler hieß eigentlich Jacopo Robusti. Da sein Vater Seidenfärber war, wurde er in der Nachbarschaft alsbald Tintoretto – das Färberlein – gerufen. Niemand konnte ahnen, dass dieser Spitzname einmal in jedem Buch über italienische Malerei stehen würde.

Geboren wurde Tintoretto am 29.9.1518 in Venedig, dort starb er auch am 31.5.1594, und bis auf eine mutmaßliche Reise nach Rom (1547/48) kam er wohl nie aus seiner Heimatstadt heraus.

Über Tintorettos Lehrzeit ist nicht viel bekannt, für kurze Zeit soll er jedoch im Atelier Tizians (1477 bis 1576), des Hauptmeisters der venezianischen Renaissance, gearbeitet haben. Mit dem »Markuswunder« schuf er 1548 ein erstes viel beachtetes Werk, bald folgten größere Staatsaufträge.

Tintorettos Werkstatt wurde nach seinem Tod von seinem Sohn Domenico weitergeführt.

Wie kam Tintoretto zu dem Auftrag für die »Kreuzigung«?

Die Scuola di San Rocco, eine der von Bruderschaften getragenen sozialen Einrichtungen Venedigs, wollte einen Neubau künstlerisch ausgestalten lassen und dafür einen Wettbewerb ausschreiben. Tintoretto kam dem Wettbewerb zuvor, indem er in nur drei Wochen heimlich die Apotheose des heiligen Rochus (Rocco) malte und in der Scuola anbringen ließ. Er wollte kein Geld dafür, nur den Auftrag für weitere Bilder. Ein solches Angebot konnte man nicht ablehnen. Tintoretto wurde direkt beauftragt und in die Bruderschaft aufgenommen. Für die Sala dell'Albergo, die einstige Herberge der Bruderschaft, malte Tintoretto zwischen 1564 und 1567 einen Passionszyklus, dessen Hauptwerk die 60 Quadratmeter große »Kreuzigung« ist.

Wie ist das Bild aufgebaut?

Mittelpunkt des Gemäldes ist die Figur des gekreuzigten Christus, eine gemarterte, aber körperlich makellose Erscheinung – wir sehen einen von Lichterglanz umgebenen Heiland, der über dem Geschehen und damit förmlich über den Dingen schwebt. Ein Schwamm mit Essig wird ihm gereicht, während seine Mutter am Fuß des Kreuzes zusammenbricht und von den wenigen Getreuen Christi umsorgt wird. Ein Alter beugt sich vor, als wolle er seine Anteilnahme durch einen Handkuss bezeugen.

Die Hinrichtung der beiden Schächer, die links und rechts von Jesus gekreuzigt werden, schildert Tintoretto in den unterschiedlichen Stadien: Zunächst werden Löcher für die Kreuze ausgehoben, dann die Verurteilten, die am Boden liegen, an Holzbalken gefesselt und diese schließlich aufgerichtet. Die Durchführung der grausamen Handlungen erfolgt mit einer Routine und handwerklichen Perfektion, die den Betrachter schaudern lassen.

Für wie viele Auftraggeber war Tintoretto tätig?

Für einen: Zwischen 1565 und 1587 fertigte er rund 30 Gemälde für die Scuola di San Rocco. 1577 verpflichtete er sich vertraglich, den Rest seines Lebens dieser Arbeit zu widmen. Auch wollte er jedes Jahr zum Festtag des heiligen Rochus »drei große, fertig installierte Bilder« schenken. Tintoretto war nicht nur ein ausgezeichneter Maler, sondern auch ein gewiefter Geschäftsmann, wie seine finanziellen Verhandlungen zeigen. So schrieb er der Scuola di San Rocco: »Was die Bezahlung der Decke des Kapitelsaals angeht, bescheide ich mich mit den zweihundert Dukaten … Jenen Preisaufschlag, zu dem es bei gewissenhafter Schätzung und Beurteilung meines Werkes … käme, schenke ich der Scuola, allerdings unter der Bedingung, dass mir in Anerkennung meiner Mühen und der oben genannten Werke, die ich auf Lebenszeit zu machen habe, jedes Jahr am Rochustag … eine Pension von einhundert Dukaten ausgezahlt wird.« Die Rochus-Bruderschaft willigte ein.

Wussten Sie, dass …

- Tintoretto auch in den Vorstand der Bruderschaft von San Rocco gewählt wurde?
- die »Scuola«, also »Schulen« genannten Einrichtungen in Venedig soziale Aufgaben wie Waisenfürsorge oder Krankenpflege übernahmen?
- es in Venedig auch eine »Scuola Grande Tedesca« hab, in der sich die in Venedig lebenden Deutschen zusammenfanden?

◀ Viele Personen in extremer Bewegtheit: Tintorettos »Abendmahl« in der Chiesa di San Giorgio Maggiore in Venedig. Der Künstler schuf das Gemälde in den Jahren um 1592–1594.

▶ Bei Giambolognas Werk sind drei Figuren allansichtig zu einer einzigen kunstvollen Marmorgruppe verschlungen.

Was ist das Außergewöhnliche an der »Sabinerin«?

Giambolognas berühmtestes – und bestes – Werk ist die erste Figurengruppe der europäischen Kunst, die dem Betrachter eine Vielzahl von Ansichten bietet. Der Schöpfer dieser virtuosen Marmorgruppe hat die italienische Bildhauerei in der zweiten Hälfte des 16. Jahrhunderts geprägt, der Zeit des Manierismus zwischen den Arbeiten eines Michelangelo und eines Bernini. Die feierliche Enthüllung des Kunstwerks erfolgte im Jahr 1583 in der Loggia dei Lanzi, wo die Skulptur heute noch steht. Diese halb offene Halle im Zentrum von Florenz diente für Kundgebungen und Empfänge.

Wie ist die Gruppe komponiert?

Die Gruppe besteht aus drei Figuren, die sich auf kunstvolle Weise zu einer einzigen geschlossenen Gesamtkomposition zusammenfügen. Zuunterst sehen wir in gekrümmter Haltung einen Älteren, der sich mit seiner Rechten abstützt und mit der Linken zu wehren versucht. Augen und Mund sind angstvoll aufgerissen, der Blick auf die Frau gerichtet, die in schwindelnder Höhe davongetragen wird. Über ihn schreitet kraftvoll die muskulöse, männliche Hauptfigur hinweg. Sie trägt und umgreift eine junge Frau, die sich windet und dabei den vergeblichen Versuch unternimmt, sich aus der festen Umklammerung zu lösen. Ihre Arme greifen Hilfe suchend in den Raum aus. Aus ihrem verzerrten Gesicht spricht Leid und Ohnmacht, ein Hilfeschrei verhallt ungehört.

Woher stammte Giovanni da Bologna?

Giovanni da Bologna (auch Giambologna) stammte nicht etwa aus dem oberitalienischen Bologna, sondern dem flämischen Ort Douai im heutigen Nordfrankreich. Er wanderte nach Rom, lernte dort 1550 den greisen Michelangelo kennen, zog weiter nach Florenz, wo er seinen Namen Jean de Boulogne italienisierte und am Hofe des toskanischen Großherzogs Cosimo de' Medici zahlreiche Aufträge erhielt. Seinen internationalen Ruf verdankt Giambologna Kleinbronzen, welche die Medici auf diplomatischer Ebene an befreundete Fürstenhöfe verschenkten. Der von Giambologna geprägte Florentiner Manierismus wurde international bestimmend und war noch im 18. Jahrhundert greifbar. Viele seiner Schüler, etwa Hubert Gerhard, Hans Reichle und Adrian de Vries machten später in Prag, München und Augsburg Karriere.

Wie erzeugt der Künstler die Bewegungsdynamik?

Giambologna wendet hier einen ebenso einfachen wie genialen Kunstgriff an: Er kombiniert die Figuren eines Geduckten, eines Tragenden und einer Getragenen. Deren Einheit ergibt sich durch eine Staffelung aller Bewegungen: Sie nimmt ihren Anfang in der am Boden zusammengekauerten Figur des Alten, setzt sich im Auf- und Vorwärtsstreben des jungen Mannes fort und mündet in die freie körperliche Entfaltung der Frau. Die Struktur dieser Bewegung folgt dabei einer Spirale. Zunächst vollführt der Alte in der Hocke eine komplizierte Körperdrehung und setzt dabei eine Schraubbewegung im Uhrzeigersinn in Gang. Der ihn bezwingende Mann greift diesen Schwung auf. Von seiner Sohle bis zum Scheitel setzt sich die Spiralbewegung fort. In der effektvollen Drehung der weiblichen Figur findet sie schließlich ihren Abschluss und läuft in den Fingerspitzen des linken ausgestreckten Armes aus.

◄ Rund 40 Jahre nach Giambolognas »Raub der Sabinerin« entstand Berninis barocke Skulptur »Raub der Proserpina« – statt betont kunstvoller Bewegung ist nun der Ausdruck von Kraft, Emotion und sinnliches Erleben das Thema.

Geht man um die Figurengruppe herum, wird erkennbar, dass die verschiedenen Ansichten nicht nur unterschiedliche Silhouetten bilden; man gewinnt zugleich den Eindruck, als brächte der Alte den Jungen zu Fall, als könnte die Frau dem Entführer aus den Armen gleiten.

Wussten Sie, dass …

- »Der Raub der Sabinerin« aus einem einzigen Marmorblock gearbeitet ist? Selbst der weit ausgreifende linke Arm der Frau ist nicht angesetzt.
- auch der berühmte Neptunsbrunnen in Bologna (1563–1567) ein Werk Giovanni da Bolognas ist?
- der Künstler persönlich dem sächsischen Kurfürsten Christian I. eine Skulptur schenkte? Anlass war die Übernahme der Regentschaft durch Christian, das Geschenk eine 40 cm hohe Figur des Kriegsgottes Mars, heute als »Dresdner Mars« bekannt.

Was bewirkt die schlangenartige Form des Werks?

Dem Aufbau von Giambolognas Werk liegt die in der Kunstgeschichte sehr treffend als »figura serpentinata« bezeichnete Struktur zugrunde. Die »schlangenartige Figur« führt in kreisender Bewegung aufwärts und entwickelt dabei eine Dynamik, die jeden Betrachter fasziniert und ihn ebenfalls in Bewegung setzt, indem sie ihn zum Umschreiten des Kunstwerks animiert.

Ausgehend von ersten Versuchen im Hellenismus setzte sich erstmals der Manierismus mit der Mehransichtigkeit von Einzel- und Gruppenfiguren auseinander. Die »figura serpentinata« wird zur bestimmenden Form dieser Epoche. Ihre künstlerische Umsetzung bedeutet zugleich eine annähernde Überwindung aller Gesetze der Statik und führt bis an die Grenzen der Virtuosität und bildhauerischen Machbarkeit.

▼ Einen weiteren Höhepunkt manieristischer Kunst schuf Giambologna 1580 mit seinem bronzenen »Merkur«, der auf einer Zehenspitze balanciert.

Was reizte den Künstler an der Skulptur?

Giambolognas Figurengruppe verdankt ihre Entstehung primär rein formalen Gesichtspunkten. Das Thema interessierte den Künstler erst in zweiter Linie. So stellte die »figura serpentinata« in dieser großen Dreiergruppe eine Herausforderung dar, über deren Realisierung bereits Michelangelo nachgedacht hatte. Reizvoll ist außerdem das Kräftespiel der Geschlechter in vollkommener Nacktheit. Der Titel des Werkes stand bei seiner Enthüllung noch nicht fest. Schließlich kam ein gebildeter Bürger namens Don Vincenzo Borghini auf den Einfall, hier sei der Raub der Sabinerinnen thematisiert: In ihrer sagenumwobenen Frühzeit litt die Stadt Rom an akutem Frauenmangel, woraufhin Romulus den Nachbarstamm der Sabiner zu Festspielen einlud und das gesellige Beisammensein zum Raub der Sabinerfrauen nutzte.

▲Die unwirkliche Atmosphäre einer Vision kennzeichnet das »Begräbnis des Grafen Orgaz«, mit dem El Greco ein traditionelles Bildthema aus einer völlig neuen Sicht interpretierte.

Wie kam der Maler zu seinem Namen?

El Greco, der Grieche, hieß eigentlich Domenikos Theotokopoulos und war 1541 als Spross einer wohlhabenden Familie auf Kreta zur Welt gekommen. Seine künstlerische Ausbildung führte vom Studium der byzantinischen Ikonenmalerei in die Werkstatt Tizians nach Venedig und weiter nach Rom. Schließlich fand er Kontakt zur spanischen Delegation und erhielt Aufträge in Toledo, der alten spanischen Königsstadt, in der er die restlichen 37 Lebensjahre verbringen sollte.

Wer war der Dargestellte?

Gonzalo de Ruiz, Graf von Orgaz und Kanzler von Kastilien, hatte sich mit großzügigen Stiftungen einen Namen gemacht, ehe er 1323 verstarb. In seinem Testament hatte er verfügt, dass die Einwohner des Städtchens Orgaz, das zu seinem Besitz gehörte, für den Unterhalt der Toledaner Kirche Santo Tomé jedes Jahr eine hohe Geldsumme aufzubringen hätten. 1562, also fast 250 Jahre nach des Grafen Tod, glaubte Orgaz, sich nicht mehr an die Verfügung halten zu müssen, und stellte die Zahlungen ein. Doch der Gemeindepfarrer von Santo Tomé prozessierte und bekam Recht. Nach so viel Gerechtigkeit war eine Renovierung des Stiftergrabes angesagt! Außerdem wurde El Greco beauftragt, für die Grablege ein Bild zu malen. Von besonderer Brisanz war dabei die Darstellung eines Wunders, das bei der Bestattung geschehen sein soll: In dem Moment, als der Leichnam beerdigt werden sollte, erschienen die Heiligen Stephanus und Augustinus und legten den Verstorbenen eigenhändig ins Grab.

Wie ist das Bild aufgebaut?

Das Bild ist in seiner Komposition streng zweigeteilt. Es zeigt in der unteren Hälfte die Trauergemeinde, über der sich ein Wolkenmeer mit Heiligen und himmlischen Heerscharen ausbreitet. Die Begräbnisszene könnte kaum trister sein: Ernst, stumm und gefasst nimmt

Wer stand Modell für die Figuren?

Der lesende Priester am rechten Bildrand ist der Gemeindepfarrer Andrés Núñez, der gegen die Bürgerschaft von Orgaz vor Gericht gegangen war. Bei dem vornehmen Herrn mit weißem Bart und gütigem Blick handelt es sich um Don Antonio de Covarrubias, einen Humanisten und Freund El Grecos. Der Knabe am linken Bildrand, der auf das wundersame Geschehen hinweist, soll El Grecos Sohn Jorge Manuel sein. In den Wolken begegnen wir der Apostelschar und – im Meer der Heiligen kaum zu erkennen – in der ersten Reihe rechts sitzend König Philipp II.: ein Kunstgriff von unfreiwilliger Komik, war der Monarch damals doch noch quicklebendig.

◄ Dieses Gemälde El Grecos zeigt die Entkleidung Christi auf dem Kalvarienberg (Ausschnitt); 1577, Budapest, Szépmüvészeti Múzeum.

die Gemeinde Abschied vom Grafen. Keiner erschrickt, als plötzlich die beiden Heiligen in ihren liturgischen Gewändern erscheinen und sich des Verstorbenen annehmen. Bei den Trauergästen, die Roben und Accessoires des 16. Jahrhunderts tragen, handelt es sich um die Porträts von Zeitgenossen El Grecos. Ein einfacher Priester wendet uns den Rücken zu und richtet seinen Blick ehrfürchtig zu Gott. Ein Engel führt die Seele des Verstorbenen gen Himmel, wo Maria und Johannes der Täufer sich vermittelnd an Christus wenden.

Welcher Gattung lässt sich »Das Begräbnis des Grafen Orgaz« zuordnen?

El Grecos Gemälde ist Gruppenporträt, Altar-, Andachts- und Historienbild in einem. Hier findet man das irdische Detail ebenso wie die immateriell schimmernde Welt des Göttlichen. Legende und historisches Ereignis sind in die Gegenwart von 1586 projiziert. El Grecos Bild ist aber nicht nur ein Dokument gegenreformatorischer Propaganda. Es markiert auch die Schwelle zwischen der Renaissance und dem expressiveren Manierismus, einem Stil, der gerade unerklärbare göttlich-irreale Phänomene wie beispielsweise ein Wunder darstellen kann.

Wie malte El Greco?

Der Maler hat hier bereits zu seinem unverwechselbaren Stil, seiner persönlichen Variante des Manierismus gefunden. Die Figuren sind grazil, stark modelliert und überlängt und ihre Umrisse auf nervöse Weise bewegt. Die Farbpalette ist von fahlem Weiß und vielen Grauwerten bestimmt und die Gesamtstimmung des Bildes unwirklich, um nicht zu sagen beklemmend visionär. Von vielen seiner Zeitgenossen kritisiert, wirkt El Grecos Kunst heute auf atemberaubende Weise modern.

◄ El Grecos »Büßende Magdalena« von 1580 ist von der Spannung zwischen Todesmahnung und Sinnlichkeit gekennzeichnet; Budapest, Szépmüvészeti Múzeum.

Wussten Sie, dass ...

- bei König Philipp II. El Grecos eigenwillige, nicht gerade gefällige Kunst keine Gnade fand? So blieb die spanische Kirche sein Hauptauftraggeber.
- der Schriftsteller Stefan Andres 1936 in seiner Novelle »El Greco malt den Großinquisitor« die Arbeitsbedingungen von Künstlern in einer Diktatur thematisierte? Der Text gilt als Werk der Inneren Emigration während der Zeit des Nationalsozialismus in Deutschland.

▲Das Bild »Berufung des Matthäus« (328 x 328 cm) schilderte die biblische Geschichte zum Entsetzen vieler Betrachter wie eine spannende Begebenheit unter gewöhnlichen Menschen.

Wie fand Caravaggio zu seinem realistischen Malstil?

Nur wenige europäische Künstler konnten mit ihrem Werk innerhalb kurzer Zeit die Bildsprache der Malerei so revolutionieren, wie dies Caravaggio um 1600 an der Schwelle von der Renaissance zum Barock gelang. Allerdings waren die ersten Jahre als Kunstmaler in Rom für den jungen Caravaggio schwierig, sein impulsiver Charakter erschwerte ihm den Eintritt in die elitäre, konservative Kunstszene der Stadt. Mangels größerer Aufträge malte Caravaggio Obst- und Blumenbilder sowie Genreszenen, deren Motive er im Volksleben der Stadt suchte. Sein Interesse an der Realität des Alltags wurde bald zu seinem Markenzeichen, auch bei der Umsetzung religiöser Themen. Die »Opferung des Isaak« aus dem Jahr 1594 ist eines der frühen Beispiele für Caravaggios Übersetzung einer heilsgeschichtlichen Szene in ein Gemälde des Realismus.

Auf welche Schwierigkeiten stieß der Maler?

Seine Gabe für realistische Darstellungen und die Entlehnung von Bildmotiven aus dem Volksleben brachte Caravaggio erhebliche Probleme. Obwohl die katholische Kirche auf dem Konzil von Trient gefordert hatte, religiöse Inhalte dem Volk verständlicher darzulegen und näherzubringen, waren Caravaggios Bilder vielen entschieden zu weltlich. Die Zweifel der Auftraggeber führten in einigen Fällen sogar zur Ablehnung der bestellten Werke.

Wie setzte sich Caravaggio schließlich durch?

Trotz aller Widerstände machte Caravaggios außergewöhnliche Fähigkeit im malerischen Umgang mit Licht und Schatten den jungen Maler schließlich berühmt. 1599 erhielt er endlich seinen ersten großen Auftrag für drei Gemälde: »Das Martyrium des Matthäus«, »Die Berufung des Matthäus« und »Matthäus und der Engel« wurden für die Kapelle der Contarelli in der Kirche San Luigi dei Francesi in Rom geordert, die dem Apostel Matthäus gewidmet ist.

Was ist das Besondere an den drei Bildern?

Diesen Zyklus könnte man als »work in progress« bezeichnen: An den drei Werken

Was war an Caravaggios Leben so außergewöhnlich?

▲ Genial und umstritten: Michelangelo Merisi, genannt Caravaggio, in einer zeitgenössischen Darstellung

Caravaggio wurde 1571 als Michelangelo Merisi in Caravaggio, einem Städtchen zwischen Mailand und Bergamo geboren. Nach der künstlerischen Ausbildung in Mailand siedelte der erst 20-Jährige wie viele seiner Kollegen in die Kunstmetropole Rom um, wo die päpstliche Bau- und Kulturpolitik ein gutes Auskommen versprach. Dort wurde das Leben Caravaggios zu einer filmreifen Legende. Schlägereien, Diebstähle und zahlreiche Anklagen führten am Ende zu seiner Verbannung aus Rom. Auf seiner Flucht über Neapel, Malta und Sizilien schuf Caravaggio noch eine Anzahl unbestrittener Meisterwerke. Sein Ruhm wurde immer größer, sein Ruf gleichzeitig immer zweifelhafter. Im Sommer 1610 starb er erst 39-jährig einsam in Porto d'Ercole an Malaria, wenige Tage später traf das Begnadigungsschreiben des Papstes ein. Caravaggios Leben und Werk haben schon kurz nach seinem Tod den Stoff für mehrere Bücher geliefert. Bis heute ist sein Leben mehrmals verfilmt worden.

lässt sich deutlich die malerische Entwicklung des Künstlers ablesen. Das in der Martyriums-Darstellung noch erkennbare Erbe der Renaissancemalerei mit der Präsenz großformatiger Aktfiguren im Vordergrund lässt Caravaggio bereits beim zweiten Werk mit der Berufung des Heiligen hinter sich.

Was ist auf dem zweiten Bild des Matthäus-Zyklus dargestellt?

Mit dem zweiten dieser Bilder gelangte er zu einer vollkommen neuen Bildsprache. Nach dem Tod von Judas – so die biblische Begebenheit – musste ein neuer Apostel gesucht werden. Joseph und Matthäus stellten sich zur Wahl. Die Apostel baten Christus, ihnen zu zeigen, wen sie aussuchen sollten.

Caravaggio zeigt in seinem Bild genau diesen Moment: In einem dunklen, karg ausgestatteten Raum sitzen fünf Männer an einem Tisch, einer hat dem Betrachter den Rücken zugekehrt und sich zur Seite gewandt. Neben ihm stehen Petrus und, von ihm fast vollständig verdeckt, Christus: Beide zeigen nach rechts; in der leichten Verzögerung des Gestus von Petrus drückt Caravaggio die Inspirationsfunktion Christi bei der Berufung des neuen Apostels aus. Die Geste der beiden wird von dem Zöllner Matthäus wiederholt. Geste und Gesichtsausdruck drücken die Frage nach der getroffenen Entscheidung aus.

Was ist das auffälligste Stilmerkmal im Bild?

Das Licht. Die außergewöhnlich lebhafte Gebärdensprache und das Spiel der gegensätzlichen Körperhaltungen der dargestellten Figuren wird durch Caravaggios kühne Behandlung von Licht und Schatten noch unterstützt. Das Licht erhellt hier nicht nur die Szenerie, sondern ist ein entscheidendes Medium der Erzählung. Der von rechts oben einfallende Lichtstrahl erleuchtet nicht nur das eigentlich verdeckte Gesicht und die Hand Christi, sondern schenkt der Szene ihre tiefere Bedeutung. Wie ein Scheinwerfer fällt der Lichtstrahl schließlich auf die Figur des Auserwählten: Matthäus.

◀ In der römischen Kirche Santa Maria del Popolo hängt Caravaggios mutige Version der »Bekehrung des Paulus«: Der Heilige wird zu Füßen eines Pferdes durch eine Erscheinung niedergestreckt und zum Christentum bekehrt.

Wussten Sie, dass …

- die Auftraggeber des Matthäus-Zyklus wenige Jahre zuvor eine erste Realisation des Themas durch Caravaggio abgelehnt hatten?
- das erste Gemälde des Zyklus, »Das Martyrium des Matthäus«, noch der Renaissance-Malerei verhaftet war? Hier dominieren noch großformatige Figuren im Vordergrund.

▲Der »Raub der Töchter des Leukippos« entstand um 1618 in Antwerpen und hängt heute in der Alten Pinakothek in München.

Welche Geschichte liegt dem Werk zugrunde?

Rubens interpretiert in seinem zwischen 1615 und 1618 gemalten »Raub der Töchter des Leukippos« einen antiken Mythos, der in verschiedenen Fassungen überliefert ist. Die Mehrzahl stellt die Verlobung der Töchter des Königs Leukippos von Messenien mit den Zwillingen Idas und Lynkeus dar. Die Entführung der Bräute durch die Dioskuren (Zeussöhne) Castor und Pollux führte zu einem blutigen Kampf, bei dem die beiden Bräutigame und – je nach Überlieferung – auch Castor starben. Rubens wählte für sein Bild die seltenere Variante, nach der die Entführung mit einer Hochzeit endete: Der unsterbliche Faustkämpfer Pollux ehelicht Phoebe; der sterbliche Castor, Rossebändiger und Reiter, Hilaeira.

Wie sind die Figuren angeordnet?

Rubens hat die Entführungsszene in eine kunstvoll balancierte Gruppierung umgesetzt. Die nackten Körper von Phoebe und Hilaeira werden dem Betrachter in ihrer ganzen Schönheit und Hilflosigkeit präsentiert, einmal als Rückenakt, das andere Mal von vorn. Es war nicht Rubens' Absicht, eine logische Bewegungsabfolge wiederzugeben. Das auf dem Boden kniende Mädchen hebt noch abwehrend seinen linken Arm. Die Emporgehobene streckt zwar ihren linken Arm Hilfe suchend aus und richtet ihren Blick, himmlischen Beistand erhoffend, nach oben; ihre Gestik kündigt jedoch schon Ergebung in ihr Schicksal, wenn nicht Hingabe an – die rechte Hand ruht zärtlich auf dem Unterarm ihres Entführers. Die Männer wirken ruhig und beherrscht, ihr Griff scheint behutsam. Der Blick Castors, des gerüsteten Reiters, fällt liebevoll auf das Gesicht des erschrockenen Mädchens unten, das von Pollux, dem Faustkämpfer mit nacktem Oberkörper, gehalten wird.

Die Pferde, um die sich Putti (geflügelte Liebesgötter in Kindergestalt) bemühen, rahmen die Gruppe der Helden und Mädchen. Ein Putto greift in die Zügel des braunen Pferdes und blickt den Betrachter vielsagend an – das Pferd steht für die Leidenschaft, die von der Liebe gezügelt wird.

Welche Bedeutung hat die Farbe im Bild?

Die sinnliche Farbgebung, die sich um die Frauenkörper entfaltet, betont die Erotik des gemalten Geschehens. Rubens wurde für seine reiche Farbgebung berühmt. Kaum ein anderer Künstler wusste Haut und Fleisch des menschlichen Körpers so lebendig zu charakterisieren wie er. Strahlende Farbigkeit, Harmonie im Gesamteindruck und Betonung der Handlung zeichnen seine Farbgestaltung aus. Rubens' Stil wurde zum Ausgangspunkt der Farbfreude des Rokokos. Im 19. Jahrhundert ließ sich der französische Maler Eugène Delacroix von Rubens anregen und griff in seinem Werk dessen Verbindung von Farbigkeit mit einem dramatischen Erzählstil wieder auf.

Warum wurde der »Frauenraub« zum Mythos?

Rubens' Bildthema des »Frauenraubs« konnte nur in einer patriarchalen Welt zum Gegenstand von Mythos und Kunst werden. Die Frau stand damals entweder unter der Vormundschaft des Vaters oder des Ehegatten. Ein »Frauenraub« verletzte die Rechte der Familie und wurde schwer bestraft. Was in der sozialen Realität nicht erlaubt war, fand sich aber in den antiken Mythen als Tat von Helden und Göttern vielfach und meist wohlwollend beschrieben. Auch Castor und Pollux galten als Helden und Halbgötter, deren Tat nicht negativ bewertet wurde.

Wurde das Thema öfter behandelt?

Die Kunst der Neuzeit griff das Thema des Frauenraubs in zahlreichen Werken auf. Zweifellos schmeichelte es den männlichen Auftraggebern, eignete sich aber stets auch zum Zwecke allegorischer Aufwertung: Frauenraubdarstellungen aus der Zeit des beginnenden Absolutismus konnten den mit Gewalt durchgesetzten Anspruch von Fürsten auf Herrschaft über ihr Land oder ihre Stadt demonstrieren.

◄In diesem berühmten Doppelporträt zeigt der Maler sich und seine erste Frau Isabella Brant, die 1626 verstarb, in einer Geißblattlaube (um 1609/10); München, Alte Pinakothek.

Was inspirierte das Gemälde?

Der »Raub der Töchter des Leukippos« könnte auch von einer für heutige Ohren provokanten Stelle in der »Liebeskunst« des römischen Dichters Ovid, geschrieben um Christi Geburt, angeregt worden sein (1, 673 bis 680): »Du magst es Gewalt nennen, willkommen ist diese den Mädchen; was sie freut, wollen sie oft nur widerwillig hergeben. (...) Phoebe erlitt Gewalt, Gewalt wurde der Schwester angetan; jedoch beiden Geraubten waren die Räuber erwünscht.« Wahrscheinlich gibt es noch eine allegorische Sinnebene, die bislang nicht entschlüsselt werden konnte.

Wussten Sie, dass ...

- das Bild als Allegorie auf die Doppelhochzeit zwischen den spanischen und französischen Thronfolgern Ludwig XIII. und Philipp IV. mit Prinzessinnen aus dem jeweils anderen Haus gesehen werden kann? Beim feierlichen Vertragsschluss 1612 wurden die Prinzen als Castor und Pollux gefeiert.
- Rubens in seinen letzten Jahren nur noch Skizzen anfertigte? Die Ausführung überließ er seinen Schülern.

War Peter Paul Rubens nur als Maler tätig?

▲Peter Paul Rubens (1577–1640), einer der größten Künstler des Barock

Nein, er wirkte auch als Architekt und Diplomat. Der Flame Peter Paul Rubens, geboren 1577 in Siegen in Westfalen, gestorben 1640 in Antwerpen, zählt zu den Begründern der Barockmalerei. Umfassend gebildet, im Kontakt mit bedeutenden Gelehrten seiner Zeit, war er neben seiner umfangreichen künstlerischen Tätigkeit auch als Diplomat im Dienst der Erzherzogin Isabella, Statthalterin der spanischen Niederlande, tätig. Zu seinen Auftraggebern zählten die Fürsten Europas. Er schuf zahlreiche religiöse und mythologische Bilder, umfangreiche Gemäldezyklen für Schlösser und Kirchen, Porträts und Landschaften, entwarf Titelblätter für Bücher und war sogar als Architekt tätig.

Dank seines Erfolgs konnte er sich schließlich in der Nähe von Mecheln einen Landsitz zulegen. Der Maler starb 1640 wahrscheinlich an Gicht. Der Verkauf seines Nachlasses brachte über eine Million Gulden ein.

▲Welches Grabmal kann sich mit der vollendeten Schönheit des Taj Mahals im nordindischen Agra messen?

Wer waren die Moguln?

Die islamische Dynastie der Moguln, eines Reitervolks aus Usbekistan, gründete unter Babur (1483–1530), einem Nachkommen des legendären mongolischen Eroberers Timur Lenk (Tamerlan), in Indien ein Großreich. Zeitweise umfasste das Reich die gesamte Nordhälfte des indischen Subkontinents.

Baburs Enkel Akbar gelang es in seiner fast 50-jährigen Regierungszeit (1556–1605), die Rajputen gleichzuschalten, eine im Norden Indiens herrschende Kriegerkaste. So kam es nach und nach zu einer Vermischung beider Kulturen. In die Zeit fiel auch die erste Blüte des so genannten Mogul-Stils, der sich durch die Verknüpfung indischer und islamischer Elemente auszeichnet. Während der Regierung des Akbar-Enkels Shah Jahan (1628–1658) fand der späte Mogul-Stil seine Vollendung.

Aus welcher Zeit stammt das Bauwerk?

Das Grabmal für die Lieblingsfrau des Mogul-Kaisers Shah Jahan wurde 1631 bis 1648 im indischen Agra errichtet. Mit den vier flankierenden Türmen wirkt der Bau auf den ersten Blick wie eine Moschee. Der fünfte Mogul-Kaiser Shah Jahan (1592–1666) widmete das Grabmal Arjumand Banu Begam, der Lieblingsfrau aus seinem Harem. Sie war 1631 im Alter von nur 38 Jahren bei der Geburt ihres 14. Kindes gestorben. Nach ihrem Ehrentitel Mumtaz i-Mahal, Auserwählte des Palastes, wurde die prächtige Anlage benannt.

Wie sollte die Anlage des Taj Mahal ergänzt werden?

Ursprünglich hatte Shah Jahan den Plan, sich in einem identischen Grabmal aus schwarzem Marmor und in spiegelbildlicher Symmetrie gegenüber dem Taj Mahal bestatten zu lassen. Er musste ihn jedoch fallen lassen, als infolge seiner überbordenden Baufreude die Staatsfinanzen praktisch erschöpft waren. Nachdem er seine letzten Lebensjahre in ständiger Haft verbracht hatte, wurde er 1666 an der Seite seiner Gemahlin im Taj Mahal beigesetzt.

Wussten Sie, dass …

- an der Ausführung einer der vollkommensten Schöpfungen indisch-islamischer Mogul-Architektur 20 000 Künstler und Handwerker mitgewirkt haben sollen?
- die Grabanlage nach dem schweizerischen Psychologen C. G. Jung »durch ein beinahe göttliches Wunder« die »unsichtbare und allzu eifersüchtig gehütete Schönheit des islamischen Eros« offenbare?
- die britischen Kolonialherren im 19. Jahrhundert Teile des Gebäudes in Europa versteigern wollten?

◀Indische Paare besuchen das Gebäude traditionellerweise kurz nach ihrer Hochzeit. 1983 wurde das Gebäude in die Liste des UNESCO-Weltkulturerbes aufgenommen.

Wer führte die Arbeit aus?

Osmanische, indische und persische Architekten und Kunsthandwerker, die aus allen Teilen des islamischen Weltreiches dienstverpflichtet wurden, sollen an der riesigen Anlage mitgearbeitet haben. Einschließlich Park und Nebengebäude erreicht sie eine Ausdehnung von 567 x 305 Metern. Den Hauptkomplex markiert ein hohes Tor. Dahinter erstreckt sich ein nach den streng formalen Prinzipien islamischer Gartenarchitektur gestalteter Park. In seiner Mitte führt ein Wasserbecken direkt auf das ganz mit weißem Marmor verkleidete Mausoleum zu – das eigentliche Taj Mahal.

Wie ist der Bau strukturiert?

Der Baukörper als Ganzes bildet ein an den Kanten leicht abgeschrägtes Quadrat. Er erhebt sich über einem Podest und wird von vier minarettartigen Türmen flankiert – eine Reverenz an die Konventionen islamischer Sakralarchitektur. Die Anordnung der einzelnen Bauvolumina und Räume folgt einem in der Mogul-Zeit beliebten symmetrischen Grundriss-Schema. Es beruht auf der gegenseitigen Durchdringung eines Kreuzes und eines Quadrates und wurde aus der indischen Architektur übernommen. Dominierend wirkt die riesige, mit einem breiten Intarsienband gesäumte Zwiebelkuppel, die kleinere Seitenkuppeln flankieren. In die Verkleidung aus weißem Marmor sind filigrane Intarsien aus roten, blauen und grünen Halbedelsteinen eingelassen. Sie bilden rahmende Bänder oder füllen abgegrenzte Flächen mit streng stilisierten geometrischen Ornamenten oder floralen Arabesken.

Unter der Kuppel im Inneren stehen hinter reich verzierten Marmorgittern prächtige, ebenfalls mit Intarsien geschmückte Kenotaphe (Leergräber) des fürstlichen Paares. Dessen sterbliche Überreste ruhen in Sarkophagen in der Krypta des beeindruckenden Monuments.

▼Die der islamischen Architektur entlehnten Kuppeln erfüllen hier als Hohlkörper, die als Raum nicht genutzt werden, nur eine dekorative Funktion.

▲Höfische Kunst der Barockzeit in Vollendung: »Karl I. auf der Jagd« von Anthonis van Dyck; Paris, Louvre

Was verband van Dyck mit Karl I. von England?

Wirtschaftliche Interessen. Der König, der Anthonis van Dyck 1632 an seinen Hof holte, zeigte sich spendabel, finanzierte seinem Lieblingsmaler ein ansehnliches Anwesen und einen luxuriösen Lebensstil, bedachte ihn mit kostbaren Geschenken und zeichnete ihn mit Würden aus. Van Dyck erwies sich all der Ehren würdig und erreichte in England als Porträtist einen Grad an Virtuosität, der ihn für Generationen englischer Künstler zum Vorbild machte. Mehr als 20 Porträts fertigte der flämische Künstler in nicht einmal zehn Jahren von seinem Förderer Karl I. von England an.

Welche Funktion hatte die höfische Porträtkunst?

Herrscherporträts dienten vorwiegend der Repräsentation und sollten über die bloße Abbildung des Königs hinausgehen. So bergen etwa die unterschiedlichen Rollen, in denen Karl I. von van Dyck dargestellt wurde, zusätzliche, symbolische Bedeutungen: Der König als liebender Familienvater beispielsweise steht auch für den »Vater« seiner Untertanen und betont zudem den dynastischen Aspekt des Königtums.

Welchen Prinzipien folgten solche Porträts?

Sie wurden in aller Regel geschönt. Karl I. war alles andere als ein attraktiver Mann, vielmehr schmächtig und unscheinbar. Doch sein Lieblingsmaler van Dyck wusste ihn in imposanter Gestalt darzustellen, was der Eitelkeit des Königs natürlich schmeichelte und seinem übersteigerten Bedürfnis nach Selbstdarstellung entgegenkam. Besonders gern sah er sich hoch zu Ross, in Anlehnung an das antike Reiterstandbild des römischen Kaisers Marc Aurel sogar einmal unter einem Triumphbogen. Für dieses würdevolle, fast imperiale »Reiterporträt mit dem Stallmeister St. Antoine« von 1632 ließ sich Anthonis van Dyck von seinem Vorbild Tizian inspirieren, der in beeindruckender Weise Kaiser Karl V. zu Pferd porträtiert hatte.

Eigenwilliger und künstlerisch wesentlich bedeutender ist jedoch van Dycks »Karl I. auf der Jagd« aus der Zeit um 1635. Die Szene,

Wussten Sie, dass ...

- der Maler mit seinen Königsporträts das aristokratische Bildnis in der Barockzeit entscheidend prägte?
- Anthonis van Dyck vor allem in England noch weit bis in das 18. Jahrhundert hinein als großes Vorbild für Porträtisten wie Joshua Reynolds (1723–1792) oder Thomas Gainsborough (1727–1788) wirkte? In seiner Maltechnik, mit seinem leichten und schnellen Pinselstrich, wies er bereits in die Rokokozeit hinein.

die wie eine zufällige Momentaufnahme wirkt, zeigt den König in der freien Natur, nachdem er vom Pferd gestiegen ist. Das Tier, das gerade von einem Bediensteten versorgt wird, ist hier nur ein Attribut, das auf die Möglichkeit des repräsentativen Reiterporträts hinweist.

Welche sozialen Aussagen stecken im Porträt Karls I.?

Die Kleidung des Monarchen wirkt schlicht und den Erfordernissen der Jagd angepasst: ein Wams, ein breitkrempiger Hut und Reiterstiefel. Und doch ist auch dieses Bildnis, bei aller Natürlichkeit der Situation, erfüllt von herrscherlicher Pose. Einige eindeutige Details weisen darauf hin, dass dieser Mann nicht einfach nur ein Jäger ist, sondern ein Aristokrat: der Degen etwa oder an Brust und Knie das Aufblitzen des hellblauen Bandes des berühmten Hosenbandordens. Selbst Karls betont ungezwungene Körperhaltung wirkt dominant: Entschlossen und breitbeinig steht er da, auf seinen Stock gestützt. Der in die Taille gestemmte linke Arm weist den Betrachter unweigerlich auf Distanz.

Entscheidend für die Wirkung ist jedoch der Blickwinkel des Malers und somit des Betrachters: Er geht von unten nach oben, wie es der gesellschaftlichen Hierarchie entspricht, an deren Spitze der König steht. Durch die Untersicht lässt van Dyck seinen »kleinen« König größer erscheinen, als er war, und gibt ihm die Gelegenheit, selbstherrlich auf die anderen – nämlich jeden Betrachter des Bildes – herabzusehen.

Welche Bedeutung hatte Karl I. für die englische Kunst?

Karl I. (Reg. 1625–1649) erwarb sich einen prominenten Platz in der Kunstgeschichte. Er gehörte zu den wichtigsten Kunstsammlern seiner Epoche, kaufte alte Meister genauso wie zeitgenössische Kunst. So liegt der heutige Reichtum der öffentlichen Museen und Galerien Großbritanniens auch in der Sammelwut des königlichen Kunstkenners begründet, der politisch allerdings eine wenig glückliche Hand bewies: Sein absolutistischer Herrschaftsanspruch und seine Bevorzugung der Katholiken führten England in den Bürgerkrieg. Karl wurde gefangen gesetzt und öffentlich enthauptet.

▲Ein König in verschiedenen Ansichten: van Dycks meisterhafte Porträtstudie »Karl in drei Ansichten« von 1635

Wann begann Anthonis van Dycks künstlerische Laufbahn?

Der im Jahr 1599 in Antwerpen geborene Anthonis van Dyck galt schon früh als »Wunderkind«. Aufgrund seiner außerordentlichen Begabung wurde er bereits im Alter von zehn Jahren zu einem namhaften Maler in die Lehre geschickt. 18-jährig trat er in die Werkstatt von Peter Paul Rubens (1577–1640) ein und wurde bald mit wichtigen Aufträgen betraut. Rubens bezeichnete ihn als seinen »besten Schüler«.

1620 verließ der junge Maler die Heimat in Richtung England, wo er für Jakob I. (Reg. 1605–1625) tätig wurde. Damals lernte van Dyck Gemälde Tizians (1477–1567) kennen, die ihn zutiefst beeindruckten. Fasziniert von den italienischen Meisterwerken, reiste van Dyck nach Italien, wo er einige Jahre malerische Studien betrieb. 1627 kehrte er nach Antwerpen zurück; seit 1632 lebte er bis auf zwei kurze Unterbrechungen in England. Von 1635 bis zu seinem Tod 1641 schuf er ausschließlich Porträts, teils in Öl, teils als Radierungen und Kupferstiche.

▲Zählt zu Nicolas Poussins Hauptwerken: die figurenreiche Komposition »Raub der Sabinerinnen« aus dem Pariser Louvre

Was bedeutete Rom für das 17. Jahrhundert?

In ganz Europa grassierte im 17. Jahrhundert das »Antikenfieber«, und nirgends fühlte man sich dem idealisierten Zeitalter näher als in Rom. In der ewigen Stadt verbrachte der französische Maler Nicolas Poussin (1594 bis 1665) seine fruchtbarsten Jahre, unterbrochen nur von einem zweijährigen Parisaufenthalt 1640–1642. Hier in Rom wurden die Stätten des Altertums freigelegt, die große Geschichte der Stadt studiert. Auch Poussin boten die antiken Bauten ein reiches Spektrum an Motiven.

Wussten Sie, dass ...

- der Raub der Sabinerinnen von vielen Künstlern der Epoche behandelt wurde? Als vorbildhaft wurde die raumgreifende Plastik in der Loggia dei Lanzi in Florenz gesehen, die der flämisch-italienische Bildhauer Giovanni da Bologna (1529–1608) geschaffen hatte.
- Poussin, bevor er ein Gemälde in Angriff nahm, zunächst alles nur Greifbare über sein Thema las? Er fertigte sogar kleine Modellfiguren an, die er mit Stoff drapierte und so auf einem Brett aufstellte, wie sie später im Bild auftreten sollten.

Was interessierte Poussin an der Antike?

Sein Interesse galt weniger der historischen Wirklichkeit, als der möglichen Vorbildfunktion der Antike: Die römisch-antike Kunst stellte für Nicolas Poussin – wie für viele seiner Zeitgenossen – den Inbegriff einer zeitlosen und vernunftgemäßen Kunst dar. In einer Gegenbewegung zum Manierismus, dem auch Poussin in seiner frühen Phase anhing, ging es ihm nun um ein antikes

Wie entwickelte sich Nicolas Poussins Kunstverständnis?

▲So sah er sich selbst: Selbstporträt von Nicolas Poussin aus dem Jahr 1649; Paris, Louvre.

Nicolas Poussin, 1594 (wahrscheinlich im Juni) in Villersin-Vexin geboren, kam 1624 in Venedig mit den Werken Bellinis und Tizians in Kontakt – eine Art Initialzündung für das junge Malertalent. Von da ging er nach Rom, wo er bis auf eine zweijährige Unterbrechung den Rest seines Lebens verbrachte. Hier, an einem der Zentren der antiken Welt, studierte er intensiv die klassische Malerei und Bildhauerei, was sich in seinen streng durchkomponierten, hell ausgeleuchteten Historiengemälden und Landschaften niederschlug. In seiner Kunstlehre vertrat er die Ansicht, die Malerei solle sich vor allem um Klarheit und strenge Gesetzmäßigkeit bemühen.

Poussins Maxime, die später auch die des Klassizismus wurde, lautete: »Man sollte vor allem alles tun, um sich nicht auf Kleinigkeiten einzulassen, mit denen man den Wert des Themas verringern könnte.« Am 19.11.1665 starb Poussin in Rom.

Ideal aus Konzentration, Vernunft und Ordnung. Geschult an der Kunst der Antike und der italienischen Renaissance, fand Poussin in Rom zu jener kühl-klaren Farbgebung und dem strengen Bildaufbau, Komponenten seiner Malerei, die ihn als frühen Wegbereiter des französischen Klassizismus ausweisen und ihm Vorbildfunktion für mehrere Generationen französischer Maler verliehen.

Ist die Geschichte vom Frauenraub wahr?

Wahrscheinlich ist es nur ein Mythos, der für Poussins um 1635 entstandenes Gemälde »Raub der Sabinerinnen« Pate stand. Der antike Geschichtsschreiber Livius überliefert, dass die Römer vor ihrer eigentlichen Stadtgründung am Tiber an eklatantem Frauenmangel litten. Sie sollen daher die in friedlicher Nachbarschaft lebenden Sabiner mitsamt ihren Frauen und Töchtern zu einem Fest eingeladen haben, in dessen Verlauf sie die jungen Mädchen raubten.

Welche Szenen der Geschichte sind dargestellt?

In seinem Gemälde »Raub der Sabinerinnen«, das heute zu den Schätzen des Pariser Louvre gehört, konzentriert sich Nicolas Poussin auf den grausamen Höhepunkt des heimtückischen Geschehens, den kollektiven Frauenraub durch die Römer. Schauplatz ist ein weiter städtischer Platz, eingerahmt von mehreren nüchternen Bauten, die mit ihren Quadern und Säulenvorhallen an Stadtpaläste der Renaissance erinnern. Am linken Bildrand ragt ein monumentaler, breit gelagerter Tempel mit schmucklosem Giebel und mächtigen toskanischen Säulen empor. Er ist sichtbar noch nicht fertig – ein Symbol für die wachsende, noch unvollendete Stadt Rom. Am linken Rand des Gemäldes befindet sich – erhöht über der Menge – eine Dreiergruppe: Auf einem Podium steht der bekrönte Stadtgründer Romulus in der Haltung einer klassischen Statue und mit der bestimmenden Geste eines Imperators. Mit der Linken hält er seinen leuchtend roten Umhang empor und gibt damit den Römern das Zeichen zum Frauenraub. Hinter ihm beobachten zwei Senatoren das Geschehen.

▼Poussins Gemälde »Das Reich der Flora« zeigt mythologische Gestalten wie Narziss, die nach dem Tod in Blumen verwandelt werden; Dresden, Gemäldegalerie Alte Meister.

▲Eines der berühmtesten Gemälde der Kunstgeschichte: »Die Nachtwache« von Rembrandt Harmensz van Rijn aus dem Rijksmuseum in Amsterdam

Welche Geschichte verbirgt sich hinter dem Titel?

Rembrandts Bild gehört zu den bekanntesten Darstellungen einer Nachtszene der europäischen Malerei, jeder hat seinen Namen, »Nachtwache«, schon einmal gehört – aber das Gemälde war ursprünglich gar kein Nachtbild, es war heller und größer, und es hieß auch nicht »Nachtwache«.

Zunächst trug das Gemälde den Titel »Kapitän Frans Banningh Cocq gibt seinem Leutnant den Befehl zum Abmarsch der Schützenkompanie«. Es wurde im Jahr 1642 bestellt, um den Festsaal der Amsterdamer Kloveniersgilde zu schmücken, der Vereinigung der Büchsenschützen. Es sollte die Mitglieder der Schützengilde feiern – und das größte Bild werden, das Rembrandt (1606–1669) je gemalt hat. Schon die heutigen Maße sind mit 359 auf 438 Zentimeter enorm. Dabei handelt es sich bei der »Nachtwache«, die im Rijksmuseum Amsterdam hängt, um eine stark beschnittene Version.

Was zeigt das Gemälde tatsächlich?

Wohl eine Art Militärparade. Die Männer auf dem Bild sind im Aufbruch begriffen. Wahrscheinlich geht es zu einem Umzug, was an ihrer Festtagskleidung zu erkennen ist. Sie halten also keineswegs Nachtwache – diesen Name hat das Gemälde erst im 19. Jahrhundert erhalten, wohl bedingt durch seine dunklen Farben.

Aber auch diese Farben sind nicht original, sondern erst nachträglich entstanden, durch natürliches Nachdunkeln und durch Restauratoren, die ein wenig nachhalfen, da man die Alten Meister lieber etwas gedämpfter sehen wollte. Heute zeigt sich das Werk annähernd im ursprünglichen Zustand wie zu Rembrandts Zeiten: Nach einem Anschlag im Jahr 1975 wurde es grundlegend und mit kunsthistorischer Sorgfalt restauriert.

Wie reagierten die Auftraggeber auf das Bild?

Von Anfang an waren die Mitglieder der Kloveniersgilde nicht so recht glücklich mit dem Gemälde. Denn Rembrandt hatte das Thema auf seine Weise bearbeitet: Er ließ die Schützen nicht wie auf den üblichen Gildenbildern im Stil eines Klassenphotos posieren, sondern rückte eine zentrale Handlung in den Vordergrund. Das führte zwangsläufig dazu, dass nur einige Gildenmitglieder gut zu erkennen waren. Es hatten jedoch alle bezahlt.

Wie sind die Figuren auf dem Bild gestaltet?

Hauptmann Frans Banningh Cocq, der selbstbewusst blickende Mann in Schwarz mit der roten Schärpe und dem Spitzenkragen, weist mit sicherer Geste seinen Männern den Weg. Er trägt keine Waffe, nur einen Stock als Zeichen seines militärischen Ranges. Schwarz war traditionell die Farbe der Kleidung von Ratsherren und Kaufleuten. Und Banningh Cocq gehörte zu dieser städtischen Führungsschicht. Seine Haltung und sein Auftreten kennzeichnen ihn deutlich als Anhänger des bürgerlichen Lagers, der politisch Karriere machen möchte. Sein Gegenpart ist der hell gekleidete Mann neben ihm: Weiß war die Farbe des französischen Hofes und galt in den bürgerlichen Niederlanden als wenig geliebtes höfisches Symbol.

Was hat das kleine Mädchen im Bild zu suchen?

Das weiß man nicht genau. Über das Mädchen mit dem Huhn ist viel spekuliert worden. Ist es überhaupt ein Mädchen? Die Gestalt deutet darauf hin und es zogen bei solchen Aufmärschen auch immer Kinder mit. Ihr Gesicht aber ist eher das einer Frau. Vermutlich stellt die weibliche Figur eine Magd dar – sie wurde ihrer gesellschaftlichen Stellung entsprechend verkleinert gemalt. Aber zweifellos war sie Rembrandt wichtig, denn sie ist als einzige Figur in dem Getümmel hell angeleuchtet. Zudem stellt sie die Verbindung zu den Symbolen der Kloveniersgilde her; denn »klauw« heißt Klaue, und die Krallen des Huhns, das sie trägt, sind im Licht zu erkennen. Das zweite Gildensymbol, der Gewehrkolben, fällt gleich bei dem Schützen links vor dem Mädchen ins Auge.

Wussten Sie, dass …

- die »Nachtwache« eines der am häufigsten reproduzierten Gemälde überhaupt ist? Man findet es auf T-Shirts und Pralinenschachteln und sinnigerweise auch als Werbung für eine Wach- und Schließgesellschaft.
- das Gemälde im Verlauf des 17. Jahrhunderts in Vergessenheit geriet? Es wurde umgehängt und aus Platzmangel verkleinert: allein auf der linken Bildseite um 65 Zentimeter, eine Reduzierung, die selbstverständlich die Gesamtkomposition veränderte.

Wie verlief Rembrandts Leben als Künstler?

▲ Selbstbildnis des Künstlers aus der Zeit um 1635; Dresden, Gemäldegalerie Alte Meister

Rembrandt, der eigentlich R. Harmensz van Rjin hieß, erlebte Zeiten größten künstlerischen Erfolgs wie auch Phasen bitterster Armut. Er wurde 1606 in Leiden geboren. In seiner Frühzeit schuf er vor allem biblische Szenen, in denen er mit immer radikaleren Gegensätzen von Licht und Schatten arbeitete. 1631 übersiedelte er nach Amsterdam, wo er Bilder von teils monumentaler Größe schuf und sich auf Braun- und Rottöne konzentrierte. Als revolutionär galten seine Gruppenbilder (neben der »Nachtwache« vor allem die »Anatomie des Dr. Tulp«), in denen er im Gegensatz zu seinen Vorgängern nicht nur Einzelporträts addierte, sondern seine Figuren in echten Gruppenhandlungen zeigte.

Rembrandt schuf über 400 Gemälde und 1700 Zeichnungen und Radierungen, war aber kein guter Geschäftsmann. 1657 wurden sein Haus und seine Besitztümer zwangsversteigert. 1669 starb er zurückgezogen in Amsterdam.

▲Mit »Las Meninas« gelang Velázquez (1599–1660) ein Bild, dessen malerische Qualität und psychologische Aussagekraft bis heute nichts an Faszination verloren hat.

Wo hängt das Gemälde?

Der Prado, eine der glanzvollsten Gemäldesammlungen der Welt, präsentiert in einem separierten, geheimnisvoll abgedunkelten Raum eine Ikone der spanischen Malerei des 17. Jahrhunderts: »Las Meninas« (Die Hoffräulein). Das Bild zählt zu den Hauptwerken von Diego Velázquez, es wirft bis heute einige Fragen auf und ist vieles zugleich: Gruppen- und Künstlerporträt, Interieur, Hoffamilienporträt und Atelierbild.

Was stellt das Bild dar?

Im Mittelpunkt des Bildes posiert die fünf Jahre alte Infantin Margarita, ein blondes, ausnehmend hübsches und selbstbewusstes Kind. Dem königlichen Hofzeremoniell gemäß reicht ihr eine Hofdame auf einer Schale zu trinken, während eine andere sich bereithält, ihr jeden Wunsch zu erfüllen. Am rechten Bildrand erblicken wir zwei Kleinwüchsige, deren Aufgabe als Hofnarren es ist, den von Langeweile bestimmten Alltag im Königs-

Was sagt das Spiegelbild?

Forschen wir dem Spiegelbild an der Rückwand des Saales nach, so muss sich das Herrscherpaar folgerichtig auf der gegenüberliegenden Seite befinden, also dort, wo auch der Betrachter des Bildes steht. Damit stellt sich die Frage: Wen hat Velázquez tatsächlich porträtiert? Die Prinzessin, die während einer kurzen Erholungspause vom plötzlichen Besuch der Eltern überrascht wird, oder aber das elterliche Königspaar selbst?

palast mit Späßen aufzulockern. Man hält sie, weil ihr Anblick das Selbstwertgefühl der »normal Gewachsenen« stärkt. Vor ihnen liegt ein Hund, auch er nicht mehr als ein nettes Spielzeug. Im Mittelgrund tauchen aus dem Dunkel eine Ehrendame in Klostertracht und der so genannte guardadamas auf, der die Hofdamen bei Audienzen und Kutschenfahrten begleitete. Am Ende des Raumes entdecken wir eine weit geöffnete Tür und einen elegant gekleideten Herrn im lichten Treppenaufgang, wohl der Hausmarschall der Königin.

An der dunklen Rückwand links neben dem Durchgang hängt ein gerahmter Spiegel, in dem sich schemenhaft die Gesichter des Königspaares Philipp IV. und Marianne abzeichnen. Links taucht hinter einer angedeuteten Staffelei der Maler Velázquez mit Farbpalette, Malstock und Pinsel auf.

Was erfährt man über die Prinzessin?

Das von rechts einfallende Tageslicht hebt die Prinzessin aus dem Halbdunkel deutlich hervor. Dem Maler ist es gelungen, ungeachtet der Etikette etwas vom Gemütszustand des Kindes zu beschreiben. Hier zeigt sich Velázquez' ganze Größe: Feinste psychologische Einfühlung wird verknüpft mit respektvoller Distanz. Die ernste Haltung ist Ausdruck von Standesbewusstsein und des Wissens um die gewaltigen zukünftigen Aufgaben. Margarita war zu diesem Zeitpunkt (um 1656) das einzige Kind Philipps, also eine gute Partie auf dem diplomatisch-politischen Parkett, sollte ein männlicher Thronfolger ausbleiben. Für Spaniens Krone stand es damals nicht zum Besten. Philipp hatte politische Rückschläge erlitten, die Weltmacht Spanien stand vor dem Ruin, der königliche Hof war völlig verarmt.

Welche Elemente charakterisieren die Darstellung?

Bildbestimmend ist das Spiel mit Entfernungen, Blickbeziehungen und der Verbindung von Bild- und Betrachterraum. Damit wird die Darstellung zu einer spannenden, weil nicht sofort erkennbaren Momentaufnahme während der Entstehung des Gemäldes. Der Standpunkt von Betrachter und Herrscherpaar auf der einen Seite und der Bildraum auf der anderen sind trickreich miteinander verbunden. Wer ist nun letztlich Modell und wer Betrachter?

Velázquez nimmt als hochgestellte Persönlichkeit als Hofkünstler am Bildgeschehen teil. Das Bild ist ein Dokument für die Existenz eines Atelierraumes in königlichem Ambiente. Dies ist bemerkenswert, da die Malerei in Spanien Mitte des 17. Jahrhunderts für ein besseres Handwerk gehalten wurde. Das Bild verschweigt, dass Velázquez, der zum Hofmarschall, königlichen Kammermaler und »Leibtürhüter« aufgestiegen und damit finanziell versorgt war, aufgrund seines gesellschaftlichen Ranges und administrativer Verpflichtungen kaum Zeit für die Malerei fand.

◄ Schließlich wurde doch noch ein männlicher Thronfolger geboren: Das Gemälde von 1631 zeigt Prinz Baltasar Carlos mit seinem Hofzwerg; Boston, Museum of Fine Arts.

Wussten Sie, dass ...

- das 1656 entstandene Werk »Las Meninas« eines der letzten Bilder des Malers ist?
- das Gemälde in der Tat Kunstgeschichte geschrieben hat? Goya, die französischen Impressionisten und Picasso setzten sich mit der Magie seiner Komposition und der »Kunst des Augenblicks« auseinander.

▲Ein königliches Panorama bietet der Blick über die großzügigen Parterreanlagen von Schloss Versailles.

Welcher Konkurrenzbau regte die Errichtung des Schlosses an?

Ein Hauptwerk des klassizistisch gemäßigten Barocks in Frankreich, die Schloss- und Parkanlage Vaux-le-Vicomte (1656–1661), erregte den Neid des damaligen französischen Königs Ludwig XIV. Ein geniales Künstlertrio hatte sie geschaffen: der Baumeister Louis Le Vau (1612–1670), der Maler Charles Le Brun (1616–1690) und der Gartenarchitekt André Le Nôtre (1613–1700). Ludwig XIV. empfand den opulenten Besitz Nicolas de Fouquets, Finanzminister seines Regenten Kardinal Jules Mazarin, als Majestätsbeleidigung. Ab 1661 ließ er sich nahe Paris von denselben Künstlern und anstelle eines Jagdschlosses Ludwigs XIII. sein eigenes Domizil in noch größerem Maßstab erbauen. Es sollte wie kein anderes Bauprojekt des Sonnenkönigs dessen persönliche Handschrift tragen und in den folgenden Jahrzehnten zum Hauptprojekt der absolutistischen Staatskunst werden.

Wer baute den Spiegelsaal?

Ludwigs Günstling Jules Hardouin-Mansart (1646–1708) übernahm 1678 die Bauleitung. Er fügte eine 73 Meter lange Spiegelgalerie an sowie eine zweigeschossige Schlosskapelle und machte die mehrflügelige Anlage zu einem viel bewunderten Gesamtkunstwerk. Aller Gigantomanie zum Trotz waren sämtliche Bauteile des neuen Schlosses durch eine strenge Gliederung harmonisch verbunden.

Wussten Sie, dass …

- im Park zwei Lustschlösser für die königlichen Mätressen, Grand Trianon für die Marquise de Maintenon und Petit Trianon für Madame du Barry stehen?
- Wilhelm I. 1871 im Versailler Spiegelsaal zum Kaiser des Deutschen Reichs proklamiert wurde?
- 1919 am selben Ort von den Deutschen der Kapitulationsvertrag des Ersten Weltkriegs unterzeichnet werden musste?

1682 wurden Regierung und Hofstaat nach Versailles verlegt. Ab 1762 entstanden der Nord- und Ostflügel nach italienischem Vorbild. Während der Französischen Revolution 1789 brachten aufständische Volksmassen die Königsfamilie nach Paris auf die Guillotine, das prunkvolle Mobiliar wurde zerstört oder durch Versteigerung in alle Winde zerstreut.

Welche Funktion hat die Spiegelgalerie?

Die Privatappartements des Königs (erbaut von Jacques-Ange Gabriel) lagen im Nordflügel, diejenigen der Königin im Süden. Als Verbindung diente eine die ganze Breite des Hauptflügels einnehmende Spiegelgalerie. 17 riesige Spiegel vervielfältigen die prächtige Parkperspektive gleichsam ins Unendliche. In den Deckengemälden Le Bruns darüber werden die Taten Ludwigs verherrlicht. Zusammen mit den Ecksalons de la Paix (Ludwig als Friedensbringer) und de la Guerre (Allegorie des siegreichen Frankreich) sowie dem ehemaligen Thronsaal Salon d'Apollon (der Sonnengott Apollon als mythologischer Vorläufer des Sonnenkönigs Ludwig) entfaltet das ikonografische Programm des Absolutismus hier seinen höchsten Prunk.

Wie nahm der Sonnenkönig Einfluss auf die Kunst?

Ludwig XIV. (Regierungszeit 1643–1715) gelang es, alle Kunstbestrebungen der Zeit seinem absolutistischen Konzept zu unterwerfen und damit zu einer eigentlichen »Staatskunst« zu machen. Sie markiert den Höhepunkt des barocken Klassizismus und wurde für ganz Europa exemplarisch. In ihrem Anspruch komplex und großartig statt individuell oder intim, versucht sie das System staatstragender Tugenden auch ikonografisch umzusetzen – mit heroischen Inhalten und zahllosen Bezügen auf die antike Mythologie (Ludwig als Göttervater Zeus oder als Gott der Künste Apollon). In diesem Sinne nahm der Souverän auch direkten Einfluss auf die künstlerische Ausbildung: durch die Gründung von Kunstakademien oder die Eingliederung der Teppichwirkerei Gobelin unter Leitung Charles Le Bruns in die königlichen Manufakturen, die auch die Innendekoration für sein ehrgeiziges Schlossprojekt lieferten.

▲ Ansicht des Schlosses von der symmetrisch konstruierten Parkanlage aus; Kreidelithografie von Philippe Benoist, 1860

Was kennzeichnet den französischen Parkstil?

In bewusstem Gegensatz zum naturbelassenen englischen Garten prägte der Landschaftsarchitekt Le Nôtre mit dem Schlosspark von Versailles einen streng formalen Gartentyp. Als klassischer französischer Garten wurde er zu einem häufig kopierten Vorbild. Symmetrisch-axiale Prospekte, ornamental gestaltete Rabatten, in geometrischen Formen gestutzte Bäume und Hecken, Brunnen, geradlinig eingefasste Wasserflächen und Schmuckstatuen sind einem streng durchkomponierten Gesamtkonzept untergeordnet und auf das Schloss hin ausgerichtet. Der Gedanke absoluten Herrschertums durchdringt alles bis hin zur »domestizierten« Natur.

▼ Eine lichtdurchflutete Spiegelgalerie führt vom Nordflügel des Königs zu den Appartements der Königin im Süden.

▲Vermeers »Maler im Atelier« (120x100 cm) zeigt einen Innenraum wie ein Stillleben, gemalt in der für den Maler so charakteristischen Farbharmonie.

Inwiefern ist der Titel des Gemäldes umstritten?

Es gibt mehrere Titel für das Bild. Da ist in einigen Dokumenten von »De Schilderconst« die Rede, von der Malkunst also. Während »Maler im Atelier« die reine Genreszene beschreibt, bedeutet »Von der Malkunst« bereits Interpretation und Einstieg in ein tieferes Bildprogramm. Was sehen wir? Das Gemälde zeigt einen behaglich eingerichteten Wohnraum. Alles Handwerkliche ist ausgeblendet – der Künstler malt im Sonntagsstaat.

Was macht das Gemälde so besonders?

Das Bild fasziniert vor allem durch die minutiöse, stilllebenhafte Schilderung sowie durch die außergewöhnliche Stille, die ihm innewohnt. Im linken Vordergrund ist ein voluminöser Vorhang bestimmend, der den Blick auf einen hellen Innenraum freigibt, auf ein paar Möbel und Requisiten sowie auf zwei Personen, die uns Betrachter nicht wahrnehmen. Im Zentrum des Raums sitzt ein Maler an seiner Staffelei und malt eine Frau, offenbar sein Modell. Der Mann hat uns den Rücken zugekehrt. Er hat langes Haar, trägt ein schwarzes Barett, ein dunkelgraues Wams und dazu eine Kniebundhose, rot-weiße Strümpfe sowie schwarze Schuhe. Die Dame ist bekleidet mit einem leinenfarbenen Rock und eingehüllt in ein großes, hellblaues Tuch. Ihr gelocktes Haar trägt einen Kranz aus Lorbeerblättern. In ihrer Linken hält sie ein Buch, in der Rechten eine Trompete. Ihr Körper ist dem hellen Tageslicht zugewandt, das wohl aus einem Fenster hinter dem Vorhang einfällt. Ihr Blick aber senkt sich in Richtung eines Tisches. Auf ihm erkennen wir ein Buch, den Gipsabguss eines Gesichts, ein Stück Leder, ein aufgeschlagenes Heft und Tücher. Die Rückwand des Raums ziert eine Landkarte mit der Darstellung der Niederlande. Im Vorder- und Hintergrund stehen leere Stühle. Den Boden bedecken schwarz-weiße Fliesen. An der Balkendecke hängt ein Kronleuchter aus glänzendem Messing.

Wodurch ist Vermeers Stil charakterisiert?

Jan Vermeer ist ein Meister der detailreichen Wiedergabe unterschiedlicher Stofflichkeit, scheinbar banal und zufällig erscheinender Dinge. Die niederländische Malerei des 17. Jahrhunderts stand in Diensten eines ei-

Für wen war das Bild bestimmt?

Als das Gemälde 1665 entstand, war Jan Vermeer 33 Jahre alt, hoch angesehen und Mitglied der Delfter Lukasgilde. Zwar liegt die Vermutung nahe, dass das Bild für sie bestimmt war, aber beim Tod des Künstlers 1675 befand sich das Werk noch in seinem Besitz. Seiner Frau hatte Vermeer nicht nur große Gemälde hinterlassen, sondern ebenso große Schulden. Ihr blieb nichts anderes übrig, als die meisten versteigern zu lassen. Nur »Maler im Atelier« kam auf ihren ausdrücklichen Wunsch hin nicht unter den Hammer. Heute hängt das Bild im Kunsthistorischen Museum in Wien.

Wussten Sie, dass …

- Vermeer nie mehr als vier Bilder pro Jahr malen konnte? Um seine große Familie ernähren zu können, widmete er sich daher auch dem Kunsthandel.
- der Umgang des Malers mit dem Licht vor allem auf die französischen Impressionisten wirkte?
- es einige bisher unentdeckte Bilder des Maler geben soll? Dies ist auch der Grund dafür, dass Vermeer ein beliebter Gegenstand von Fälschungen ist.

fernden Calvinismus, der die sichtbare Schönheit dieser Welt als bloße Sinnestäuschung und eitlen Tand zu geißeln versuchte. Gemälde dennoch mit allerlei Kostbarkeit anzufüllen, war nur zulässig, wenn sie gleichzeitig auf einer tieferen Deutungsebene demaskiert wurden. Die vor diesem Hintergrund einsetzende Bilderproduktion entwickelte einen enormen Reichtum an Bildzeichen, die der Betrachter als versteckten Hinweis auf Bibelzitate oder Weisheiten entschlüsseln konnte.

Was versinnbildlichen die Figuren und Gegenstände im Gemälde?

Wie bei einer Allegorie stehen auch die Dinge in Vermeers Gemälde nicht primär für das, was sie augenscheinlich darstellen, sondern sie verweisen auf einen übergeordneten Kontext. Zunächst spielt die Gegenüberstellung von Maler und Modell auf die Legende vom heiligen Lukas als Patron der Malergilde an, der seinerzeit mit göttlichem Beistand die Jungfrau Maria gemalt haben soll. Die Dame in Hellblau ist durch ihre Attribute Buch und Trompete außerdem als Klio, die Muse der Geschichtsschreibung, gekennzeichnet. Klio, die vornehmste aller Musen, soll der Malkunst, welche in antiker Zeit bei der Vergabe von Musen leider leer ausging, eine Quelle der Inspiration sein. Einen Hinweis auf den Ruhm der Malerei liefert auch das Ensemble der Gegenstände auf dem Tisch. Sie stehen gemeinsam mit dem Vorhang und der Landkarte für all jene Berufe, mit denen die Malerei in der Lukasgilde verbunden war: In der Präambel der Delfter Gilde sind die Teppichweber, Besticker, Kupferstecher, Bildhauer, Scheidenmacher (sie stellten verzierte Lederartikel her), Kunstdrucker, Buch- und Kunstdruckhändler aufgeführt. Ihnen entsprechen in dieser Reihenfolge Vorhang, Tücher, Skizzenheft (Stichvorlagen), Gipsabguss, Lederstück, Buch und Wandkarte.

▲Auch in der Vedutenkunst machte sich Vermeer einen Namen: »Ansicht von Delft«, 1661; Den Haag Mauritshuis.

Wie erscheint der Maler?

Vermeer selbst porträtiert sich in Rückenansicht. Um der verallgemeinernden Allegorie der Malkunst zu entsprechen, zog er die Anonymität vor. Was er auf die Leinwand zu malen beginnt, ist der Lorbeerkranz, Symbol für ewigen Ruhm. Der immergrüne Lorbeer ist ein Sinnbild für das Fortleben der Dinge. Denn nicht nur die Dichter, auch die Maler stiften, was bleibt.

◀Über die Entstehung des Gemäldes »Das Mädchen mit dem Perlenohrring« wurde 2003 ein Film gedreht; Den Haag, Mauritshuis.

▲Eine arkadische Szenerie von Liebe und Harmonie zeigt die »Einschiffung nach Kythera« von 1717; Paris, Louvre.

Zu welcher Zeit schuf Watteau die »Einschiffung nach Kythera«?

Frankreich im Jahr 1717 – das Ancien Régime sonnt sich im Glanz des Sonnenkönigs Ludwig XIV. Dessen Absolutismus bestimmt das Leben aller Untertanen, am Versailler Hof wie im ganzen Land. Der Geschmack der Zeit ist geprägt vom festlich-eleganten, heiter und verspielt gestimmten Rokoko. Ursprungsort und Hochburg dieser Epoche ist die Stadt Paris und ihr größter Maler, Antoine Watteau.

In dessen Bilderwelt, die sich auf wenige Sujets beschränkt, agieren auf den ersten Blick die seit dem 16. Jahrhundert vertrauten Figuren der italienischen Commedia dell'Arte. Doch kommt in seinen Werken eine moderne Weltanschauung zum Ausdruck, die neue Empfindsamkeit propagiert. Das gesellschaftliche Ideal dieser Zeit ist der Galan, der geistvolle, feinsinnige Höfling mit besten aristokratischen Umgangsformen und besonderem, sensiblem Respekt vor dem weiblichen Geschlecht. Diese neue Verhaltenskultur findet ihren Niederschlag im malerischen Sujet der Fêtes galantes. Watteau wurde durch sie weltberühmt.

Was drückt das Gemälde aus?

Watteaus Inselbild ist Ausdruck einer kollektiven Sehnsucht nach dem Paradies. Kythera vereint alle Wunschvorstellungen auf sich. Der Titel des Bildes stieß zunächst auf Unverständnis. Als Watteau es der königlichen Akademie 1717 vorlegte, strich der mit der Registratur beauftragte Sekretär mit Hinweis auf die Insel den Titel durch – und ersetzte ihn durch den Vermerk »ein galantes Fest«.

Wo ist das Bildgeschehen angesiedelt?

Das Bild zeigt eine vielgestaltige Fluss- und Gebirgslandschaft. Im dunstigen Licht der Ferne kann der Besucher Kythera nur erahnen. Steile Felsen und üppige Vegetation begrenzen den Bildraum zu beiden Seiten. Vom rechten Vordergrund her breitet sich dichtes Baum- und Buschwerk aus. Von dort führt ein schmaler Pfad in einer Kehre zum Ufer, wo eine prunkvolle Barke vor Anker liegt. Am Waldrand steht eine mit rosafarbenen Rosenblüten bekränzte Hermenfigur, die Büste der schönen Göttin Aphrodite.

Den bühnenartig inszenierten Vordergrund bedeckt eine schmale, abschüssige Wiese, auf der drei junge Paare bis zu ihrem Aufbruch mit dem Boot geruht haben. Nahe der Götterstatue kniet ein Kavalier vor seiner Dame und versucht, sie zur Überfahrt zu überreden. Ein kleiner Junge zu ihrer Linken zupft unterstützend am Rocksaum ihres seidenen Kleids. Das benachbarte Paar ist zum Aufbruch bereit. Hier reicht der Herr seiner Dame beide Hände, um ihr beim Aufstehen behilflich zu sein. Das dritte Paar wendet sich bereits dem Schiff zu. Während die Dame zu den noch Zaudernden zurückblickt, schiebt sie ihr Begleiter leicht mit dem Arm um die Taille voran.

◀ Das Pierrotbild »Gilles« im Pariser Louvre zeugt von Watteaus einfühlsamer Beobachtung.

Wie ist der Aufbruch gestaltet?

Der Entschluss, an der Fahrt zur Insel teilzunehmen, gestaltet sich als ein gefühlsbetonter Prozess, bei dem letzte Vorbehalte ausgeräumt sein wollen. Die übrige Gesellschaft steht wartend am Ufer und schickt sich an, das Schiff zu besteigen. Auch hier haben wir es mit Paaren zu tun, die eng beieinanderstehen und sich unterhalten. Während die vier Herrschaften zur Linken wohl dem Hofe angehören, handelt es sich bei den hinteren um Paare aus dem einfacheren Volk. So verhalten wie die Bewegung des Pilgerzugs, ist auch die Beziehung der Partner untereinander. Wir finden keine laute, raumgreifende Geste, keinen stürmischen Liebesbeweis, stattdessen eine zärtliche Umarmung oder ein behutsames Berühren der Schulter. Selbst die Blicke sind scheu und treffen sich kaum. Angesichts der werbenden Annäherung des Verehrers schlagen die Damen die Augen nieder oder wenden sich verlegen zu Seite. Vorsichtige Annäherung und Distanzierung bestimmen ihr Verhältnis zueinander. Die Kommunikation besteht aus Zu- und Abwendung, aus Geständnis und Verstellung und wirkt fragil und glaubwürdig in der Empfindung. Zugleich sind die Bildfiguren von zarter Eleganz. In ihren vorsichtigen, meist nur aus kleinen Regungen resultierenden Bewegungen ist Individualität spürbar. Ein leichtes Vorbeugen oder eine minimale Kopfwendung werden bereits als Ausdruck einer Gemütsverfassung fassbar. Watteaus Figurenwelt ist nicht dem Schein der verlogenen Hofetikette entsprungen, sondern legt kultivierte Umgangsformen an den Tag.

Wie verlief der Lebensweg des Rokokomalers?

▲ Der französische Maler und Zeichner Antoine Watteau lebte von 1684 bis 1721.

Geboren 1684 in Valenciennes, kam der Maler 1702 nach Paris, wo er vor allem durch die niederländische Malerei der Renaissance beeinflusst wurde. Zunächst betätigte er sich für den Dekorationsmaler Audran als Gestalter von Wanddekorationen (Panneaux), von denen aber nur Stiche überliefert sind.
Um 1716 kam er in das Haus des Kunstsammlers Crozat und damit in Kontakt mit den wichtigsten der damaligen Kunstkenner. Aufgrund seines »Kythera«-Bildes wurde er 1717 in die Académie française aufgenommen. Seine Darstellungen von Schäferstücken und galanten Festen beeinflussten vor allem die Mode seiner Zeit: Frisuren, Kleider und Hüte auf seinen Bildern wurden in der französischen Gesellschaft eifrig nachgeahmt.
Trotz seiner Tuberkulosekrankheit, an der er erst 36-jährig starb, schuf Antoine Watteau zahlreiche Bilder voller Lebensgenuss und Heiterkeit.

Wussten Sie, dass ...

- von »Der Einschiffung nach Kythera« drei verschiedene Fassungen existieren? Eine weitere befindet sich heute im Berliner Schloss Charlottenburg.
- Watteaus Schilderung des galanten Festes als Utopie bereits den Keim der Opposition gegen die real existierenden Zustände am königlichen Hof zu Versailles in sich trägt?
- derartige Utopien nicht nur zu Watteaus Zeiten oft auf Inseln angesiedelt wurden?
- Watteau zu seinem Bild vom »Eiland Aphrodites« angeregt wurde? Hier ging der Sage nach die Liebesgöttin an Land, nachdem sie aus dem Meerschaum geboren worden war.

▲Ein- und ausschwingende Gebälke prägen den Innenraum der Heilig-Kreuz-Kirche in Neresheim; Neumanns Plänen gemäß wäre er im Rokokostil ausgeschmückt worden.

Welche Bauwerke hat Neumann entworfen?

Johann Balthasar Neumann schuf mehrere Profanbauten, darunter die Würzburger Residenz, Schloss Bruchsal und Schloss Brühl. Sein Stil ist leicht erkennbar: Elemente verschiedener Herkunft bilden eine rhythmisch bewegte Einheit. Barockmotive aus Italien und Österreich werden mit gliedernden Strukturen des französischen Klassizismus verbunden. Am eindrucksvollsten findet diese Verbindung wohl in seinen prächtigen Treppenanlagen Ausdruck. Häufig ließ sich Neumann von Johann Lucas von Hildebrandt (1668–1745) beraten, einem führenden österreichischen Barockarchitekten und Spezialisten für elegante Residenzbauten, mit dem er auch in Würzburg zusammenarbeitete.

Neumanns Kirchenentwürfe variieren das barocke Prinzip einander durchdringender schwingender Räume. Sie zeugen vom Streben des Architekten, den Typus des ungerichteten, um einen zentralen Raum herum entwickelten Baus mit demjenigen des gerichteten Langbaus zu verbinden, der eine längere Hauptachse vorweist. Diese Aufgabe inspirierte ihn zu interessanten Lösungen.

Was ist das Besondere an der Kirche Heilig-Kreuz?

Neumann kombinierte hier das Prinzip des Lang- und Zentralbaus zu einer unauflöslichen Einheit. Er plante die Kirche über kreuzförmigem Grundriss als Pfeilerbasilika mit Emporen, die auf einem sehr hohen Sockelgeschoss sitzen. Dadurch wirken sie wie Ränge und verleihen dem Raum fast den Charakter einer Hofkirche. Rund- und Ovalräume sind hier zu einer durchdachten Raumfolge verkettet, die jeweiligen Kuppeln entsprechend angelegt. Vier ovale, gestaffelte Flachkuppeln sitzen im Langhaus quer zur Hauptachse, zwei Kuppeln in den stark verkürzten Querarmen in Längsrichtung. Die große Mittelkuppel im Zentrum

Was ist Johann Balthasar Neumanns Hauptwerk?

▲Johann Balthasar Neumann (1687–1753) war einer der großen Baumeister des Barock.

Die Residenz in Würzburg. Johann Balthasar Neumann stammte aus Eger und war als Metallgießer ausgebildeter Baumeister und Ingenieur. Er trat zunächst in die militärischen Dienste des Hochstifts in Würzburg. Protegiert durch den Fürstbischof Johann Philipp Franz von Schönborn, wurde er 1719 zum Fürstbischöflichen Baudirektor ernannt.
Mit der Planung der Würzburger Residenz (1722–1744, Innenausbau bis 1754) qualifizierte er sich für weitere bedeutende Bauaufträge, besonders in Franken und im Rheingebiet. Die Residenz entstand unter Beteiligung namhafter Künstler wie Johann Dientzenhofer und Giambattista Tiepolo und ist einer der gelungensten Palastbauten jener Zeit.
Eine Stärke des Baumeisters war die Auswahl der beteiligten Ausstatter und Dekorateure – im Gegensatz zu einigen seiner Kollegen übernahm er diese Aufgaben nicht selbst.

der symmetrischen Kreuzarme ist längs ausgerichtet. Den Raumeindruck prägt die Tatsache, dass die tragenden Wandpfeiler schräg stehen; das Hauptgesims schwingt so mehrfach rhythmisch in Gebälkspitzen aus.

Was geschah nach Neumanns Tod?

Der Bau, der beim Tode des Architekten 1753 erst bis zur Hälfte gediehen war, wurde nach dessen Plänen weitergeführt. Die Wölbungen allerdings fielen flacher aus als ursprünglich vorgesehen, auch wurde die Hauptkuppel samt Vierungssäulen nur in Holz ausgeführt. Die Innenausstattung ist schließlich ganz vom kühl-eleganten Geist des Frühklassizismus durchdrungen. Ihr fehlt das Anmutig-Verspielte, Tänzerisch-Bewegte typischer Rokoko-Dekorationen und verfälscht die von Neumann angestrebte Raumwirkung. Einen Eindruck der ursprünglichen Raumidee vermitteln noch am ehesten die Fresken des Tiroler Malers Martin Knoller (1771–1775).

Welche anderen Kirchen baute der Architekt?

Gleichzeitig mit der Abteikirche in Neresheim entstand die den 14 Nothelfern geweihte Wallfahrtskirche Vierzehnheiligen in Oberfranken (1743–1772). Eine verzwickte Bausituation hoch über dem Maintal veranlasste den Architekten zu einer kühnen Lösung: Wie in Neresheim, allerdings etwas kleiner, arbeitete Johann Balthasar Neumann mit dem Prinzip elliptischer Raumfolgen. Den Altarraum und damit liturgischen Mittelpunkt verlegte er jedoch aus Chor und Vierung nach vorn ins Längsschiff – eine überraschende und unkonventionelle Idee. Obgleich sich auch hier die Bauarbeiten bis weit über den Tod des Architekten hinaus hinzogen, wurde mit einer Innenausstattung im Rokokostil dessen räumlicher Vision stärker Rechnung getragen als bei der Benediktinerabteikirche.

◀Die Kirche der berühmten Benediktinerabtei im baden-württembergischen Neresheim entstand in der zweiten Hälfte des 18. Jahrhunderts.

Wussten Sie, dass …

- ▸ Neumann als Artillerieoffizier und Militärtechniker an der Befreiung Belgrads unter Prinz Eugen von Savoyen teilnahm?
- ▸ das Konterfei des Baumeisters von 1989 bis 2000 die Vorderseite des 50-Mark-Scheins zierte? Die Rückseite zeigte die Abteikirche in Neresheim sowie die Treppe der Würzburger Residenz.
- ▸ die Würzburger Residenz nach dem Vorbild von Schloss Versailles erbaut wurde?

▲Sein eleganter und gleichzeitig leichter Stil machte Thomas Gainsborough zum Lieblingsmaler der vornehmen englischen Gesellschaft. Auch »Mr. und Mrs. Andrews« gehörten dem wohlhabenden Landadel an; London, National Gallery.

Welchem Genre ist das Gemälde zuzuordnen?

Es ist gleichzeitig Porträt und Landschaftsbild. Zeit seines Lebens musste der englische Maler Thomas Gainsborough (1727 bis 1788) das malen, was er gar nicht malen wollte, nämlich Porträts, von Adligen und Künstlern, von Reichen und Berühmten. Dabei hatte er holländische Landschaftsmalerei studiert! Deshalb stellte Gainsborough die Porträtierten oft in üppige Park- oder Waldlandschaften – das Hintertürchen für seine Liebe zur Landschaftsmalerei!

Welche Hinweise gibt das Bild auf soziale Umstände der Zeit?

Sie werden durch die Schafe vermittelt, die kaum erkennbar in der Bildmitte auf einer eingezäunten Weide grasen. Mit einer wahren Flut von rund 3000 Gesetzen, den so genannten *enclosure acts*, wurde ab Mitte des 18. Jahrhunderts die Modernisierung und Kommerzialisierung der englischen Landwirtschaft vorangetrieben. Dazu gehörte auch die Einfriedung von Gemeindeland, das vorher traditionsgemäß auch den besitzlosen Landarbeitern als Weideland zur Verfügung gestanden hatte. Eine Folge davon war die zunehmende Verarmung dieser Schicht, die dann in die städtischen Ballungsräume zog und dort billige Arbeitskräfte für die kommende Industrialisierung stellte. Ein interessanter Hinweis darauf, dass Mr. Andrews in wirtschaftlicher Hinsicht mit der Zeit ging!

Warum malte Thomas Gainsborough Porträts?

Wegen der Marktlage. Im England des 18. Jahrhunderts besaßen Landschaftsbilder weder Tradition noch Ansehen und verkauften sich demnach auch nicht, so dass der große Thomas Gainsborough schließlich aufs lukrativere Porträtieren verfiel, um sich und seine Familie zu ernähren. »Es gibt keine schlimmeren Feinde für den wahren Künstler als die verdammten Gentlemen … An diesen gibt es nur ein Teil, das zu betrachten sich lohnt, und das ist ihre Börse«, nörgelte er in einem Brief über die Schicht seiner Auftraggeber.

Und trotzdem brachte er es in der Kunst der Bildnismalerei zu wahrer Meisterschaft und wurde zum Modemaler der vornehmen Gesellschaft. Vor allem zwischen 1759 und

1774, als er sich im eleganten Kurort Bath aufhielt, lebte er ausgesprochen gut von den »verdammten Gentlemen« und ihren Ladies.

Aus welchem Anlass entstand dieses Bild?

Anlässlich der Hochzeit von Robert und Frances Andrews. Die beiden heirateten im November 1748, das Gemälde »Mr. and Mrs. Andrews« entstand allerdings erst mehrere Monate später. Es ist kein offizielles Hochzeitsbild, doch verschiedene versteckte Andeutungen entsprechen der Tradition dieser Gattung: So lassen sich die reifen Ähren im Vordergrund als Fruchtbarkeitssymbol deuten, während sich die Flinte des Mannes als erotischer Hinweis entpuppt und der mächtige Baum, auf dessen knorrigen Wurzeln er steht, als Sinnbild des Stammbaumes gilt. Schließlich verweisen rechts im Bild die drei Bäume – ein kleiner Baum zwischen zwei größeren – auf die Absicht der Familiengründung.

Worauf deutet die weite Landschaft hin?

Sie ist eine Anspielung auf den großen Grundbesitz des Paares. Das junge Paar posiert vor seinem Landgut Auberies in Suffolk, das Mrs. Andrews als Mitgift in die Ehe eingebracht hatte.

Die Landschaft nimmt für ein Doppelporträt auffallend breiten Raum ein: Sie nimmt die gesamte rechte Bildhälfte ein, während sich das Ehepaar selbst mit der linken Seite zufriedengeben muss. Ungewöhnlich ist auch die exakte Lokalisierung der Landschaft. Gezeigt wird nicht irgendeine idealisierte englische Parkidylle, sondern ein topografisch genau bestimmbares Stück Land. Sogar der Baum, unter dem das Paar sich porträtieren ließ, konnte »identifiziert« werden.

Welche Bedeutung haben die Getreidegarben?

Sie zeigen, dass die Andrews' eine Art Mustergut besaßen. Deutlich zeigt Gainsborough, dass es um eine landwirtschaftlich genutzte Kulturlandschaft geht, um fruchtbares Agrarland, das jedoch ohne die in der Genremalerei so beliebten pflügenden oder erntenden Bauern auskommt. Die Stoppelreihen des Feldes im rechten Bildvordergrund sind lang und kerzengerade gezogen – für unsere Begriffe völlig normal, doch damals ein Hinweis auf den Einsatz einer hochmodernen Maschine, die das Saatgut in gleichmäßigeren Reihen einsetzte, als es die säende Hand eines Bauern vermocht hätte.

Auf dem Gutsbetrieb von Mr. und Mrs. Andrews werden also die neuesten Errungenschaften der Landwirtschaft eingesetzt und mit Stolz präsentiert. Das Land erweist sich als üppig und fruchtbar, und so wird die Abbildung der Landschaft zum Sinnbild für Wohlstand und Fortschrittlichkeit.

Wussten Sie, dass ...

- Mrs. Andrews zum Zeitpunkt ihrer Hochzeit erst 16 Jahre alt war? Vielleicht wirkt sie so steif und kühl, weil ihr nicht ganz wohl bei dieser Heirat war.
- Mr. Andrews, selbst reicher Erbe, als Ehemann von Mrs. Andrews mit der Verfügungsgewalt über deren nicht geringe Mitgift ausgestattet war? Die Lässigkeit, mit der er an dem Gartenbänkchen lehnt, ist also möglicherweise dem Selbstbewusstsein als wohlhabender und einflussreicher Grundbesitzer geschuldet.

▼Die wahre Leidenschaft des Porträtisten war die Landschaftsmalerei: »Bewaldete Landschaft mit Figuren, Brücke, Eseln, Gebäuden in der Ferne und einem Berg« von 1763/64.

▲Imposante Treppenläufe führen den Besucher der Würzburger Residenz unter Tiepolos Freskenhimmel nach oben. Die hier zu sehende Hauptseite des Gemäldes nimmt die Allegorie Europas ein.

Welche Wirkung hatte Tiepolo?

Der berühmte venezianische Maler bestimmte mit seiner hellen luftigen Malweise die späte Barockmalerei südlich und nördlich der Alpen. Um 1750 bahnte sich eine Wende an, die zum schnellen Ende des Barock führte. In seinem Essay »Über Kunst und Wissenschaft« kritisierte Jean-Jacques Rousseau die »Sittenverderbnis und Üppigkeit« seiner Zeit, machte vor allem die verführerische Barockkunst dafür verantwortlich und plädierte für Einfachheit und Schlichtheit. Auch Tiepolos Kunst, die in Würzburg einen ihrer letzten Triumphe feierte, geriet als verschwenderische Kunst einer selbstverliebten aristokratischen Gesellschaft in Verruf und bald danach in Vergessenheit.

Welchen Rang hat die Residenz in Würzburg?

Die Würzburger Residenz galt im 18. Jahrhundert als fränkisches Versailles. Ihr Baumeister war Balthasar Neumann, der 1742 das Herzstück der Schlossanlage vollendete: eine freitragende Halle, in der das auf Repräsentation angelegte fünfschiffige Treppenhaus untergebracht ist – die Krönung der barocken Profanarchitektur in Süddeutschland. Doch der Raum verlangte nach farbenprächtiger Bemalung. Für den Fürstbischof Carl Philipp von Greiffenclau kam nur ein Künstler in Frage: der Großmeister der venezianischen Malerei, der teuerste Freskenmaler seiner Zeit, Giovanni Battista Tiepolo (1696–1770). Für eine Jahresgage von 10 000 Gulden zuzüglich Kost und Logis war er dazu bereit. Ein Würzburger Maurerpolier verdiente damals rund 200 Gulden im Jahr.

Wie lange arbeitete der Maler an dem Werk?

1750 traf Tiepolo in Begleitung seiner beiden Söhne Giandomenico und Lorenzo in Würzburg ein. Erst nach fast drei Jahren harter Arbeit war das Kunstwerk vollendet – und die Ressourcen des Fürstbischofs waren aufgebraucht. Das Ergebnis: ein Höhepunkt barocker Freskomalerei. Tiepolo schuf ein Universum aus Wolken, Apotheosen und Allegorien, ein Spiegelbild eurozentrischer Weltsicht, das Spektrum des spätbarocken Figurenrepertoires, eine heiter gestimmte Götterdämmerung im ausgehenden Absolutismus.

Durch das Halbdunkel einer flach gewölbten Eingangshalle gelangt der Besucher in den hellen Treppenschacht, der erst beim Aufwärtsschreiten den Raum in seiner ganzen Höhe und Weite entfaltet. Das Deckenfresko ist zugleich Höhepunkt und Auftakt zu den noch folgenden Repräsentationsräumen. Kein Standpunkt ermöglicht den Blick aufs Ganze.

Was ist abgebildet?

Im Zentrum des Himmels erscheint der Sonnengott Apoll als Schirmherr der Künste. Auf den umliegenden Wolkenterrassen begeg-

◄Der Maler bildete sich und seinen Sohn Giandomenico selbst in dem Deckenfresko »Apollo und die Kontinente« ab.

nen wir antiken Göttern als Verkörperung der Planeten sowie Allegorien der Jahreszeiten und Monate. Die vier Seiten sind den Erdteilen Europa, Amerika, Afrika und Asien gewidmet. Die Schauseite nimmt die Allegorie Europas ein, verbunden mit der Verherrlichung des Bauherrn. Zwei gefiederte Himmelswesen, die Allegorien von Ruhm und Tugend, halten sein Bildnismedaillon. In seinem hermelingefütterten Purpurmantel hat sich ein Greif, der Wappenvogel des Bauherrn, eingenistet. Darunter thront majestätisch die junge blonde Europa und lauscht dem Konzert ihrer Musiker. Als Königin dieser Welt lehnt sie an der Schulter ihres Stiers. Um Europa versammeln sich stellvertretend für die Kunst die Schöpfer der Würzburger Residenz, allen voran der Baumeister Neumann, der in der Uniform eines Obristen der fürstbischöflichen Artillerie auf einem Kanonenrohr sitzt.

Wie stellt sich Tiepolo Amerika vor?

Der erste Kontinent, dem der Besucher im Treppenhaus begegnet, ist Amerika. Ins Auge fällt vor allem ein riesiges Krokodil. Auf ihm reitet Amerika in Gestalt einer dunkelhäutigen Schönheit mit buntem Federschmuck. Während ihr ein Page ein Gefäß mit heißer Schokolade reicht, blickt sie auf einen Papagei und die reiche Beute einer Hirschjagd. Indianer schleppen einen kleinen Alligator davon und braten Fleisch über offenem Feuer. Die Köpfe enthaupteter Männer im Vordergrund verweisen auf den damals, wie es hieß, in Amerika praktizierten Kannibalismus.

Was kennzeichnet Afrika?

Von besonderer Anmut ist die geheimnisvolle schwarze Schönheit, die mit weißem Kopftuch und weitem Rock auf einem Dromedar ruht und die Geschenke einer orientalischen Gesandtschaft entgegennimmt. Vor ihr sind Vasen und Elefantenzähne ausgebreitet. Ein Gesandter unterm Sonnenschirm hält ein Gefäß mit Weihrauch. Abseits kauert der betagte Flussgott Nil, halbnackt an eine leere Amphore gelehnt und ein Ruder in der Hand.

Wie ist Asien dargestellt?

Schließlich präsentiert sich auf der gegenüberliegenden Längsseite Asien als eine prächtig gekleidete Dame mit Turban, auf einem Elefanten reitend, umgeben von Dienern und Sklaven. Links versuchen einige Männer, mit Stöcken eine Tigerin zu fangen, während weiter rechts der Berg Golgatha mit Pilgern und Kreuzen, eine Pyramide sowie die Fürstin Ägyptens auftauchen.

Das Monumentalgemälde der Welt, wie sie Europa zu sehen wünschte, diente dem Fürstbischof zur Demonstration seines Ruhms, aufgrund der scherzhaften Zutaten und gelegentlichen optischen Täuschungen aber auch zur Unterhaltung seiner Gäste.

Wussten Sie, dass …

- mit Tiepolo eine große Tradition zu Ende ging? Er war der letzte bedeutende Vertreter der venezianischen Kunst.
- die beiden Söhne Tiepolos, Giandomenico und Lorenzo, an vielen Meisterwerken ihres berühmten Vaters einen wichtigen Anteil hatten?
- das Kunstwerk wie durch ein Wunder die Bombardierung Würzburgs im März 1945 überstand?

▼Ausschnitt aus der Darstellung Asiens auf Tiepolos Deckengemälde

Vom Klassizismus zum Jugendstil – Antike weicht dem Alltag

Der Klassizismus, der seinen Höhepunkt zwischen 1770 und 1830 erreichte, führte zu einer Rückbesinnung auf die Klarheit antiker Vorbilder. Sein einflussreichster Wegbereiter war der Archäologe Johann Joachim Winckelmann (1717–1768), der der »Maßlosigkeit« des Barocks und Rokokos die »edle Einfalt und stille Größe« der klassischen griechischen Kunst entgegenhielt. Seine berühmte »Geschichte des Altertums« wurde in alle großen europäischen Sprachen übersetzt.

Mit der Französischen Revolution vollzog sich ein tief greifender Wandel nicht nur des politischen Bewusstseins. In der Kunst traten Einzigartigkeit und Individualität von Schöpfer und Werk in den Mittelpunkt. Die Romantik machte Schluss mit der dominanten Rolle von Vernunft und Aufklärung, propagierte stattdessen eine subjektive Geisteshaltung. Der Künstler wurde zum »Organ der Weltseele« (Friedrich Schelling, 1775–1854). Caspar David Friedrich (1774–1840) malte eine vergeistigte Natur und machte die »Stimme des Inneren« zum Maßstab seiner Kunst. Die englischen Romantiker William Turner (1775–1851) und John Constable (1776–1837) schufen durch ihre intensiven Farb- und Lichtvisionen atmosphärische Stimmungen, die bereits auf den Impressionismus wiesen.

Doch die Welt wandelte sich, und mit ihr die Kunst. Von England ausgehend, veränderte die industrielle Revolution in der zweiten Hälfte des 19. Jahrhunderts die Lebenswirklichkeit der Menschen radikal. Der Realismus von Malern wie Adolph von Menzel (1815–1905) fand seine Motive nun im Alltag des arbeitenden Menschen. Technischer Fortschritt und Beschleunigung beeinflussten die Wahrnehmung der Welt. Der flüchtige, spontane Eindruck wurde zum Merkmal des Impressionismus. Der Endzeitstimmung des Fin de siècle trat zur Jahrhundertwende der Jugendstil entgegen, der durch seine enge Verbindung zur Plakatkunst und zum Kunstgewerbe auch in den Alltag des Durchschnittsbürgers hineinwirkte.

◀Das Jugendstilmosaik mit Pflanzenmotiven aus der Hand von Mario Maragliano (1864–1944) entstand um 1910.

▲In ihrem charakteristischen, elegant-anmutigen Stil malte Angelica Kauffmann 1785 die antike Geschichte von »Cornelia, Mutter der Gracchen«; Weimar, Staatliche Kunstsammlungen.

Was ist das Außergewöhnliche an der Künstlerin Angelica Kauffmann?

Sie steht stellvertretend für die wenigen Frauen, die sich in der über Jahrhunderte von Männern beherrschten Domäne der Kunst behaupten konnten. Ihr sensibler Stil knüpfte an den Rokoko-Geschmack an und wandelte diesen zugleich in einen internationalen klassizistischen Stil um.

Angelica Kauffmanns künstlerische Laufbahn begann früh. Ihr Vater konzentrierte sich ganz auf die Förderung seines Wunderkindes und nahm sie mit auf Bildungsreisen nach Italien, wo sie mit neuen Kunstströmungen in Berührung kam. In Florenz lernte Kauffmann den berühmten Antikenforscher Johann Joachim Winckelmann kennen. Das virtuose Porträt, das die 22-Jährige von ihm 1764 anfertigte, machte sie in deutschen Gelehrtenkreisen bekannt. Die unter seinem Buch liegende Reliefplatte mit den drei Grazien in jenem Bild ist ein Hinweis auf Winckelmanns Schrift »Von der Grazie in der Welt der Kunst« (1759). Doch Kauffmann war nicht nur Künstlerin, sondern auch eine geschickte Geschäftsfrau. Sie verdiente ihr Geld schon bald nicht nur mit Bildern, sondern auch durch Kupferstiche, die sie nach ihren Gemälden herstellen ließ und selbst vertrieb.

Warum gilt Kauffmann als unkonventionell?

Die ambitionierte Malerin wollte sich nicht auf die typischen Themen ihrer Zeit für Künstlerinnen – Porträts und Stillleben – festlegen lassen. Sie erzielte zwar den Hauptteil ihres Einkommens durch Porträtaufträge, malte zugleich jedoch auch Bilder mit den damals angesehensten Bildthemen: Historisches, Themen aus Shakespeares Stücken oder der antiken Mythologie. Schon ein Jahr zuvor, 1763, hatte Kauffmann in Neapel gegen das damals für Frauen herrschende Verbot verstoßen, Aktzeichnungen anzufertigen, und nach antiken Skulpturen gezeichnet – das Beherrschen der Aktzeichnung war damals Grundvoraussetzung für die Historienmalerei. Angelica Kauffmann entwickelte mit der Zeit in ihrer Malerei ein Repertoire von Themen, in denen vor allem weibliche Heldinnen, tugendhafte Ehefrauen und opferbereite Mütter die Hauptrolle spielten, und gerne griff die Malerin auf die beliebten antiken Epen »Ilias« und »Odyssee« von Homer zurück.

Wann wurde sie berühmt?

Während ihres Aufenthalts ab 1766 in London. Die klassizistischen Porträts aus ihrer Hand, zu denen das ihrer Mäzenin Lady Parker zählt, kamen bei der englischen Society glänzend an. Als sie 1768 Gründungsmitglied der Royal Academy wurde, war Kauffmann die einzige Frau, die als Historienmalerin aufgenommen wurde. Zu ihrem Freundeskreis zählten mittlerweile so bedeutende Persönlichkeiten wie Sir Joshua Reynolds, der berühmteste englische Porträtmaler jener Zeit. Während der Jahre in London erhielt Kauffmann mehrfach Aufträge von dem feinsinnigen schottischen Architekten Robert Adams, der sie die Innenräume seiner Bauten ausmalen ließ.

Was ist das Thema ihres Cornelia-Bildes?

Selbstbewusstsein und Bescheidenheit. Das 1785 entstandene Bild führt uns in das Rom des 2. Jahrhunderts v. Chr., in die Loggia einer antiken Landvilla. Die Römerin Cornelia, Witwe des Scipio Africanus, wird von einer eitlen Freundin besucht, die stolz ihre Schmucksammlung zeigt und Cornelia nach ihrem Schmuck fragt. Daraufhin verweist Cornelia auf ihre beiden Söhne als ihren größten Schatz.

Diese zwei unschuldigen Knaben sollten später als Volkstribune Geschichte machen: Der Ältere, Tiberius Gracchus (162–133 v. Chr.), versuchte bis zu seinem gewaltsamen Tod, den Großgrundbesitz an besitzlose Bauern zu verteilen. Der jüngere Bruder Gaius Gracchus (153–121 v. Chr.) bemühte sich vergeblich, dies Werk, das als die gracchischen Reformversuche in die Geschichte einging, zu vollenden.

Das von der griechisch-römischen Antike inspirierte Ambiente und das Thema der weiblichen Tugend waren charakteristisch für Angelica Kauffmanns Klassizismus in einer politisch sehr unruhigen Zeit am Vorabend der Französischen Revolution.

Wussten Sie, dass …

- im römischen Palazzo Kauffmanns Gäste wie Goethe und Herder ein- und ausgingen?
- Angelica Kauffmann nicht nur Malerin, sondern auch Sammlerin war? Sie besaß eine ganze Anzahl von Gemälden und Abgüssen klassischer Skulpturen.

◀ Um 1787/88 porträtierte die klassizistische Malerin Johann Wolfgang von Goethe; Weimar, Stiftung Weimarer Klassik.

Welchen Verlauf nahm Angelica Kauffmanns bewegtes Leben?

▲ Etwa 22 Jahre alt ist Angelica Kauffmann in diesem Selbstporträt; Florenz, Uffizien.

Angelica Kauffmann wurde am 30. 10. 1741 im schweizerischen Chur geboren. Schon als Kind zeigte sie viel Talent und ging ihrem Vater Joseph, einem Kirchenmaler, zur Hand. 1762 wurde sie Mitglied der Florentiner Akademie, 1763 ging sie, wie viele Künstler ihrer Zeit, nach Rom. Ihren Durchbruch hatte sie als Porträtmalerin in den Jahren 1766 bis 1781 in London. Dort heiratete sie nach dem Tod ihres ersten Mannes, des vermeintlichen schwedischen Grafen Horn, den italienischen Maler Antonio Zucchi, mit dem sie die folgenden Jahre zunächst in Venedig, dann in Rom lebte. Hier wurde ihr Haus zu einem Treffpunkt für die künstlerische Elite der Stadt. 1807 starb Angelica Kauffmann nach längerer Krankheit. Der Bildhauer Antonio Canova organisierte für sie ein prachtvolles Begräbnis, das dem legendären Trauerzug nachempfunden war, mit dem man einst den Renaissance-Maler Raffael geehrt hatte.

▲Im Canova-Museum in Possagno stehen außer der anmutigen Marmorskulptur »Amor und Psyche« noch weitere Meisterwerke des klassizistischen Künstlers.

Wie bewertet die Kunstgeschichte Antonio Canova als Bildhauer?

Bis heute gilt er als der bedeutendste Bildhauer des Klassizismus. Von Sankt Petersburg bis North Carolina reichte einst der Ruhm des umjubelten italienischen Künstlers Antonio Canova (1757–1822). Zu seinen berühmtesten Werken gehört die Marmorgruppe von »Amor und Psyche«, die sich im Louvre in Paris befindet. Antonio Canova war in der Tradition der beschwingten und sinnenfrohen Rokoko-Kunst des 18. Jahrhunderts groß geworden. Während seiner Ausbildung in Venedig hatte er gelernt, nach der Natur zu kopieren. Doch seine Kunstauffassung änderte sich schlagartig, als er mit 22 Jahren mit Hilfe eines Stipendiums nach Rom kam, um dort die antike römische Kunst zu studieren. Fasziniert davon, trat er bald mit einem frühklassizistischen Künstlerkreis in Kontakt und entwickelte einen Stil von neuartiger Strenge und Klarheit. Er arbeitete von diesem Zeitpunkt an fast nur noch in Marmor und versuchte, das Ideal der »stillen Größe« in seinen Skulpturen abzubilden.

Bald schon wurden prominente und einflussreiche Auftraggeber auf den jungen Bildhauer aufmerksam. Der große Durchbruch zu einer glänzenden Karriere gelang ihm schließlich mit dem Grabmalprojekt für Papst Clemens XIV. im Petersdom. Die Enthüllung des Grabmals im Jahr 1787 erregte internationales Aufsehen. Im selben Jahr begann Canova mit seinen Arbeiten an »Amor und Psyche«.

Was ist das Thema von »Amor und Psyche«?

Es geht um die Liebe zwischen Gott und Mensch. Psyche, die jüngste Tochter eines griechischen Königs, war so schön, dass sogar die Liebesgöttin Venus eifersüchtig auf sie wurde. Die Göttin schickte deshalb ihren Sohn Amor, der Psyche bestrafen sollte. Als Amor Psyche jedoch erblickte, verliebte er sich in sie. Er holte sie an einen geheimen Ort, an dem er die dunklen Nächte mit Psyche verbrachte, da sie ihn niemals sehen durfte. Als Psyche eines

Wussten Sie, dass ...

- Antonio Canova als der einzige Künstler gilt, dem schon zu Lebzeiten Denkmäler gesetzt wurden?
- Canova sich sehr für seine Mitmenschen und die Gemeinschaft engagierte? Oft unterstützte er verschiedene wohltatige Aktionen, so hat er z. B. hilfsbedürftige Künstler gesponsort. Auch trug er zur Renovierung der Kirche in seinem norditalienischen Heimatort Possagno bei.
- Canova auch als Kritiker eine Institution war? In ganz Europa galt er als wichtige Instanz in Fragen des guten Geschmacks.

Welche Bedeutung hatte die Kunst für Canova?

▲Der italienische Bildhauer Antonio Canova in einer zeitgenössischen Darstellung

Antonio Canova war leidenschaftlicher Künstler. Bei den Arbeiten für das Grabmal von Papst Clemens XIV. soll er sich durch den permanenten Druck eines Bohrers gegen seine Brust eine schwere Rippendeformation zugefügt haben. Obwohl er von da an nur noch unter Schmerzen arbeiten konnte, schuf er mit unvermindertem Fleiß und Einsatz weiter bedeutende Kunstwerke.

Antonio Canova wurde 1757 in Possagno bei Bassano geboren und wurde schnell zum bedeutendsten klassizistischen Bildhauer. Die wichtigsten europäischen Höfe kauften Werke von ihm. Dank seines hohen Ansehens als Künstler machte er auch als Diplomat Karriere. Als Aufseher der Kunstdenkmäler des Kirchenstaats setzte er im Jahr 1815 die Rückgabe der von Napoleon enteigneten Kunstwerke an den Vatikan durch.

Antonio Canova starb im Jahr 1822, berühmt und hochverehrt, in Venedig.

Nachts aus Neugier trotzdem eine Lampe anzündete, erkannte sie Amor, der noch im selben Augenblick erwachte und floh. Nach einigen abenteuerlichen Prüfungen, die ihr von Venus auferlegt worden waren, fiel Psyche schließlich in einen todesähnlichen Schlaf, aus dem sie erst Amor durch einen Kuss wieder erwecken konnte.

Welcher Moment der Liebesgeschichte wird hier dargestellt?

Das weiß man nicht genau. Ist es der Kuss, mit dem Amor seine Geliebte wieder vom Tod erweckte oder einer der Abschiedsküsse des Paares, den der lateinische Dichter Apuleius in seinen »Metamorphosen« beschrieb: »Jetzt schlingt sie ihre lilienweißen Arme um seinen Hals und küsst und liebkost ihn ... Von der Gewalt der Liebe bezwungen, erlag ihr Gemahl ... und verschwand, noch ehe es dämmerte, wieder aus ihren Armen ...«?

Wie ist das Werk gestaltet?

Die Hauptansicht der Plastik wurde von Canova wie ein diagonales Kreuz gestaltet, in dessen Zentrum die verschlungenen Arme des Paares sind. Dabei umrahmen und betonen Psyches Arme den Mittelpunkt des Ganzen, den Kuss. Trotzdem ist die Skulptur für die Ansicht von allen Seiten gestaltet. Antonio Canovas Marmorskulptur strahlt insgesamt eine Sinnlichkeit aus, wie sie in der klassizistischen Plastik kaum ein zweites Mal zu finden ist. Deutlich spürt man hier, dass die Wurzeln des Bildhauers noch in der Rokoko-Kunst lagen.

War »Amor und Psyche« ein Erfolg?

Ja. Zu der Zeit, zu der Antonio Canova »Amor und Psyche« (1787–1793) schuf, war er zwar schon längst über die Grenzen Italiens hinaus ein berühmter Mann. Nur in Frankreich, das gerade durch die Französische Revolution erschüttert wurde, hatte er noch keine größere Anerkennung erfahren. Der Verkauf von »Amor und Psyche« an einen französischen General und eine Ausstellung der Skulptur in Paris verhalfen Canova auch dort zum Durchbruch. Den größten Effekt hatte dabei wohl die Bewunderung Napoleons, dessen »Hofkünstler« er ab 1799 wurde. In der Folgezeit entstanden die berühmten Porträts von Napoleon und der Familie Bonaparte.

▲Canovas »Venus Italica« im Museo Correr ist Stein gewordenes Sinnbild weiblicher Anmut in klassizistischer Formensprache.

◀Die Gesichtszüge Napoleons in der Büste seines Hofkünstlers spiegeln Selbstbewusstsein und Entschlusskraft des französischen Herrschers.

▲ Historienbild, Porträt und Heldenbildnis in einem ist Davids »Tod des Marat« von 1793.

Welche Momentaufnahme vom »Tod des Marat« präsentiert das Gemälde dem Betrachter?

Der prominente Staatsmann liegt nackt und wehrlos in der Badewanne – eigentlich ein Motiv nach dem Geschmack der Boulevard-Presse. Doch der Maler David schildert nicht den Moment des grausamen Mordes, sondern zeigt den traurigen Anblick des Ermordeten: ein Bild von hoher Suggestionskraft und zugleich menschlicher Anteilnahme. Wir erblicken den Leichnam Marats, als sei der Mord soeben begangen worden. Sein rechter Arm hängt leblos über dem Wannenrand, die Schreibfeder noch in der Hand. Sein Kopf ist auf die Schulter gesunken, die leeren Augen sind halb geöffnet, die Lippen, die noch lächelnd flüstern wollen, sind im Schmerz erstarrt.

Jacques-Louis David hat mit Absicht alles Nebensächliche und Spektakuläre aus seinem Bild ausgeblendet, die noch blutende, scharfe Schnittwunde in der Brust und das am Boden liegende Mordwerkzeug in Schatten gehüllt.

Das Gemälde beschränkt sich auf die Darstellung eines stillen, einsamen Todes.

Wie kam es zu dem Mord an Marat?

Der Pariser Journalist – den David persönlich gekannt hatte – hatte bereits 1774 in England die Schrift »Die Ketten der Sklaverei« veröffentlicht, ehe er sich während der Französischen Revolution als radikales Mitglied des Konvents und Herausgeber der Zeitschrift »Ami du peuple« für die Armen einsetzte. Dabei ruinierte er seine Gesundheit und zog sich ein schweres Hautleiden zu, dessen Juckreiz er im Bad zu lindern versuchte. Von Fieber geschüttelt, lebte er bald nurmehr zwischen Bett und Badewanne. Am Abend des 13. Juli 1793 redigierte er die Druckfahnen seiner Zeitung, als ihn die Adlige Charlotte Corday aufsuchte und mit einem Dolch erstach. Nun hatte die Revolution ihren Märtyrer! Umgehend erhielt David den Auftrag, den Mord im Dienste der revolutionären Propaganda darzustellen. Das kurz darauf geschaffene Werk sollte eines der großen künstlerischen Zeugnisse der Revolution werden.

Warum wirkt das Bild so anrührend?

Weil Davids Gemälde Marat in einen Märtyrer und Heiligen verwandelt. Sein grauweißes Badetuch, das den Charakter eines Grabtuches hat, die Wanne, die an einen Sarg erinnert, und der geschundene nackte Körper deuten auf die Grablege Christi hin. In dem zutiefst anrührenden Gesicht liegt nichts vom Eifer eines Demagogen.

Marat wird auf eine Weise präsentiert, die trotz des menschlichen Elends Bewunderung hervorruft. Die obere Hälfte des Bildes nimmt ein leerer, karger Hintergrund ein, ein düsterer Raum, der als Hinweis auf die asketische Lebensführung Marats gedeutet wird. Vor der Badewanne steht eine einfache Holzkiste und darauf ein Tintenfass mit Feder. Der kleine Zettel ist Marats schlichtes Testament und der Geldschein sein einziger Besitz, den er Frau und Kindern hinterlassen konnte.

Auf der Holzkiste befindet sich eine nicht zu übersehende Inschrift. Es handelt sich um die ganz schlicht gehaltene Widmung des Malers an seinen Weggefährten: »À Marat, David« steht da in aller Einfachheit.

Wie wirkte das Bild in der Kunstszene nach?

Der »Tod des Marat« hatte eine gewaltige Wirkung. Bis ins 19. Jahrhundert reicht die Liste der französischen Maler, die sich – Ingres eingeschlossen – mit ihm auseinandersetzten. Nach Ansicht des französischen Dichters Charles Baudelaire ist es das einzige Kunstwerk, das die Bezeichnung »revolutionär« verdient. Die heutige Forschung sieht darin einen der Ursprünge der Moderne.

Wusstten Sie, dass …

- die Requisiten Federkiel, Tintenfass und Holzkiste, die im Bild zu sehen sind, als Reliquien gehandelt wurden?
- das wichtigste Gemälde der Französischen Revolution heute in Brüssel ausgerechnet in der königlichen Galerie hängt?
- die Mörderin Marats, die 24-jährige Charlotte Corday, unmittelbar nach der Tat verhaftet wurde und wenige Tage später auf der Guillotine starb?

Wie stand David zur Französischen Revolution?

▲ Der große Maler der Französischen Revolution und Napoleons: Jacques-Louis David

Zunächst positiv. David saß als Jakobiner im Nationalkonvent und war damals der gefeierte Künstler des Umsturzes, der wichtigste Maler des neuen Frankreich.
Jacques-Louis David wurde 1748 in Paris geboren und entwickelte sich nach einem Romaufenthalt 1775–1780 zu einem der bedeutendsten Maler des Klassizismus. Sein antikisierender, moralischer Duktus prädestinierte ihn zum »politischen« Maler in Diensten der Revolution.

Nach dem Sturz Maximilien de Robespierres geriet er allerdings in die politischen Wirren der Umbruchphase und wurde zweimal inhaftiert. Später, unter Napoleon, kam er erneut zu Ansehen und verherrlichte fortan den neuen Potentaten mit großem Eifer – ein politischer Wandel, der ihm oft vorgeworfen wurde.
Nach dem Sturz Napoleons emigrierte David – samt dem »Tod des Marat« – nach Brüssel, wo er im Jahr 1825 starb.

▲Das traditionelle Thema der nackten Venus wurde bei Goya zur einladend präsentierten »Nackten Maja«.

Was ist revolutionär an den beiden »Maja«-Porträts?

In Goyas Bildern wurde mit der Tradition gebrochen – statt dezenter Andeutungen von weiblicher Erotik sind hier erstmals Sexualität und Verführungslust bestimmendes Bildthema. Weibliche Schönheiten, die ihren nackten Körper effektvoll in Szene setzen und sich vom Betrachter bewundern lassen, kennt die bildende Kunst seit antiker Zeit. Doch die Darstellung bedurfte lange der Verklärung und Überhöhung: Der nackte weibliche Körper durfte nur in einem mythologisch-göttlichen oder biblischen Zusammenhang abgebildet werden. Die nackte Gestalt verkörperte erhabene Begriffe wie Wahrheit, Jugend oder Natur und lenkte ihren Blick keusch gen Himmel oder zu Boden.

Wie verlief Goyas Leben?

Francisco de Goya wurde am 30.3.1746 in der spanischen Provinz Aragón geboren. Nach seiner Ankunft in Madrid lernte er 1775 die Herzogin von Alba kennen, die ihn fortan protegierte. Ab 1789 war er Hofmaler des spanischen Königs Karl IV., den er in »Die Familie Karls IV.« ungeschönt darstellte. 1792 verlor er durch eine schwere Krankheit sein Gehör. Er fertigte nun Druckgrafiken mit politischem und sozialem Inhalt, wie die »Desastres de la Guerra« von 1810. Nachdem er sich 1815 vor einem Inquisitionstribunal verantworten musste, zog er sich in sein Landhaus zurück, in dem die düsteren »Schwarzen Bilder« entstanden, bevor er 1824 ins politische Exil nach Frankreich ging. Goya starb am 16.4.1828 in Bordeaux.

Warum malte Goya zwei Porträts derselben Frau?

Die beiden Gemälde ergänzen sich. Ihr besonderer Reiz liegt in der Gegenüberstellung ein und derselben Person als nackt und bekleidet. Die »Nackte Maja« nimmt eine betont verführerische Pose ein, welche die wohl geformten Rundungen bestens zur Geltung bringt. Die Arme sind bequem hinter dem Kopf verschränkt – sie suggerieren Wehrlosigkeit und zugleich gespanntes Erwarten. Der ausgestreckte Körper bietet sich als Objekt der Lust und Begierde an und ist dem Betrachter herausfordernd zugewandt. Das gilt auch für die »Bekleidete Maja«: Ihr Gewand umspielt und betont die weiblichen Rundungen. Die Schärpe ist so eng um die Taille gebunden, dass die Formen trotz der Verhüllung noch plastischer zum Ausdruck kommen. Was Goya (1746–1828) malte, ist weder weiblicher Akt noch intime Entblößung, sondern eine Frau als sexuelle Reizquelle, als Subjekt und zugleich Objekt der Verführung.

▲Die »Bekleidete Maja« malte Goya nicht weniger sinnlich als das nackte Pendant.

Wer ist auf den beiden Bildern dargestellt?

Bei der Frage nach der Identität der geheimnisvollen Schönheit wird stets die Herzogin von Alba genannt, die Goya protegiert hatte. Die wohlhabende Duquesa besaß, wie eine englische Reisende konstatierte, »Schönheit, Volkstümlichkeit, Grazie, Reichtum« und obendrein einen der höchsten Adelstitel des Landes. Die von anderen Frauen beneidete und im Volk verehrte Grande Dame war seit 1796 verwitwet und bei Hofe das Ziel vieler Verleumdungen. Unbestritten ist, dass sie sich nicht immer an die strengen Gesetze der spanischen Aristokratie und der Hofetikette hielt. Vielmehr führte sie ein für die damalige Zeit freizügiges Leben. Sie galt als sehr intelligent, arrogant und provozierend. Außerdem war ihre Stellung von politischer Brisanz, sah der Hof doch in ihr eine ernst zu nehmende Rivalin der Königin Maria-Luisa.

Welches Schicksal erlitten die »Majas«?

Ab 1808 befanden sich die beiden etwa um 1800 entstandenen »Maja«-Gemälde, die heute im Prado in Madrid hängen, im Besitz des Don Manuel de Godoy, dem Günstling des Königs und eigentlichen Potentaten Spaniens. Es heißt, er habe seinen Gästen zunächst die bekleidete Version gezeigt, um schließlich mit mechanischer Hilfe die »Nackte Maja« hervorzuzaubern. 1815 gelangten die Werke in die Hände des Inquisitionstribunals. Der taube und schwer kranke Goya musste sich für die Darstellung verantworten, da die Abbildung eines nackten Körpers in Spanien ausdrücklich verboten war. Schließlich wanderten die beiden »Majas« in den Speicher der Akademie der Schönen Künste von San Fernando. Erst 1900 wurden sie der Öffentlichkeit gezeigt und lösten eine wahre »Maja«-Begeisterung aus.

Wussten Sie, dass …

- die »Maja«-Gemälde entstanden, als die Herzogin von Alba bereits 38 Jahre alt war? Die Dargestellte hingegen ist etwa 20-jährig.
- »maja« »schön« und »gut aussehend« bedeutet? Es steht auch für eine spezifisch spanische Erscheinung hübscher *señoritas*, die einen unabhängigen Lebensstil pflegten, der von Aristokratinnen nachgeahmt wurde.

◀Selbstbewusstsein, Skepsis und ein kritischer Blick zeichneten Goya – hier ein Selbstporträt – und seine Malerei aus.

▲Mit dem Bild »Mönch am Meer« von 1810 wurde der Maler über Nacht berühmt; Berlin, Schloss Charlottenburg.

Wie kam Caspar David Friedrichs »Mönch« beim Publikum an?

Es war schnell ein großer Erfolg. An einem Strand steht ein Mönch in schwarzer Kutte. Auf das Meer blickend, erwartet er das Morgengrauen. Von diesem scheinbar unspektakulären Leinwandbild waren Goethe und Kleist angetan; König Friedrich Wilhelm III. von Preußen höchstpersönlich erwarb es während der Berliner Akademie-Ausstellung.

In Friedrichs Bilderwelt begegnen wir vorrangig stillen, weiten Landschaften. Wir sehen das Ufer seiner Heimat Greifswald, das Bergland rund um Dresden, die Alpen, die der Maler nie gesehen hat. Er liebte die Insel Rügen, das Elbsandstein- und das Riesengebirge, den Harz. Die Skizzen und Zeichnungen, die er dort anfertigte, sind jedoch keine Abbilder der Natur, sondern Sinnbild und Deutungsversuch auf elementare Fragen nach unserer Existenz. Friedrichs Werke sind geprägt von Einsamkeit, Leere und Unendlichkeit. Da ist kein Platz für Aktionen und Akteure. Seine Landschaften sind Seelenlandschaften, ja Andachtsbilder, in denen die christliche Weltanschauung »verlandschaftet« ist.

In welchem geistigen Umfeld steht das Bild?

Aus alledem spricht der Geist der Romantik protestantischer Prägung. Sie ging davon aus, dass in der Natur der Geist Gottes waltet; der Mensch kann in der Deutung einzelner Zeichen die göttliche Offenbarung erfahren. Aus der distanzierten Betrachtung der Ferne wird eine persönliche Auseinandersetzung mit dem eigenen Ich. Im Gegensatz zum Klassizismus hat in der Romantik das menschliche Dasein alle Eindeutigkeit verloren und ist nurmehr ein großes, beängstigendes Rätsel. Die Landschaften von Caspar David Friedrich, dem herausragenden Vertreter der deutschen Romantik, sind erfüllt von schaurigen Wetterlagen und unwirtlicher Ödnis. Vor dem Betrachter tun sich Abgründe auf, erheben sich unbezwingbare Gebirgsmassive, fluchten dunkle Meere bis zum Horizont. Und doch steckt in diesen Bildern nicht nur Todesahnung, sondern auch eine Trostbotschaft.

Was zeigt das Gemälde?

Das Bild »Mönch am Meer« lebt ganz vom Anblick des Unendlichen. Nur ein schmaler heller Streifen Dünenstrand bildet die vorde-

Welche Bedeutung hat der Greifswalder für die Epoche der Romantik?

▲Caspar David Friedrich (1774–1840), gemalt von Franz Gerhard v. Kügelgen

Caspar David Friedrich gehört neben Philipp Otto Runge zu den bedeutendsten Vertretern der deutschen Romantik in der Malerei. Geboren in Greifswald, studierte er in Kopenhagen an der Königlichen Kunstakademie. Seit 1798 arbeitete er in Dresden, unternahm aber immer wieder Reisen in seine Heimatstadt und auf die Insel Rügen, deren charakteristische Landschaft zu einem seiner bevorzugten Motive wurde.

Mit seinen Landschaftsbildern, in die meist nur einzelne Figuren eingefügt sind, die mit dem Rücken zum Betrachter in die Weite blicken, hatte der Maler bald immensen, auch finanziellen, Erfolg, der aber nach dem Ende der Befreiungskriege wieder abebbte. 1824 wurde Friedrich Professor an der Dresdner Kunstakademie. 1835 lähmte ein Schlaganfall seine rechte Hand – er konnte nicht mehr malen. 1840 starb der Maler in Dresden.

re Bühne. Sie scheint zwar sicher, aber winzig gegenüber der Weite des Meeres. Dessen blauschwarze Fläche empfinden wir als einen ausgedehnten Raum, obwohl er letztlich nicht größer ist als der Strandbereich. Den größten Teil des Bildes nimmt der von Wolken verhangene Himmel ein, der – wie von Tinte geschwärzt – lichte und schattige Sphären ausbildet. Der tief liegende Horizont ist durch das Dunkel des Wassers, das auf die Wolken abfärbt, kaum auszumachen. Dumpf und bedrohlich wächst die Dunkelheit aus der Tiefe des Bildraumes hervor. Niemals zuvor in der Malerei war ein Raumerlebnis dieser Art erzeugt worden. Der Bildraum wirkt unergründlich weit, wie der Ausschnitt einer noch endloseren Wirklichkeit. Die Landschaft kann sich an den Seiten ungehindert ausdehnen.

Warum dreht uns der Mönch den Rücken zu?

In und vor dieser endlosen Weite steht der Mönch mit dem Rücken zum Betrachter, den er auffordert, sich mit seiner Rolle zu identifizieren, an seiner Stelle ins Bild einzutreten. Der Weite des Himmels und dem unüberwindlich scheinenden Meer steht der Mensch allein und orientierungslos gegenüber. Die Allmacht des Universums führt ihm seine Winzigkeit, Endlichkeit und Ohnmacht vor Augen. Der schmale Strandabschnitt steht für das Hier und Jetzt der irdischen Welt. Das bewegte Meer ist Sinnbild für die bedrohliche Weite des Weltalls und die Übermacht des Todes. Der Himmel schließlich verkörpert die Sphäre des Religiösen. Sein leichter Lichtschimmer verheißt göttliche Hilfe, Erlösung und ewiges Leben.

Wofür steht die neue Bildkomposition?

Mit dieser christlichen Symbolik ist nur ein Teil der von göttlicher Allmacht durchwirkten Natur beschrieben. Der unendliche Außenraum der Stimmungslandschaft ist zugleich Projektionsfläche für die menschliche Seele im Inneren. Im Gemälde »Mönch am Meer« ist erstmals die Tradition einer Konstruktion von Perspektive aufgegeben. Der Raum, mit dem Friedrich uns konfrontiert, ist jenseits aller messbarer Bewältigung. In dieser Auflösung zentralperspektivischer Orientierungshilfen liegen die Ausdruckskraft und zugleich Modernität dieses Bildes.

Wussten Sie, dass ...

- der Geburtsort des Malers bis 1815 zu Schweden gehörte?
- Friedrichs Bruder, der ihn bei einem Unfall auf dem Eis retten wollte, dabei sein Leben verlor?

◀Der Blick durchs Fenster ist ein typisches Bildmotiv des Malers; »Fenster mit Parkpartie«, Zeichnung, 1806; Petersburg, Staatliche Eremitage.

▲Die 1816–1818 erbaute »Neue Wache« in Berlin ist heute Gedenkstätte für die Opfer von Krieg und Gewaltherrschaft.

▼Am 18. Januar 1816 wurde im Berliner Opernhaus Mozarts »Zauberflöte« mit einem Bühnenbild Schinkels aufgeführt.

Zu welchem Zweck wurde die Neue Wache erbaut?

Als Denkmal für den Sieg der europäischen Koalitionsmächte über Napoleon. König Friedrich Wilhelm III. beauftragte nach dem Rückzug der Truppen Napoleons Schinkel mit der Planung eines neuen Wachhauses zwischen dem Kronprinzenpalais und der Universität. Nach zweijähriger Bauzeit wurde die Neue Wache 1818 eingeweiht. Der Bau ist ein herausragendes Beispiel für die Schinkel'sche Variante des Klassizismus in Preußen: ein schlichter Kubus, an den Ecken turmartig ausgebaut. »Wie ein römisches Kastrum«, beschrieb Schinkel die Wirkung. Zwischen den Ecktürmen sitzt jedoch eine rein griechisch anmutende Tempelfront mit dorischen Säulen und einem Giebel; er ist wie ein antiker Tympanon (Giebelfeld) mit Figuren ausgestattet, die den Krieg allegorisch verherrlichen. Darunter sitzt ein Fries mit kleinen Siegesgöttinnen aus Zink, ein Werk des Bildhauers Gottfried Schadow.

Wie bedeutend war Schinkel als Architekt?

Er hinterließ eine große Zahl von Entwürfen für Staatsbauten, Brücken, Theater, Villen, Denkmäler, Möbelstücke, Kronleuchter und vieles mehr. Daneben betätigte er sich als Maler romantischer Stadtlandschaften und schuf Bühnenbilder wie den berühmten Sternenhimmel für die Mozartoper »Die Zauberflöte«.

Seine Arbeiten – ob nun im Stil des Klassizismus wie das Neue Schauspielhaus oder in dem der Neugotik wie die Friedrichswerdersche Kirche – umfassen eine ungeheure Spannweite, die kein anderer Architekt in Deutschland jemals wieder erreichen sollte.

Ist die Ähnlichkeit mit dem Brandenburger Tor zufällig?

Nein. Die ersten Entwürfe Schinkels für die Neue Wache zeigten noch einen kleinen Palazzo im Stil der italienischen Renaissance. Den ausgeführten Entwurf prägt jedoch die Antike – und zwar die griechische. Das erste Bauwerk Berlins, das sich an griechischen Vorbildern orientierte und nicht – wie es seit der Renaissance üblich war – an der römischen Antike, lag in direkter Nachbarschaft: das Brandenburger Tor von Carl Gustav Langhans aus dem Jahr 1789. Die Neue Wache sollte die Formensprache dieses Tores wieder aufnehmen, die Straße Unter den Linden so zu einer *via triumphalis* umgestaltet werden, einer Prachtstraße des preußischen Triumphes.

Welche Funktion hat das Bauwerk heute?

Es dient als Mahnmal. Mit dem Ende der Monarchie 1918 verlor die Neue Wache ihre ursprüngliche Funktion. In den 1930er Jahren wurde sie von Heinrich Tessenow zu einer Gedächtnisstätte für die Gefallenen des Ersten Weltkriegs umgebaut, dann in den letzten Wochen des Zweiten Weltkriegs schwer beschädigt. Die Regierung der DDR diskutierte 1949 ihr weiteres Schicksal. 1957 wurde schließlich ein »Mahnmal für Opfer des Faschismus und Militarismus« eingerichtet. Der Architekt Heinz Mehlau setzte ins Innere ein Hammer-und-Sichel-Emblem sowie einen Glaskubus, in dem eine ewige Flamme brennen sollte. Nach der Wiedervereinigung entbrannte im Bundestag erneut eine Diskussion um die Nutzung. 1993 entschied man sich für die Wiederherstellung des Tessenow-Denkmals, die DDR-Symbole wurden entfernt.

Heute steht im Innern die Skulptur einer trauernden Mutter mit ihrem toten Sohn, die nach einem nur 38 Zentimeter Höhe messenden Original von Käthe Kollwitz aus dem Jahr 1937 in Bronze gegossen wurde. Die Neue Wache ist nun »Den Opfern von Krieg und Gewaltherrschaft« gewidmet.

▲Auch das Alte Museum Schinkels wurde nach Kriegsschäden restauriert, seit 1999 umgibt es ein Lustgarten.

Warum spricht man von der Schinkelzeit?

▲Mit Zylinder und Stehkragen: Der Architekt und Stadtplaner Karl Friedrich Schinkel

Weil Schinkel das Stadtbild Berlins in der ersten Hälfte des 19. Jahrhunderts so geprägt hat wie kein anderer Baumeister vor und nach ihm. Nach seiner Ausbildung bei den Revolutionsarchitekten David und Friedrich Gilly ging der 1781 geborene Schinkel 1803 nach Italien und dann nach Paris. 1803 kehrte er zurück nach Berlin und machte unaufhaltsam Karriere. Im Alter von 57 Jahren wurde er zum Leiter des gesamten preußischen Bauwesens ernannt.

Das Wachgebäude Unter den Linden in Berlin ist einer der bedeutendsten Bauten des preußischen Klassizismus. Daneben schuf Karl Friedrich Schinkel das Schauspielhaus am Gendarmenmarkt, die Nikolaikirche in Potsdam, die Friedrichswerdersche Kirche und das Alte Museum. Auch im Ausland wurde nach seinen Entwürfen gebaut, etwa das Schloss Orianda auf der Krim.

Schinkel starb im Jahr 1841 hochgeachtet in Berlin.

▲Symbol für die Verbundenheit zweier Länder: Overbecks Gemälde »Italia und Germania« von 1828

Warum malte Overbeck das Bild?

Im Jahr 1810 war Overbeck gemeinsam mit seinem besten Freund Franz Pforr (1788 bis 1812) in Rom eingetroffen. Noch in Wien hatten sie Gefallen an den damals in Künstlerkreisen beliebten Freundschaftsbildern gefunden. In Rom begannen sie sogleich, sich gegenseitig ein Bild zu malen, das ihr Leben, ihre Beziehung und ihre künstlerischen Ideale versinnbildlichen sollte. Anhand einer symbolischen Gegenüberstellung sollte der Charakter der beiden Ausdruck finden.

Wofür stehen die beiden abgebildeten Mädchen?

Pforr verfasste dazu eine Schrift, die von den Zwillingsschwestern Sulamith und Maria erzählt. Zwei junge Männer entbrennen in Liebe zu ihnen, der glücklichen Hochzeit folgt ein idyllisches Ehe- und Künstlerleben. Die im Bild dargestellten jungen Frauen sind die von beiden Malern erträumten Bräute und zugleich die Inkarnation ihrer künstlerischen Ideale. Die dunkelhaarige, lorbeerbekränzte Sulamith (hebräisch = Friede) steht für das friedliebende Land Italien sowie für Overbecks ruhige Wesensart und seine Liebe zur italienischen Kunst. Im Hintergrund breitet sich Hügelland aus; im Schatten kaum zu erkennen ist eine einsam gelegene, schlichte Kirche.

Maria dagegen ist von melancholischem Gemüt, voller Sehnsucht und Leidenschaft, eine blonde, mit einem Blumenkranz geschmückte Gestalt, die den Norden und den Künstlerfreund Pforr personifiziert. Hinter ihrem Rücken wird die Silhouette einer mittelalterlichen Stadt mit gotischem Kirchturm sichtbar. Die Darstellung lebt vom Gleichklang der Seelen, aber auch vom Unterschied der äußeren Erscheinung. Kompositorisch ist das ungleiche Figurenpaar zu einer Einheit verschmolzen, die sich in dem Motiv der drei ineinander ruhenden Hände zeigt.

Was verzögerte die Vollendung des Gemäldes?

Overbeck hatte gerade den präparierten Karton zu dem Gemälde vollendet, als sein

Wussten Sie, dass ...

- Overbecks Vater, der Lübecker Bürgermeister Christian Adolph Overbeck, das später von Mozart vertonte Gedicht »Komm lieber Mai und mache« verfasste?
- der zum Katholizismus konvertierte Maler von Papst Pius IX. zu Hause besucht wurde?
- die verkitschende Adaption und massenhafte Verbreitung nazarenischer Werke und Motive im 19. Jahrhundert die ganze Bewegung in Verruf brachten?

Was wurde nach dem Tod Pforrs aus den Nazarenern?

Nach dem Tod von Franz Pforr nahm der messianische Glaube der Nazarener, die deutsche Kunst erneuern zu können, spürbar ab. Nur Friedrich Overbeck blieb den Prinzipien der Künstlerbewegung zeitlebens treu, trat 1813 zum katholischen Glauben über und blieb bis zu seinem Tod 1869 in Rom. Der bayerische Kronprinz und spätere König Ludwig I. konnte ihn zwar nicht nach München locken, aber immerhin 1832 mit »Italia und Germania« sein schönstes Gemälde erwerben. Es hängt heute in der Neuen Pinakothek in München.

Freund im Juni 1812 mit nur 24 Jahren plötzlich an Lungentuberkulose starb. Overbeck litt schwer am Verlust des Freundes und war über Jahre nicht in der Lage, das Gemälde zu vollenden. Dies gelang ihm erst 1828. Da der ursprüngliche Anlass fast 20 Jahre zurücklag, gab er dem Werk den Titel »Italia und Germania«. Ein Jahr später bemerkte er, dass nach all der Zeit aus den Bräuten ein Paar ehrbarer Frauen geworden sei. Er meinte, sie stünden sich fremd gegenüber und es sei seine Aufgabe, sie zu verschmelzen. Overbeck sprach die Sehnsucht an, die den Norden zum Süden zog, hin zur Kunst, zur Natur und Poesie Italiens.

Was bedeutete Italien für die deutsche Romantik?

Aus dem Gemälde spricht die Zeit des frühen 19. Jahrhunderts, die romantische Sehnsucht nach Ferne und Schönheit. Italien war damals für den Rest Europas die Heimat der klassischen Antike, der Renaissance, der Kultur und Gelehrsamkeit. Für Söhne aus besserem Hause, für Schriftsteller, Maler und Bildhauer war es Pflicht, Italien zu bereisen.

Vor allem in deutschen Landen schwärmte man für den Süden. Zur Zeit der Romantik stand zwar das Interesse an der eigenen nationalen Kultur und der heimischen Tradition im Vordergrund; doch anders als die romantische Bewegung des Nordens war die katholisch geprägte Romantik Süddeutschlands fasziniert von der Vergänglichkeit, die sie in Italien zu finden glaubte. Dort schien das Leben noch unverdorben und glückselig zu sein.

Dieser Zeitgeist manifestierte sich vor allem in der Kunst der so genannten Nazarener. Ihre Bezugspunkte waren die Kunst des deutschen Mittelalters, die Werke Dürers und Raffaels sowie die ewige Stadt Rom, wohin die meisten Mitglieder dieser Bewegung zogen.

Welche Ziele verfolgten die Nazarener?

1809 hatten Studenten der Wiener Akademie, unter ihnen Johann Friedrich Overbeck (1789–1869), den Lukasbund gegründet. Sie wollten nicht länger den Werten der Akademie folgen, sondern der Kunst wieder die Rechtschaffenheit verleihen, die sie im Mittelalter besessen hatte. Sie gingen davon aus, die »nationale« Kunst wiederbeleben zu können, indem sie sich in die Kultur Italiens versenkten. 1810 zogen einige von ihnen, darunter auch Overbeck, nach Rom und ließen sich in dem verlassenen Franziskanerkloster San Isidoro nieder. Hier, in der Stadt Raffaels, sollte ihr Ideal einer religiös-patriotischen Kunst Gestalt annehmen. In mönchischer Zurückgezogenheit und streng geregelter, spartanischer Lebensweise arbeiteten sie in ihren Zellen und versammelten sich abends zum Modellstudium im Refektorium. Ihre Vorliebe für das Mittelalter bewog sie, schulterlanges Haar zu tragen und sich in lange, weite Gewänder zu hüllen. Die Italiener gaben ihnen daraufhin einen Spottnamen: i Nazareni.

▲Zur Gruppe der Nazarener gehörte neben Johann Friedrich Overbeck (rechts) auch der Künstler Peter von Cornelius.

◄Ein weiteres Beispiel für die von Italien inspirierte romantische Malweise der Nazarener ist Friedrich Overbecks 1821 entstandenes Gemälde »Vittoria Caldoni«. Das Bild zeigt die Tochter eines Winzers aus Albano – das beliebteste Modell der Deutsch-Römer; München, Neue Pinakothek.

▲ Realismus und Pathos bestimmen das symbolträchtige Bild »Die Freiheit führt das Volk an«; Paris, Louvre.

Welchem Thema widmet sich das Gemälde?

Der Julirevolution im Jahr 1830 in Paris: Der Bourbonenkönig Karl X. setzt eigenmächtig Parlament und Pressefreiheit außer Kraft und will ein neues Wahlverfahren einführen, das seine absolutistische Macht stärken soll. Doch der Widerstand ist gewaltig. Damit haben die Generäle des Königs nicht gerechnet. Viele Soldaten weigern sich, auf das eigene Volk zu schießen und desertieren. Schlimmer noch: Die Aufständischen können mit der Unterstützung der Bevölkerung rechnen. Nach drei Tagen erbitterter Straßenkämpfe beherrschen sie alle strategisch wichtigen Punkte der Stadt. Karl X. wird zur Abdankung gezwungen, Nachfolger wird sein Vetter Louis-Philippe, der absolute Verfassungstreue schwören muss. Um die Gemüter zu beruhigen, nennt er sich »Bürgerkönig« und überschüttet die Revolutionäre mit zahlreichen Orden.

Wer war die Triebfeder des Aufstandes?

Die meisten der rund 8000 Aufständischen waren Männer, Frauen und Kinder aus der Handwerkerschaft. Das Bürgertum bewunderte den Wagemut und die Disziplin der Besitzlosen. Das Engagement der Arbeiter galt hauptsächlich dem Kampf für Parlament und Pressefreiheit – was verwundert, waren dies doch vorrangig die Ziele des Bürgertums. Kaum ein Arbeiter konnte Zeitung lesen, geschweige denn an Parlamentswahlen teilnehmen. Augenzeugen berichten von einem hohen Anteil an Jugendlichen, die während des Aufstands fielen. Im Gemälde von Delacroix entdecken wir zwei verwegene Burschen, wie sie Pflastersteine ergreifen und mit Pistolen um sich schießen. Sie gehören jener Generation an, die, beseelt von der Großen Revolution im Jahr 1789, von eigenen Heldentaten träumte.

Welche Werke machten Delacroix zum bedeutenden Maler der Romantik?

▲Delacroix zwang sich zur Selbstbeherrschung.

Eugène Delacroix wurde am 26.4.1798 in einem Vorort von Paris in eine großbürgerliche Familie geboren. 1816 begann er ein Studium an der Pariser »École des Beaux-Arts«. Mit seiner »Dante-Barke« von 1822 erregte er erste Aufmerksamkeit. »Das Massaker von Chios« (1824) ist sein Bekenntnis zu den Ideen der Romantik, deren führender Vertreter in der Malerei in Frankreich er wurde – endgültig festigte er seine Vorrangstellung in »Die Freiheit führt das Volk« von 1831. Eine Reise nach Marokko, während der er zahlreiche Skizzen anfertigte, beeindruckte ihn nachhaltig. Der unermüdliche Arbeiter, der zahlreiche Aufträge von der Regierung erhielt, wurde mit großen Ehren bedacht, zog sich aber immer mehr aus der Öffentlichkeit zurück. Delacroix starb am 13.8.1863 in Paris.

Was repräsentiert die zentrale Frauengestalt?

Sie ist die personifizierte Göttin der Freiheit mit ihrer Jakobinermütze und einem Gewehr mit Bajonett in der Linken. Mit ihrer Rechten streckt sie die Trikolore in den Himmel, ein siegessicherer Gestus, der die Massen hinter ihr anfeuert. Die rot-weiß-blaue Fahne der Revolution entstand 1789 aus den Stadtfarben von Paris und dem Weiß des Königs. Sie war unter den Bourbonen verboten worden, nun ist sie das Symbol der Hoffnung. Bei ihrem Anblick schöpft einer der Verletzten wieder Mut. Hoffnung verheißt auch die Sonne, die hinter den Pulverschwaden durchschimmert. Was kümmern da die königlichen Truppen, die im Hintergrund aufmarschieren, oder Rauch über den Dächern und Türmen der Stadt? Kaum ein Gemälde vermittelt so viel Leidenschaft und Zuversicht in seiner Kampfansage.

Wofür stehen die beiden Männer links am Rand?

Links sieht man einen Bürger mitten im Straßenkampf, ausstaffiert mit Gehrock, Halsbinde und modischem Zylinder, das Jagdgewehr in der Hand. Es handelt sich um das Selbstporträt des Malers. Der 32-jährige Delacroix zeigt sich als ein zu allem entschlossener Barrikadenkämpfer. Ihm folgt ein Arbeiter mit offenem Hemd und Hosenträgern. In seiner blau-weiß-rot gefärbten Schärpe steckt eine Pistole, mit seiner Rechten schwingt er einen Säbel. Bourgeoisie und Arbeiterschaft sind im Kampf vereint.

Warum fiel das Bild bald allseits in Ungnade?

Weil die darin zur Schau gestellte Solidarität mit den Barrikadenkämpfern nicht überzeugte. Die Ereignisse des 27. bis 29. Juli 1830 gingen als »Die drei Tage des Ruhms« in die Geschichte Frankreichs ein. Viele Maler hielten das Geschehen im Bild fest, darunter auch Eugène Delacroix. Er stellte sein großformatiges Werk noch im selben Jahr im Pariser Salon aus, wo es der König für 3000 Francs erstand. Inzwischen war die Monarchie wieder gefestigt. Nachdem das Gemälde zunächst in einem dunklen Palastflur deponiert worden war, bat man Delacroix schließlich, es zurückzunehmen. Erst 1847 wurde es in die Sammlungen im Louvre aufgenommen. Delacroix distanzierte sich später von seinem frühen Werk. Der Künstler war seinem Wesen nach aristokratisch, durch seine Erziehung bürgerlich geprägt und in seinem Auftreten so sehr Dandy, dass man ihm den Patrioten nicht abnahm.

◀Motive der afrikanischen Welt, wie sie die Romantik gerne zum Sujet nahm, faszinierten den französischen Maler auf einer Marokko-Reise 1832. Aus den vielen angefertigten Skizzen schöpfte er noch lange als Inspirationsquelle.

Wussten Sie, dass …

- das Werk von Eugène Delacroix den Impressionisten und auch noch Künstlern wie Kandinsky und Picasso entscheidende Anregungen geben sollte?
- Delacroix häufig zwischen wilder Erregung und tiefer Depression schwankte? Der Dichter Charles Baudelaire bemerkte: »Man könnte versucht sein, von einem Krater zu sprechen, den Blumen kunstvoll verdecken.«

▲Eine neue, »impressionistische« Malweise, die weit in die Zukunft wies – William Turners »Regen, Dampf und Geschwindigkeit« (91x122 cm); London, National Gallery

Warum kam die Malerei zu neuen Themen?

Im Lauf des frühen 19. Jahrhunderts bewirkte die Industrielle Revolution ausgehend von Großbritannien ein neues Lebensgefühl. Auf Basis der Dampfmaschine wurden Erfindungen gemacht, die vor allem im Verkehrswesen eine »Revolution« herbeiführten. Wie von Geisterhand getrieben, bahnten sich die neuen Transportmittel, die erstmals nicht mehr von der Leistungskapazität eines Pferdes abhängig waren, ihren Weg. Ab 1825 rief die Eisenbahn eine neue Epoche der Mobilität hervor. Die Zeitgenossen waren angesichts der dampfenden Ungeheuer voller Furcht, aber auch Faszination, machte die Eisenbahn doch beschwerliche Fahrten mit Postkutschen überflüssig und bot auch den unteren Schichten die Möglichkeit zu reisen.

Wussten Sie, dass ...

- Turner der erste Maler war, der einen Zug so zu malen verstand, dass er für den Betrachter glaubhaft nachvollziehbar mit hoher Geschwindigkeit dahinsaust?
- die neuen, schnellen Verkehrsmittel nicht nur die Wirtschaft förderten, sondern auch einen Beitrag zur Demokratisierung der Industrienationen leisteten?
- William Turner dem Staat bei seinem Tod mehr als 300 Ölbilder und 20 000 Zeichnungen und Aquarelle hinterließ?

Was zeigt das Gemälde?

Das Gemälde von 1844 zeigt eine Dampfeisenbahn, die in schneller Fahrt eine Pfeilerbrücke überquert. Der Zug wird von einer tiefschwarzen Lokomotive mit hohem Schornstein gezogen. Grell aufleuchtendes Fackellicht kommt aus den Scheinwerfern, vielleicht aber auch aus den Brennkammern im Führerstand. Im linken Bildfeld sind im dichten Nebel ein Mann im Ruderboot und ein pflügender Bauer erkennbar.

Wie ist der Raum geteilt?

Das Bild ist zweigeteilt. Während sich in der unteren Sphäre ein Dunstschleier über Land, Fluss und Brücke ausbreitet, bedecken Wolken und Regenschauer den Himmel. Die Eisenbahn kommt aus dem Hintergrund. Ihre Strecke verläuft schnurgerade und bahnt sich im Vordergrund den Weg am Betrachter vorbei aus dem Bild hinaus. Diese unerbittliche Gerade, wie sie in der Natur so nicht vorkommt, erzeugt einen enormen Tiefensog. Die Farbe tut ein Übriges: Die bewusst gesetzten Unschärfen unterstützen die Wirkung des Schnellen und des flüchtigen Augenblicks. Turners Darstellung entspricht so unserer Wahrnehmung von hohem Tempo. Unser Auge kann einen rasch vorbeifahrenden Zug nur schemenhaft erfassen. Uns, dem Betrachter, hat der Maler einen nicht ungefährlichen Standpunkt nahe der Brücke zugewiesen, wo manch einem schwindelig werden könnte.

Wie vereint das Bild Natur und Technik?

Das Gemälde besticht nicht zuletzt durch seine Atmosphäre. Wann ist jemals eine Landschaft mit wolkenverhangenem Himmel, mit heftigem Regen und gleichzeitig einfallendem Sonnenlicht so kunstvoll und authentisch in Szene gesetzt worden? Endlos ist die Weite des Panoramas, das der Bildraum kaum fassen kann. Um so gegenwärtiger sind Eisenbahn und Brücke, beklemmend nah und realistisch.

Allein die Lokomotive hat scharfe Konturen. Wie ein gespenstisches Wesen taucht sie plötzlich im Nebeldunst auf. Ihr Schornstein, das Wahrzeichen der Industriellen Revolution, bestimmt die Silhouette des Zuges. Die vier Elemente, Luft, Wasser, Feuer und Erde, sind symbolisiert in den Wolken, im Fluss, in der Landschaft und dem Licht der Sonne.

▲Turner wurde vor allem durch seine Behandlung von Licht und Schatten berühmt: »Fischer zur See«, 1796, London, Tate Gallery.

Wie bewertet Turner den technischen Fortschritt?

Um 1845, als das Bild entstand, lag England im Eisenbahnfieber. Turner war der Technik gegenüber aufgeschlossen. Doch sein Porträt der Great Western Railway wird bis heute unterschiedlich gedeutet: Handelt es sich um einen Hymnus auf das neue Verkehrsmittel und Großbritanniens Fortschritt? Oder ist das Bild eine Kritik an der Industrialisierung, die mit aller Wucht und hohem Tempo in eine friedliche Agrarlandschaft einbricht?

Welche Ausbildung hatte der Maler?

▲ William Turner (1775–1851) als junger Mann

Er hatte keine klassische akademische Ausbildung. Joseph Mallord William Turner, der Hauptmeister der englischen Landschaftsmalerei des 19. Jahrhunderts, wurde 1775 als Sohn eines Barbiers in London geboren. Der Vater förderte den Sohn durch die Ausstellung seiner Werke im Friseursalon. Im Alter von 15 Jahren stellte der junge Maler erstmals in der Royal Academy aus. Mit 26 Jahren wurde er in die Akademie aufgenommen und unternahm in der Folge mehrere Reisen aufs europäische Festland. Inzwischen konnte er vom Erlös seiner Bilder leben. 1804 baute er sich eine eigene Galerie, in der er seine Werke ausstellte.
1807 wurde er Professor an der Royal Academy. Auf zwei Italienreisen entwickelte er seinen charakteristischen Umgang mit Licht weiter. 1851 starb Turner in London und wurde in der Saint Paul's Cathedral beigesetzt.

▲Im Pariser Musée d'Orsay hängt Manets Ölgemälde »Frühstück im Freien« (214x270 cm).

Warum war das »Frühstück im Freien« ein Skandal?

Weil das Bild Édouard Manets einen recht ungewöhnlichen Anblick bietet. Man wundert sich über die absurde Szene einer Gesellschaft, die teils nackt, teils vornehm gekleidet im Grünen sitzt, aber kaum miteinander kommuniziert. Die Pariser Gesellschaft war schockiert, als sie Manets Ölgemälde erstmals sah.

Das im Jahr 1863 gemalte »Frühstück im Freien« war zuvor von der Jury des Pariser Salons, der obersten Instanz Frankreichs im Bereich aktueller Kunst, abgelehnt worden. Da das Galeriewesen noch kaum ausgeprägt war und Museen nur alte Meister ausstellten, bot allein der Salon jungen Künstlern die Möglichkeit, bekannt zu werden. Nach lauten Protesten setzte sich Kaiser Napoleon III. dafür ein, die rund 2800 zurückgewiesenen Werke in einem separaten *Salon des Refusés* auszustellen. Manets Bild zog schon bald alle Aufmerksamkeit des Publikums auf sich – man sah das öffentliche Schamgefühl verletzt. Manet war darüber tief enttäuscht. Er suchte zwar die Popularität, nicht aber den Skandal. Zeitlebens sollte er um die künstlerische Anerken-

Aus welchem Grund wurde Manets Bild so kritisch beurteilt?

Frankreich stand zur Entstehungszeit von Manets Bild zwar ganz im Zeichen des Fortschritts und war allen technischen Neuerungen gegenüber offen. Nur im Bereich der Kunst sollte alles beim Alten bleiben. Man feierte Künstler, die in der Art alter Meister malten, schwärmte für Kitsch und üppigen Prunk, für liebliche Sujets wie für Idealansichten und verlangte nach »Erbauung«. Die Darstellung der Realität war nicht gefragt.

Wie bereitete Manet dem Impressionismus den Weg?

▲Édouard Manet war mit seiner nuancierten Malerei einer der Wegbereiter der Moderne.

Durch seine ganz revolutionäre Behandlung des Lichts. Der im Jahr 1832 geborene Édouard Manet entwickelte früh einen eigenständigen Stil mit großflächigen Hell-Dunkel-Partien, ein Spiel von Licht und Schatten, das er im Lauf der Zeit immer filigraner gestaltete. Das Licht versank nicht mehr im Dämmerzustand, sondern entfaltete eine frische Leuchtkraft. Was Manet sah, malte er so, wie es ihm in diesem Augenblick erschien. Dieser Umgang mit Licht war es, der die Impressionisten maßgeblich beeinflusste. Manet war zwar mit den Impressionisten befreundet, zählte sich selbst aber nicht zu ihrer Gruppe und stellte auch nicht mit ihnen aus.
Auch seine Themen waren dem Geschmack der Zeit voraus. Zeitgenössische Ereignisse (»Erschießung«, 1871) und soziale Themen und Alltagsszenen (»Frühstück im Atelier«, 1868) beeinflussten nachfolgende Malergenerationen maßgeblich.

nung im Salon ringen und schließlich an der fehlenden Wertschätzung zerbrechen.

Welche Situation wird auf dem Bild dargestellt?

Der Aufenthalt zweier Damen und zweier Herren im Freien. Zu den beliebten Vergnügen der Großstädter zählte im 19. Jahrhundert der Sonntagsausflug in den Bois de Boulogne oder ans Ufer der Seine. Manet arrangiert die schattige Waldlichtung wie eine Theaterbühne, um die Figuren in der Mitte hervorzuheben. Im hellgrün schimmernden Hintergrund taucht eine Dame auf, die Unterwäsche trägt und im kühlen Wasser der Seine steht.

Die beiden bärtigen Männer dagegen sind selbst im lauschigsten Winkel auf korrekte Kleidung bedacht. Ihre hellen Hosen sind ein Zugeständnis an die Sommerhitze, ansonsten wird nicht einmal das dunkle Sakko abgelegt. Der Herr rechts trägt eine samtene Quastenmütze, eine damals für Studenten und Künstler typische Kopfbedeckung.

Das Gemälde legt die Vermutung nahe, dass es sich bei den Frauen um zwei Prostituierte handelt, die sich gemeinsam mit zwei Liebhabern der Pariser Bohème vergnügen. In der Tat lautete der Titel des Bildes »La Partie carrée«, die »Partie zu viert«, ehe Manet ihn für den Salon in »Déjeuner sur l'herbe«, das »Frühstück im Freien«, abmilderte. Prostitution im Pariser Grün war zwar keine Seltenheit, aber in der Öffentlichkeit ein Tabu.

Warum ist das Licht im Bild so bedeutsam?

Weil dem Maler daran lag, die Stimmung eines heißen Sommertags festzuhalten – das Flimmern in der Luft, die Spiegelung des Lichtes. Er erfreute sich an der Leuchtkraft klarer Farben, die er frei und großflächig auftrug. Das Landschaftsbild wurde auch nicht wie früher sonst üblich im Atelier, sondern weitgehend draußen in der Natur ausgeführt. Mit dieser Arbeitsweise wurde Manet zum Wegbereiter jener Maler, die man später als Impressionisten bezeichnete. Das »Frühstück im Freien« übte eine unauslöschliche Wirkung auf die moderne Malerei aus.

▼Ein typisches Werk aus Manets impressionistischer Spätphase ist das 1879 entstandene Bild »Im Wintergarten«; Berlin, Alte Nationalgalerie.

▲Monets Ölgemälde »Impression, soleil levant« von 1872 stieß bei der Kritik auf wenig Begeisterung; Paris, Musée Marmottan.

Welcher Kunstrichtung gab das Bild den Namen?

1873 präsentierte Claude Monet das Bild »Impression, aufgehende Sonne«. Der Kritiker Louis Leroy verspottete ihn daraufhin als »Impressionisten« – ohne zu ahnen, dass er damit einer der folgenreichsten Stilrichtungen des Jahrhunderts den Namen gegeben hatte.

Das Bild zeigt eine Ansicht des Hafens von Le Havre. Monet zeigt die besondere Atmosphäre, die feuchte Luft, die alle Farben verschwimmen lässt. Nur langsam geht die Sonne auf, und ein warmes Orange bricht durch den feuchten, kühlen Morgen.

Wie lebte Monet vor seinem späten Erfolg als Maler?

▲Der Maler Claude Monet (1840–1926) im Jahr 1899

Bis zu seinem Durchbruch machte Monet schwere Zeiten durch. Erst gab es Auseinandersetzungen mit seiner Familie in Le Havre über seine Ausbildung an der liberalen Académie Suisse in Paris zusammen mit Renoir und Degas, dann über die Beziehung zu dem ehemaligen Modell Camille. Nach der Geburt des Sohnes Jean litt die junge Familie unter ständiger Geldnot, Monets Bilder wurden abgelehnt. Der Maler musste weitere Schicksalsschläge einstecken, darunter den Tod seiner Frau 1879, zwei Jahre nach der Geburt des zweiten Sohns. Die Familie zog umher, unterstützt von Freunden, getrieben von Zwangsräumungen. 1883 zogen sie nach Giverny, einem Apfelbauernort an der Epte. Hier kam Monet in den 1890er Jahren endlich zu Wohlstand, der ihm erlaubte, das Haus in Giverny zu kaufen.

Warum lehnten die Kritiker das Werk ab?

Wer um 1870 eine Landschaft oder ein Seestück zum Motiv wählte, sollte es nach der gängigen Kunstauffassung im Atelier komponieren und dabei veredeln. Die Kunstkritiker störten sich sehr an Monets Bild, denn diese Ansicht des Hafens zeigte nichts »Edles«, sondern einen Ausschnitt der alltäglichen Arbeitswelt.

Monet malte das Bild nicht im Atelier, sondern unter freiem Himmel (*pleinair*). Wie seine künstlerischen Vorbilder, Jean-Baptiste-Camille Corot und Charles-François Daubigny im Wald von Barbizon und Eugène Boudin in der Normandie, zog er mit seiner Staffelei hinaus auf Mohnwiesen im Sonnenschein oder in den kalten Nebel eines Hafens. Monet wollte momentane optische Erscheinungen einfangen – und das konnte er nur direkt vor dem Motiv. Die zeitgenössischen Kunstkritiker störte das scheinbar Unfertige und Flüchtige des Farbauftrags in Monets Bildern.

Wie muss man das Gemälde betrachten?

Man muss die Arbeiten Claude Monets aus einer gewissen Entfernung betrachten. Die Maler des Impressionismus wollten Farben nicht mehr auf der Palette mischen, sondern erst im Auge des Betrachters entstehen lassen – und dies geschieht erst ab einer bestimmten Distanz zur Malfläche.

Wie gelang dem Impressionismus der Durchbruch?

Die Künstler Renoir, Pissarro, Degas, Berthe Morisot, Claude Monet und andere hatten sich nach den Zurückweisungen im Salon dazu entschlossen, ihre Bilder 1873 in einer unabhängigen Ausstellung zu zeigen. Die Ausstellung bei dem Fotografen Nadar wurde ein finanzielles Fiasko – die Kunstkritik und das Publikum waren sich einig, die Bilder seien schlecht und schlampig, die Motive aus dem alltäglichen Leben in der Stadt oder der Freizeit an der Seine banal und die Maler vermutlich allesamt verrückt.

Acht weitere Ausstellungen der Impressionisten bis zum Jahr 1888 brachten nur langsam einen Wandel in der Beurteilung ihrer Werke. Heute gehören die Bilder dieser Stilrichtung zu den bekanntesten Gemälden überhaupt – allein Monets Seerosen begegnet man zudem weltweit auf Tassen, Tellern oder Badetüchern …

Wussten Sie, dass …

- die Malerei im Freien erst durch die Erfindung malfertiger Ölfarben in Tuben möglich wurde?
- Monet die Jahre des Deutsch-Französischen Kriegs 1870/71 in England verbrachte und dort den Kunsthändler Paul Durand-Ruel kennen lernte, der den Impressionismus maßgeblich förderte?
- der Maler nach 1890 in Giverny einen Teich anlegte, dessen Seerosen bis zu seinem Lebensende das beherrschende Motiv seiner Wasserlandschaften (paysages d'eau) werden sollten?
- Monet nach neueren Forschungen kurzsichtig gewesen sein, den Gebrauch einer Brille aber bewusst abgelehnt haben soll?

◀ Monets »Eisenbahnbrücke von Argenteuil« entstand 1873, ein Jahr nach »Impression, soleil levant«. Auch dieses Gemälde zeigt, wie die Impressionisten das moderne, alltägliche Leben zum Gegenstand ihrer Malerei machten; Paris, Musée d'Orsay.

▲»Le Moulin de la Galette«: In seinen impressionistischen Bildern fing Renoir das Momenthafte ein, den flüchtigen Eindruck von Sonne, Licht und Luft.

Was zeichnet »Le Moulin de la Galette« besonders aus?

Die souveräne Schilderung der Licht- und Schatteneffekte macht das 1876 entstandene Bild zu einem Hauptwerk des Impressionismus. Sonnenlicht scheint durch die dichten Baumkronen und wirft farbige Schatten auf Gesichter und Kleidung der vergnügten Gesellschaft. »Ein Schatten ist weder weiß noch schwarz, er hat immer Farbe«, erklärte Renoir. Auf den hellen Sommerkleidern sind sie bläulich und rosa, auf den dunklen Anzügen der Männer wechseln sie von Rot zu Braun. Die Linienführung spielt keine Rolle, die gestaltende Funktion übernimmt allein die Farbe.

Blieb Renoir Impressionist?

Um 1880 entwickelte Renoir Zweifel am Impressionismus. In Italien hatte er klar umrissene Figuren in den Fresken pompejanischer Villen und dem Werk Raffaels gesehen. Seine eigenen Bilder gefielen ihm nun nicht mehr. Später konstatierte er, 1883 habe es in seinem Werk einen Bruch gegeben. Ab da malte er keine atmosphärischen Schilderungen alltäglicher Szenen mehr. Für seine weiblichen Akte wählte er plastische Formen mit scharfen Umrissen nach dem Vorbild von Raffael und Ingres.

Was war Moulin de la Galette?

Moulin de la Galette hieß ein einfaches Gartenlokal, das auf dem damals noch unbebauten Montmartre-Hügel zwischen zwei stillgelegten Windmühlen lag. Ganz in der Nähe hatte Renoir – dank Charpentier – ein Häuschen und ein Atelier gemietet. Täglich mussten seine Freunde die große Leinwand von dort in das Lokal schleppen, denn Renoir malte vor Ort; zum Dank verewigte er sie auf dem Bild.

◀ Geplagt von Arthritis, malte Renoir (1841–1919) weiter – den Pinsel fest an die verkrümmte Hand gebunden.

Wie finanzierte Renoir sein Kunststudium?

Der Sohn eines Schneiders aus Limoges absolvierte in Paris zunächst eine Lehre als Porzellanmaler. Den Lohn für das Bemalen von Fächern und Vorhängen sparte er eisern, um mit 21 Jahren das Kunststudium beginnen zu können. Im Atelier des Salonmalers Gleyre lernte er Claude Monet und Alfred Sisley kennen und durchlief mit ihnen die künstlerische Entwicklung vom Realismus zum Impressionismus unter freiem Himmel in den Wäldern rund um Paris. Im Louvre fesselten Renoir vor allem die Werke der Maler des Rokoko.

Welche Motive wählte der Maler besonders oft?

Renoir porträtierte gern und oft seine Freunde und Kollegen. Das Bildnis von Alfred und Marie Sisley von 1868 zeigt in der Art der Darstellung der Personen die letzten Spuren des Einflusses des großen französischen Realisten Courbet. Häufiges Modell war in dieser Zeit auch seine Geliebte Lise. Auf der ersten Ausstellung der Impressionisten im Jahr 1874 zeigte der 33-Jährige das Bild »Die Loge«. Sein jüngerer Bruder Edmond und das Modell Nini Lopez hatten in seinem armseligen Atelier für das am Ende so vornehm wirkende Bild posiert. Schon hier zeigte sich Renoir als Meister der Darstellung weiblicher Schönheit.

Hatte der Maler Erfolg?

Auguste Renoir war kein radikaler Impressionist, weder im Stil noch in seiner Ausstellungspolitik. Nach drei erfolglosen Impressionistenschauen versuchte er 1879 sein Glück wieder im offiziellen Kunstsalon. Ein Porträt von Madame Charpentier mit ihren Kindern brachte ihm Erfolg und zahlreiche neue Aufträge als Porträtmaler.

Wussten Sie, dass ...

- sich Renoir im Deutsch-Französischen Krieg 1870 freiwillig zu einem Kavallerieregiment meldete?
- einer der drei Söhne von Aline und Auguste Renoir der berühmte Regisseur Jean Renoir war?
- das Bild »Le Moulin de la Galette« heute im Pariser Musée du Jeu de Paume hängt?

▼ Mit Aktbildern wie diesem fand Renoir in seinen späteren Jahren viele Anhänger: »Junge Badende« 1892.

▲Der Sühnetempel der »Sagrada Familia« wird nur durch Spenden finanziert – in einigen Jahrzehnten soll das 1882 begonnene Kirchenprojekt abgeschlossen werden.

Welche Bedeutung hatte das Projekt der »Sagrada Familia« für Gaudí?

Der geniale Architekt Antoni Gaudí y Cornet (1852–1926) hatte vor mehr als hundert Jahren die Bauleitung für die seither berühmteste Baustelle Barcelonas und das heutige Wahrzeichen der Stadt übernommen. Er widmete einen Großteil seines Lebens dem Traum, mit einem Sühnetempel die gesamte christliche Lehre in Stein zu bauen – als Ausdruck universaler Harmonie mit Gott. Weil sich Auftraggeber und Architekt verpflichteten, einen Sühnetempel zu bauen, der einzig und allein aus Spenden finanziert wird, ist der Bau bis heute nicht fertig gestellt worden.

Woran orientierte sich Gaudís Architektur?

Sein Lehrmeister war die Natur, die er nicht kopieren, sondern nach deren Gesetzen er in organischen Formen bauen wollte. Gaudí hatte nach einer Lehre als Kupferschmied in der aufstrebenden Großstadt Barcelona Architektur studiert. Ganz Katalonien war damals stark von einem neu erwachten Nationalismus geprägt. Damit verbunden war eine Verehrung der handwerklichen Kultur des Mittelalters, der großen Blütezeit des einst unabhängigen Katalonien. Gaudí griff diese Tendenz auf und setzte sie für die Entwicklung einer ganz neuen Art von Architektur ein.

Welche organischen Formen setzte Gaudí ein?

Gaudí entwickelte statt der Spitzbögen der Neugotik (die zur damaligen Zeit der moderne Trend war) parabelförmige Bogen, ersetzte neugotische Kapitelle durch pilzförmige Enden und entwarf Fassaden, die aus Haut, Knochen und Sehnen zu bestehen scheinen. Da Gaudí auch ein ausgezeichneter Konstrukteur war, fand er zu neuen, faszinierenden bautechnischen Lösungen: Anstelle des gotischen Systems der Strebepfeiler etwa, die er abfällig als »Krücken« bezeichnete, arbeitete er mit schräg gestellten Pfeilern, die sich »so wie der Baumstamm nach dem Gewicht des Laubwerks an seinen Ästen« in eine Richtung neigen.

War Gaudí ein Besessener?

Was die Sagrada Familia angeht, auf jeden Fall: In den letzten zwölf Lebensjahren bis zu seinem Tod am 7.6.1926 infolge eines Trambahnunfalls ließ er jede Peseta in seinen Kirchenbau fließen. Der am 25.5.1852 im katalonischen Reus geborene Antoni Gaudí y Cornet hatte Architektur in Barcelona studiert. Von den vielen Ideen, die seiner Besessenheit von neuen Formen in der Architektur entsprangen, konnte er nur weniges verwirklichen. Auch von der ursprünglich für 60 Villen geplanten Gartenstadt des Park Güell entstand nur ein kleiner Teil, der nichtsdestotrotz zu den beliebtesten Attraktionen Barcelonas zählt.

Die Pförtnerhäuschen im Park Güell in Barcelona ähneln farbenfrohen, steinernen Gewächsen.

Wer gab den Anstoß für den Bau der Kirche?

Die Idee kam von Josep María Bocabella, einem religiösen Buchhändler und Vorsitzenden einer Josefbruderschaft. 1881 beauftragte er den Architekten Francisco del Villar mit der Planung einer neugotischen Basilika. Nach Streitigkeiten wurde 1883 der erst 31-jährige Gaudí mit dem Weiterbau betraut. Gaudí erweiterte den Plan der Kirche zu einer fünfschiffigen Basilika mit insgesamt 18 Türmen. Nach Fertigstellung der von Villar begonnenen Krypta wandte er sich nach 1891 mit dem Bau der Apsis völlig von dessen Plänen ab. Nun entwickelte er – mit immer neuen Ideen und Plänen bis zu seinem Tod – einen Kirchenbau, der einzig in der Welt ist.

Welches Ziel verfolgte Gaudí mit dem Sakralbau?

Mittels organischer Formen sollte die gesamte christliche Lehre in Stein gebaut werden. Um einen 170 Meter hohen, zentralen Turm, der Christus symbolisiert, sind vier niedrigere Türme als Zeichen der vier Evangelisten gruppiert, ein weiterer über der Apsis steht für Maria. Je vier Türme über Haupt- und Seitenfassaden fügen sich zum Symbol der zwölf Apostel. Die Hauptfassade im Süden symbolisiert das Jüngste Gericht. Wände, Stützen und alle Details waren selbstredend »organisch« vorgesehen: als Felsstruktur, in Parabelform oder nach den täglich neuen Ideen des besessenen Architekten. Im Inneren wünschte Gaudí eine Empore für nicht weniger als 2200 Sänger. Vom Kreuzgang, den er umlaufend um die Kirche geplant hatte, um den Straßenlärm zu dämpfen, wurden nur zwei Portale ausgeführt. Auch von den vier Osttürmen war zum Zeitpunkt seines Todes erst einer vollendet.

Ist ein Ende der Bauarbeiten abzusehen?

Um die Mitte des dritten Jahrtausends, so heißt es heute, kann mit der feierlichen Einweihung gerechnet werden – wenn die Spendengelder aus aller Welt weiterfließen. Nach Gaudís unerwartetem Tod 1926 wurden die Arbeiten erst 1952 wieder aufgenommen. Der Bauleiter und Bildhauer Josep Subirachs kreierte nun in Gaudís Nachfolge die wenig überzeugenden Skulpturen der Westfassade mit der Passion Christi. Seither wächst langsam, aber sicher, der Rest der Kirche heran.

Wussten Sie, dass ...

- Gaudí in seiner Kindheit unter einer rheumatischen Erkrankung litt? Manche Biografen glauben, dass dadurch, dass der Sohn eines Kesselschmieds nicht mit anderen Kindern herumtoben konnte, sein Blick für die Natur geschärft wurde und damit auch schon der Grundstein für seinen späteren Architekturstil gelegt wurde.
- die katholische Kirche im Jahr 2000 ein Seligsprechungsverfahren für Gaudí eingeleitet hat?

Balkone wie knorpelartige Auswüchse, Wandflächen so bunt wie eine Frühlingswiese – die Fassade der Casa Batlló in Barcelona gestaltete Gaudí von 1904 bis 1906.

▲ Rodin ging es bei den »Bürgern von Calais« nicht um die pathetische Überhöhung des Heldenmuts, sondern um das allgemein Menschliche einer aussichtslosen Situation.

Auf welches Ereignis bezieht sich die Skulptur?

Im Laufe des Hundertjährigen Krieges zwischen England und Frankreich spielte die reiche Hafenstadt Calais eine wichtige Rolle. Nachdem der französische König Philipp VI. sie bereits aufgegeben hatte, leistete die Bürgerschaft den englischen Truppen ab Sommer 1346 erbitterten Widerstand. Die Belagerung dauerte ein Jahr, ehe die Vorräte der Stadt verbraucht waren und man zur Kapitulation bereit war. Englands König versprach, Calais zu schonen – unter der Bedingung, dass sechs der Edelsten barhäuptig, barfüßig und mit einem Strick um den Hals zu ihm kämen und ihm die Schlüssel der Stadt überreichten, bevor sie hingerichtet würden.

Sechs Patrizier der Bürgerschaft erklärten sich daraufhin bereit zum Opfertod, zogen sich bis aufs Hemd aus, legten sich einen Strick um den Hals und traten den Weg ins Feldlager der Engländer an. Als König Eduard sie dem Henker übergeben wollte, fiel die Königin vor ihm zu Boden, bat um Begnadigung der Männer und schenkte ihnen schließlich die Freiheit.

Was vermittelt Rodin in seiner Darstellung?

Rodin schildert in seinem 1884 bis 1886 entstandenen Werk weniger das historische Ereignis als vielmehr das allgemein Gültige eines Opfergangs, der entfernt an die Kreuztragung Christi erinnert. Wir sehen einzelne Gestalten, die sich allmählich zur Gruppe zusammenschließen und den Weg aus der Stadt antreten. Der Aufbruch bedeutet einen Abschied für immer. Aus den Gesichtern spricht Angst, Trauer und Verzweiflung. Ausgehungert und in langen, zerlumpten Büßerhemden vermitteln sie ein Bild der völlig verarmten Stadt Calais. Den Blick gesenkt, einen Strick um den Hals stehen sie wortlos wie vor dem Galgen, den sicheren Tod vor Augen.

Die Gruppe setzt sich aus sechs Männern unterschiedlichen Alters zusammen, die ihr schweres Schicksal individuell fühlen und ertragen und in ihrer eindrucksvollen Lebendigkeit differenzierte Charaktere ausbilden. Rodin hatte das Denkmal ausdrücklich ohne Sockel geplant, um jede Möglichkeit der heldenhaften Überhöhung zu vermeiden. Stattdessen zielte er bewusst auf das nachfühlende Erleben in nächster Nähe.

Wie sind die einzelnen Männer charakterisiert?

Was zunächst den Eindruck eines willkürlich zusammengesetzten Ensembles erweckt, das sich apathisch und unkoordiniert fortbewegt, ist bei genauerem Hinsehen das Ergebnis einer sorgfältig durchdachten Choreografie. Der greise, bärtige Eustache ganz in der Mitte der Gruppe stellte sich als Erster zur Verfügung. Es scheint, als habe er mit dem Leben bereits abgeschlossen: Gesenkten Hauptes sehen wir ihn hinter Jean d'Aire ste-

Existiert die Plastik von Rodins »Bürgern von Calais« nur einmal?

▲Der Bildhauer Auguste Rodin (1840–1917)

Nein, Rodins »Bürger von Calais«, die erst auf Ablehnung stießen, gab es dann bald in mehreren Abgüssen. So bat die englische Regierung um eine Bronzereplik, die 1913 am Themseufer vor dem Parlament aufgestellt wurde – als einen Akt der Versöhnung angesichts der erforderlichen Allianz mit Frankreich im bevorstehenden Ersten Weltkrieg. Weitere Abgüsse in Originalgröße gingen 1903 nach Kopenhagen, 1905 in den Schlosspark des belgischen Mariemont, 1925 nach Philadelphia, 1948 in den Ehrenhof des Basler Kunstmuseums, 1953 nach Washington, 1959 nach Tokio und 1967 nach Los Angeles. Rodins Werk, das bürgerliche Ideale anspricht, an den Gemeinschaftssinn und die Verantwortung des Einzelnen appelliert, hatte auf diese Weise wahrhaft globale Auswirkungen.

hen, der die Schlüssel der Stadt in Händen hält. Kräftig, stämmig und trotzig will der sich mit seinem Schicksal noch nicht abfinden. In seiner Haltung und Mimik klingt der stolze Widerstand der Bürgerschaft von Calais nach. Einen Augenblick noch wartet d'Aire, bis die Übrigen zu den beiden aufgeschlossen haben. Rechts hinter ihm folgen zwei Männer. Ihnen ist die schiere Verzweiflung anzusehen. Einer schreckt zurück und fasst seine Hände über dem Kopf. Der andere kann die Situation noch nicht begreifen. Wie in Trance schreitet er vorwärts und hebt – für uns nicht sichtbar – stumm gestikulierend seinen rechten Arm, während seine Linke – ebenfalls verdeckt – einen der Stadtschlüssel umfasst. Das Schlusslicht bilden zwei jüngere Männer, deren Ausdruck Ohnmacht und Empörung zeigen – sie hätten noch ihr ganzes Leben vor sich. Anrührend ist vor allem der schmerzerfüllte Ausdruck des Letzten, der sich noch einmal zu den Zurückbleibenden umwendet, ohne sie anzuschauen. Doch auch diese beiden drehen sich und folgen dem Zug der Todgeweihten.

Wussten Sie, dass …

- der berühmte Lyriker Rainer Maria Rilke von 1905 bis 1906 Rodins Sekretär war?
- Rodin Mitglied eines christlichen Ordens war? Als 1862 seine Schwester starb, traf ihn das so sehr, dass er dem Orden Pères du Saint-Sacrament beitrat. Dieser bewies jedoch Weitblick und stellte ihn sofort für den Rest seines Lebens für seine Künstlertätigkeit frei.

◀Zu den berühmtesten Arbeiten Rodins zählt »Der Kuss« (1886) – ein Meisterwerk der Empfindung und des Gefühlsausdrucks in Stein.

Moderne Kunst – der Weg in die Abstraktion

Zu Beginn des 20. Jahrhunderts entdeckten die Expressionisten Farbe und Form als Werte einer ausdrucksstarken Malerei. Einige gingen den Weg weiter zur Abstraktion. Dem Prinzip der Gleichzeitigkeit verschiedener Perspektiven folgend, fügten die Kubisten ab 1906 Grundformen zu neuen Motiven zusammen. Die Futuristen stellten durch eine Aneinanderreihung kubischer Formen Bewegung dar.

Den Ersten Weltkrieg verarbeiteten die Künstler unterschiedlich: expressiv oder im satirisch-kritischen Realismus der Neuen Sachlichkeit. Die Dadaisten führten die Fotocollage und das Prinzip des Zufalls in die Kunst ein. Einen Neuanfang wagte das Bauhaus in Weimar mit modernem Industriedesign. Das Unbewusste und den Traum als Quelle der Kunst entdeckten die Surrealisten 1924 in Paris. 1933 beendeten die Nationalsozialisten die Moderne in Deutschland. Wie auch in anderen totalitären Ländern sollte eine »realistische« Kunst den Staat und seine Ziele verherrlichen.

Nach dem Zweiten Weltkrieg erlangten erstmals die USA mit dem Abstrakten Expressionismus die Vorreiterrolle in der Kunst. Europa dagegen suchte die Inspiration für eine unverfälschte Kunst in den Malereien von Kindern oder Naturvölkern. Auch neue Materialien wie Sand, Staub, Gips oder Schwämme wurden von Künstlern genutzt. Die Pop-Art machte den US-amerikanischen Alltag zum Thema von Siebdrucken und Fotocollagen. Mit dem anschließenden Fotorealismus schienen alle Möglichkeiten der reinen Malerei ausgeschöpft zu sein. Neue Formen wie Aktionskunst und Landschaftskunst entstanden. Bei der Konzeptkunst war die künstlerische Idee wichtiger als das Kunstwerk selbst.

Die Malerei der 1980er Jahre griff im Zeichen der Postmoderne mit Georg Baselitz und den Neuen Wilden den gegenständlichen Expressionismus wieder auf. Zugleich begann die Auseinandersetzung mit den neuen Medien, etwa mit Neonschriften und Videoinstallationen.

◀ Ein Meisterwerk der modernen Architektur – die von dem britischen Architekten Norman Foster entworfene Glaskuppel über dem Berliner Reichstag

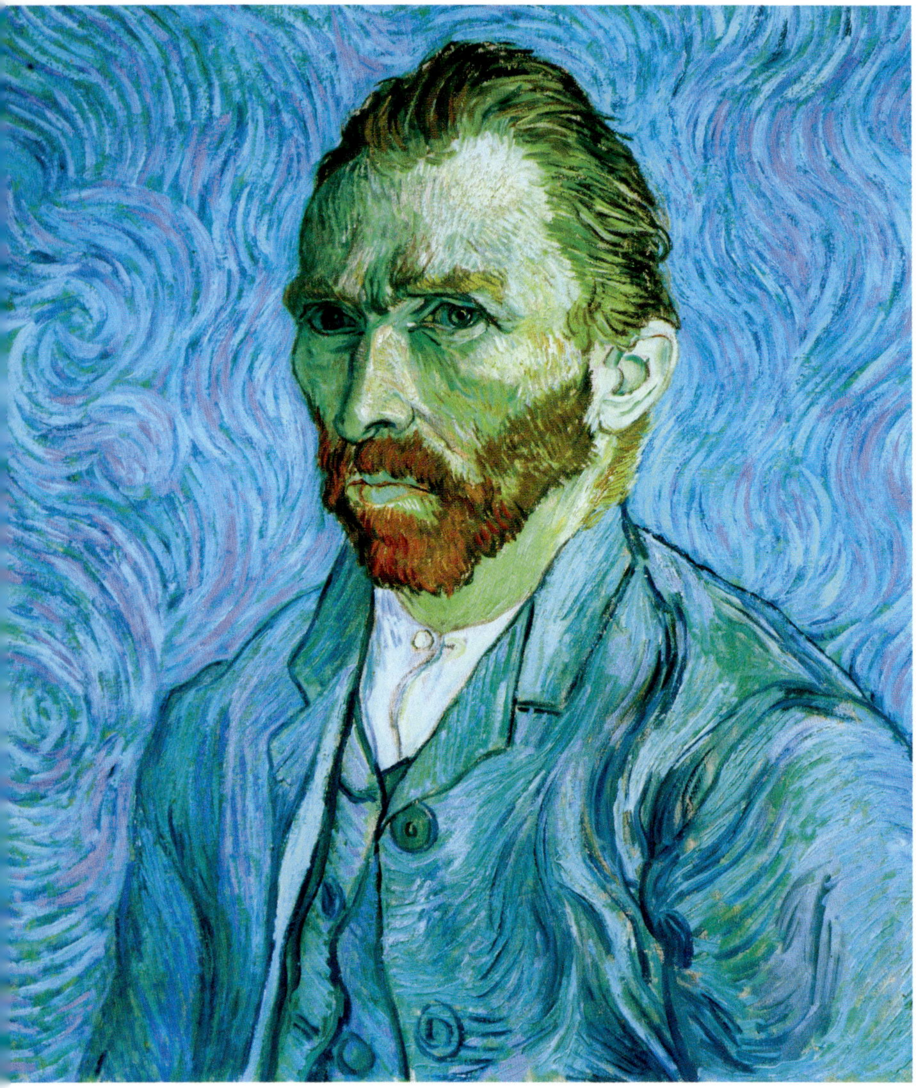

▲Im Selbstporträt von 1889 sind Farben und Form, Pinselstrich und Porträtierter zu einem Bildnis von höchster Intensität verknüpft; Paris, Musée d'Orsay.

Welche Ausbildung machte van Gogh zunächst?

Vincent, der Pfarrerssohn, begann mit 16 Jahren eine Lehre im ungeliebten Kunsthandel seines Onkels in Den Haag, später in London und Paris. Es folgten Anstellungen als Hilfslehrer und Buchhändler, eine abgebrochene Ausbildung zum Pfarrer und die erfolglose Bewerbung bei einer Missionarsschule.

Von einer Stelle als Prediger bei den Kohlegruben im belgischen La Borinage rief man ihn wegen seines fanatischen Eifers wieder ab. Aus Holland brachte er nervöse Erschöpfung und gefüllte Skizzenbücher mit Szenen aus dem armseligen Leben der Arbeiter zurück. In den folgenden Jahren malte van Gogh dort in einem dunkeltonigen Realismus bäuerliche Alltagsszenen wie die Darstellung der Kartoffeln essenden Bauern aus Nuenen.

Wie kam der Maler mit dem Impressionismus in Kontakt?

Im März 1886 zog van Gogh unangemeldet zu seinem jüngeren Bruder Theo, der in Paris als Kunsthändler arbeitete. Theo kümmerte sich von da an um ihn und machte ihn mit den Malern des Impressionismus bekannt. Camille Pissarro führte den jungen Holländer in die Freilichtmalerei ein. Im Atelier des Malers Cormon lernte er Henri de Toulouse-Lautrec und Émile Bernard kennen. Ein Förderer und Freund van Goghs wurde der Farbenhändler Père Tanguy, der etliche Bilder gegen Leinwand und Farbe in Zahlung nahm. Zwei Jahre verbrachte van Gogh in Paris und verarbeitete in Bildern wie den Stadtansichten die Anregungen des Impressionismus.

Was führte den Maler in die Provence?

Das Licht Südfrankreichs. Auf der Suche nach lichtdurchfluteten Landschaften reiste van Gogh im Februar 1888 in die Provence. In Arles malte er einige seiner berühmtesten Bilder: die Ansichten der Brücke von Langlois, Arles bei Sonne und beim Licht der Gaslaternen und die »Sonnenblumen«, die heute zu den teuersten Bildern der Welt zählen. Von seiner Sammlung japanischer Farbholzschnitte inspiriert, wählte er originelle Bildausschnitte, die das Hauptmotiv aus der Bildmitte verbannten und am Rand einfach abschnitten; außerdem arbeitete er mit starken Verkürzungen und einer flächigen Vereinfachung der Formen in leuchtenden Farben, die er durch Umrisslinien noch verstärkte.

Mit wem lebte van Gogh in Arles zusammen?

Im »Gelben Haus« richtete der Maler für seinen Freund Paul Gauguin, mit dem er eine Künstlerkolonie gründen wollte, ein Zimmer ein. Das Zusammenleben fand nach zwei Monaten ein dramatisches Ende. Aus Enttäuschung über Gauguins geplante Abreise in die Südsee wollte Vincent vermutlich zunächst mit dem Messer auf ihn losgehen und schnitt sich dann

An welcher Krankheit litt der Wegbereiter der modernen Malerei?

▲ Der junge Vincent van Gogh (1853–1890) auf einer Fotografie aus dem Jahr 1872

Vermutlich handelte es sich bei van Goghs Krankheit um eine psychische Erkrankung, auch wenn die Ärzte in der Nervenheilanstalt von Saint-Rémy Epilepsie diagnostizierten. Halluzinationen und Depressionen prägten van Goghs Leben nach seinem ersten Anfall. Da sich diese Phasen immer wieder mit Zeiten ekstatischer Schaffensfreude abwechselten, vermuten heutige Psychiater eine bipolare affektive Störung, auch als manisch-depressive Erkrankung bekannt.

Nach einem Besuch bei dem Bruder Theo in Paris, wo es zu Differenzen über Vincents wirtschaftliche Situation kam, zog der Maler im Mai des Jahres 1890 nach Auvers-sur-Oise zu dem Arzt und Kunstsammler Dr. Paul Gachet. Hier konnte er sich frei bewegen und malte etliche Meisterwerke wie das Bild der Kirche von Auvers. Am 27. Juli nahm er sich eine Waffe mit aufs Feld, das er kurz zuvor noch gemalt hatte, und schoss sich in die Brust. Er starb zwei Tage später.

wohl selbst ein Stück seines Ohres ab. Gauguin verließ noch am gleichen Abend Arles und van Gogh wurde ins Hospital eingeliefert.

Was tat der Maler in Saint-Rémy?

Van Gogh begab sich 1889 freiwillig in die Nervenheilanstalt in Saint-Rémy und blieb dort, völlig unzureichend behandelt, ein Jahr. Noch heute kann man in diesem Ambiente die Motive seiner Bilder aufspüren wie das Atelier und den Innenhof des Hospitals. In den Bildern aus Saint-Rémy erscheint ein neuer Pinselduktus, Spiegelbild seines aufgewühlten Inneren. Die Zypressen wirken wie züngelnde Flammen, die Olivenbäume scheinen ebenso zu leiden, wie er es tat: Die Hoffnung, geheilt zu werden, wurde enttäuscht, Anfälle und Halluzinationen nahmen zu.

Wie lässt sich das Selbstbildnis in van Goghs Werk einordnen?

In Saint-Rémy malte van Gogh sein vorletztes Selbstporträt. Schonungslos und unsentimental zeigt es sein Leiden und seine Verzweiflung. Ernst, fast feindlich schaut sein hageres Gesicht aus dem Bild. Auch hier ist der für ihn charakteristische, dynamische Pinselstrich zu erkennen und wie so oft arbeitet van Gogh mit den kontrastierenden Primärfarben.

38 Bildnisse hat der Künstler insgesamt von sich gemalt, immer war es eine Erforschung des eigenen Wesens. Inneres Erleben und Geschautes, Vision und Expression fielen in seinen Bildern zusammen, fanden Ausdruck in heftiger Farbigkeit, die zum Teil direkt aus der Farbtube auf die Leinwand gestrichen wurde.

Wie wirkte das Werk van Goghs weiter?

Die Expressivität seiner Bilder sollte neben Cézannes Werk und Gauguins Arbeiten den Weg bereiten für die Malerei der Moderne. Die Sensibilität des zutiefst leidenden Menschen schwingt bis heute in seinen Werken nach.

◀ Unter einem blauen Sternenhimmel erstrahlt die hell erleuchtete Terrasse des Cafés an der Place du Forum in Arles – mit kraftvollen Farben fing der Künstler 1888 Lichtstimmung und Atmosphäre ein.

Wusssten Sie, dass …

- sich der Maler durch seine zahlreichen Selbstporträts die Kosten für ein Modell sparen wollte?
- die Bilder van Goghs, heute die teuersten auf dem Kunstmarkt, zu seinen Lebzeiten unverkäuflich die Wohnung seines Bruders Theo in Paris verstopften?

▲Mit seinem Bild »Der Schrei« von 1893 gelang Munch ein tief berührender Ausdruck von Angst und Entsetzen; Oslo, Munch-Museet.

Was ist auf dem Bild des Norwegers zu sehen?

Schräg zieht sich eine dunkle Brücke tief in das Bild hinein, unter ihr dunkelblaues Wasser. Der Himmel färbt sich im Abendrot in leuchtenden Farben. Ganz vorn auf der Brücke steht ein Mädchen, dem Betrachter zugewandt. Sie hat die Hände an den Kopf gelegt und schreit, schreit laut mit weit aufgerissenem Mund – oder ist es ein lautloser, erstickter Schrei in letzter Ausweglosigkeit?

»Der Schrei« entstand 1893 nach einem Spaziergang mit einem Freund: »An einem Abend ging ich auf einem Weg. Auf der einen Seite lag die Stadt, unter mir der Fjord. Die Sonne ging gerade unter, die Wolken färbten sich rot wie Blut. Ich empfand das alles wie einen Schrei, der durch die Natur ging. Ich glaubte, einen Schrei zu hören. Ich malte die Wolken wie richtiges Blut, die Farben schrien.«

Welchen Stellenwert hat das Gemälde in der Kunstgeschichte?

Munchs Bild zählt zu den berühmtesten Bildern der Kunstgeschichte. Es hat seit seiner Entstehung nicht an Faszination verloren und fesselt selbst zu Beginn des 21. Jahrhunderts noch den Blick des Betrachters. Das Bild schildert den Zustand von Angst und Entsetzen. Es tut dies mit aller Heftigkeit und zugleich auf eine Weise, die ohne jedes Pathos auskommt. Munch konfrontiert uns mit einem Schrei, der seine gesamte Bildwelt durchzieht; die Welt als solche scheint einzig psychisches Erleben. Körper, Holzbrücke, Wasser und Himmel, alles ist verzerrt, gezogen und verschlungen zu einer einzigen Aussage: dem Schrei. Die arabesken Linien und Formen werden noch intensiviert durch die Farbe. Kräftige, kontraststarke Töne spiegeln die entsetzliche Angst; nicht Gegenstandsfarben, sondern vor allem Schwarz mit Orange und Blau in einem kräftigen Komplementärkontrast symbolisieren Entsetzen. Der Betrachter des »Schreis« kann nicht anders als zusammenzuschrecken vor der ausweglosen Dramatik einer offengelegten Seele.

Wie autobiografisch ist das Werk?

Edvard Munchs Bilder sind malerische Verarbeitungen persönlicher Erlebnisse oder psychologischer Grenzsituationen, wie er sie

Wussten Sie, dass …

- eine Liebesbeziehung des Malers zu Tulla Larssen 1902 damit endete, dass Munch angeschossen wurde? Er verletzte sich dabei an der linken Hand.
- Munchs Bearbeitungen des »Schreis« als Lithografie und Radierung heute zu den wichtigsten Druckgrafiken der Moderne zählen?
- die Gemälde »Der Schrei«, von dem es mehrere Versionen gibt, und »Madonna« 2004 aus dem Munch-Museum in Oslo gestohlen wurden? Sie sind im August 2006 nahezu unbeschädigt wieder aufgetaucht.

seit seiner Kindheit erlebte. Er wuchs in Kristiania, heute Oslo, in einer protestantischen Arztfamilie einflussreicher Wissenschaftler und Künstler auf. Als er fünf war, starb seine Mutter, elf Jahre später auch seine Schwester Sophie an Tuberkulose. Sein Vater litt unter Depressionen und starb ebenfalls früh. Die beherrschenden Themen von Munchs frühen Bildern waren Krankheit und Tod. »Das kranke Kind« malte er 1885 und wiederholte es noch mehrfach als Radierung und Lithografie. Streng komponiert, liegt das Gewicht des Bildes auf dem Ausdruck der Gefühle, es markiert in seiner Vereinfachung Munchs Abkehr vom Naturalismus – nicht die direkte Darstellung der Wirklichkeit interessiert ihn fortan, sondern das subjektive Erleben.

▲Menschen laufen die »Karl-Johan-Straße an einem Frühlingsabend« entlang – auch Alltagsszenen wie diese von 1899 haben bei Munch stets etwas Beängstigendes.

Welchen Sujets widmete sich Munch außerdem?

Den Maler beschäftigte vor allem auch das Thema der weiblichen Sexualität. Edvard Munch hatte ein äußerst ambivalentes Verhältnis zu Frauen. Er schwankte zwischen der Anerkennung der weiblichen Persönlichkeit und dem Gefühl, ihr durch seine sexuellen Bedürfnisse ausgeliefert zu sein.

»Pubertät«, das Bild eines Mädchens, das sich seiner Sexualität bewusst wird, malte er 1894. Das Mädchen ist keine Verführerin, es hat Angst und ist verunsichert. Sexualität und Angst – das Verhältnis von Mann und Frau als Bedrohung sind immer wiederkehrende Motive des Künstlers. Das Bild »Pubertät« gehörte wie die verführerische »Madonna« und der »Schrei« zum Lebensfries, einer seit 1892 ständig erweiterten Werkgruppe.

Wie ließ sich der Maler am Oslofjord inspirieren?

Seit 1889 verbrachte Munch viele Sommer in dem kleinen Fischerort Asgårdstrand am Oslofjord, wo er eine kleine Hütte besaß. 1902 malte er vier kleine Mädchen, die ihm bei einem Spaziergang in ihren Sonntagskleidern aufgefallen waren. Auch dieses Thema beschäftigte ihn längere Zeit. 1920 etwa variierte Munch das Bild mit den kleinen Mädchen am Strand für ein Wandgemälde der Osloer Schokoladenfabrik Freia.

Was für ein Leben führte der norwegische Maler?

▲Das Selbstbildnis Edvard Munchs (1863 bis 1944) entstand im Jahr 1895.

Munchs Biographie ist geprägt von schöpferischen Höhenflügen und deprimierenden Abstürzen. Nach den Katastrophen seiner Kindheit – dem Tod der Mutter und der Schwester – litt Munch wie sein Malerkollege van Gogh an einer manisch-depressiven Erkrankung. Nach einer ersten Ausbildung in Oslo ging Munch nach Paris, wo er durch die Symbolisten stark geprägt wurde. Ausstellungen in seiner Heimatstadt verliefen recht erfolgreich.

1892 zeigte Munch seine Bilder in Berlin. Wegen heftiger Proteste des konservativen Publikums wurde die Ausstellung schon nach einer Woche wieder geschlossen. Der Skandal verhalf dem Maler aber zu einer gewissen Berühmtheit. Nach einem weiteren Paris-Aufenthalt und Reisen durch Europa übersiedelte Munch 1909 nach Norwegen. Als er 1944 starb, vermachte er seine Bilder seiner Heimatstadt Oslo. Im 1963 eröffneten Munch-Museum sind sie bis heute zu sehen.

▲Im Museum für Toulouse-Lautrec in Albi hängt heute das Pariser Bild »Im Salon in der Rue des Moulins« (1894).

Warum malte Toulouse-Lautrec so viele Bordellszenen?

Weil das Moulin Rouge, die Bordelle und die Varietees am Pariser Montmartre sein zweites Zuhause waren. Mit großem Einfühlungsvermögen schilderte Henri Graf de Toulouse-Lautrec (1864–1901) in seinen Gemälden, Zeichnungen und Lithografien die Nachtansichten der Belle Époque. Die Prostituierten mochten den stets vornehm gekleideten »Zwerg vom Montmartre«, weil er sie ohne Vorurteile respektierte, und gestatteten ihm auch intime Einblicke.

Auch der »Salon« in der Pariser Rue des Moulins war ein Bordell. Seit 1892 quartierte sich Toulouse-Lautrec immer wieder in Bordellen ein, um dort die Prostituierten zu zeichnen. Auch für dieses Bild, das auf dem Höhepunkt seines Erfolges entstand, machte er mehrere Monate lang Studien.

Der Empfangsraum des Bordells ist pompös im orientalischen Stil mit üppig vergoldeten Wandspiegeln und einer roten Sofalandschaft ausgestattet. Die Pracht wirkt allerdings schon etwas abgenutzt und auch die Damen, die gelangweilt auf dem Sofa auf Kundschaft warten, sind nicht mehr die Jüngsten. Im Vordergrund sitzt die schöne Mireille, deren alternden Körper Toulouse-Lautrec durch den leichten Stoff ihres Rockes durchscheinen lässt. Neben Mireille, aufrecht und korrekt gekleidet wie eine Karikatur der Anständigkeit, sitzt Madame, die Geschäftsführerin des Etablissements.

Wie kam es zu dem Spitznamen »Zwerg vom Montmatre«?

▲Stets vornehm gekleidet: Henri Marie-Raymond de Toulouse-Lautrec-Monfa

Weil nach zwei schlecht ausgeheilten Oberschenkelbrüchen im Alter von 14 und 15 Jahren seine Beine verkrüppelt blieben und ihm zeit seines Lebens ein zwergenhaftes Aussehen gaben. Doch Toulouse-Lautrec hatte in anderer Hinsicht Glück. Er wurde 1864 in Albi geboren und wuchs in Paris auf, wo seine Eltern sein großes Zeichentalent nach Kräften förderten. Toulouse-Lautrec malte im Stil des Impressionismus und zeigte ein Talent für Karikaturen. Von 1886 bis 1897 unterhielt Toulouse-Lautrec ein Atelier am Montmartre. Anders als viele seiner Kollegen war er durch seine Familie finanziell abgesichert. Er besuchte regelmäßig die Cabarets, Theater und Varietees und fand dort die Motive seiner Bilder. Sein unstetes Leben forderte allerdings einen hohen Tribut: Toulouse-Lautrec war alkoholabhängig und erkrankte an Syphilis. 1899 wurde er in eine Klinik in Neuilly gebracht, zwei Jahre später starb er.

Welche Absicht verfolgte der Künstler mit seinen Bildern?

Toulouse-Lautrec wollte mit seinen Zeichnungen und Bildern nicht zuletzt Verständnis für das Leben am Rande der Gesellschaft wecken – zumindest, soweit es Tänzerinnen, Prostituierte und Bohemiens betraf. Durch seine Verkrüppelung war er selbst eine Art Ausgestoßener geworden. Und im Lauf seines Lebens driftete er immer weiter in die Pariser Halbwelt ab. Seine Alkoholkrankheit war nur eine Folge davon.

◀Die Gouache »Junges Mädchen im Atelier« ist ein Beispiel für die einfühlsamen Porträts aus der Hand des Künstlers.

Welche anderen Kunstwerke schuf der Maler neben seinen Gemälden?

Er malte Werbeplakate. Für seinen Freund, den Sänger Aristide Bruant, zeichnete Toulouse-Lautrec Liederhüllen und später auch Plakate. Als 1889 das berühmte Moulin Rouge in Paris eröffnete, wurde er auch hier ein häufiger Gast. Für einen Auftritt der bekannten Tänzerin La Goulue mit ihrem Partner Valentin »dem Knochenlosen« schuf er 1891 sein erstes Plakat in der Technik der Lithografie. Der Tänzer im Vordergrund und die Zuschauermenge im Hintergrund sind hier zu dekorativen Silhouetten reduziert, dazwischen erscheint als Blickfang hell erleuchtet im künstlichen Licht die virtuos gezeichnete Tänzerin. Mit diesem Plakat wurde Toulouse-Lautrec über Nacht zu einer Berühmtheit. Nach dem großen Erfolg bestellten viele Künstler Plakate direkt bei Toulouse-Lautrec. So auch die gefeierte Pariser Sängerin Jane Avril, die bei ihren Tänzen unschicklicherweise ihre Unterröcke zeigte (und mit Toulouse-Lautrec liiert war). Auch bei den Plakaten kamen Toulouse-Lautrecs Gespür für die Stimmung eines Ortes und das Flair des Augenblicks sowie seine Fähigkeit, gnadenlos und zugleich einfühlsam das Lebensgefühl seiner Zeitgenossen zu schildern, zur Geltung. Sie beeinflussten viele Künstlerkollegen nachhaltig in ihrer Arbeit.

Wussten Sie, dass ...

- einer der berühmtesten Künstler, der später an Toulouse-Lautrecs Studien der unteren sozialen Schichten anknüpfen sollte, Picasso war?
- Toulouse-Lautrec sich für seine Lithografien von den Malern Edgar Degas und Paul Gauguin sowie von japanischen Holzschnitten inspirieren ließ?
- Fernand Cormon, ein Lehrer Toulouse-Lautrecs, auch Vincent Van Gogh als Schüler hatte?

▲Cézanne suchte nach künstlerischen Mitteln, um das Wesen des Gesehenen einzufangen. Eines seiner beliebtesten Studienmotive war der Bergzug hinter Aix-en-Provence, der »Montagne Sainte-Victoire«; Sankt Petersburg, Eremitage.

Wieso schuf Cézanne so viele Bilder dieses Berges?

Weil es ihm nicht um eine Ansicht der Landschaft, sondern um das Wesen des dargestellten Motivs ging. Der Montagne Sainte-Victoire ist ein zentrales Thema in Cézannes Spätwerk, über 60 Mal hat er ihn gemalt. Das hier abgebildete Gemälde von 1896 zeigt uns den Blick des Malers durch die grünen Zypressen über den ockerfarbenen Steinbruch, in dem er eine Hütte für seine Malutensilien besaß, auf den bläulich schimmernden Kalkstein des Bergmassivs. Cézanne beschränkte sich auf wenige Farben: auf Blau, Ocker, Grün und Rot – die Farben der Provence. Mit einem breiten Pinsel trug er sie in einer Vielzahl von Nuancen in einem oft quälend langsamen Malprozess auf.

Bereits den Impressionisten ging es nicht mehr darum, ein fotografisch genaues Bild einer Landschaft zu produzieren. Cézanne ging noch einen Schritt weiter: Er analysierte die Landschaft und zerlegte sie in ihre Formbestandteile. Diese Formen setzte er in einer festen Struktur, die das Bild erstarrt wirken lässt, zusammen. Wie durch Kristalle schimmert das Licht durch die farbigen Formen, eine eindeutige Lichtquelle gibt es nicht mehr.

Welche Wirkung wollte er durch die Reduktion der Formen erzielen?

Um den Impressionismus »zu etwas Dauerhaftem zu machen«, fügte Paul Cézanne in seine Bilder eine ganz neue räumliche Struktur ein. Im Jahr 1886 malte er das erste Stillleben, in dem er verschiedene perspektivische

Ansichten miteinander verband. Im Garten seines Hauses entstanden viele Versionen der »Badenden«, die neben den Bildern des Sainte-Victoire sein künstlerisches Vermächtnis werden sollten. Durch die starke Vereinfachung und Reduzierung auf geometrische Formen versuchte der Künstler, eine allgemein gültige Darstellung von menschlichen Körpern in einem klar strukturierten Raum zu schaffen.

Im April 1904, zwei Jahre vor seinem Tod, hatte Cézanne dem jungen Emile Bernard geschrieben, man könne eigentlich alle Formen der Natur auf Zylinder, Kugel und Kegel zurückführen. Diese mehr mathematische als künstlerische Theorie wurde von Pablo Picasso und Georges Braque aufgegriffen und in die Tat umgesetzt – Cézanne war dadurch zum Wegbereiter für eine der wichtigsten Strömungen des 20. Jahrhunderts geworden, den Kubismus.

Wie verlief seine künstlerische Entwicklung?

Seine frühen, dunkeltonigen Bilder zeigen deutlich das Vorbild des Romantikers Delacroix und des Realisten Courbet. In seiner Zeit in Auvers-sur-Oise lief er jeden Tag drei Kilometer nach Pontoise, um dort unter der geduldigen Anleitung von Camille Pissarro unter freiem Himmel mit immer helleren Farben zu malen. Pissarro war neben Renoir der Einzige, der Cézannes großes Talent erkannt hatte; nur auf dessen Fürsprache hin durfte

◀ Das Motiv der »Alten Frau mit Rosenkranz« von 1895/96 scheint schlicht, doch sind Komposition und Farbwahl das Ergebnis eines lange durchdachten Malprozesses des Künstlers; London, National Gallery.

Cézanne an der ersten Impressionistenausstellung teilnehmen. Die Kritiken waren vernichtend, und nachdem er auch auf der Ausstellung 1877 nur mit Spott überhäuft wurde, zeigte der Künstler seine Bilder fortan nur noch Freunden und Kollegen.

Nachdem er im November des Jahres 1881 nach Aix zurückgekehrt war, löste sich Cézanne in den nun folgenden Jahren immer mehr vom Impressionismus. In seinen Bildern von der provenzalischen Landschaft, von Boulespielern und in seinen Stillleben gelang ihm eine neue Seh- und Malweise, in der Form und Farbe, abgelöst von jeder gegenständlichen Bedeutung, zu einem autonomen Ausdruck fanden.

Wussten Sie, dass ...

- sich Paul Cézanne nur in seiner Heimat, der südfranzösischen Provence, wirklich wohlfühlte?
- er nicht mehr erlebte, wie seine formalen Erkenntnisse die Kunstgeschichte prägten? Erst 1908 schufen Picasso und Braque unter Berufung auf Cézanne die ersten kubistischen Bilder.

Wurde Cézanne zu Lebzeiten anerkannt?

▲ Paul Cézanne gehörte zu den Malern, die um 1900 der Moderne den Weg bereiteten.

Nein. Paul Cézanne, im Jahr 1839 in Aix-en-Provence geboren, studierte zunächst Jura und arbeitete in der Bank seines Vaters. Erst 1862 begann er in Paris das Studium an der privaten Académie Suisse, um sich auf die Aufnahmeprüfung der Kunstakademie vorzubereiten. Hier lernte er Maler wie Degas, Monet, Renoir und Camille Pissarro kennen, blieb jedoch durch sein bäuerliches Auftreten unter den Künstlern ein Außenseiter. Erfolg mit seinen Bildern hatte Cézanne nicht. Von der Jury des Salon, der offiziellen Kunstausstellung in Paris, wurden sie abgelehnt und auch die Aufnahme an die Akademie der Schönen Künste schaffte er nicht.

1872 zog Cézanne nach Auvers-sur-Oise, 1881 nach Aix, 1902 an den Chemin des Lauves mit Blick auf den geliebten Sainte-Victoire. Die »Großen Badenden« waren sein letztes Bild, bevor er am 22. Oktober 1906 an den Folgen eines Schlaganfalls verstarb.

▲Das in der Südsee entstandene symbolhafte Gemälde »Contes Barbares« von 1902 erzählt in leuchtenden Farben vom Leben; Essen, Museum Folkwang.

Was ist auf dem Bild zu sehen?

Zwei fast nackte junge Polynesierinnen blicken melancholisch aus dem Bild. Das schwarzhaarige Mädchen hat seine Beine überkreuzt wie bei einer der Buddhastatuen, die Gauguin von Fotos kannte. Einige wenige exotische Blumen wachsen im Vordergrund, den Hintergrund bilden Bäume und Pflanzen mit üppigen rosa Blüten. Am linken Bildrand kauert ein hellhäutiger, rothaariger Mann, der eine Hand nachdenklich unter das Kinn gelegt hat. Er trägt die Gesichtszüge des Malers Meyer de Haan, der mit Gauguin in der Bretagne gemalt hatte. Die beiden Mädchen und der Mann schweigen. Es ist Gauguin, der die »Contes Barbares« erzählt: Sagen aus dem vergangenen Leben im Einklang mit der Natur. Das Bild entstand 1902 bei Gauguins zweitem Aufenthalt in Tahiti, ein Jahr vor seinem Tod. Den flächigen und farbenreichen Malstil hatte er schon früher entwickelt, in Pont-Aven, als er sich vom Impressionismus löste.

Wie kam Gauguin zum Symbolismus?

Gauguin, der zunächst vom Impressionismus fasziniert war, entwickelte nach der Rückkehr von seinem Panama-Aufenthalt – nicht zuletzt unter dem Einfluss japanischer Farbholzschnitte – den Malstil, den er bis zu seinem Tod beibehalten sollte: reine leuchtende Farben, die nicht mehr der Gegenstandsfarbe entsprechen, flächige Formen, betont durch dunkle Konturen. Nicht die Impression eines flüchtigen Augenblicks in der Natur wollte er einfangen (wie die Impressionisten), seine Bilder sollten das Innere des Menschen zeigen. Farbe ist für ihn symbolisierende Kraft, alles Dargestellte ist Symbol, Vision, soll Imagination wecken und Meditation bewirken und verweist zugleich auf Gedanken- und Glaubenswelten, auf die vielfältigen Beziehungen zwischen Mensch und Natur.

Bei der Weltausstellung 1889 faszinierte Gauguin der Pavillon der französischen Kolonien und sein Wunsch, in die Südsee zu reisen, wurde immer stärker. Um die Reise zu finanzieren, ließ er 30 Bilder versteigern, für stolze 10 000 Franc, wie er seiner unversöhnlichen Frau berichten konnte.

Wie wurde der Börsenmakler zum Maler der Wilden?

▲Der französische Maler Paul Gauguin (1848 bis 1903) in einem Selbstporträt von 1898

Noch in den 1870er Jahren arbeitete Paul Gauguin bei einem Börsenhändler in Paris. Er war verheiratet, hatte bereits vier der später fünf Kinder und sammelte Bilder der Impressionisten. Nach dem Börsenkrach von 1882 entschied er, sich nur noch der Malerei zu widmen. Seine Frau kehrte mit den Kindern nach Dänemark zurück. Ein erster Vorstoß in die Wildnis war 1887 eine Reise nach Panama. Erst 1891 kam der Maler in die Südsee. Nach der enttäuschenden Rückkehr nach Paris ging er 1893 endgültig nach Papeete.
Auf der Marquesas-Insel Hiva Oa baute er sich sein letztes Domizil, das er Maison de la Joie, »Haus der Freude«, nannte und mit Reliefs nackter Mädchen ausstattete. Hier erreichte ihn 1900 das Angebot des Kunsthändlers Ambroise Vollard, ihm für monatlich 300 Franc alle Bilder abzukaufen. Am 8. Mai 1903 starb Gauguin in seiner Hütte und wurde auf dem katholischen Friedhof von Hiva Oa begraben.

Wann reiste Gauguin erstmals in die Südsee?

Im April 1891 schiffte sich Gauguin in Marseille ein und kam im Juni in Papeete an. Statt eines Paradieses erwartete ihn jedoch eine durch Kolonialismus zivilisierte Gesellschaft. Gauguin blieb ein Außenseiter, der beobachtete und malte. Später zog er nach Mataiea, 40 Kilometer weiter landeinwärts. Hier verbrachte er mit der jungen Polynesierin Tehà amana, die für viele seiner Bilder Modell saß, eine glückliche Zeit. Gauguin malte sehr viel, verkaufte jedoch nichts. Geldmangel, der Beginn der Syphilis-Erkrankung und Alkoholismus setzten dem Maler zunehmend zu.

Wie nahm man die neuen Bilder in Paris auf?

1893 reiste Gauguin mit seinen Bildern und Skulpturen nach Paris, erfüllt von der Überzeugung, dort Lob und Anerkennung zu ernten. Seine Ausstellung traf zwar auf großes Interesse, viele urteilten jedoch vernichtend. Enttäuscht und verbittert verließ er Paris nach zwei erfolglosen Jahren für immer.

Zurück in Papeete, malte er in den folgenden Jahren trotz seiner Krankheit und seines Elends viele melancholische und träumerische Meisterwerke wie die »Contes Barbares« – jedes Bild ein weiterer Beleg für seine Suche nach der Reinheit einer ursprünglichen Welt.

Wie wirkte Gauguins Werk weiter?

Die dekorativ-symbolistischen Bilder des französischen Malers beeinflussten viele Künstler: darunter die Fauves, die »Neuen Wilden«, mit Henri Matisse, André Derain und Maurice de Vlaminck, die nun den Eigenwert der Farbe in den Mittelpunkt rückten. Auch die Expressionisten der »Brücke«, die mit der Verwandlung und Expression von Farbe experimentierten, stehen bis zu einem gewissen Grad bei Gauguin »in der Schuld«.

Wussten Sie, dass …

- der Maler in seiner Kindheit mit seiner Mutter vier Jahre in Peru verbracht hatte?
- sich der Maler bei einer Schlägerei den Knöchel verletzte, eine Verletzung, die nie mehr richtig heilte?
- Gauguins Werk 1906 in einer Retrospektive in Paris ausgestellt wurde und nun die Kunstwelt in Begeisterung versetzte?
- die Nachfahren der Tochter Tahiatikaometa, die ein Jahr vor Gauguins Tod zur Welt kam, noch heute auf der Südseeinsel Hiva Oa leben?

▼Gauguins Gemälde »Vision nach der Predigt – Jakobs Kampf mit dem Engel« von 1888; Edinburgh, National Gallery of Scotland

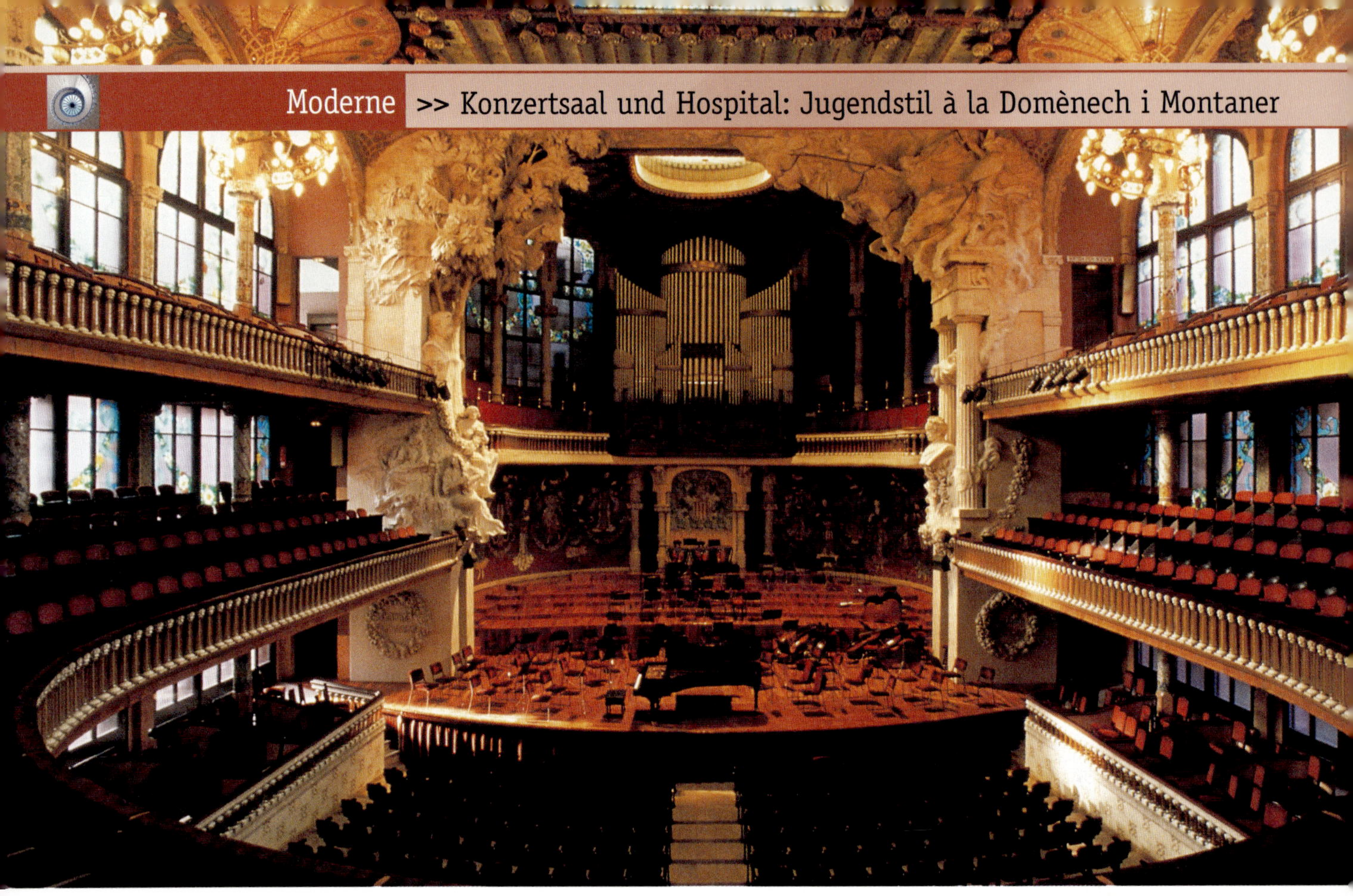

▲ Die Konzerthalle Palau de la Música Catalana in Barcelona wurde von 1905 bis 1908 erbaut. Das Bild zeigt die Innenansicht des Großen Konzertsaals.

Gegen welchen Baustil wandte sich Domènech i Montaner?

Wie der katalanische Architekt der *Art nouveau*, Antoni Gaudí, so profilierte sich Lluís Domènech i Montaner (1850–1923) mit seiner Architektur als Gegenpol zu den historisierenden Stilen des 19. Jahrhunderts. Im weltoffenen Barcelona stieß derartige Baukunst auf besonders fruchtbaren Boden, auch und gerade, weil sie es ziemlich bunt trieb. Als Bauleiter ließ Domènech i Montaner die Bauwerke mit einer Fülle an Zierrat versehen.

Was ist in den Gebäuden zu sehen?

Im Musikpalast empfängt den Besucher ein Farbenmeer aus Mosaiken aus den Händen von Luís Bru i Salellas – so die Allegorie der Musik an der Bühnenrückwand des Konzertsaals – sowie Skulpturenschmuck von Eusebi Arnau i Mascort und die Buntglasfenster von Antoni Rigalt i Blanch im Konzertsaal.

Das Hospital de la Santa Creu i Sant Pau (erster Bauabschnitt 1900–1911) überwältigt unter anderem mit der großen Treppe der Haupthalle des Verwaltungspavillons und der dortigen Gewölbeverglasung von Antoni Rigalt i Blanch sowie mit der dreischiffigen Halle (Sala d'Actes). Beeindruckend ist auch die Gartenanlage.

Wie ist der Konzertsaal gestaltet?

Domènech i Montaners Palau de la Música Catalana, der katalanische Musikpalast, besitzt eine monumental-polychrome Schale. Mosaiken, Arkaden, Säulen voller Bruchkeramik und die von Miquel Blay entworfene Skulpturengruppe »Das volkstümliche Katalanische Lied« sind die Ouvertüre des Gebäudes.

Wer nutzt den Konzertsaal?

Bis zu 2000 Besucher pro Auftritt, eine halbe Million pro Jahr, nehmen regelmäßig hier Platz, um Wohlklängen aus Klassik, Rock oder Jazz zu lauschen. Die Akustik gilt als perfekt, die Liste der Aufgetretenen liest sich wie ein »Who's who« der Musikgeschichte, von Herbert von Karajan bis Daniel Barenboim, von Plácido Domingo bis Montserrat Caballé.

Dahinter verbirgt sich der in ein Farbenmeer aus Buntglasfenstern getauchte Konzertsaal mit außerordentlich reicher Ornamentik und schwebender Leichtigkeit.

Durch die Flut an orange-blau-gelben Glaselementen der umgekehrten Kuppel, einem Zwanzigzentnerwerk von Antoni Rigalt i Blanch, tropft das Licht auf Künstler wie Zuhörerreihen hinab. Beiderseits des katalanischen Wappenmosaiks lugen aus dem Halbrund der Bühne farbige Frauengestalten hervor, die auf Leier, Violine, Flöte, Dudelsack und Laute Melodien erklingen lassen, die zum Hören nah scheinen. Darüber fliegen Wagners Walküren in ihrer steinernen Plastizität heran. Und überall scheint die Natur üppig zu gedeihen: auf Kapitellen und mosaikverzierten Pflanzensäulen zur Straße hin, als Blumenflor und Girlanden auf Glasfenstermotiven oder als Blütenstände aus Rosen, die sich reliefartig über die Decke des Konzertsaals ziehen.

Wie präsentiert sich die Eingangshalle des Hospitals?

Wenn ein Kranker die Eingangshalle des Hospitals de la Santa Creu i Sant Pau betritt und den Kopf in den Nacken legt, sieht er eine rosafarbene Kuppelwelt, und sein Blick bleibt an einem gläsernen Leuchter haften, der aus den farbigen Höhen herabhängt und jedem pompösen Opernhaus zur Ehre gereichen würde. Glaubt man sich schon auf der falschen Bühne des Lebens, entdeckt man den Hinweis auf den Wartesaal für die Notaufnahme, und unterdessen rauscht draußen ein Ambulanzwagen vorbei.

Wie unterscheidet sich das Krankenhaus von anderen Kliniken?

Hier ist manches anders als in landläufigen Kliniken: ein Krankenhaus, das als Gesamtkunstwerk kolorierte Frische statt Sterilität zu bieten hat. Der in mehr als ein Dutzend große Pavillons gegliederte Komplex ist ein avantgardistisches Kleinod.

Wie wird das Krankenhaus heute genutzt?

Noch heute anästhesieren, operieren und bandagieren Krankenschwestern, Pfleger und Ärzte in einer Kulisse aus Backsteinbauten mit Schmuckeinlagen und Mosaiken, aus Pavillons mit verschnörkelten Türmchen und gekachelten Kuppeln in Blau und Gelb, in Grün und Orange. Von der Geburt bis zum Tod trägt das Leben einen gesunden Teint – Entbindungsstation und Pathologie sind gleichermaßen bunt dekoriert.

Wussten Sie, dass …

- der Konzertsaal von katalanischen Textilindustriellen in Auftrag gegeben worden war?
- der Krankenhauskomplex mit Geldern aus dem Nachlass des Bankiers Pau Gil errichtet werden sollte? 1911 ging das Geld aus, als gerade ein Viertel der geplanten Gebäude fertiggestellt war.
- beide Gebäude 1997 zum UNESCO-Weltkulturerbe ernannt wurden?

◄Eine bunte Mischung aus mittelalterlichen und arabischen Formen prägen den Jugendstilkomplex des von Lluís Domènech i Montaner ab 1900 errichteten Hospital de Santa Creu i Sant Pau.

▲Weiträumig wirkt die von einem Milchglasdach überwölbte Schalterhalle der Wiener Postsparkasse.

Was ist typisch für Otto Wagners Bauten?

In den Arbeiten des großen Wiener Architekten Otto Koloman Wagner spiegelt sich die Entwicklung der Architektur vom Historismus über den Jugendstil zum Funktionalismus wider. Sein letzter großer Bau, die Postsparkasse in Wien, ist ein Meisterwerk im Streben nach Vereinfachung der schönen und praktischen Form.

Mit welchen Bauten begann der Architekt seine Karriere?

In den ersten Jahren dominierten bei Wagner die Entwürfe für Mietshäuser, ob nun in der Stadiongasse oder der Universitätsstraße. 1892 gewann Wagner den Wettbewerb für einen Generalregulierungsplan für Wien und wurde mit der Durchführung beauftragt.

Plante Otto Wagner mehr als er wirklich baute?

▲Otto Wagner (13.7.1841 bis 11.4.1918) gilt als Wegbereiter des modernen Bauens.

Ja – wobei er diese Erfahrung mit vielen Architekten teilt. Wagner entwickelte Entwürfe für zahlreiche Projekte in seiner Vaterstadt Wien, darunter ein technisches Museum, einen Neubau für die Kunstakademie oder Bauten für verschiedene Ministerien. Nichts davon wurde verwirklicht. Erfolgreich war Wagner dagegen mit Werken wie seiner Postsparkasse und der Kirche am Steinhof, mit verschiedenen Wohnhäusern und natürlich seinen theoretischen Schriften.

Wagner studierte Ingenieurwesen am Wiener Polytechnikum und Architektur an der Akademie der bildenden Künste in Wien. Als Gewinner eines Wettbewerbs wurde er künstlerischer Kommissionsbeirat und lieferte großartige Entwürfe für die Wiener Stadtbahn und den Donaukanal.
Seine erste Ehe mit Josefine Domhart verlief unglücklich, private Erfüllung fand er, nach der Scheidung, mit seiner zweiten Frau, Louise Stiffel.

◄Die Hauptfassade der Postsparkasse: sachlich, linear, geometrisch. Geflügelte Frauenfiguren aus Aluminium säumen das Dach.

Aus diesem Projekt wurden jedoch nur das Schleusenhaus in Nussdorf und die Stadtbahn (Wientallinie) realisiert. Äußerlich zwar noch in das florale Formenkleid des Jugendstils gehüllt, ist der in diesem Kontext entstandene Stadtbahnhof Karlsplatz eigentlich ein modernes Bauwerk mit Kern aus einem Stahlskelett.

Wie beschrieb Wagner seine künstlerische Idee?

Sein Idealbild von der Tätigkeit des Architekten präsentierte Wagner in der Antrittsvorlesung anlässlich seiner Ernennung zum Professor an der Akademie der bildenden Künste. Er forderte die Vereinigung von Architektur und Ingenieurbauwesen zu einer Baukunst, die heute unter den Begriff des Funktionalismus fallen würde. Es ging ihm um die Zusammenfassung von Fassade, Funktion und Bautechnik – oder darum, wie er es formulierte, »Form und Motive aus Zweck, Konstruktion und Material herauszubilden«. Statt dem Historismus mit seinen Mischungen aus verschiedenen Stilen zu frönen, forderte er eine neue, zeitgemäße Baukunst: sachlich, funktionell und in ausgewogenen Proportionen.

Wie fügt sich die Postsparkasse in Wagners Schaffen ein?

Das Werk markiert Wagners Hinwendung zum Linearen, zur geometrischen Gestaltung und zur Rationalität: Die Hauptfassade ist von schlichter Monumentalität und zeugt vom Verzicht Wagners auf traditionelle Bauornamentik. Die riesige Fassade wird seitlich durch deutlich betonte Fensterachsen gegliedert, in der Mitte erhebt sich der zentrale Baukörper mit Balkon und Vordach über dem Eingang. Die gesamte Fassade ist mit Marmorplatten verblendet, die mit bronzenen Bolzen geschickt befestigt wurden. Diesen teilweise gerillten, rechteckigen und gewölbten Bolzen ließ der Architekt Aluminiumköpfe aufsetzen. Dabei variiert der Beschlag zwischen Mittelbau und Seitenflügel durch die Dichte der gesetzten Beschläge, die nicht nur zweckmäßiges Bauelement, sondern zugleich Dekor sind. Die Kränze und die aus Aluminium gefertigten Frauengestalten, die in ihren Händen Kränze halten, sind hingegen ein »klassischer« Bauschmuck auf dem Dachaufbau.

Welche Rolle spielt das Licht in der Planung?

Das Licht ist ein wichtiger Faktor der Gesamtplanung. Das Gebäude wurde so angelegt, dass vier Innenhöfe zur Belichtung der Büros und der schönen Treppen dienen. Die Schalterhalle, die Wagner bis ins kleinste Detail selbst gestaltete und einrichtete, ist einer der schönsten öffentlichen Räume in Wien. Wieder verzichtet der Architekt auf Ornamente aus der Architekturgeschichte und erzielt die harmonische Raumwirkung durch das Zusammenspiel schlichter Schmuckformen. Die Lichtwirkung ist von größter Ausgewogenheit und zugleich funktionell angelegt: Das einfallende Licht scheint durch das gewölbte Milchglasdach in die Halle und von dort weiter durch die Glasbausteine im Boden in die darunterliegenden Räume.

Wusssten Sie, dass …

- Otto Wagner gelegentlich von seinen eigenen Vorgaben abrückte? Bei der Wehr- und Schleusenanlage in Nussdorf verzierte er die Brückenköpfe mit Löwen und Laternen anstatt auf nüchterne Sachlichkeit zu achten.
- Wagner sogar Möbel, Heizkörper und Lichtschalter der Postsparkasse selbst entwarf?
- das Gebäude der Postsparkasse 2003–2005 umfassend saniert wurde? Dabei stand die Rückführung auf die vom Architekten beabsichtigte Gestalt im Vordergrund.

▲»Der Kuss« zählt bis heute zu den beliebtesten Gemälden der Kunstgeschichte; Wien, Österreichische Galerie im Belvedere.

Welche Bedeutung hat Gustav Klimt?

Gustav Klimt war der Begründer und Hauptvertreter des Jugendstils der Wiener Künstlerbewegung der Sezession. »Der Kuss« entstand in seiner so genannten goldenen Periode, in der er Elemente der byzantinischen Mosaikkunst aus Ravenna aufgriff.

Wie wird der Kuss auf dem Gemälde dargestellt?

Eng umschlungen kniet ein Paar auf einem Blütenteppich. Der Mann hält den Kopf der Frau in seinen Händen und küsst sie auf die Wange. Die Frau schmiegt sich eng an ihn und legt ihren Arm um seinen Hals. Klimt hat in dem 1908 gemalten Bild in einer für ihn typischen Weise verschiedene räumliche Ebenen vermischt. Durch die Gewänder der Küssenden ist ein großer Teil des Bildes mit Blattgold bedeckt. Diese goldene, reich mit abstrakter Ornamentik geschmückte Fläche ist zweidimensional, ebenso der Blütenboden und der nicht näher charakterisierte Hintergrund. Nur die unbedeckten Gesichter sowie die Hände und Füße der Küssenden sind dreidimensional dargestellt.

Was bedeuten die Ornamente?

Die Gegenüberstellung von plastischer Körperhaftigkeit und linear-dekorativen Elementen ist typisch für Klimts Werke aus den Jahren 1900 bis 1910. Die Schönheit der Frau und die Kraft des Mannes – seit der Antike ein klassischer Gegensatz – spiegelt sich auch in der Ornamentierung: Der Umhang des Mannes ist mit rechteckigen, strengen Formen verziert, das Kleid der Frau mit weichen fließenden Blütenmotiven. Als symbolisch aufgewertetes Motiv war der Kuss ein typisches Bildthema von Symbolismus und Jugendstil in der Zeit nach 1900, in der vor allem Sexualität, Liebe und Tod die Künstler beschäftigten.

Wie verlief Klimts künstlerische Entwicklung?

Der Maler begann seine künstlerische Laufbahn in den 1880er Jahren mit Wandgemälden im Stil des gefeierten Historienmalers Makart. Bis 1880 entstanden etwa die Ausmalungen im Kurhaus und Theater in Karlsbad und im Treppenhaus des Wiener Burgtheaters.

Klimt löste sich Anfang der 1890er Jahre unter dem Einfluss des Symbolismus vom Historismus. Er machte sich als Porträtmaler mit ornamental-flächig aufgefassten Bildnissen von Damen aus der Wiener Gesellschaft einen Namen. Landschaften malte er dagegen selten, aber auch bei ihnen wird die Tendenz zu mosaikhafter, flächiger Ornamentik deutlich.

Wie reagierten die Zeitgenossen auf Klimts Werke?

Der Künstler sah sich bis kurz vor seinem Tod heftigen Anfeindungen ausgesetzt. So führten seine 1901 bis 1903 entstandenen Deckenbilder für das Universitätsgebäude in Wien zu öffentlichen Protesten und kosteten Klimt die schon sicher geglaubte Professur. Die symbolischen Darstellungen von Jura und Philosophie galten als unpassend, die Darstellung einer nackten Schwangeren zum Thema Medizin wurde als obszön beschimpft.

Was wurde am »Beethovenfries« kritisiert?

Auch Klimts »Beethovenfries« wurde mit Unverständnis aufgenommen, einige Kritiker bezeichneten ihn als gemalte Pornografie. Für die Ausstellung der Sezession 1902 war ein Gesamtkunstwerk mit dem Gebäude Josef Olbrichs, der Beethovenstatue Max Klingers und Klimts Fries zu Beethovens Neunter Symphonie geschaffen worden. Schon hier findet sich in der Schlussszene das Motiv des sich umarmenden Paares und noch einmal begegnet man ihm im Palais Stoclet in Brüssel, einem Gebäude des Sezessionisten Josef Hoffman, das Klimt von 1905 bis 1909 ausschmückte.

◄Körper und Ornament sind eins in Klimts »Judith II« von 1909; Venedig, Galleria d'Arte Moderna.

Wussten Sie, dass ...

- die Deckenbilder, die Klimt für die Universität Wien angefertigt hatte, 1945 im Zweiten Weltkrieg verbrannten?
- Klimt einen unehelichen Sohn hatte, den für seine Nazi-Propagandafilme (z. B. »Heimkehr« von 1941) bekannten Regisseur Gustav Ucicky?
- der österreichische Architekt und Kunsttheoretiker Adolf Loos einer der schärfsten Kritiker Klimts war? Die Verwendung von Ornamenten in der Kunst bezeichnete er als »Verbrechen«.

Welche Ausbildung erhielt der spätere Gründer der Sezession?

▲Gustav Klimt, Hauptvertreter des Wiener Jugendstils, in einer Aufnahme von 1910

Gustav Klimt (1862–1918) war der Sohn eines verarmten böhmischen Goldschmieds. 1876 bis 1882 studierte er an der Wiener Kunstakademie und arbeitete dann für den Maler und Dekorationskünstler Hans Makart. Er begründete 1897 gemeinsam mit 18 Gleichgesinnten die Wiener Sezession – die österreichische Variante des Jugendstils – und wurde ihr Präsident. Zwar blieb Klimt die ersehnte Universitätsprofessur versagt, aber als Porträtist des jüdischen Großbürgertums hatte er durchaus auch finanziellen Erfolg. Der Maler blieb unverheiratet, hatte aber zu verschiedenen Frauen – unter anderem zu Alma Mahler-Werfel und Emilie Louise Flöge – erotische Beziehungen.

Gustav Klimt starb an einer Lungenentzündung als Folge eines Schlaganfalls im Kriegsjahr 1918 – kurz vor dem Ende des Österreich-Ungarischen Reiches, in dem er gelebt hatte. Er ist auf dem Hietzinger Friedhof in Wien begraben.

▲Ländliche Idylle im Stil des Kubismus: Braques »Häuser und Bäume« aus dem Kunstmuseum Bern verdeutlichen den Übergang von der gegenständlichen zur abstrakten würfelartigen Form.

Was bedeutet Kubismus?

Der Kubismus führt seine Objekte auf geometrische Grundformen zurück, zerlegt sie und fügt sie in flächigen Kompositionen wieder zusammen. Das Wort leitet sich vom lateinischen »cubus« (Würfel) ab. Der französische Maler Georges Braque (1882–1963) gehört, neben Pablo Picasso, zu den Begründern dieser Richtung. Der Kubismus, im ersten Jahrzehnt des 20. Jahrhunderts entstanden, stellt eine wesentliche Voraussetzung für die Entwicklung der abstrakten Malerei dar.

Wie begann Braques künstlerische Laufbahn?

Er absolvierte zunächst ein paar Kurse in Kunstschulen und arbeitete vorerst als Dekorationsmaler. Zu Beginn des neuen Jahrhunderts zog er von Le Havre, der Stadt seiner Jugend, nach Paris. In den Malklassen der Pariser Académie Humbert erfuhr er eine geregelte Ausbildung. In Museen studierte er griechische und ägyptische Skulpturen und die Impressionisten. 1904 bezog er ein eigenes Atelier. Unter dem Einfluss der »Fauves«, der »Wilden« um Henri Matisse, begann er, Bilder im neuen Stil des Fauvismus zu malen.

Welches Erlebnis brachte den Maler zum Kubismus?

Im Jahr 1907 kam es zu einer entscheidenden Begegnung mit Picasso. Zunächst hatte Braque wirtschaftlichen Erfolg und verkaufte alle Bilder, die er in einer Ausstellung präsentiert hatte. Darüber hinaus gewann er die Aufmerksamkeit des Kunsthändlers Daniel-Henri Kahnweiler, der eine wesentliche Rolle in seiner Entwicklung spielen sollte. Kahnweiler machte ihn mit dem avantgardistischen Dichter Guillaume Apollinaire bekannt, der ihn wiederum Picasso vorstellte. In dessen Atelier sah Braque das gerade entstandene Bild »Les Demoiselles d'Avignon«. Es verwirrte und faszinierte ihn zugleich. Das Bild, das fünf weibliche Aktfiguren mit maskenhaften Köpfen zeigt, läutete die Geburtsstunde des Kubismus ein. In Abwendung von der leuchtenden Farbigkeit des Fauvismus änderte Braque seine Malweise radikal. Er und Picasso sollten in den nächsten Jahren in einer Art Wettstreit und regem Gedankenaustausch den neuen Stil intensivieren und weiterentwickeln.

Wie sah die Kritik Braques erste kubistische Gemälde?

Der Kritiker Louis Vauxcelles schrieb eine denkwürdige Rezension über Braques Ausstellung in der Galerie Kahnweiler: »Braque ist ein wagemutiger junger Mann. Das verwirrende Beispiel von Picasso und Derain hat ihn erkühnt ... Er missachtet die Form und reduziert alles, Orte, Figuren und Häuser, auf geometrische Schemata, auf Kuben.«

Braques erste kubistische Gemälde, darunter auch »Häuser und Bäume«, waren 1908 während eines Aufenthalts in der ländlichen Idylle von L'Estaque entstanden, wo schon Cézanne Inspiration gesucht hatte. Der Pariser Herbstsalon lehnte die Werke ab, Kahnweiler stellte sie aus.

Wussten Sie, dass ...

- sich Georges Braque 1915, im Ersten Weltkrieg, eine Kopfverletzung zuzog, die ihm bis 1917 die Arbeit unmöglich machte?
- Braque, trotz angeschlagener Gesundheit, zwischen 1949 und 1956 noch die Serie »Ateliers« mit acht Ölgemälden realisierte?
- der Künstler 1963, wenige Monate vor seinem Tod, in 27 Lithografien die Arbeiten des französischen Dichters René Char illustrierte?

Was sind die wesentlichen Elemente von »Häuser und Bäume«?

Das Bild setzt sich aus wenigen elementaren Motiven und einfachsten Flächen und Formen zusammen. Braques Farbspektrum ist hier auf Ocker- und Grüntöne beschränkt, das Blau des Himmels fehlt bei diesem wie auch bei fast allen anderen Darstellungen der Landschaft von L'Estaque völlig. Das passt zur motivischen Konzentration auf Bäume und Häuser, die darüber hinaus mit ihrer hellen und dunklen Farbgebung nicht den Gesetzen von Licht und Schatten folgen. »Schraffierungen«, wie sie schon Cézanne anwandte, mildern die Härte der Kanten der kubischen Bildelemente. So erschuf Braque eine sehr dichte und kraftvolle Komposition.

Wie entwickelte Braque seinen Stil weiter?

In der Folgezeit entfernte sich Braque immer weiter von der seit der Renaissance geltenden Perspektive und machte auch die normalerweise verborgenen Seiten eines Gegenstandes sichtbar. Er wandte sich zunehmend dem Stillleben zu, während sich Picasso stärker mit dem Figürlichen beschäftigte. Der musikalisch begabte Braque erweiterte das kubistische Repertoire um Musikinstrumente und integrierte zudem mit der Schablone gezeichnete Buchstaben und Zahlen. Und er experimentierte mit Sand und Sägemehl, das er den Pigmenten beimischte. 1912 widmete er sich mit seinen Papiers Collés der Collagetechnik: Tapetenstücke, Zeitungsausschnitte, Stofffetzen, Etiketten und andere »Alltagsreste« werden mit in die Komposition aufgenommen.

▲Georges Braque – hier um das Jahr 1950 in seinem Pariser Atelier – begründete zusammen mit Pablo Picasso den Kubismus. Als Braque 1963 in Paris stirbt, ist er ein Klassiker der Moderne, mit großen Ausstellungen in aller Welt gefeiert.

◀Der spanische Maler Juan Gris (1887–1927) ist ein weiterer Künstler des Kubismus: Stillleben mit Gitarre und Obstschale; Basel, Kunstmuseum.

▲Ein erotischer Akt mit überraschender, expressiver Farbwahl: »Das Mädchen unter dem Japanschirm«, Düsseldorf, Kunstsammlung Nordrhein-Westfalen.

Welche Bedeutung hatte Kirchner für den Expressionismus?

Ernst Ludwig Kirchner (1880–1939) war die führende Persönlichkeit der »Brücke«, der ersten deutschen Künstlergruppe des Expressionismus. Diese Vereinigung postulierte einfache Formen, klare Farben und unmittelbaren Gefühlsausdruck als zentrale Ansprüche an die Kunst. Kirchners Werke zählen zu den kraftvollsten Schöpfungen des Expressionismus.

Was war das Besondere am Selbstverständnis der »Brücke«?

Die Begründer Ernst Ludwig Kirchner und seine Studienfreunde Erich Heckel, Karl Schmidt-Rottluff und Fritz Bleyl verstanden ihren Zusammenschluss als Lebens- und Arbeitsgemeinschaft. Im September 1906 zogen sie in ein Ladenlokal in der Dresdner Altstadt ein und statteten es mit selbst gebauten Möbeln aus. Erst im Jahr zuvor hatte Kirchner sein Architekturstudium an der Technischen Hochschule in Dresden abgeschlossen. Gemeinsam malten die Freunde in der Natur rund um Dresden, gerne an den Moritzburger Seen. Dabei entwickelten die in ihrer Gemeinschaft eng verbundenen Künstler einen kollektiven Malstil, der sich sowohl am Neoimpressionismus Vincent van Goghs und Paul Gauguins als auch an den Pariser Fauves (die »Wilden«) um Henri Matisse orientierte. Schon bald schufen die Maler Landschaften, Badeszenen und Zirkusmotive in einem flächigen, auf reinen Farben aufgebauten Malstil, der sich nicht am Naturvorbild, sondern am Ausdruckswert der Farbe orientierte. Ursprünglich und unmittelbar sollte ihre Kunst sein, leidenschaftlich, aggressiv und ausdrucksstark – der Beginn der expressionistischen Malerei.

Wussten Sie, dass ...

- Kirchner das Programm der »Brücke« als Holzschnitt gestaltete?
- die Nationalsozialisten Ernst Ludwig Kirchners Bilder ächteten? 639 seiner Werke wurden beschlagnahmt, einige davon 1937 als »entartete Kunst« ausgestellt.
- der Künstler sich am 15. Juni 1938 in seinem Haus im Davoser Tal erschoss? Eines der Motive war das Entsetzen über den Umgang Deutschlands mit seiner Kunst.

Welche Folgen hatte der Militärdienst für Kirchner?

Zu Beginn des Ersten Weltkriegs meldete er sich freiwillig zum Militärdienst. Im September 1915 wurde er nach einem Zusammenbruch freigestellt und in ein Sanatorium gebracht. Die Angst wieder eingezogen zu werden, lähmte ihn regelrecht. Nach seiner Genesung ließ er sich im Davoser Tal in der Schweiz nieder. Die Sommer verbrachte er auf der Staffelalp und widmete sich seinem neuen großen Themenbereich, den grandiosen Alpen und dem naturverbundenen Leben der Davoser. Nun überarbeitete er viele seiner alten Gemälde und datierte sie vor, um seinen Führungsanspruch in der »Brücke« zu belegen.

Welche Gestaltungselemente bestimmen das »Mädchen«?

Kirchners bevorzugtes Motiv in seiner Dresdner Zeit war der erotische weibliche Akt, so auch bei diesem Bild aus dem Jahr 1909. Das Bild lebt ganz durch die Farbe, sie ist gemäß der Ideen der »Brücke« von der Form und dem realen Vorbild befreit und spricht eine eigene, lebhafte Sprache. So ist die Haut des Mädchens gelborange, die Schatten darauf sind rosa, blau und grün. Die Farben werden in breiten Flächen aufgetragen und durch dunklere Konturen zusätzlich betont. Kirchner und seine Kollegen von der »Brücke« arbeiteten wie ihre Vorbilder van Gogh und Gauguin mit Komplementär-Kontrasten, um die Leuchtkraft der Farben in ihren Bildern zu steigern. Solche Kontraste entstehen, wenn eine der reinen Farben Rot, Gelb oder Blau mit einer Mischung aus den anderen beiden kombiniert wird: also Rot mit Grün, Gelb mit Violett und Blau mit Orange.

Wie seine Mitstreiter war Kirchner leidenschaftlich an außereuropäischer Kunst interessiert, man schätzte deren vermeintlichen Ausdruck des Ursprünglichen – der japanische Schirm spiegelt dieses Interesse.

◀Die aufgewühlte innere Befindlichkeit Ernst Ludwig Kirchners, der 1915 während des Militärdienstes einen Zusammenbruch erlitt, spiegelt die Atmosphäre der expressionistischen Stadtansicht »Roter Turm in Halle« (um 1915, Detail) wider; Essen, Museum Folkwang.

Hatte die »Brücke« öffentlichen Erfolg?

Ja, und zwar erstmals in Berlin, wohin Kirchner den anderen Mitgliedern der »Brücke« im Oktober 1911 gefolgt war. Die hektische Atmosphäre der Großstadt mit ihrem Verkehr, dem Nachtleben und den sozialen Gegensätzen brachte für die »Brücke«-Maler viele neue Anregungen, die jeder von ihnen auf eigene Weise in seinen Werken verarbeitete. Kirchner begann in Berlin Straßenszenen mit mondänen Halbweltdamen in einem neuen Malstil mit kurzen, heftigen Farbstrichen und zugespitzten Formen zu malen. Er versuchte, die Hektik Berlins in Form und Farbe umzusetzen, bevorzugt in schrillen Kontrasten von kaltem Rot, Lila, Blau und Grün.

1912 fand die erste umfassende Präsentation der Gruppe und eine Einzelausstellung von Kirchner statt. Bei der zweiten Ausstellung der Münchner Künstlergruppe »Blauer Reiter« [→ S. 231] war die »Brücke« mit ihrer Druckgrafik vertreten. Vor allem der Holzschnitt entsprach ihrer Vorstellung von einer urtümlichen handwerklichen Kunstform.

1913 kam es zur Auflösung der »Brücke«. Der Anlass war eine von Kirchner verfasste Chronik der Vereinigung – Heckel, Schmidt-Rottluff und Otto Mueller warfen ihm vor, seine eigenen Verdienste zu stark betont zu haben.

◀Ernst Ludwig Kirchner in dem Porträt »Der Freund« (1917) von Erich Heckel, der wie er zur »Brücke« gehörte

▶ Intensive Farben und ausdrucksstarke Bewegung: Emil Noldes Ölgemälde »Tanz um das Goldene Kalb« von 1910 zählt zu den Meisterwerken des deutschen Expressionismus; München, Pinakothek der Moderne.

Wie begann Noldes künstlerische Entwicklung?

Während seiner Zeit als Lehrer in der Schweiz, ab 1892, beschäftigte sich Nolde intensiv mit der zeitgenössischen Malerei. Es entstanden erste künstlerische Arbeiten, vor allem Landschaftsaquarelle, deren Anerkennung es ihm bald ermöglichte, als freischaffender Maler zu arbeiten. Nolde ging nach München, bildete sich weiter. Größere Erfolge erlangte er ab 1906, als er sich vorübergehend der »Brücke« anschloss, der in Dresden gegründeten Vereinigung expressionistischer Künstler. Das Unmittelbare, Unverfälschte, das die »Brücke«-Maler verfochten, war auch Noldes künstlerisches Ziel. Er suchte die Tiefe des Gefühls in seinem Schaffen.

Die verschiedenen figürlichen Kompositionen und Naturdarstellungen lassen bereits deutlich erkennen, dass die leuchtende, kontrastreiche Farbigkeit zum elementaren Ausdrucksmittel seiner Malerei werden sollte. Sein Stil zeigt das Holzschnittartige, das für die Künstler des deutschen Expressionismus so charakteristisch ist, bei Nolde aber auch Ausdruck seiner Ausbildung zum Holzbildhauer.

Wie beurteilte die Kirche Noldes religiöse Bilder?

Die Kirche konnte mit Noldes seit 1909 entstandenen religiösen Bildern lange nichts anfangen. Der Maler verknüpfte darin Ekstase, Exotik, expressionistische Ausdruckskraft und christliche Religiosität zu einer sehr eigenwilligen Darstellung biblischer Themen. Doch für Nolde war der Glaube eine unmittelbare, sehr subjektive Offenbarung, die seine Bilder vermitteln sollten.

Wussten Sie, dass ...

- der Schriftsteller Siegfried Lenz in seinem berühmten Roman »Die Deutschstunde« (1968) Emil Nolde ein literarisches Denkmal gesetzt hat? Die Romanfigur des Malers Max Ludwig Nansen geht auf Emil Nolde zurück. Die bitteren Jahre des Künstlers in der NS-Zeit fanden hier ihren literarischen Niederschlag.
- das Nolde-Museum in Seebüll in dem 1927 vom ihm selbst entworfenen, ehemaligen Wohnhaus des Künstlers untergebracht ist?

Wie wurde aus Emil Hansen Emil Nolde?

▲Emil Nolde war einer der führenden Vertreter des deutschen Expressionismus.

Emil Nolde (1867–1956), eigentlich Hansen, stammte aus einem Dorf in Nordschleswig. Der Name des Dorfs: Nolde. Seit 1902 nannte sich Emil Hansen also Nolde.
Als Bauernkind und viertes von fünf Geschwistern lernte er die harte Arbeit auf dem Land kennen, absolvierte dann eine Lehre als Holzbildhauer, arbeitete als Schnitzer und Zeichner in Möbelfabriken und schließlich als Lehrer an der Kunstgewerbeschule in Sankt Gallen. Er war schon Mitte 30, als sich sein immenses künstlerisches Potenzial offenbarte. Mit seinen Landschaften, Porträts, Blumenbildern und nicht zuletzt den religiösen Motiven wurde er zu einem führenden Vertreter des deutschen Expressionismus.
Überzeugt vom überlegenen Wert der »germanischen Kunst«, sympathisierte er stark mit dem Nationalsozialismus, zog sich aber 1941 verbittert zurück, als die Nazis seine Bilder als »entartete Kunst« einordneten.

Welche Motive bestimmen den »Tanz« ?

Der entfesselte und rauschhafte Tanz der vier exotischen Frauenfiguren vor dem goldenen Standbild des Stieres wirkt wie ein »heidnisches« Motiv, das an antike oder »primitive« Riten erinnert. Ekstase und Rausch waren für Nolde, der selbst leidenschaftlich tanzte, grundlegende Elemente des Tanzes. Diese dionysische, abgründige Seite des Tanzes, die den Tänzer zu seinen tiefsten Empfindungen und in die selbstvergessene Trance führt, stellte er in mehreren Bildern dar.

Inspiriert wurde Nolde dabei von der damals modernen Bewegung des Ausdruckstanzes. Der Maler, der mit Mary Wigman (1886–1973) und anderen Tanzpionierinnen seiner Zeit befreundet war, hat diesen Einfluss immer wieder bestätigt. In seinem »Tanz um das Goldene Kalb« äußert sich ganz unmittelbare, ursprüngliche und sinnliche Religiosität, zu der auch die erotischen Anklänge des Bildes keinen Widerspruch bilden.

Welche Funktion haben Form und Farbe im »Tanz um das Goldene Kalb«?

Darstellungen wilder Tänze finden sich bei Nolde seit 1909, als er die »Wildtanzenden Kinder« malte. Im »Tanz um das Goldene Kalb« ist die Farbe noch freier und ungestümer aufgetragen. Auch das Kleinteilige, typisch Impressionistische, das die frühen Bilder noch prägte, ist hier zugunsten einer Konzentration auf einfache, kraftvolle Formen und wenige leuchtende Farben verschwunden.

Die vier Frauen, die stampfend umherwirbeln, sind umgeben von schemenhaft angedeuteten Zuschauern und Musikern. Die Körper dreier Tänzerinnen leuchten golden, ebenso der Stier im Hintergrund, ihre Haare wehen rot. Die vierte Tänzerin, violett mit blaugrünem Haar, nimmt farblich das kalte Blau des Himmels auf und kontrastiert mit dem warmen Grundton – Gelb, Orange und Rot – des Bildes. Die extreme Stimmung des Themas spiegelt sich in der äußerst kontrastreichen Farbgestaltung.

▼Ab 1926 lebte Nolde in Seebüll an der dänischen Grenze. Um 1930 malte er diesen »Hof in Seebüll« in der flachen nordfriesischen Landschaft, die ihm aus Jugendtagen vertraut war.

▲Das kleinformatige, erste abstrakte Aquarell des Künstlers blieb bewusst ohne Titel – die Betrachtung soll Assoziationen und Gefühle hervorrufen; Paris, Collection N. Kandinsky.

Wie stieg Kandinsky in die Kunstszene ein?

1896 kam Wassily Kandinsky (1866–1944), eigentlich Jurist, aus Russland nach München. Nach kurzer Studienzeit bei Anton Azbé und Franz von Stuck gründete er die Künstlervereinigung »Phalanx«. Hier lernte der verheiratete Kandinsky die Malerin Gabriele Münter (1877 bis 1962) kennen. Auf gemeinsamen Reisen entstanden impressionistische Landschaftsbilder und märchenhafte Bilder im Jugendstil, die Kandinskys Heimat zum Thema hatten.

Wie veränderte sich Kandinskys Stil in Murnau?

Gabriele Münter mietete 1909 im idyllischen Murnau am Staffelsee ein Haus, »Russenhaus« nannten es die Murnauer. Die Zeit in Murnau bedeutete den Abschied von der impressionistischen Malweise und die Hinwendung zum Expressionismus. Kandinsky übertrug die leuchtende Farbigkeit seiner früheren Bilder auf die Landschaften und Dorfansichten aus Murnau. Die Farben lösten sich zunehmend von der Gegenstandsfarbe und immer öfter schlichen sich undefinierbare, ungegenständliche Elemente in seine Bilder.

Wer war der »Blaue Reiter«?

Der Name einer Künstlervereinigung. Zu den wenigen Bewunderern der Murnauer Bilder gehörte der Maler Franz Marc (1880–1916). Mit ihm, Münter und August Macke (1887–1914) verließ Kandinsky die von ihm gegründete »Neue Künstlervereinigung München«, in der seine zunehmende Abstraktion auf Unverständnis stieß. Kandinsky und Marc schlossen sich zur Redaktion »Der Blaue Reiter« [→ Seite 231] zusammen, veranstalteten zwei Ausstellungen

◀ Nach dem Ersten Weltkrieg entwickelte der Künstler eine vom Bauhaus beeinflusste Bildsprache mit klar umrissenen Formen (»Blauer Himmel«, 1940).

und veröffentlichten 1912 einen Almanach unter gleichem Namen. Mit dem frühen Tod Franz Marcs und August Mackes im Ersten Weltkrieg war die Zeit des »Blauen Reiters« vorüber.

Was macht das namenlose Bild so interessant?

Das Aquarell »Ohne Titel« gilt als Kandinskys erstes vollkommen abstraktes Bild. Es entstand nach Angaben des Malers schon 1910, vermutlich aber erst 1913. Verschiedene Erlebnisse wie Spiegelungen Moskaus in der Moskwa, Farbhalluzinationen während einer Lohengrin-Aufführung und der Eindruck, den ein auf dem Kopf stehendes Bild in der Dämmerung auf ihn machte, hatten Kandinsky dazu gebracht, die gegenständlichen Elemente in seinen Bildern zunehmend zu reduzieren. Das Ziel seiner Bilder sollte sein, im Betrachter durch Formen und Farben einen »inneren Klang« hervorzurufen, ähnlich wie es die Musik vermag. Auf die Musik weisen jetzt auch die Bildtitel hin wie »Komposition« oder »Improvisation«.

Wo lebte Kandinsky?

Mit Ausbruch des Ersten Weltkriegs musste Kandinsky 1914 Deutschland verlassen und fand in Russland Anschluss an die Konstruktivisten. Enttäuscht von den politischen Entwicklungen ging er 1922 als Lehrer ans Bauhaus nach Weimar. Immer noch beschäftigte ihn der Charakter von Farben und Formen und er machte Umfragen unter den Studenten über Fragen wie »Welche Farbe hat ein Quadrat?« Die Bilder der Bauhauszeit waren Weiterentwicklungen seiner früheren Kompositionen aus Formen und Farbklängen, aber viel klarer und grafischer als zuvor.
1933 trieben Kandinsky die politischen Verhältnisse ins Exil nach Paris. Dort setzte er sich am Ende seines künstlerischen Schaffens mit dem Surrealismus seiner Freunde Joan Miró und Hans Arp auseinander.

Was bedeuten die Farben?

In seiner theoretischen Schrift »Über das Geistige in der Kunst« von 1911 notierte Kandinsky, Farben und Formen besäßen Klänge und Eigenschaften. Gelb sei eine spritzige, aggressive Farbe, Rot dynamisch und voller Energie, Grün die Farbe der Ruhe, und Blau sei die Farbe des Himmels, des Transzendenten. Mit diesen Worten vollzog Kandinsky den revolutionären Schritt zur reinen Abstraktion in der Kunst. Auch in der Praxis setzte er seine Überlegungen um: Gemeinsam mit den Formen, dem aggressiven Dreieck, dem energiereichen Quadrat und dem in sich ruhenden Punkt finden wir die Farben in seinen Bildern wieder, wo sie Bewegung, Spannungen und Harmonie ausdrücken.

◀ Nicht nur als Maler, sondern auch als Kunsttheoretiker – wie mit seiner Schrift »Über das Geistige in der Kunst« von 1911 – beeinflusste Kandinsky die Entwicklung der abstrakten Malerei maßgeblich.

Wussten Sie, dass …

- die Künstlervereinigung »Phalanx« wegen ihrer Avantgarde-Ausstellungen auch als »Freche Wanze« bezeichnet wurde?
- das »Russenhaus« in Murnau heute ein Museum ist, in dem sehr persönliche Kunstwerke wie von Gabriele Münter und Wassily Kandinsky bemalte Möbel zu besichtigen sind?
- Kandinskys Bilder 1937 von den Nationalsozialisten in der Ausstellung »Entartete Kunst« gezeigt wurden?

▲Franz Marcs Ölgemälde »Blaues Pferd I« aus der Städtischen Galerie im Lenbachhaus in München zeigt ein expressives Farbenspiel, mit dem der Künstler seine Erlebniswelt wiedergeben will.

Warum malte Franz Marc vorzugsweise Tiere?

Marcs Schaffen war getragen von einem fast religiösen Streben nach künstlerischer »Reinheit« und das Tier erschien ihm als Sinnbild mystischer Einheit mit der Natur. In zahllosen Skizzen, Aquarellen und Gemälden beschäftigte er sich mit Tierdarstellungen, bevorzugte Motive waren Pferde und Rehe. Mit einem an dem französischen Maler Robert Delaunay (1885–1941) geschulten Kolorismus und stark stilisierter Formgebung gelang es ihm auf der Leinwand, der Präsenz der Tiere höchste Eindringlichkeit zu verleihen. Zwischen 1911 und 1914 schuf Franz Marc eine ganze Serie von Bildern mit Pferden in allen drei Primärfarben, darunter »Die großen blauen Pferde«, »Rotes und blaues Pferd«, »Die kleinen gelben Pferde« und »Blaues Pferd I«.

Wie komponierte der Maler »Blaues Pferd I«?

»Blaues Pferd I« zählt zu den besonders reizvollen und charakteristischen Marc-Bildern: Vor einer Hügelkette in den Primärfarben Blau, Gelb und Rot sowie den abgetönten Sekundärfarben Violett und Grün verharrt auf einer kleinen Fläche – in den Komplementärfarben Grün und Rot – ein blaues Pferd im Halbprofil, den sanften Schwung der Hügelrücken durch den leicht gesenkten Kopf anmutig in die entgegengesetzte Richtung fortführend. Die Geste steigert die Ausdruckskraft des edlen Tieres und suggeriert eine fast menschliche Empfindsamkeit, etwa an das Porträt eines scheuen Mädchens erinnernd.

Mit der – gegenüber Franz Marcs späterem Werk und dessen stärker zersplitterten Struktur – noch sehr dem Gegenständlichen verhafteten Darstellung kontrastiert deutlich die antinaturalistische Kolorierung in verschiedenen Blautönen.

Wusstén Sie, dass ...

- Franz Marc einer verstörten Ausstellungsbesucherin schlagfertig konterte? Die Dame hatte angesichts von Marcs Gemälden angemerkt, Pferde seien doch nicht blau. Marc soll geantwortet haben, dass es sich ja auch nicht um ein Pferd handle, sondern um das Bild eines Pferdes.
- die Eheschließung des Malers mit der Künstlerin Maria Franck 1911 in London in Deutschland nicht anerkannt wurde und deshalb wiederholt werden musste?

Welche Funktion hat die Farbe Blau?

Die formatfüllende Präsenz des blauen Pferdes betont den Führungsanspruch dieser Farbe als Symbol des Geistigen, das damit seine Dominanz über das Materielle – verkörpert durch die Farbe Rot – demonstriert. Die meisten Bilder des Künstlers Marc basieren auf einer differenzierten Farbsymbolik, die teils schon im Titel – »Die roten Pferde«, »Die gelbe Kuh«, »Rotes Reh« – zum Ausdruck kommt. Doch die Farbe Blau nahm für

Wie wurde Franz Marcs Interesse an der Kunst geweckt?

▲Franz Marc, großer deutscher Expressionist, wurde nur 36 Jahre alt.

Vielleicht liegt einer der Gründe im Beruf seines Vaters. Dieser war nämlich Professor an der Akademie der Schönen Künste in München, wo Franz Marc am 8. Februar 1880 geboren wurde. Franz wollte zunächst Priester, dann Gymnasiallehrer werden, fand aber schließlich doch zur Kunst und schrieb sich 1900 an der Münchner Kunstakademie ein. Reisen nach Frankreich machten ihn mit den Werken der französischen Impressionisten vertraut. 1910 hatte er seine erste Einzelaustellung und 1911 nahm er an der ersten Ausstellung des »Blauen Reiters« teil. Im folgenden Jahr, 1912, hatte eine »Blauer-Reiter«-Ausstellung in Berlin großen Erfolg.

1914, gleich zu Beginn des Ersten Weltkriegs, meldete sich Franz Marc als Freiwilliger und erfuhr bald die Schrecken des Krieges. Am 4. März 1916 fiel Franz Marc, von einer Granate getroffen, in Verdun.

Marc und seinen künstlerischen Weggefährten Kandinsky eine Sonderstellung ein, was allein schon durch die Benennung des Almanachs »Der Blaue Reiter«, einer Art Programmschrift der modernen Kunst, deutlich wird. Damit stellten sie sich in eine aus der Romantik gespeiste Tradition; erinnert sei an das Sehnsuchtssymbol der »Blauen Blume« des Dichters Novalis (1772–1801).

Wie definierte Marc sein Farbsystem?

»Blau ist das männliche Prinzip, herb und geistig. Gelb das weibliche Prinzip, sanft, heiter und sinnlich. Rot die Materie, brutal, schwer und stets die Farbe, die von den anderen bekämpft und überwunden werden muss!«, heißt es dazu in Marcs Farbtheorie. Dieser furiose Kampf der Farben ist allegorisch zu verstehen – nicht zuletzt als vage Hoffnung auf einen visionären Neuanfang in einer höheren, geistigen Welt, den sich der 1916 vor Verdun gefallene Künstler für die Zeit nach dem Krieg erhofft hatte.

Wer prägte den Namen »Blauer Reiter«?

Wassily Kandinsky (1866–1944), Mitglied dieser Künstlervereinigung, die er gemeinsam mit Franz Marc, Paul Klee (1879–1940) und August Macke (1887–1914) gegründet hatte, erinnerte sich später: »Den Namen ›Blauer Reiter‹ erfanden wir am Kaffeetisch … beide liebten wir Blau, Marc Pferde, ich Reiter«. Kandinsky steuerte das Motiv des blauen Reiters mit aufgebäumtem Ross – sein Bild »Der Heilige Georg« von 1906 – für den Umschlag des 1912 erschienenen Almanachs »Der Blaue Reiter« bei.

Die Künstler des »Blauen Reiters«, dem auch Gabriele Münter (1877–1962), Marianne von Werefkin (1860–1938), Alexej Jawlensky (1864–1941), Alfred Kubin (1877–1957) sowie der Komponist Arnold Schönberg (1874 bis 1951) angehörten, fanden sich nicht nur in programmatischer Hinsicht zusammen. Sie verfolgten mit ihren Ausstellungen auch den Zweck, ihre Kunst »unters Volk« zu bringen. Mit Beginn des Ersten Weltkriegs löste sich die Vereinigung auf.

◀Wassily Kandinskys Holzschnitt »Der Blaue Reiter«, der der gleichnamigen Künstlergruppe ihren Namen gab

▶ Das von Duchamp zum Kunstwerk deklarierte, um 90 Grad gedrehte Urinoir aus Sanitätsporzellan erregt bis heute die Gemüter – ganz im Sinne seines Urhebers; Replik in Mailand, Sammlung Schwarz.

Worin besteht Duchamps Beitrag zur Entwicklung der Kunst?

Der französische Dadaist Marcel Duchamp (1887–1968) erfand in New York das so genannte Readymade, das vorgefertigte Kunstwerk aus dem Alltag. Mit Arbeiten wie »Fontaine« wurde er zum Vorbild für die Pop-Art und die Konzeptkunst der 1960er Jahre.

In einem New Yorker Haushaltswarengeschäft kaufte Marcel Duchamp ein Pissoirbecken aus Porzellan, signierte es mit R. Mutt (was an den Namen der Herstellerfirma, Mott, erinnerte) und der Jahreszahl 1917. Dann präsentierte er das Objekt als Kunstwerk für eine Ausstellung. Die Veranstalter wiesen den Beitrag zurück. Der Name »Fontaine« (zu deutsch »Brunnen«) entstand als witzige Umkehrung der eigentlichen Funktion eines Pissoirbeckens.

Was ist ein »Readymade«?

Readymades (eigentlich »Konfektionsware«) sind industriell vorgefertigte Gebrauchsgegenstände, die vom Künstler, ohne dass er sie verändert (aber signiert), zu Kunstwerken erklärt werden. Duchamp führte diesen Begriff für Kunstwerke wie »Fontaine« ein. Das Pissoirbecken war für Duchamp ab dem Zeitpunkt ein Kunstwerk, an dem er es dazu erklärt hatte: Kunst als kreativer Akt der Auswahl. Die Zufälligkeit dieser Auswahl spielte in der Kunstströmung des Dadaismus eine wichtige Rolle, half sie doch mit, gegen das traditionelle Kunstverständnis zu rebellieren. »Fontaine« ist nur ein Beispiel für Duchamps kompromissloses, radikales Vorgehen gegen den herkömmlichen Kunstbegriff, das das gesamte Kunstschaffen des 20. Jahrhunderts beeinflussen sollte. Seine »Anti-Kunst« wurde zum Vorreiter zahlreicher späterer Entwicklungen.

Wie begann Duchamps Karriere als Künstler?

Duchamp studierte an der Académie Julian in Paris Malerei. Kubismus und italienischer Futurismus waren die Vorbilder für das Gemälde »Akt, eine Treppe herabsteigend« (1912). Mit dem Stilmittel der futuristischen Simultan-Darstellung, die kubistisch zerlegte Formen nebeneinanderreiht, malte Duchamp die Bewegungsabläufe eines weiblichen Aktes beim Heruntersteigen einer Treppe. Bei der Armory-Show 1913, der großen Ausstellung zeitgenössischer Malerei in New York, erregte das Werk großes Aufsehen und machte den 26-jährigen Künstler berühmt. Und doch gab Duchamp die Malerei, die er als »Netzhautkunst« abtat, bald auf und wandte sich seinen Readymades zu, die die Kunstwelt provozierten. Das erste Readymade war das »Fahrrad-Rad« (1913), 1914 folgte der »Flaschentrockner«, 1917 dann »Fontaine«. Mit den – beabsichtigten – negativen Reaktionen der Kunstwelt auf diese Werke hatte Duchamp deren nur scheinbar liberale Haltung entlarvt.

Was ist Dada?

Dada entstand 1916 als literarische Bewegung in der Schweiz, der Name wurde zufällig beim Blättern in einem Wörterbuch gefunden und ist ein Schweizer Kinderwort für Schaukelpferd. Das *Mouvement Dada* war eine Reaktion auf die Barbarei des Ersten Weltkriegs. Dada war »Antikunst« mit dem Ziel, Sinn aus Unsinn und in einer Welt aus Bruchstücken Kunst aus Bruchstücken zu schaffen. Schnell ergriff die Dada-Bewegung auch Maler und Bildhauer. Duchamp war 1915 nach Amerika gereist und hatte dort mit seinem Pariser Freund Francis Picabia und dem Fotografen Man Ray einen Ableger der Dada-Gruppe gegründet.

Wussten Sie, dass …

- ein Kritiker Duchamps Gemälde »Akt, eine Treppe herabsteigend« als »Explosion in einer Ziegelfabrik« beschrieb?
- Duchamps letztes Gemälde eine pseudomechanische Installation aus Ölfarbe, Lack, Bleidraht und Staub zwischen zwei zerbrochenen Glasscheiben ist, die als verschlüsseltes Symbol für die Mechanismen einer Hochzeitsnacht steht? Das Gemälde heißt »Die Braut selbst, von ihren Junggesellen entkleidet, sogar«.

Was verbirgt sich hinter »L.H.H.O.Q.«?

Duchamp und Picabia malten 1919 auf eine Postkarte von Leonardo da Vincis »Mona Lisa« der berühmten Dame einen Lippen- und Kinnbart und schrieben darunter die geheimnisvollen Buchstaben L.H.H.O.Q. Liest man sie laut auf Französisch, erschließt sich die obszöne Bedeutung: Elle a chaud au cul: »Sie ist heiß«. Diese »Neufassung« der »Mona Lisa« ist ein typisches Dada-Produkt.

▼Die früheste Verwandlung von industriell gefertigten Produkten in Readymades markiert Duchamps umgekehrtes »Fahrrad-Rad« auf einem Küchenhocker von 1913. Das sich drehende Rad sollte Bewegung sichtbar machen.

Wie kam der Konzeptkünstler zur Schacholympiade?

▲Der Kunstrevolutionär Marcel Duchamp (1887 bis 1968), im Oktober 1927 in New York

Kunsthistoriker vermuten, dass er sich damit dem etablierten Kunstbetrieb entziehen wollte, den er in seiner aktiven Zeit als Maler und Konzeptkünstler reichlich provoziert hatte. Tatsächlich beschäftigte sich Duchamp von 1928 bis 1933 im Wesentlichen mit Schach, wurde Mitglied der französischen Nationalmannschaft und nahm an mehreren Schacholympiaden teil. Schach interessierte ihn nicht nur als geistige Herausforderung, sondern auch unter künstlerischem Aspekt. 1968 veranstaltete er zusammen mit dem Komponisten John Cage eine Performance, bei der die beiden Künstler Schach spielten und Sensoren im Schachbrett die Bewegungen der Figuren in Tonfolgen umsetzten.

Seine Berufung zur Kunst erkannte der am 28. Juli 1887 in Blainville bei Rouen geborene Duchamp früh: Mit 15 Jahren begann er bereits zu malen – und befand sich dabei in einer Familie von Künstlern in bester Gesellschaft.

▲1920 schuf Chagall für das Jüdische Theater in Moskau das Wandbild »Musik« – heute mit dem Titel »Jüdisches Theater: Die Musik (Der Fiedler)« in der Moskauer Tretjakow-Galerie.

Warum gehört Marc Chagall zu den beliebtesten Malern der Moderne?

Die Bilder des aus Weißrussland stammenden Malers (1887–1985) sprechen die Menschen an, nicht über den Intellekt, sondern über das Gefühl. Chagalls Gefühl für Farbe und Licht tragen entscheidend zu dieser Wirkung bei. Seine Gemälde entstammen der eigentümlich traumverlorenen Welt eines großen Künstlers. Sie erzählen Geschichten, die die Grenzen von Raum und Zeit überschreiten.

Welche Einflüsse prägten den Maler?

In Chagalls Bildern finden sich als Motive immer wieder die Orte seiner Kindheit und Jugend: das Dorf bei Witebsk, die große Familie und nicht zuletzt der Chassidismus, die mystisch-spirituelle Erneuerungsbewegung des Ostjudentums.

Chagalls Muttersprache war das Jiddische, auf Jiddisch hat er sogar noch als 30-Jähriger seine Memoiren geschrieben, die 1931 unter dem Titel »Ma vie« (Mein Leben) auf Französisch erschienen. Da hatte er Weißrussland längst für immer verlassen, doch die Erinnerungen an die Kindheit haben ihn ein Leben lang begleitet. Sie wurden das dominierende Thema seines umfangreichen malerischen Werks. Liebevoll-verklärt und märchenhaft, wie im Traum verdichtet, ließ er die verlorene Welt in Bildern wie »Musik« auferstehen.

Wussten Sie, dass ...

- Picasso seinen Kollegen Chagall für dessen Arbeit mit dem Licht bewunderte? Er meinte, »dass es seit Renoir niemanden mehr mit einem solchen Gefühl für Licht gegeben hat wie Chagall«.
- Marc Chagall auch verschiedene Bücher illustrierte? Dazu gehören die Fabeln von La Fontaine und »Tote Seelen« von Gogol.
- der in Chagalls Bildern immer wieder vorkommende Hering an die Arbeit von Chagalls Vater in einer Fischfabrik erinnert?

War Chagall ein religiöser Maler?

Ein größerer Teil seines Werks legt nahe, dass religiöse Themen Chagall besonders anzogen. So zählen zu seinen großen Werken diverse Kirchenfenster (Mainzer Dom, Kathedralen von Metz und Reims, Synagoge der Hadassah-Klinik in Jerusalem) und der aus 17 Bildern bestehende Zyklus »Biblische Botschaft«, für den der französische Staat in Nizza ein eigenes Museum errichtete.
Seine Ausbildung erhielt der am 7. Juli 1887 in Liosno bei Witebsk (Weißrussland) als Sohn armer jüdischer Eltern geborene Moishe Zakharovich Shagalov an der Schule der Kaiserlichen Gesellschaft zur Förderung der Künste in St. Petersburg, 1908–1910 besuchte er dann die Malschule von Léon Bakst. 1910 ging er nach Frankreich, das ihm zur Wahlheimat wurde. Als Frankreich von NS-Truppen besetzt wurde, emigrierte er 1941 in die USA, kehrte aber nach Kriegsende nach Frankreich zurück. Marc Chagall starb am 28. März 1985 in St. Paul de Vence in Südfrankreich.

Was bedeutet der Geiger in Chagalls Werk?

Der Geiger war für Chagall zunächst eine Erinnerung an seine Kindheit. Wenn gefeiert wurde im Dorf, bei Hochzeiten und Taufen, wenn Jahrmarkt war oder ein religiöser – ob jüdischer oder christlicher – Feiertag, dann waren die Musikanten immer mit dabei. Chagall hat einmal erzählt, dass es in seiner Kindheit keine Kunst gegeben habe. Doch die Musik war präsent und die Geige ihr prominentestes Instrument: reich an Stimmungen und Farben und nicht angewiesen auf Begleitung. Der Geiger ist für Chagall gleichzeitig aber auch Verkörperung des Künstlers an sich und dessen Dasein und Lebensform. Der Geiger gehört zu den Motiven, die Chagalls gesamtes Schaffen begleiteten.

1912/13 wird dieses Motiv zur titelgebenden Figur und zum Mittelpunkt der Bildkomposition bei »Der Geiger«. Die Figur dieses Pariser »Geigers« ist erheblich größer als die russischen Häuser und die Kirche, die ihn wie ein Kranz umgeben. Und sein Gesicht ist grün – wie das des Geigers im Wandgemälde »Musik«, das Marc Chagall 1920 in Moskau malte.

Welche märchenhaften Elemente finden sich in Chagalls »Musik«?

In »Musik« sieht sich der Betrachter in eine Welt versetzt, in der die Naturgesetze aufgehoben sind. Der in einen violetten Mantel gekleidete Geiger mit dem grünen Gesicht – die ungewöhnlichen Farben betonen die Individualität und Besonderheit – steht oder tanzt auf den Häuserdächern. Über seinem Kopf fliegt ein Mensch durch die Lüfte. In diesem Bild gibt es keine geraden Linien und keine einheitliche Perspektive. Häuser und Mantel zeigen, wie sehr Chagall durch den Kubismus beeinflusst wurde – er hat dessen »Geburtsstunde« in Paris miterlebt.

Chagall entdeckte diese Form der Fantasie erst in der Metropole Paris unter Intellektuellen und Avantgardisten. Er malte die Motive der Erinnerung in einer komplexen Formensprache und freier räumlicher Komposition. Das Werk – heute in der Tretjakow-Galerie in Moskau – entstand mit dem Titel »Musik« als Wandbild für das Moskauer Jüdische Theater.

1923/24 malte Chagall einen ganz ähnlichen Geiger, der sich von dem Moskauer Bild nur in Details unterscheidet (heute Guggenheim Museum, New York). Dieser »Grüne Geiger« war 1967 das Plakatmotiv einer Ausstellung zum 80. Geburtstag des Meisters in Haifa.

▼Die Schwerkraft ist aufgehoben beim zärtlichen Kuss: Chagalls Gemälde »Der Geburtstag« von 1915, zu sehen im Museum of Modern Art in New York.

▲Mondrians Bilder leben vom Spannungsverhältnis zwischen Linien und Flächen, zwischen Primärfarben und Nichtfarben wie Schwarz und Weiß – »Tableau I« entstand 1921; Köln, Museum Ludwig.

Welchen Stil begründete der Niederländer?

Nachdem Piet Mondrian in Paris den Kubismus kennengelernt hatte, entwickelte er ihn zum so genannten Neoplastizismus (französisch néo-plasticisme nach dem holländischen nieuwe heeldung) weiter: der »neuen Formgebung«, mit der er die universale Harmonie in allen Lebewesen abbilden wollte. Diese Stilrichtung wandte sich von der realistischen Malerei ab, um sich auf geometrische Formen zu konzentrieren. Die Natur wurde von Mondrian assoziiert mit ungeformter Materie, die noch »unerlöst ist vom Geist«.

Wann malte Mondrian das »Tableau«?

Mondrian malte dieses ungegenständliche Bild 1921 – auf dem Höhepunkt der von ihm entwickelten Richtung des Konstruktivismus. Das Bild ist das Ergebnis einer radikalen Beschränkung der künstlerischen Mittel. Mondrian hatte diesen Entschluss als persönliche Konsequenz aus dem Kubismus gezogen. Die weiß grundierte Leinwand überzieht ein Gitterwerk aus vertikalen und horizontalen schwarzen Linien. An den Ecken sind in das Gitter rechteckige Flächen in Rot, Gelb und Blau eingefügt, die rote Fläche ist ein Quadrat. Rot, Gelb und Blau sind Primärfarben, also Farben, die nicht durch Mischen gewonnen werden können, aus denen sich jedoch alle anderen Farben mischen lassen.

Was wollte der Maler mit dem Bild zeigen?

Das Bild soll keinerlei Assoziationen an die sichtbare Wirklichkeit wecken. So gibt es etwa keine Illusion von Tiefenräumlichkeit, etwa durch die Anwendung von Perspektive. Mondrian zielte auf etwas anderes: jeden Zufall und jede Willkürlichkeit zu verbannen zu Gunsten eines präzise angelegten Gleichgewichts aller Teile mit dem Ziel der Sichtbarmachung der universalen Harmonie. Erstmals in der Geschichte der Kunst wurde dieses Gleichgewicht aus der Asymmetrie heraus entwickelt – eine Vorgehensweise, die nicht nur radikal neu, sondern für viele Künstler der Folgezeit richtungweisend werden sollte.

Wer beeinflusste Mondrians Stil?

Bis 1919 lebte der Maler in dem Dorf Laren bei Hilversum und lernte hier den Philosophen M. H. J. Schoenmakers kennen. Dieser hatte 1915 in seiner Schrift »Das neue Weltbild« formuliert, die Grundformen der Natur seien vollkommene Gegensätze, nämlich Horizontale und Vertikale. Rückwirkend schrieb

Wie fand der niederländische Maler zur Kunst?

▲Der Niederländer Piet Mondrian (1872–1944) begründete den Neoplastizismus.

Aufgewachsen in einer künstlerisch begabten Lehrerfamilie, studierte der puritanisch erzogene Pieter Cornelis Mondriaan an der Reichsakademie in Amsterdam, um ebenfalls Lehrer zu werden. Zunächst beeindruckte ihn der Impressionismus und anschließend, um 1907, der Fauvismus (der französische Expressionismus). 1911 reiste Piet Mondrian (so sein Künstlername) nach Paris und fand dort Anschluss an die Kubisten Picasso und Fernand Léger. Von nun an malte er im Stil des analytischen Kubismus, dessen klare Theorie und Prinzip der Formenzerlegung ihn stark beeindruckte. Während eines Besuchs bei seinen Eltern im Jahr 1914 wurde Mondrian vom Ausbruch des Ersten Weltkriegs überrascht und musste in den Niederlanden bleiben. Hier entwickelte er den neoplastischen Stil, der ihn berühmt machte. 1919 kehrte er nach Paris zurück. 1940 emigrierte Mondrian nach New York, wo er 1944 starb.

Mondrian 1925 in den Bauhausbüchern über die Zeit in Laren: »Schrittweise wurde ich gewahr, dass der Kubismus die logische Folgerung aus seinen eigenen Entdeckungen nicht annahm. Er entwickelte die Abstraktion nicht zu ihrem letzten Ziel, dem Ausdruck der reinen Realität … Mehr und mehr schloss ich alle Kurvenlinien aus, bis mein Werk schließlich nur noch aus vertikalen und horizontalen Linien bestand … Vertikale und Horizontale sind der Ausdruck zweier entgegengesetzter Kräfte; dieses Gleichgewicht von Gegensätzen existiert überall und beherrscht alles.«

Was ist mit »De Stijl« gemeint?

Eine Künstlervereinigung. Mit Theo van Doesburg, dem Architekten Gerrit Rietveld – Schöpfer des Utrechter Haus Schröder – und anderen gründete Mondrian 1917 in Laren die Gruppe De Stijl (»Der Stil«) und veröffentlichte die Theorie des Neoplastizismus in dem Aufsatz »Die neue Gestaltung der Malerei«.

Wonach strebte Mondrian mit seinen Werken?

Vor allem nach einer radikalen Beschränkung der Darstellungsmittel. Mondrians Bilder aus dem Jahr 1918 waren erstmals Arrangements aus farbigen Rechtecken in rechtwinkligem Gittermuster. Nach seiner Rückkehr nach Paris 1919 ging die Reduktion weiter. Ab 1925 verwendete er ausschließlich Primärfarben und ab den 1930er Jahren reduzierte er auch diese auf zwei oder nur ein farbiges Element. 1925 verließ Mondrian De Stijl – aus Protest gegen die Einführung einer Diagonalen durch Doesburg.

Was prägte das Spätwerk des Neoplastizisten?

Vor dem drohenden Zweiten Weltkrieg flüchtete Mondrian 1938 zuerst nach London und zwei Jahre später nach New York. Hier war der 70-Jährige offen für neue Impulse. Eines seiner letzten Gemälde, »Broadway Boogie-Woogie«, spiegelt die Vitalität New Yorks und das Gefühl von Lebensfreude – nicht umsonst hatte Mondrian einmal gesagt, der Neoplastizismus sei eine Kunst der Städte.

Wussten Sie, dass …

- Mondrians malerisches Vokabular aus Linien, Quadraten und Rechtecken von Künstlern und Architekten, Grafikern und Designern in ganz Europa und den USA aufgegriffen und weiterverarbeitet wurde?
- die Bilder des Niederländers bis heute zu den wohl bekanntesten der Welt zählen?

◀Aufgelöste Umrisslinien und flackernde Farbquadrate spiegeln das pulsierende Leben am New Yorker Broadway in Mondrians Spätwerk »Broadway Boogie-Woogie« von 1942/43; New York, Museum of Modern Art.

▲Das Aquarell »Kampfszene aus der komisch-fantastischen Oper ›Der Seefahrer‹« entstand 1923 in Weimar und ist heute Teil der Privatsammlung Trix Dürst-Haas in Muttenz bei Basel.

Welche Elemente prägen Paul Klees Malerei?

Der Maler arbeitete mit wenigen Elementen: abstrakte Formen, Punkte und Linien. Daraus schuf Paul Klee (1879–1940) in seinen Gemälden und Aquarellen eine märchenhafte Welt voller Humor und Poesie. Diesen speziellen Stil entdeckte er 1914 auf einer Reise nach Tunis. Die kubische Architektur des Südens, das Licht und die üppigen Farben führten ihn zu einer neuen Art der Bildgestaltung. Seine Bilder wiesen nun Strukturen auf, die an eine architektonische Formensprache erinnern: Sie waren vielfarbig, fast abstrakt. Dieser Stil blieb typisch für Klees weiteres Schaffen.

Wie ist »Der Seefahrer« komponiert?

Der Seefahrer steht auf einem Kahn und kämpft mit einer Lanze gegen drei rötlich-lilafarbene Ungeheuer. Eines der Ungeheuer ist verletzt, dicke Blutstropfen fallen herab. Eines sieht aus wie ein Kugelfisch – Fische hat Klee gerne gemalt. Die witzigen Wesen sind aus einfachen Formen zusammengesetzt, fast so, als hätte sie ein Kind gezeichnet. Der Hintergrund ist in ein rechteckiges, leicht verzogenes Raster eingeteilt und die einzelnen Felder sind mit verschiedenen durchscheinenden Schattierungen von Blau gefüllt. Die hellsten Felder liegen in der Bildmitte, rundherum ist die Farbe abgedunkelt. So scheint der Seefahrer vor einer dunklen Grotte zu stehen; wo in diesem Bild jedoch vorne, hinten, unten oder oben ist, kann man eigentlich gar nicht sagen.

Der vollständige Titel des Bildes lautet »Kampfszene aus der komisch-fantastischen Oper ›Der Seefahrer‹«. Mit dem »Kampf« ist im übertragenen Sinne das musikalische Zusammenspiel der verschiedenen Töne gemeint, das Terzett der Drachen und der Heldentenor des Seefahrers. Paul Klee, Sohn eines Musiklehrers, Ehemann einer Pianistin und selbst ausgezeichneter Violinist, hatte eine enge Beziehung zur Musik.

Wann entstand das Bild?

»Der Seefahrer« entstand 1923 in Weimar. 1920 hatte Klee der Ruf ans Bauhaus in Dessau erreicht. Er lehrte in der Werkstatt für Weberei und Glasmalerei und hielt einen Vorkurs über elementare Gestaltungsmittel, in dem er die Studenten unter anderem mit Punkten vertraut machte, denen er Eigenschaften wie lustig, frech oder gefräßig zuschrieb. »Der Seefahrer« spiegelt Klees Kunstkonzept zu diesem Punkt seiner Schaffenszeit perfekt wieder.

Wie erlebte Paul Klee den Ersten Weltkrieg?

Paul Klee wurde 1915 eingezogen und erhielt eine Infanterieausbildung. Von 1916 bis 1918 absolvierte Klee seinen Kriegsdienst bei der Fliegerabteilung in Schleißheim bei München und der Fliegerschule in Gersthofen bei Augsburg. Der Fronteinsatz blieb dem Künstler erspart. Dafür musste er die Tarnbemalung der Flugzeuge ausbessern. Klees Künstlerkollege August Macke fiel kurz nach dem Beginn des Ersten Weltkriegs. Im Jahr darauf traf es den Freund aus dem »Blauen Reiter« Franz Marc. In sein Tagebuch schrieb Klee damals: »Je schreckensvoller diese Welt (gerade heute), desto abstrakter ist die Kunst.«

Nach Kriegsende konnte Klee mit ersten Ausstellungen, seinen Buchillustrationen zu Voltaires »Candide« und mit seinen ersten Ölbildern wie der »Villa R« von 1919 den Direktor des Bauhauses Walter Gropius auf sich aufmerksam machen.

▲Abfahrt der Schiffe; Basel, Öfffentliche Kunstsammlung. 1927, wenige Jahre nach dem »Seefahrer«, malte Paul Klee diese stilistisch ähnliche Seeszene.

Warum änderte sich Klees Stil in der Spätphase?

Verantwortlich dafür waren Klees geänderte Lebensumstände. Nachdem Paul Klee infolge der NS-Kunstpolitik seine Professur an der Düsseldorfer Akademie verloren und Mal- und Ausstellungsverbot erhalten hatte, emigrierte er 1933 in die Schweiz. Unter dem Eindruck der drohenden Kriegsgefahr und seiner eigenen Erkrankung an Sklerodermie veränderte sich sein Stil drastisch. In seiner neuen Expressivität spiegelte sich der Einfluss Picassos. Die Bilder aus der letzten sehr produktiven Schaffensphase Paul Klees wirken wie Vorboten seines eigenen Todes. »Tod und Feuer« aus dem Jahr 1940 zeigt eine maskenhaft verzerrte Fratze in grellen Farbkontrasten, gerahmt von schwarzen Balkenstrichen.

Wussten Sie, dass …

- Paul Klee und Wassily Kandinsky während ihrer Zeit an der Münchner Kunstakademie in derselben Straßen wohnten, sich aber nicht kannten?
- Klee erst nach seinem Tod die Schweizer Staatsbürgerschaft zuerkannt bekam? Er war zwar in der Schweiz geboren, hatte aber als Sohn eines Deutschen die deutsche Staatsangehörigkeit.

Wann entdeckte Paul Klee seine Berufung als Maler?

▲ Der unermüdliche Arbeiter Paul Klee schuf rund 10000 Werke.

Der am 18. Dezember 1879 in Münchenbuchsee (Schweiz) geborene Paul Klee fühlte sich hin und her gerissen zwischen seinen Begabungen für Malerei, Literatur und Musik. Nach seinem Umzug nach München 1898 neigte sich die Waage zur Malerei, bald schon studierte er an der Münchner Kunstakademie bei Franz von Stuck. Zunächst Mitglied der Künstlervereinigung »Blauer Reiter«, fand Klee seinen eigenen Stil spätestens bei einer Reise nach Tunis im Jahr 1914. Der vielfältige Künstler fertigte Aquarelle, Plastiken, Zeichnungen und Grafikblätter. 1921 ging er als Werkstattmeister ans Bauhaus in Dessau, das er 1931, entnervt von internen Richtungskämpfen, zugunsten einer Professur an der Kunstakademie Düsseldorf verließ. Von den Nazis als »entarteter Künstler« diffamiert, kehrte er 1933 zurück in die Schweiz, wo er am 29. Juni 1940 starb.

▲Eine großstädtische Szene, Bild der Einsamkeit und Geschichtslosigkeit, wie man sie oft in alten amerikanischen Filmen gesehen hat, zeigt Edward Hoppers Meisterwerk »Automat« von 1927; Des Moines, Des Moines Art Center.

Was verraten Hoppers Bilder über sein Leben?

Der introvertierte Charakter des Malers spiegelt sich auch in seinem Werk. Edward Hopper (1882–1967) lebte zurückgezogen mit seiner Frau, einer Malerin, und hielt sich von der Kunstszene fern. Seine Gemälde zeigen vereinzelte Menschen in weiten, einsamen Landschaften oder in kargen Innenräumen. Manchmal kommen seine Hausansichten, Straßenzüge oder Interieurs auch ganz ohne Menschen aus. Es sind Bilder von hypnotischer Klarheit und Entrücktheit. Man kann die Stille spüren. Die Menschen in seinen Bildern – es sind immer kleinste Gruppen, oft nur einer – werden verweilend oder sinnend dargestellt, nie während einer produktiven Tätigkeit. Ihre Bewegungen wirken wie eingefroren, was ihre Einsamkeit und Bindungslosigkeit noch verstärkt. Was sie denken, wer sie sind, verschließt sich dem Betrachter. Dass Hoppers Werke trotz ihrer forcierten Distanziertheit eine hochemotionale Wirkung erzielen, ist die große Kunst dieses Malers.

Was verkörpert die einsame Frau in »Automat«?

Sie steht symbolhaft für die moderne (amerikanische) Massengesellschaft. Die junge, mit grünem Mantel und beigem Hut bekleidete Frau sitzt alleine an einem runden Tisch in einem hell erleuchteten Restaurant. Sie wirkt bewegungslos, in sich gekehrt, ihr Blick ist gesenkt. Mit der einen, bloßen

Wussten Sie, dass …

- Edward Hopper 20 Jahre lang seinen Lebensunterhalt als Werbegrafiker verdiente? Sein erstes Gemälde verkaufte er im Jahr 1913 für 250 Dollar.
- Filmregisseure in der intensiven Atmosphäre von Hoppers Gemälden Inspiration fanden? So entdeckte Alfred Hitchcock das Vorbild für das düstere Gebäude in seinem berühmten Thriller »Psycho« im Hopper-Gemälde »House by the Railroad«.

Wie prägte Europa den amerikanischen Maler?

▲ Der amerikanische Maler Edward Hopper in einem Selbstporträt aus den 1920er Jahren

Edward Hopper absolvierte mehrere Aufenthalte in Europa, wo auch die für seine künstlerische Entwicklung bedeutsame Auseinandersetzung mit dem Impressionismus stattfand. 1910 kehrte er von seiner letzten Europareise zurück. Später bekannte er: »Als ich zurückkam, kam mir hier alles äußerst grob und unreif vor. Ich habe zehn Jahre gebraucht, um Europa zu überwinden.« Aber die Distanz war wohl nötig gewesen, um den klaren Blick auf Amerika zu entwickeln. Hopper arbeitete als Illustrator, bis er im Alter von 42 Jahren endlich den Durchbruch als Maler schaffte. In den 1920er Jahren und während der großen Depression der 1930er Jahre, als der unbeirrbare Glaube an den materiellen Fortschritt schwand, fand er seine Grundmotive, die er zeit seines Künstlerlebens beibehielt und variierte. Hopper drückt auf unnachahmliche Weise ein allgemeines Lebensgefühl der modernen Gesellschaft aus.

Hand – die andere steckt in einem Handschuh – umfasst sie den Henkel der Kaffeetasse. Setzt sie die Tasse gerade ab oder will sie trinken? Vielleicht hält sie sich nur daran fest. Man weiß nicht, was sie vorhat, was sie hier will, was sie sonst tut, woher sie kommt, wohin sie geht. Der Betrachter erfährt wenig über diese Frau, sie ist ein Geheimnis. Da sie völlig alleine ist, kein anderes Lebewesen zu sehen ist, weiß man auch nichts über die Art ihrer Beziehungen zu anderen Menschen. Sie fügt sich ein in die kahle, unpersönliche Atmosphäre des Ortes und verkörpert die Kälte und Einsamkeit der modernen Welt.

Hopper nannte sein Bild aus dem Jahr 1927 »Automat« (englisch für Automatenrestaurant). Der Betrachter weiß nur aufgrund des Bildtitels, dass sich die Frau in einem Automatenrestaurant befindet, denn es sind ja keine Automaten zu sehen. Hopper könnte mit »Automat« auch die Frau selbst gemeint haben, zumindest schließt er die Doppeldeutigkeit nicht aus. Tatsächlich wirkt sie in ihrer verschlossenen Haltung und blicklosen Starrheit alles andere als lebendig. Die Künstlichkeit des Raums überträgt sich auf die Frau.

Wie ist das Bild aufgebaut?

Hoppers Bildkompositonen sind eng verwandt mit der Ästhetik des Kinos. Der Bildausschnitt in »Automat« wirkt zufällig, wie das auf der Leinwand eingefrorene Bild eines Films. Das Restaurant ist blendend hell erleuchtet. Draußen herrscht undurchdringliche Dunkelheit. Im Fenster spiegeln sich die Lampenreihen des Innenraums perspektivisch. Die Perspektive weist aber nicht in die Ferne, sondern wieder zurück in den hermetisch abgeschlossenen Raum.

Im scharfen Kontrast zum Schwarz der Umgebung steht die helle Haut der Frau. Ihre schwarz behandschuhte Hand liegt wie tot auf der weißen Tischfläche.

Hinter der Frau, am Fenster, steht eine Schale mit Früchten, als ob sich ein Rest von Natur eingeschlichen hätte. Das kräftige Rot der Früchte korrespondiert zwar farblich mit dem Lippenstiftrot des Mundes der Frau, bleibt aber als Element lebendiger Natürlichkeit eine Ausnahme und unterstreicht nur die leblose Künstlichkeit der Szene.

▼ »Morgensonne« von 1952, ein Beispiel für Hoppers souveränes Spiel mit Licht und Schatten aus dem Spätwerk; Columbus, Ohio, Columbus Museum of Art.

▲Der offene Pavillon aus rechtwinkligen Flächen war zur Zeit seiner Erbauung 1929 eine Sensation.

Wozu diente der Pavillon Mies van der Rohes?

Er war der deutsche Beitrag zur Weltausstellung in Barcelona 1929 und ist eines der Architekturmeisterwerke des 20. Jahrhunderts. Am 29. Mai 1929 wurde der Deutsche Pavillon eröffnet und stieß damals auf überraschend viele positive Reaktionen. Trotzdem wurde er im Januar 1930 demontiert. Seit der Rekonstruktion 1986 ist er eine der Touristenattraktionen Barcelonas.

Wussten Sie, dass ...

- die feierliche Eröffnung der Weltausstellung durch das spanische Königspaar im deutschen Pavillon stattfand?
- der Architekt für den Pavillon Möbel entworfen hatte? Zu ihnen zählt der Barcelona-Sessel aus Stahlrohr.
- nach dem Architekten der bedeutende Mies van der Rohe Award for European Architecture benannt ist?

Was macht den Bau so spektakulär?

Bereits der erste Eindruck macht deutlich, wie revolutionär van der Rohes Entwurf 1929 war. Vertikale und horizontale Flächen gliedern einen offenen Raum, der nichts mit der herkömmlichen geschlossenen Bauweise mit Fenstern und Türen gemein hat. Auf einem Travertinsockel stehen mehrere einzelne Wände aus mattem, farbigem oder durchsichtigem Glas, aus poliertem Marmor oder Onyx. Auf acht verchromten, im Querschnitt kreuzförmigen Säulen liegt eine flache Stahlbetonscheibe als Dach auf. Zum ersten Mal verwendete Mies hier das Motiv der strukturierten Stütze. Allerdings hätten diese Stützen die Last des Daches allein nicht tragen können, deshalb musste er zwischen die doppelten Marmorplatten der Außenwände zusätzliche unsichtbare Stützen einbauen. Der offene Charakter, die fließenden Übergänge zwischen innen und außen, die streng rechteckigen Formen und die Materialvielfalt wirken auch auf den Besucher des 21. Jahrhunderts noch ungeheuer »modern«.

Was hatte der Architekt zuvor gebaut?

Ein erster Höhepunkt seiner Tätigkeit war die Planung der vom Deutschen Werkbund 1927 initiierten Mustersiedlung »Am Weißenhof« in Stuttgart. An einem sonnigen Hang entwarf Mies eine moderne Siedlung mit einzeln stehenden Häusern, Reihenhäusern und Hauszeilen, gebaut von den führenden Architekten der Avantgarde. Sein eigenes Appartementhaus weist alle Merkmale des Internationalen Stils auf: Es ist eine schlichte Stahlskelettkonstruktion mit Flachdach, Fensterbändern und variablen Innenwänden, die aus preiswerten, typisierten Formen erstellt ist.

Bei dem Haus der Industriellenfamilie Tugendhat von 1928 bis 1930 im tschechischen Brünn übertrug Mies van der Rohe das Prinzip des offenen Raums auf einen Wohnbau.

Was entstand in den USA?

Die Amerikaner empfingen den exilierten Architekten mit offenen Armen. In Chicago wurde er 1938 Leiter der Architekturfakultät am Illinois Institute of Technology und baute die neuen Institutsgebäude. Dabei führte er das sichtbare Stahlskelett mit T-Trägern als neues Gliederungselement ein. In den 1950er Jahren errichtete er gemeinsam mit Philip Johnson das New Yorker Seagram-Building, das zu einem der Prototypen der internationalen Bürohausarchitektur werden sollte.

▲Die berühmten, oft kopierten Barcelona-Sessel im deutschen Pavillon. Eine Onyxwand fungiert als Raumteiler.

Welche Bauwerke von Mies van der Rohe stehen in Deutschland?

Trotz seines internationalen Erfolgs hatte Mies nach dem Krieg noch nichts in Deutschland gebaut. Als lang fällige Hommage wurde 1962 der inzwischen 75-Jährige vom Berliner Kultursenator mit dem Bau der neuen Nationalgalerie betraut. Mies, für den gute Architektur nie zweckgebunden war, wandelte einen Entwurf für Bacardi auf Kuba ab. Auf dem offenen transparenten Glaskubus über einem steinernen Podest ruht ein schweres Kassettendach. Das Museum wirkt streng und technisch, wie ein moderner Tempel der Kunst. Für Mies war dies die Krönung seines Alterswerkes.

Wie verlief Mies van der Rohes Karriere als Architekt?

▲Ludwig Mies van der Rohe (1886–1969), ein Vorreiter für die moderne Architektur

Obwohl er keine akademische Architektenausbildung genossen hatte, wurde Mies zu einem der einflussreichsten Raumschöpfer des 20. Jahrhunderts. Seine ersten eigenständigen Architekturentwürfe machte der junge Aachener nach seiner Mitarbeit im Büro des Architekten Peter Behrens. Um 1920 entstanden visionäre Hochhausentwürfe aus Stahlbeton und Glas, bei denen er zum ersten Mal Fensterbänder einsetzte. 1930 übernahm Mies die Leitung des Bauhauses in Dessau, später Berlin, und behielt sie bis zur erzwungenen Schließung 1933. Im nationalsozialistischen Deutschland war kein Platz mehr für moderne Architektur. Bei der Weltausstellung in Paris 1937 wurde Deutschland nun durch den Neoklassizismus von Albert Speer vertreten. Mies emigrierte in die USA, wo er seine erfolgreiche Karriere fortsetzte und zum führenden Vertreter des Internationalen Stils aufstieg. 1969 starb Mies van der Rohe in Chicago.

▲Von 1929 bis 1931 schuf Feininger mehrere Stadtansichten von Halle an der Saale. Das Hauptwerk der Serie ist die »Marktkirche zur Abendstunde«; München, Bayerische Staatsgemäldesammlungen.

Wie kam es zum Halle-Zyklus Feiningers?

Im Jahr 1928 beschloss der Magistrat von Halle an der Saale, eine Stadtansicht malen zu lassen. Alois Schardt, der damalige Direktor des Museums Moritzburg in Halle, sollte einen Maler empfehlen. Er nannte seinen Freund, den am Dessauer Bauhaus lehrenden Künstler Lyonel Feininger (1871–1956). Der malte jedoch nicht nur eine, sondern eine ganze Serie von einzigartig transparenten Stadtansichten. Das bekannteste Gemälde des Zyklus ist das Bild »Marktkirche zur Abendstunde«, das im Jahr 1930 entstand.

Wie ist das Bild aufgebaut?

Die spätgotische Architektur der Marienkirche, die wegen ihrer Lage am Marktplatz von den Hallenser Bürgern Marktkirche genannt wird, füllt beinahe den gesamten Bildraum. Dunkle Schatten und sonnig helle Flächen akzentuieren die gewaltige Baumasse des imposanten Gotteshauses, dessen vier Türme den oberen Rand des Bildes berühren. Sie strecken sich in den blauen Himmel, der den Hintergrund des Bildes ausfüllt. Am rechten Bildrand platziert Feininger den Roten Turm als farblichen Kontrast.

Die Marienkirche ist aus der Untersicht dargestellt. Da fühlt sich der Betrachter angesichts des übermächtigen Baukörpers ganz klein, so klein wie die im Vordergrund angedeuteten Menschen. Als schwarze Silhouetten verlieren sie sich auf dem Vorplatz der Kirche. Lyonel Feininger, der seine künstlerische Laufbahn als Karikaturist begonnen hat, nimmt das Figürliche völlig zurück; einzig die Architektur strukturiert den Bildraum.

Welche Folgen hatte der Auftrag für den Maler?

Nachdem Feininger 1928 vom Magistrat Halles den Malauftrag erhalten hatte, fand er Gefallen an der Stadt im Braunkohlerevier, deren Himmel seinen typischen blauen Schimmer den Rußpartikeln verdankte. Man gab dem Maler ein Atelier im Torturm der alten Moritzburg, wo er mehrere Monate im Jahr arbeitete. Zwischen 1929 und 1931 entstanden elf Ölgemälde und 29 Zeichnungen mit Ansichten von Halle.

Am Beginn der künstlerischen Erschließung der Stadt stand die Fotografie: Feininger machte sich mit den Straßen, Plätzen und Baulichkeiten vertraut, indem er sie zu allen

Wussten Sie, dass ...

- Lyonel Feininger als Maler ein Spätberufener war? Bis in seine »besten Jahre« hinein arbeitete er als Karikaturist, erst mit 36 Jahren fand er zur Malerei.
- Feininger fünf Kinder mit zwei verschiedenen Frauen hatte?
- der Künstler auch als Musiker talentiert war und eine Fuge komponierte?
- Feininger Modelle von Eisenbahnen entwickelte, die als Vorbilder für die Spielzeugproduktion dienten?

◄Architektur, in geometrische Formen aufgebrochen: Feiningers »Halle, Marienkirche I« von 1929; Mannheim, Städtische Kunsthalle

möglichen Tageszeiten und bei unterschiedlichen Wetterlagen fotografierte. »Das Fotografieren hat mir das Sehen auf eine neue Art gesteigert ... Ich finde, dass die Aufnahmen mit jedem Male besser gesehen und gelungen sind, so dass es sich lohnt, einiges mehrere Male zu fotografieren«, schrieb er aus Halle an seine Frau. Er experimentierte auch mit Doppelbelichtungen. Die Fotografie gewann eine herausragende Position in seinem bildnerischen Schaffen und die Fotos wurden die Vorlage für seine Zeichnungen und Gemälde.

War Feininger ein deutscher oder ein amerikanischer Maler?

Wohl beides, wenn Deutschland ihn auch schlecht behandelte. Nachdem die nationalsozialistische Kulturpolitik 1933 zur Schließung des Bauhauses geführt hatte, verlor Lyonel Feininger seine Dozentenstelle und damit seine Existenzgrundlage. 1937 verließ Feininger Deutschland, seine zweite Heimat, wo er als 16-Jähriger seine künstlerische Ausbildung begonnen hatte, für immer. Er kehrte zurück nach New York, in die Stadt, in der er 1871 als Sohn eines deutschen Geigers und einer amerikanischen Sängerin geboren war.
Der Neubeginn fiel schwer, in den USA war er als Maler kaum bekannt. Über alte Kontakte erhielt er 1938 den Auftrag für mehrere große Wandbilder für die New Yorker Weltausstellung. 1944 kam dann endlich die internationale Anerkennung seiner Größe: Das Museum of Modern Art ehrte ihn mit einer Retrospektive, die 75 Werke umfasste, sowohl frühere als auch die neuen, in Amerika entstandenen Gemälde. 1956 starb Lyonel Feininger in New York.

Unterscheidet sich die »Marktkirche« von Feiningers vorherigen Arbeiten?

Unter dem Einfluss der Ästhetik des Bauhauses, wo Feininger von 1919 bis 1933 als Lehrer in Weimar und dann in Dessau wirkte, verloren seine Bilder in den 1920er Jahren das Dynamische, dabei auch Unruhige, das seine früheren Werke gekennzeichnet hatte. So steht die Marktkirche klar und geordnet vor uns, trotz der kubistisch aufgebrochenen Formen. Exakt ausgeführte Geraden gliedern die Oberfläche in geometrische Formen, als ob ein grafisches Raster über das ursprüngliche Motiv gelegt wäre. Es entstehen prismatische Flächen, in denen sich das Licht bricht. Die in mehreren, unterschiedlich dicken Schichten aufgetragene Farbe erlaubt höchsten Reichtum an künstlerischen Nuancen und erzielt die Wirkung von sich überschneidenden Farbschleiern.

Mit dem Gemälde zeigte sich der 59-jährige Feininger im Zenit seines Schaffens. Die internationale Anerkennung kam zwar erst später, doch alles, was Feiningers Kunst so unverwechselbar macht, ist bei »Marktkirche zur Abendstunde« in Vollendung ausgeführt.

▲Plakat zur NS-Propagandaschau »Entartete Kunst« 1936 in München, in der auch Bilder von Feininger zu sehen waren

Was geschah mit dem Halle-Zyklus?

Für 31 200 Reichsmark, ausgezahlt in drei Raten, erwarb der Magistrat Halles von Feininger alle Stadtansichten und präsentierte sie dann im Museum in der Moritzburg. Doch schon kurze Zeit später, im Jahr 1933, verschwanden die Gemälde im Magazin des Museums. Die Nationalsozialisten hatten in Deutschland die Macht übernommen und auch die Kunst ihrem Diktat unterworfen. Die Bilder wurden beschlagnahmt, einige landeten 1936 in der berüchtigten NS-Propagandaschau »Entartete Kunst«. Heute sind Lyonel Feiningers Werke in den bedeutendsten Museen der Welt zu sehen.

▲Stolz ragt der Wolkenkratzer in den Himmel, sein Name erinnert an den einstigen Beinamen des wirtschaftlich mächtigen Bundesstaates New York: »Empire State«.

Wie kam es zum Bau des Empire State Buildings?

In den 1930er Jahren, als die Grundstückspreise in Manhattan explodierten und ein Höhenrausch die Architekten erfasst hatte, wurde das Empire State Building als reines Spekulationsobjekt geplant. Geldgeber waren die Geschäftsleute John Jacob Raskob von General Motors und Pierre S. du Pont von Du Pont de Nemours, politische Schützenhilfe leistete der ehemalige Gouverneur Alfred E. Smith. So bekannt das Gebäude ist, so unbekannt sind seine Architekten geblieben. Das Büro der Architekten Sheve, Lamb & Harmon in New York war auf kommerzielle Großprojekte spezialisiert. Sie bekamen den Auftrag mit strengsten Vorgaben für die Zahl der Räume, die Kosten und die Bauzeit – 20 Monate!

Wie verlief der Bau?

Die Bedingungen für den Bau waren denkbar schwierig. Die Baustelle lag direkt an zwei Hauptverkehrsstraßen, die nicht gesperrt werden konnten. Von der Grundsteinlegung im März 1930 bis zur Einweihung am 1. Mai 1931 vergingen dank guter Logistik und neuester Technik nur 15 Monate. Völlig neu war die Konstruktion der Baukräne, die nicht neben dem Gebäude standen, sondern auf dem wachsenden Gebäude selbst. Nach Fertigstellung eines Stockwerks baute man sie ab und ein Stockwerk höher wieder auf. Im Schnitt wurde so pro Tag ein Stockwerk errichtet.

Warum verjüngt sich das Gebäude nach oben?

Die Gesetze von 1916 schrieben vor, dass kein Gebäude an der Fifth Avenue höher sein durfte als 38 Meter und dass alles, was darüber hinausging, abgestuft werden musste, um ausreichend Licht und Frischluftzufuhr auf Bodenhöhe zu garantieren. So ist die äußere Erscheinung des Empire State Buildings nicht zuletzt auch ein Ergebnis der Bauvorschriften: Während die unteren fünf Stockwerke das ge-

Wussten Sie, dass …

- das Empire State Building auf dem Gelände des 1929 abgerissenen altehrwürdigen Waldorf-Astoria-Hotels steht?
- die New Yorker das Gebäude Ende der 1930er Jahre »Empty State Building« nannten? Aufgrund der Wirtschaftskrise standen damals fast alle Büros leer, daher der Name »Leeres Staatsgebäude«.
- der Wolkenkratzer über 40 Jahre lang das höchste Gebäude der Welt war? Erst 1973 wurde es von den Zwillingstürmen des World Trade Centers überflügelt.

Welches sind die höchsten Gebäude der Welt?

1903	Flatiron Building, New York, 87 Meter
1904	Times Tower, New York, 120 Meter
1908	Singer Building, New York, 200 Meter
1913	Woolworth Building, New York, 260 Meter
1930	Chrysler Building, New York, 319 Meter
1931	Empire State Building, New York, 381 Meter
1973	World Trade Center, New York, 417 Meter (2001 zerstört)
1974	Sears Tower, Chicago, 447 Meter
1997	Petronas Twin Towers, 452 Meter, Kuala Lumpur
2003	Taipeh 101, Taipeh, 508 Meter

▲Selten wurden Bauarbeiter in solch eindrucksvollen Bildern verewigt wie bei der Konstruktion des Empire State Buildings.

samte Grundstück einnehmen, wird der schmalere Turm über der Basis durch symmetrisch angelegte Rücksprünge noch einmal im 86. Stockwerk und im 102. Stockwerk verjüngt. Das Empire State Building ist zweifellos nicht so fantasievoll und elegant wie das 1930 errichtete Chrysler Building – seine Auftraggeber forderten auch kein baukünstlerisches Engagement, sondern eine Höchstrendite durch maximale Nutzung. Immerhin entschieden die Architekten, der vernieteten, mit Mauerwerk gefüllten Stahlkonstruktion eine ansehnliche Fassade aus grauem Kalkstein, Granit, Aluminium und Nickel zu geben. Die Fenster rahmen profilierte Aluminiumleisten und sind am oberen Abschluss jedes Gebäudeteils mit einem stilisierten Blumenmotiv eingefasst, das seine Herkunft aus dem Art déco verrät – das Eleganteste nach damaligem Geschmack.

◄Prachtvoll präsentiert sich die Eingangshalle des gewaltigen Gebäudes, in dem täglich rund 15 000 Menschen ihrer Arbeit nachgehen.

Welche Funktionselemente hat das Gebäude?

Über den zwei Stockwerk tiefen Fundamenten sind in unterirdischen Geschossen die technischen Einrichtungen wie die Klimaanlage, die Fahrstuhltechnik und Kellerräume untergebracht. Die repräsentative Empfangshalle zur Fifth Avenue ist mit Marmor aus verschiedenen Steinbrüchen Europas ausgekleidet. Eine stilisierte Karte von New York und eine Ansicht des Gebäudes empfangen die eintretenden Besucher. 73 Aufzüge erschließen das Gebäude bis hinauf in das 102. Stockwerk in einer Höhe von stolzen 381 Metern.

Der Finanzier Raskob soll kurz vor der Fertigstellung erklärt haben, das Gebäude brauche einen Hut – vermutlich dachte er an den angestrebten Höhenrekord. So wurde ein Ankermast für Zeppeline auf dem Dach angebracht, der jedoch nie benutzt wurde und den heute ein Fernmeldemast ersetzt.

Wie wurde das Empire State Building berühmt?

Dafür sorgte ein Affe auf der Spitze: Spätestens seit dem Film »King Kong« ist das Empire State Building weltweit berühmt. Bis heute ist es jedenfalls Anziehungspunkt Nummer eins für alle Besucher des Big Apple: Rund eine Million Besucher locken die beiden Aussichtsterrassen jedes Jahr an.

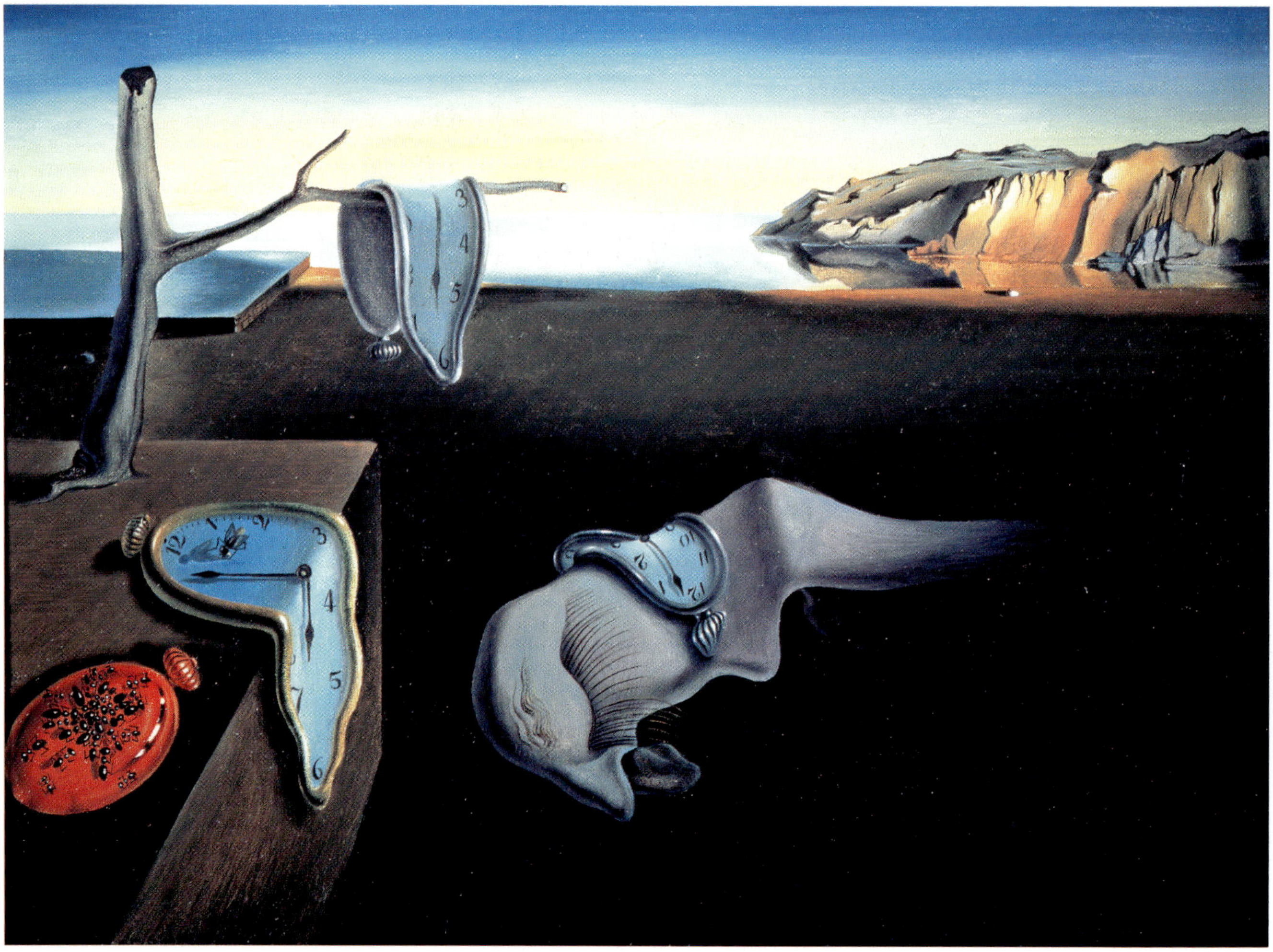

▲Die halluzinatorischen Fähigkeiten Dalís waren groß – in Werken wie »Beständigkeit der Erinnerung« gab der Künstler oftmals fotografisch genau die aus dem Unterbewussten auftauchenden Bilder wieder; New York, Museum of Modern Art.

Was zeigt die »Beständigkeit der Erinnerung«?

Kunsthistoriker wie Psychologen erkennen in dem Gemälde viel mehr als nur die zerfließenden Zeitmesser. Betrachten wir aber zunächst das Sichtbare: Vier Uhren gibt es in einer kargen Küstenlandschaft zu sehen. Eine Uhr liegt mit der Rückseite nach oben auf dem hölzernen Podest, Ameisen krabbeln auf ihr herum. Die Uhr gleich daneben fließt zur Hälfte von der Podestkante herunter. Wie eine Zunge hängt die dritte Uhr über einem abgestorbenen Ast. In der Mitte des Vordergrundes liegt ein weißliches Gebilde mit der vierten Uhr. Zunächst erinnert das Gebilde an ein Pferd mit einem Sattel, betrachtet man es jedoch von der Seite, erkennt man plötzlich das Gesicht des Malers mit den Wimpern des geschlossenen Auges und der markanten Nase.

Wie fand Dalí seine Muse Gala?

Im Kreis der Pariser Surrealisten lernte Dalí die Frau des surrealistischen Dichters Paul Eluard kennen: Helena Diakonova, genannt Gala. Sie wurde seine Lebensgefährtin und sein Modell. Deswegen und wegen politischer und künstlerischer Differenzen wurde Dalí 1937 aus der Gruppe der Surrealisten wieder ausgeschlossen. Gala sollte für mehr als 50 Jahre Dalís Künstlerleben managen.

Welche Rolle spielten Träume in Dalís Bildern?

Der Maler war stark beeinflusst von den Arbeiten des Psychoanalytikers Sigmund Freud, der in den Träumen verborgene Botschaften über den Menschen erkannt hatte. Wie in einem Traum wechseln die Gegenstände in Dalís Bildern plötzlich ihre Bedeutung. Der Mund, in der Deutung der Psychoanalyse Sigmund Freuds ein Symbol für das weibliche Geschlechtsteil, fehlt bei Dalís Malergesicht – nicht zufällig: Freuds Theorien über das Unbewusste und den Traum waren für den Surrealismus Leitfaden. Die Künstler wollten das Unbewusste ans Licht holen, die Zwänge der Logik sprengen und eine neue magisch-poetische Gegenwelt zur Realität erschaffen. Dalís Uhren sind ein Symbol des Freud'schen Realitätsprinzips. Durch das Zerfließen werden sie zu Symbolen des konkurrierenden Lustprinzips. Das Fehlen des Mundes und die Schlaffheit der Uhren deuten auf Potenzängste des Malers hin – Sexus und Libido waren schon früh ein zentrales Thema seiner Werke.

◀ Der Künstler als Kunstwerk – Dalí im Sommer 1924

Was verband Dalí mit der Metaphysischen Schule?

Die *Pittura Metafisica* war eine von dem italienischen Maler Giorgio de Chirico entwickelte Kunstrichtung. Dalí hatte Chiricos Zeitschrift »Valori Plastici« schon während seines Studiums gelesen. Die scheinbar sinnlose Kombination von Gegenständen, der überzogene Realismus, das harte Licht und der verwirrende Einsatz von Perspektive sind Charakteristika der Metaphysischen Schule, zu der sich Dalí Anfang der 1920er Jahre bekannte.

Wann kam Dalí zum Surrealismus?

Dalí reiste 1926 nach Paris, das seit zwei Jahren die Hauptstadt des Surrealismus war. In seinem »Surrealistischen Manifest« hatte André Breton 1924 geschrieben, eines der Grundübel der Gesellschaft sei die Trennung von Rationalität und Fantasie. Aufgabe der Künstler sei es, diese Trennung aufzuheben und das Unterbewusste sichtbar zu machen. Der Surrealismus sollte so eine Realität über (*sur*) der tatsächlichen Realität darstellen. Die Surrealisten waren keine stilistisch einheitliche Gruppe. Es gab unter ihnen gegenständlich malende Künstler wie Dalí oder René Magritte, aber auch Abstrakte wie Ives Tanguy oder Joan Miró. Viele Surrealisten kamen aus der Dada-Bewegung, etwa Max Ernst. 1936 malte Dalí mit »Weiche Konstruktionen mit gekochten Bohnen« eine düstere Vorahnung des Spanischen Bürgerkriegs und ein Jahr später tauchten erstmals brennende Giraffen wie apokalyptische Wesen in seinem Motiv-Repertoire auf.

Wie verbrachte Dalí die zweite Lebenshälfte?

Auf der Flucht vor dem Krieg in Europa lebten Dalí und seine Partnerin Gala ab 1940 für acht Jahre in den USA, wo Dalí als berühmtester Maler seiner Zeit galt. Er arbeitete erfolgreich an Filmen, Bühnenbildern für Oper und Ballett und als Schriftsteller. 1948 kehrten Dalí und Gala nach Spanien zurück und lebten in dem katalanischen Küstendorf Cadaqués. Nach Dalís Hinwendung zum katholischen Glauben begann er um 1951, eine Reihe großformatiger religiöser Bilder zu malen, darunter der »Christus des heiligen Johannes am Kreuz« in einer ungewohnten Perspektive. Nach dem Tod von Gala 1982 zog Dalí zurück in seine Heimatstadt Figueras und wurde dort nach seinem Tod 1989 in der Krypta seines Theater-Museums beigesetzt.

Wussten Sie, dass ...

- Dalí auf die Idee mit den zerfließenden Uhren nach eigenen Worten im Anschluss an ein gutes Essen beim Anblick eines sehr reifen Camemberts kam?
- der Maler auch im Filmgeschäft mitmischte? Mit dem Regisseur Luis Buñuel arbeitete er bei mehreren Filmen zusammen.
- Dalí ein Verehrer des spanischen Diktators Franco war und 1964 mit einem der höchsten Orden des Landes ausgezeichnet wurde?

◀ Dalí malte nicht immer surrealistisch: Porträts wie »Maria Carbona« zählen ebenfalls zu seinem Œuvre.

▲ Ein lichtdurchflutetes Treppenhaus, junge Menschen streben hinauf: Schlemmer malte die hoffnungsfrohe Bauhaus-Treppe 1932, ein Jahr vor Hitlers Machtübernahme.

Wie stellt Schlemmer seine Figuren dar?

Im Gegensatz zu seinem Freund und Kollegen Willi Baumeister (1889–1955) ging Schlemmer nicht den Weg des Abstrakten, sondern hielt am Prinzip der figürlichen Darstellung fest, ja stellte seine Menschen groß und dominierend ins Zentrum seiner Bilder. Dennoch wirken sie nicht realistisch, sondern wie gedrechselte, massive Figurinen, stereotype Wesen, die auf Grundformen reduziert sind. Im Streben nach Konzentration auf das Wesentliche mussten alle ihre individuellen Züge bis hin zur Haartracht konsequenterweise weichen. Schlemmer typisierte und abstrahierte: Seine Geschöpfe stehen symbolisch für das Dasein des Menschen, als Sinnbild des Lebens schlechthin.

Zu welcher Zeit entstand das Bild?

Die »Bauhaus-Treppe« von 1932 – heute im Museum of Modern Art in New York zu sehen – ist das letzte großformatige Bild, das der Künstler vollenden konnte, und gleichzeitig auch sein bekanntestes. Drei Jahre zuvor hatte Schlemmer das Bauhaus verlassen und eine Professur an der Akademie der Künste in Breslau angenommen. Später wurde er von den Nationalsozialisten unehrenhaft aus dem Amt entlassen. Deutsche Kunst am Vorabend von Hitlers Machtergreifung: Was künstlerisch ambitioniert und dem Kunstverständnis der Mächtigen nicht geheuer schien, wurde diffamiert. Wie viele Künstlerkollegen musste auch Schlemmer erleben, dass seine Kunst als »entartet« disqualifiziert wurde und die künstlerische Existenz verloren ging.

Was veranlasste den Maler zu dem Gemälde?

Anlass für die Entstehung des Bildes war möglicherweise die Schließung des Dessauer Bauhauses, die kurz zuvor bekannt geworden war. Das Bauhaus zog damals für kurze Zeit nach Berlin, wo es jedoch – als »Brutstätte des Bolschewismus« beschimpft – im Jahr 1933 endgültig schließen musste.

In einem Brief vom 28. Juli 1932 schrieb Schlemmer an einen Freund: »Eine Schande, dass sich die Kulturwelt nicht erhebt und ein Veto einlegt. Aber wir sind alle anscheinend so mürbe und resigniert, dass alles geschehen kann.« Immerhin scheint Schlemmer zumindest ein künstlerisches Veto eingelegt zu haben, denn das Bild der Bauhaus-Treppe wirkt wie ein Manifest: Im Gegensatz zu anderen Gemälden handelt es sich hier sehr wahrscheinlich um eine reale Architektur, geprägt von der Bauphilosophie eines Walter Gropius, dessen streng funktionales Treppenhaus mitsamt dem Geländerlauf und den großen, unterteilten Fenstern in diesem Bild wieder auflebt.

Was ist auf dem Bild zu sehen?

Bildbestimmend sind drei übereinander gestaffelte stereotype Rückenfiguren, unterscheidbar lediglich durch die Farbe der Kleidung. Insgesamt sechs Figuren gehen die Treppe hinauf, die von dem durch die Fensterflächen einströmenden Licht hell erleuchtet ist. Nur zwei Personen – und auch diese nur angeschnitten – gehen abwärts. Eine weitere steht auf dem Treppenansatz und wendet sich frontal dem Betrachter zu. Die Figuren sind nach dem typischen Schlemmer-Schema konstruiert und strikt vereinfacht und geometrisch stilisiert. Sie tragen alle die gleiche Frisur und Kleidung, nur die Farbgebung differenziert sie.

Die Menschen machen die strenge Architektur human, sie füllen den Raum fast vollständig, akzentuieren ihn durch ihre aus abgerundeten Formen bestehenden Körper und durch die Farbe ihrer Kleidung. Vor allem das leuchtende Rot der mittleren Rückenfigur macht diese zur zentralen Bildgestalt.

Gegenspieler ist der Innenraum: Die perspektivisch sich nach oben verjüngende Treppe mit dem strengen Rhythmus ihrer Stufen sowie die Treppenmauer mit ihrem kühnen Winkel und dem Schatten der Fenster – all diese Elemente sind in kühles Blau getaucht und verleihen dem Bild seine aufstrebende Gesamtwirkung; die treppauf steigenden Figuren werden gleichsam zum Hinaufgehen gezwungen.

▲Das Meisterhaus von Georg Muche und Oskar Schlemmer im Bauhausstil. In diesen ab 1926 errichteten Häusern wohnten die Architekten des Bauhauses und ihre Familien. Die restaurierten Häuser in Dessau gehören heute zum UNESCO-Weltkulturerbe.

Wer sind die Figuren?

Aufgrund ihrer Körperhaltung und Körperspannung handelt es sich um junge Leute, wahrscheinlich um Bauhaus-Studenten, die über die Treppe zu ihren Klassen oder in die Vorlesungssäle eilen. Mit dem Anschneiden der Figuren betont der Künstler das Ausschnitthafte der dargestellten Situation. Vor dem Hintergrund der rauen tyrannischen Gegenwart, die sich auch gegen die moderne Kunst richtet, transformiert Schlemmer die Szene ins Allgemeingültige: Die »Bauhaus-Treppe« wird verklärt zum Symbol der aufstrebenden Jugend, die einem hellen Ziel zustrebt.

Wo erhielt der Bauhaus-Lehrer selbst seine Ausbildung?

▲Der Maler und Grafiker Oskar Schlemmer (1888 bis 1943) auf einer Fotografie von 1920

Geboren 1888 in Stuttgart, studierte Schlemmer zunächst an der dortigen Kunstgewerbeschule, bevor er an die Akademie der Bildenden Künste kam. 1914 arbeitete er für den Werkbund, wo der Gründer des Bauhauses, Walter Gropius, auf ihn aufmerksam wurde.
Als er 1920 als Lehrer ans Bauhaus nach Weimar berufen wurde, übernahm Oskar Schlemmer die Leitung der Bildhauerklasse und ab 1923 auch die der Bauhaus-Bühne. Es war vor allem die Bühnenerfahrung, die sein bildnerisches Werk prägen sollte. Denn Schlemmer, heute vor allem als Maler und Grafiker bekannt, arbeitete auch als Tänzer und Choreograf und entwickelte neue Tanzformen, Bewegungs- und Ausdrucksmöglichkeiten.
Mit der Machtübernahme der Nationalsozialisten verlor Oskar Schlemmer nach und nach seine Lebensgrundlage. Er starb 1843 und wurde auf dem Waldfriedhof in Stuttgart-Degerloch begraben.

Wussten Sie, dass ...

- der Vater des Künstlers der Komödiendichter Carl Leopold Schlemmer war?
- der Maler freiwillig am Ersten Weltkrieg teilnahm?
- Schlemmer die Ausstattung zu Bühnenwerken Kokoschkas, Hindemiths, Strawinskys und Schönbergs übernahm?
- der Maler in der Ausstellung »Entartete Kunst« mit fünf Gemälden vertreten war?

▲Die Form eines gotischen Flügelaltars hat Max Beckmann (1884–1950) für sein expressionistisches Triptychon »Die Versuchung des heiligen Antonius« übernommen. Beckmanns Meisterwerk bildet heute eines der Glanzlichter der Pinakothek der Moderne in München.

Wie ist »Die Versuchung« aufgebaut?

Das Werk von 1936/37 hat die dreiteilige Triptychon-Form des Flügelaltars. So verschaffte sich Beckmann die Möglichkeit, unterschiedliche Aspekte seines Themas zueinander in Beziehung zu setzen. Wie auf einer Simultanbühne werden mehrere Aktionen gleichzeitig lebendig. Den gotischen Flügelaltären ähnlich flankieren und unterstützen die Seitentafeln das breiter angelegte mittlere Hauptbild und seine Aussage. Beckmann stellte sich damit in die Tradition europäischer Sakralkunst, bezeugte seine Auseinandersetzung mit der abendländischen Kunstgeschichte und sein Ringen mit Religion und Glauben. Angesichts zweier Weltkriege mit all ihrer Unmenschlichkeit wurde er zum zweifelnden Gläubigen: »Meine Religion ist Hochmut vor Gott, Trotz gegen Gott. Trotz, dass er uns so geschaffen hat, dass wir uns nicht lieben können.«

Wussten Sie, dass …

- Max Beckmann sich unter dem Eindruck des Nationalsozialismus ab Mitte der 1930er Jahre erneut dem Thema des gedemütigten, erniedrigten Menschen zuwandte? Gitter, Fesseln, Folter sind Motive, die auf seinen Bildern immer wieder auftauchen.
- das monumentale Triptychon insgesamt sechs Meter breit ist?
- Beckmann in seiner Spätphase zwischen 1932 und 1950 insgesamt neun große Triptychen malte?
- der Maler heute einer der teuersten deutschen Künstler überhaupt ist?

Worauf bezieht sich der Titel des Werks?

Der Titel des Werks bezieht sich auf die Legende von der Versuchung des heiligen Antonius, die Beckmann in seine Zeit versetzt. Die Inspiration für das Bildmotiv entstammt zum einen der mehrmaligen Lektüre von Gustave Flauberts gleichnamigem Roman aus dem Jahr 1874, zum anderen der Beschäftigung mit dem spätgotischen »Isenheimer Altar«, der auf einer Tafel die Versuchung des Einsiedlers Antonius zeigt. Bei Beckmann ist das Motiv jedoch ins allgemein Menschliche ausgedehnt und kryptisch verrätselt.

Wo war Beckmanns Werk besonders erfolgreich?

Vor allem im Ausland. Im Jahr der Vollendung der »Versuchung« wurde Max Beckmann, der bereits 1933 nach Hitlers Machtübernahme sein Lehramt in Frankfurt verloren hatte, von den Nationalsozialisten offiziell verfemt: 1937 zeigte die NS-Ausstellung »Entartete Kunst« auch Werke von Beckmann. Hitlers Rede zur Ausstellungseröffnung, ein hasserfülltes Manifest der neuen deutschen Kunstideologie, hörte der Maler im Radio. Tags darauf ging er mit seiner Frau in die Emigration. In den USA, wo er 1950 auch starb, wurde Beckmanns Kunst hoch geschätzt. »Die Versuchung« erhielt 1939 auf der Ausstellung »Golden Gate« in San Francisco den ersten Preis.

▲Unmittelbar nach dem Ersten Weltkrieg entstand »Die Nacht«, ein aufwühlendes Bildnis des gemarterten und gedemütigten Menschen und seiner Folterknechte.

Wie korrespondieren die Teile des Triptychons miteinander?

Der linke Flügel des Triptychons zeigt eine junge Frau mit entblößter Brust und an eine Lanze gebundenen Händen. Es könnte die griechische Sagengestalt Helena sein, hier in der Gewalt eines Matrosen, der mit unheilvoll schwarzem Kopf hinter ihr auftaucht. Dieser geht auf Flauberts Romanfigur Hilarion zurück, ist Personifikation des Teufels und des Wassers zugleich. Im Vordergrund erkennt man im Profil eine gepanzerte Figur. Antike Kleidung und Haltung verweisen auf die griechische Göttin Athene, Kämpferin für die Keuschheit und gegen die Laster. So lässt sich das Untier zu ihren Füßen als Symbol für Lüsternheit und Begierde lesen, die Athene bekämpft hat.

Der rechte Flügel des Triptychons zeigt deutliche Entsprechungen zum linken: wieder eine gefangene Frau mit entblößter Brust, diesmal in einem Käfig. Auch sie wird von einem düsteren Wesen bewacht, einem Vogel mit bedrohlichem Schnabel. Vermutlich hat Beckmann hier die sagenhafte Königin von Saba mit ihrem Zaubervogel Simorganka dargestellt. Der gepanzerten Figur des linken Bildes entspricht auf der rechten Seite der gleichfalls androgyn wirkende Hotelboy des Hotels Kempinsky mit der Krone. Er führt eine am Boden kriechende Frau an der Leine – ein Bild masochistischer Unterwerfung.

Gefesselt ist im Mittelbild der Maler – ein »Antonius«, der Versuchungen ausgesetzt ist: der sexuellen Begierde und der Sehnsucht nach Schönheit – angesichts der schönen Frau – wie auch dem Hunger nach Macht, symbolisiert durch die Krone im rechten Flügel. Nichts von alledem kann der Künstler erreichen. Er liegt gefesselt am Boden, kann nur betrachten und das Gesehene durch seine Kunst weitergeben.

◀Eines seiner zahlreichen Selbstporträts zeigt den Künstler im eleganten Smoking.

▲Picassos 1937 entstandenes monumentales Bild »Guernica« ist ein auf Leinwand gebannter Aufschrei gegen den Krieg, gegen Gewalt, Schmerz und Tod.

Wie kam es zu dem Monumentalbild »Guernica«?

Ab 1936 wurde die demokratische Republik Spanien von den Nationalisten unter General Franco bedroht. Auf der Weltausstellung in Paris 1937 wollte Spanien in seinem modernen Glaspavillon abseits der neoklassischen Protzburgen des nationalsozialistischen Deutschland und des stalinistischen Russland auf diese Gefahr aufmerksam machen. Dann geschah das Verbrechen in Guernica. Am 24. April 1937 zerstörte die deutsche Legion Condor, die Hitler zur Unterstützung Francos nach Spanien schicken ließ, die älteste Stadt des Baskenlandes mit über 3000 Brandbomben und metzelte anschließend die Einwohner mit Maschinengewehren nieder. Zwei Tage nach dem Massaker erschienen in den Pariser Zeitungen Fotografien der zerstörten baskischen Stadt Guernica. Picasso beschloss, dieses Verbrechen zum Thema seines Beitrages für die Weltausstellung zu machen. So entstand das wohl berühmteste Anti-Kriegsbild des 20. Jahrhunderts.

Wussten Sie, dass …

- ein deutscher Soldat einmal Picassos Atelier besuchte und dort eine Abbildung von »Guernica« sah? Erstaunt fragte der Soldat den Maler: »Das haben Sie gemacht?« Picasso antwortete: »Nein, Sie!«
- die Bilder Picassos zu den teuersten Objekten auf dem Kunstmarkt gehören?
- Picasso die Rückkehr des bis 1981 in New York ausgestellten Bildes »Guernica« nach Spanien bis zum Tode des Diktators Franco untersagt hatte?

Wie verlief der künstlerische Weg Picassos bis 1937?

Noch geprägt vom spanischen Jugendstil, malte Picasso um die Jahrhundertwende in Paris, in der melancholischen Atmosphäre von Bars und Zirkuszelten, seine Bilder der so genannten Blauen und Rosa Periode. Danach entwickelte er zusammen mit Georges Braque die Malerei des Kubismus: das Zerlegen der Bildobjekte in Formen wie Würfel, Kugeln oder Kegel und das anschließende Zusammensetzen auf der Leinwand. Sie wollten den Bildgegenstand gleichzeitig von mehreren Seiten darstellen, verzichteten also auf eine einheitliche Perspektive. Es gab keine einheitliche Lichtquelle mehr und nur wenige Farben, vor allem Braun, Grau und Weiß. Der Kubismus war der einflussreichste Stil der Moderne und Grundlage für viele weitere Entwicklungen. Den Aufsehen erregenden künstlerischen Startschuss bildete Picassos berühmtes Bild »Les Demoiselles d'Avignon« aus dem Jahr 1907. Während des Zweiten Weltkriegs entwickelte Picasso schließlich einen eigenen, figürlichen Stil mit kubistischer Mehransichtigkeit und vereinfachten Formen. Er prägt auch das Bild »Guernica«.

Welche Szenen zeigt das Gemälde?

Das weltberühmte Bild ist heute im Madrider Museo Reina Sofia ausgestellt. Man blickt auf eine dunkle Szenerie in Schwarz, Grau und Weiß. Die Bombardierung der Stadt fand am helllichten Tag statt – Picasso wollte jedoch die Dunkelheit des Schreckens ausdrücken. Eine Glühlampe, wie das Auge Gottes in ein Dreieck gestellt, und eine Kerze sollen die Wahrheit über Guernica ans Licht bringen. Verschiedene Frauen malte Picasso als Sinnbilder der unschuldig getöteten und leidenden Menschen. Rechts schreit eine Frau aus einem brennenden Haus heraus, eine Zweite läuft davon. Am linken Bildrand hält eine klagende Frau mit einer ergreifenden Geste ihr getötetes Kind empor. Manche Motive wirken für den Betrachter vieldeutig: Ist die zerbrochene Kriegerstatue ein Symbol der zerstörten spanischen Kultur, ist die Blume in der Hand ein Zeichen der Hoffnung? Der Stier, sonst Picassos stolzes Symbol des spanischen Volkes oder auch verstecktes Selbstbildnis, ist hier vollkommen hilflos, unfähig, den Menschen zu helfen. Das Pferd, passives Opfer der Stierkämpfe, schreit seinen Schmerz und seine Qual heraus. Eindrücklich ist das Leid der Opfer dargestellt – der Feind, die Täter, sind dafür nirgends zu sehen.

Warum gilt Picasso als *das* Malergenie des 20. Jahrhunderts?

Sein Leben und sein Werk geben die Antwort: Pablo Ruiz Picasso wurde am 25. Oktober 1881 in Málaga als Sohn eines Zeichenlehrers geboren. Bereits mit 15 Jahren wurde er an der Kunstakademie in Barcelona aufgenommen, ab 1898 pendelte er zwischen Barcelona und Paris. Mit den Bildern der Blauen Periode (1901 bis 1904) begann eine Künstlerlaufbahn, die an Fülle, Vielfalt und Bedeutung von keinem anderen Künstler des 20. Jahrhunderts übertroffen wird. Viele von Picassos Arbeiten wurden zu Schlüsselwerken für die unterschiedlichsten Strömungen der Moderne. Als erstem Maler überhaupt widmete ihm der Pariser Louvre eine Ausstellung, noch während er lebte. Nach der Rosa Periode (1905–1907) und zahlreichen Harlekin- und Gauklerbildern wandte sich Picasso 1907 dem Kubismus zu, den er gemeinsam mit Georges Braque begründete. Dieser Phase folgten ab 1916 klassizistisch anmutende Bilder, ab 1925 arbeitete er unter dem Einfluss des Surrealismus. In den Jahren zwischen 1934 und 1945 entwickelte der Künstler eine eigene, expressiv-realistische künstlerische Handschrift, die künftig als »Stil Picasso« bezeichnet werden wird. 1947 begann Picasso im südfranzösischen Vallauris mit Töpferarbeiten und Lithografien, anschließend setzte er sich gründlich mit den Werken alter Meister auseinander. Mit über 70 Jahren wandte er sich wie selbstverständlich nochmals neuen Ausdrucksweisen zu, schuf Skulpturen aus Schrott und Fundstücken. Pablo Picasso starb am 8. April 1973 im Alter von 91 Jahren. Er liegt in Vauvenarges in der Provence begraben.

◀ Nach dem Zweiten Weltkrieg gab es neue Hoffnung: 1946 malte Picasso das Bild »Lebensfreude«; Antibes, Musée Picasso.

▲ Wie malt man psychische Vorgänge? Pollock schöpfte aus dem Unbewussten, indem er in tranceartigen Bewegungen Farbe auf die Leinwand tropfte und schleuderte. So entstand 1947 auch sein berühmtes Werk »Alchimia«; Venedig, Collezione Peggy Guggenheim.

Für welche Vorstellung von Kunst steht der Name Jackson Pollock?

Jackson Pollock vertrat die Idee von einem internationalen Konzept und einer allgemein gültigen Bedeutung von Kunst – und erteilte damit als einer der ersten Künstler der bis dahin gültigen Vorstellung von »Kunst-Landschaften« und »Kunst-Nationen« eine klare Absage. Er ging stattdessen von einem – heute wieder sehr aktuellen – globalen Anspruch der Kunst aus. Berühmt geworden ist Pollock durch seine *drippings* und *all over paintings* wie »Alchimia«: großformatige Arbeiten, in denen er Rationales und Unterbewusstes, Subjektives und Objektives verschmilzt und als Ausschnitt eines größeren Ganzen erfahrbar werden lässt.

Gab es für Pollock eine amerikanische Kunst?

Pollock schien diese Vorstellung befremdlich. Ein Journalist fragte den Künstler 1943: »Herr Pollock, glauben Sie, dass es eine rein amerikanische Kunst geben kann?« – Pollocks Antwort: »Die Idee einer isolierten amerikanischen Malerei scheint mir ebenso absurd wie die Idee einer rein amerikanischen Mathematik oder Physik. Und in gewissem Sinne stellt sich dieses Problem gar nicht; oder wenn, erledigt es sich von selbst: Ein Amerikaner ist ein Amerikaner und dies wird sich natürlich in seiner Malerei niederschlagen, ob er will oder nicht. Doch die Grundprobleme der zeitgenössischen Malerei sind nicht nationenspezifisch.« Pollock stand auch unter dem Eindruck des Zweiten Weltkrieges, während in New York seine erste Einzelausstellung in der Art of this Century Gallery stattfand, in der während des Krieges zahlreiche europäische Surrealisten ausgestellt wurden.

Aus welchen Quellen schöpfte Pollock?

Für seine Zeit sehr ungewöhnlich, verwies der Künstler auf den Vorbildcharakter der Kunst der vor allem in Mexiko lebenden Indianer, denn »die Indianer zeigen echtes malerisches Gespür in der Treffsicherheit ihrer Bildsprache und in ihrer Auffassung von malerischen Sujets. Ihre Koloristik ist urwestlich, ihre Vision hat die elementare Universalität aller wahren Kunst. Manche Betrachter finden in meinen Bildern Anklänge an indianische Kunst und Kalligrafie.« Bereits 1936 hatte Pollock Spritztechniken und die Verwendung synthetischer Materialien im Experimental Workshop am Union Square in New York erlernt, angeregt durch die großformatigen Wandmalereien mexikanischer Revolutionskünstler wie Siqueiros, Orozco und Rivera.

Ist »Alchimia« ein typisches Pollock-Bild?

In »Alchimia« (1947) entwirft der Künstler ebenso formal durchdachte wie zufällig erscheinende, offensichtlich schnell realisierte Kompositionen. Die für ihn typische Technik des Tropfens (*dripping*) und des Farbschleuderns (*pouring*) hatte Pollock seit 1946 entwickelt. Die Gemälde entwerfen ihren Bildraum über die Staffelung der Malschichten in der Ebene, das Einzelwerk scheint ein Ausschnitt aus einem größeren Ganzen, es gibt weder oben noch unten, weder rechts noch links.

»Alchimia« stammt aus der für Jackson Pollock »legendären« Werkphase der späten 1940er und 1950er Jahre, in denen die unverwechselbaren *drippings* entstehen – Freunde geben Pollock den Spitznamen »Jack the Dripper« –, gefolgt von den *all over paintings* der späteren Jahre. »Im Bild sein«, so hat der Künstler den kraftvollen Malvorgang beschrieben. Gemeint ist die Symbiose von Mensch und Bild im und über den Prozess des Malens. Rationales und Unterbewusstes, Verstand und Gefühl, objektive Wahrnehmung und subjektiver Ausdruck verschmelzen zu großen, breitformatigen Leinwänden.

Wie veränderte sich der Stil des Malers nach »Alchimia«?

Zu Beginn der 1950er Jahre beginnt sich Pollocks Stil zu wandeln. Große, in Schwarz-Weiß gehaltene Kompositionen mit kreuz und quer gemalten Farblinien bestimmen nun das Werk des Künstlers. Die Entwicklung der Abstraktion gipfelt im Jahre 1951, in dem Pollock ausschließlich schwarz-weiße Bilder anfertigt, etwa »Number 14«. Der Betrachter kann hier nur schwer zwischen »traditioneller« Malerei, Tropf- und Schleudertechnik unterscheiden und vermutet ebenso eine rein abstrakte Komposition wie einzelne Gegenstände. Pollock beschrieb diese Phase seines Schaffens selbst: »Meine Malerei kommt nicht von der Staffelei her. Selten spanne ich die Leinwand vor dem Malen auf. Ich befestige sie lieber an der ... Wand oder auf dem Boden. Ich fühle mich dem Bild näher, mehr als ein Teil von ihm, denn so kann ich mich um das Bild herum bewegen, von allen vier Seiten her arbeiten und buchstäblich im Bild sein.«

Der *action painter* Jackson Pollock – gestorben 1956 bei einem Autounfall – gilt Experten heute als wichtigster Vertreter des abstrakten Expressionismus der USA.

Wusssten Sie, dass ...

- 2005 in einem Lagerhaus in New York 32 bis dahin unbekannte Bilder von Jackson Pollock gefunden worden sein sollen?
- der Filmregisseur Ed Harris 2000 einen Kinofilm über den Maler drehte? Die Schauspielerin Marcia Gay Harden erhielt für ihre Rolle als Pollocks Frau den Oscar. Den Künstler spielte übrigens der Regisseur selbst.
- Pollocks Bild Nr. 12 von 1949 im Jahr 2004 auf einer Auktion für 15 Millionen Franken versteigert wurde?

Welche Bedeutung hatte der Prozess des Malens für Jackson Pollock?

▲ Der Amerikaner Jackson Pollock (1912 bis 1956) war Hauptvertreter des *Actionpainting*.

Wie für viele Künstler des *Actionpainting* hatte auch für Jackson Pollock der Entstehungsprozess des Kunstwerkes mindestens dieselbe Bedeutung wie das fertige Bild selbst. Die dynamische Bewegung des Malers beim Malen bildete sich nämlich im fertigen Werk ab.
Geboren wurde Jackson Pollock am 28. Januar 1912 in Cody (Wyoming), er starb mit nicht einmal 44 Jahren bei einer Trunkenheitsfahrt mit dem Auto am 11. August 1956. Seine Ausbildung erhielt er an Kunstschulen in Los Angeles und New York. 1943 schloss Pollock mit der Galeristin Peggy Guggenheim einen Vertrag über die Ausstellung seiner Arbeiten. 1945 heiratete er seine Künstlerkollegin Lee Krasner.
Jackson Pollocks aktive Schaffensperiode währte nur kurz, aber in den Jahren zwischen 1946 und 1951 schuf er ein kongruentes und in hohem Maß innovatives Werk, das ihm einen festen Platz in der Kunstgeschichte sichert.

▲Beim Entwurf der Kirche in Ronchamp orientierte sich Le Corbusier an den unregelmäßigen, weichen Formen der Natur.

Was war Le Corbusiers Vorstellung von Architektur?

Le Corbusier, der es ohne formelle Architektenausbildung zur herausragenden Gestalt der Architektur des 20. Jahrhunderts gebracht hatte, veröffentlichte 1923 in der Schrift »Vers une architecture« seine erste kompromisslose Forderung nach einer funktionellen, ökonomischen Architektur, die nach den gleichen Prinzipien konzipiert werden sollte wie Ingenieurbauten – das war ein radikal neuer Gedanke. Die moderne Baukunst sollte der neuen, industriellen Maschinenwelt entsprechen. Seine Planungen zeigten nun streng mathematisch ausgerichtete Architektur aus geometrischen Formen wie Würfel, Zylinder und Kugel.

Mit der Villa Savoye in Poissy bei Paris ab 1929 und seinem Beitrag für die Weißenhofsiedlung in Stuttgart (1927) realisierte Corbusier seine »Fünf Punkte zu einer neuen Architektur«: Stahlskelettbauten auf so genannten Pilotis (Säulen), Fensterbänder anstelle herkömmlicher Fenster, variable Raumaufteilung im Innern und ein Dachgarten. Typisierte, industriell gefertigte Elemente sollten die Entwürfe preiswert und flexibel machen.

Le Corbusier war maßgeblich an der »Charta von Athen« (1933) beteiligt, die das Ideal einer autogerechten Stadt mit strikter Teilung von Wohn- und Arbeitswelt und Raum sparenden Zeilenbauten und Hochhäusern verfocht. Seine radikalen Pläne aus den 1930er Jahren für Paris und den Wiederaufbau französischer Städte nach 1945 blieben unrealisiert. Gebaut wurde die Unité d'Habitation in Marseille: ein Mietshaus, entworfen nach den fünf Punkten der Architektur, bei dem alle Bedürfnisse der Mieter innerhalb des Hauses erfüllt wurden.

►Le Corbusier (1887 bis 1965) neben einem Modell der Villa Savoye

Wie kam Le Corbusier zu seinem Namen?

Der am 6. Oktober 1887 im schweizerischen La-Chaux-de-Fonds geborene Charles Édouard Jeanneret nannte sich seit Beginn der 1920er Jahre »Le Corbusier«, nach seinem Großvater und in Verehrung seines Lehrmeisters L'Eplattenier an der Kunstgewerbeschule. Architekt wurde er ohne besondere Ausbildung, einfach indem er als solcher arbeitete.
Im Laufe seines langen Architektenlebens baute Le Corbusier große Wohnhäuser, Villen, Studentenheime oder Verwaltungsgebäude. Am 27. August 1965, im Alter von 78 Jahren, erlitt er beim Baden im Meer einen Herzinfarkt und ertrank.

Ist Ronchamp typisch für Le Corbusiers Stil?

Nein, das Gegenteil ist der Fall. Nach dem Zweiten Weltkrieg kam mit der Kirche Notre-Dame-du-Haut in Ronchamp Le Corbusiers Absage an den Rationalismus und die Hinwendung zu einer irrationalen, plastisch-organischen Architektur, die weniger lehrhaft war, vielmehr einfühlsam entworfen. Der Architekt baute nun keine Prototypen mehr, sondern individuelle Architektur-Ereignisse für den einen Ort und den einen Zweck.

Als Le Corbusier 1950 den Auftrag annahm, einen Ersatz für die von den Deutschen zerstörte Kapelle zu bauen, entwarf er eine Kombination von Außen- und Innenkirche. Im Innern finden bis zu 200 Gottesdienstbesucher Platz; an den Marienfeiertagen im Sommer noch Tausende mehr vor dem Altar im Freien.

Wie ist Ronchamp gebaut?

Betrachtet man die 1954 fertig gestellte Kirche von Süden, fällt ihre Massigkeit auf. Schwer scheint das Dach auf den meterdicken, leicht nach innen geneigten Mauern zu liegen, der hohe Glockenturm wirkt wie ein Monolith. Doch dieser Eindruck täuscht: Fast alle Außenwände sind in Wirklichkeit aus leichten zweischaligen Mauern konstruiert. Mit einer Maschine, die Le Corbusier »Zementkanone« nannte, wurde dafür Beton von zwei Seiten auf feinmaschige Stahlgitter aufgesprüht. Das Dach wird nicht von den Wänden getragen, sondern ist in Betonpfeiler eingehängt, die innerhalb der Wände stehen. Eine vom Wasser polierte Muschel, die der Architekt 1946 am Strand von Long Island gefunden hatte und bei sich trug, soll ihm als Anregung für die organisch wirkende Dachform gedient haben.

Die Nordwand, die keine tragende Funktion hat, ist aus den Steinen der alten Kirche gemauert und konnte durch viele Fenster geöffnet werden. Zwischen den niedrigen Zwillingstürmen liegt der Werktagseingang, das Dach ist von Norden nicht zu sehen.

Welche Rolle spielt das Licht?

Dem Licht kommt in dieser Architektur eine besondere Bedeutung zu. Der Innenraum ist überraschend hell. Die Fenster, die von außen klein und trutzig wie Schießscharten wirken, scheinen durch ihre schräge Laibung zum Inneren hin größer. Einige Fenster wurden nach den Entwürfen des Architekten bemalt. Zwischen Wänden und Dach zieht sich ein schmaler verglaster Streifen, der das gewölbte Dach leicht und schwebend wirken lässt.

Wussten Sie, dass ...

- Le Corbusier auch journalistisch tätig war? Gemeinsam mit dem Maler Amédée Ozenfant und dem Dichter Paul Dermée gründete er die Zeitschrift »L'Esprit Nouveau«, die sich mit Kunst und Architektur befasste.
- Le Corbusiers Büro 1927 zwar den Wettbewerb für den Bau des Völkerbundpalastes in Genf gewann, aber nicht bauen durfte? Man hatte versäumt, die geforderten Tuschezeichnungen der Entwürfe einzureichen.

◄ Fensterbänder statt Einzelfenster, eine Sonnenterrasse anstelle des Dachs – die Villa Savoye in Poissy (1929–1931) überraschte mit revolutionären Neuerungen.

▲Mit »Flag« ließ Jasper Johns 1954 einen alltäglichen Gegenstand zum Bildthema werden und warf damit die Frage nach dem Wesen von (Ab-)Bildern auf.

Welcher Frage geht Jasper Johns in seinem Kunstwerk nach?

Der Künstler provoziert die Frage nach der Identität: »Ist es eine Flagge oder ist es ein Gemälde?« Jasper Johns' »Flag« lässt Gegenstand und Abbild deckungsgleich werden und konfrontiert den Betrachter mit der Frage nach der Identität von Ding und gemaltem Ding (= Bild). Dabei geht es dem Maler um mehr als um einen kunstinternen Diskurs: Mit schnellem Spachtel- und Pinselaufstrich hat er die amerikanische Nationalflagge maßstabgerecht und farblich korrekt reproduziert. Doch bereits der deutlich sichtbare malerische Arbeitsvorgang weist diese Flagge eindeutig als gemalte aus, so dass die oben angeführte, vom Künstler selbst formulierte Frage eher lauten sollte: »Ist es eine gemalte Flagge oder ein abstraktes Gemälde?«

Wussten Sie, dass ...

- Jasper Johns sich seinen Lebensunterhalt eine Zeit lang als Schaufensterdekorateur verdiente? Zuvor hatte er dem Künstler und Freund Robert Rauschenberg bei derselben Tätigkeit assistiert.
- Werke von Jasper Johns zu den am höchsten gehandelten Objekten am internationalen Kunstmarkt gehören und Preise von bis zu 12 Millionen Dollar erzielen?
- Johns' Werke in allen wichtigen Museen moderner Kunst vertreten sind?

Wie kam Johns zur malerischen Wiedergabe der Alltagskultur?

Für den Künstler war es ein Neubeginn. 1954 hatte er, 24 Jahre alt, alle bisher entstandenen Arbeiten seines Frühwerkes zerstört. Mit »Flag« begann Jasper Johns seine künstlerische Karriere dann ein zweites Mal. Nun konzentrierte er sich auf die malerische Reproduktion, gleichsam das Recycling, der in der Alltagskultur vorgefundenen Bildmotive wie Fahnen, Zielscheiben, Landkarten, Zahlen, Buchstaben und so weiter. »Der Anblick einer Sache kann manchmal dazu animieren, etwas Anderes zu machen. In manchen Fällen finden sich dann in dem neuen Werk – gewissermaßen als Sujet – Hinweise auf das, was man ursprünglich gesehen hat. Und weil es zwischen Werken der Malerei in der Regel viele Gemeinsamkeiten gibt, kann die eigentliche Arbeit Erinnerungen an andere Werke in Gang setzen. Diese ›Geister‹ zu benennen oder zu malen erscheint manchmal wie ein Mittel, ihrem Nörgeln ein Ende zu setzen«, so Johns 1982.

◄»Target« (Zielscheibe) – was ist ein Gegenstand, sein Abbild, ein gemaltes Bild?

Wo setzt Johns' Werk kunstgeschichtlich an?

Jasper Johns knüpft mit seiner Malerei an eine Diskussion an, die in Europa durch den Zweiten Weltkrieg und den Nationalsozialismus für mehr als 20 Jahre unterbrochen gewesen war. Es ging um die Entwicklung der Abstraktion durch Expressionismus, Konstruktivismus und Dadaismus, die dann in den 1950er Jahren auch in den USA erneut diskutiert wurde. Hier setzen die Gemälde eines Jasper Johns an, der sich in radikaler Art erneut auf den vorgefundenen Gegenstand, also Objekte des Alltags, konzentrierte: »Ich interessiere mich für Dinge, die Dinge nahelegen, die einfach sind, statt für Urteile über Dinge. Das konventionellste Ding, das gewöhnlichste Ding – mit denen kann man, glaube ich, umgehen, ohne sie beurteilen zu müssen; sie scheinen ohne alle ästhetische Hierarchie als eindeutige Tatsachen.«

Beschränkte sich der Künstler auf die Malerei?

Nein, in »Tango« (1955) hatte Jasper Johns versucht, Tanz und Musik, Bewegung und Rhythmus in einem ebenso einfarbigen wie vielfarbigen Gemälde zu verarbeiten. Bereits ein Jahr früher – also parallel zur Entstehung von »Flag« – hatte der Künstler mit »Star« eine Mischform aus Malerei und Skulptur geschaffen. Eine Mischform, so könnte man formulieren, aus Raumbild und Bildraum. Bei dieser Arbeit handelt es sich um ein in formaler und konzeptueller Hinsicht »offenes Kunstwerk«, das keine vorgegebene Bedeutung an den Betrachter heranträgt, ganz in dem Sinn, wie es der italienische Wissenschaftler und Schriftsteller Umberto Eco in den 1960er Jahren entwickelt hat. Vor allem für die junge Künstlergeneration des beginnenden 21. Jahrhunderts wird die Form des offenen Kunstwerks wieder interessant.

▼Auch in Werken wie »Zero through nine« (Null durch Neun) von 1961 wollte Johns eingefahrene Sehgewohnheiten in Frage stellen.

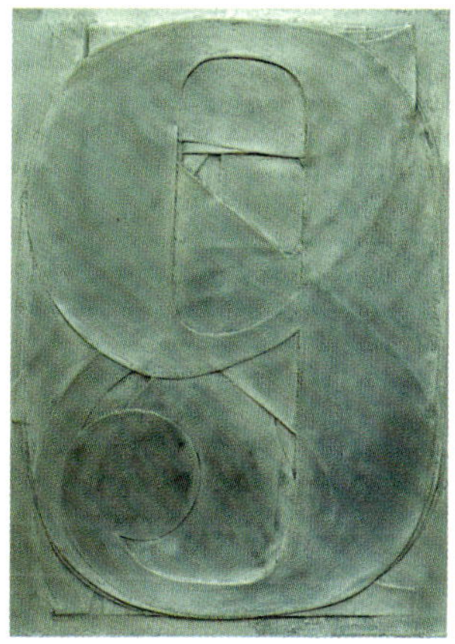

Wie populär war Jasper Johns zu Beginn seiner Karriere?

▲Jasper Johns, geboren 1930 in Augusta, Georgia

Eine Weile musste er auf den Erfolg schon warten. Aber der Durchbruch kam noch vor seinem 30. Lebensjahr: In seiner eben eröffneten Galerie präsentiert Leo Castelli eine Einzelausstellung der Werke Jasper Johns'. Seine Bilder sind auf der wichtigen Kunstbiennale in Venedig vertreten und sogar das New Yorker Museum of Modern Art kauft drei Johns-Werke an. Vor seinen Triumphen hatte Johns in den Jahren 1947/48 an der University of South Carolina studiert, von 1949-1951 dann an der Schule für angewandte Künste in New York. 1960 erhielt er auf der Biennale in Pittsburgh den Carnegie-Preis, die Biennale von Venedig verlieh ihm in ihrer Edition von 1964 den ersten Preis. Jasper Johns gilt als Wegbereiter der Pop-Art und Minimal Art. Heute lebt und arbeitet er in New York.

▲Wesen aus Bronze in der Leere des Raums – »L'Homme qui marche« von 1960; Saint-Paul-de-Vence, Fondation Maeght

Was drücken Giacomettis fragile Skulpturen aus?

Die Werke des Schweizers Alberto Giacometti strahlen eine eigenartige Zerbrechlichkeit aus. Sie weisen überlange Proportionen und unruhig strukturierte Oberflächen auf. Sich selbst fremd und eigenartig beziehungslos scheinen sich die Figuren im Raum zu bewegen. Giacomettis Freund, der französische Schriftsteller Jean-Paul Sartre, sah in seinen Skulpturen eine Verkörperung des Menschenbildes der existenzialistischen Philosophie.

Wussten Sie, dass ...

- Giacomettis Vater Giovanni ein bekannter impressionistischer Maler war? Früh förderte er das Talent seines Sohnes; auch Giacomettis Brüder wurden Maler, Architekten und Designer.
- Alberto Giacometti einen Gehfehler hatte? 1938 wurde er von einem Auto angefahren und am Fuß verletzt, ein traumatisches Erlebnis, das er nie verarbeitete.
- der Künstler bekannt für seine äußerst ungesunde Lebensweise war? Sein Kaffee- und Zigarettenkonsum waren Begleiterscheinungen seiner rastlosen Arbeitsweise.

Wie erzielte Giacometti die eigenartige Wirkung?

Beispielhaft lässt sich Giacomettis Gestaltungsweise anhand der Skulptur »L'Homme qui marche« erläutern. Auf einer Platte steht eine 1,90 Meter große, extrem dünne männliche Gestalt. Wie eine archaisch-griechische Statue hat »L'Homme qui marche«, der »Gehende Mann«, die Beine in Schrittstellung geöffnet, die Arme parallel zum Körper. Die einzelnen Glieder der Figur wirken fragil, anatomische Einzelheiten wie Knochen, Muskeln oder Haut sind nur andeutungsweise, Füße und Hände übergroß wiedergegeben. Die Einzelheiten des Gesichts sind stark vereinfacht. Der Eindruck der Bewegung entsteht durch den abgehobenen hinteren Fuß und den vorgebeugten Oberkörper. Zusammen mit den unruhigen Lichtreflexen auf der zerklüfteten Oberfläche der Bronzeplastik ergibt sich das Bild eines rastlosen, unruhigen menschlichen Wesens in dauernder Bewegung.

Wie fand der Künstler zu seinem eigenen Stil?

Nach einem Ausflug in den Surrealismus zu Beginn seiner künstlerischen Laufbahn in Paris orientierte sich Giacometti ab Mitte der 1930er Jahre wieder am menschlichen Modell, geriet aber prompt in eine Schaffenskrise. Nach Ausbruch des Zweiten Weltkriegs lebte er in Genf von Möbelentwürfen, die sein Bruder Diego ihm vermittelte. Diego saß ihm auch Modell für winzige Köpfe und Figurinen aus Gips oder Ton.

Mit der »Frau auf dem Wagen« schuf er 1942 seine erste großformatige Arbeit. Viele Stilmerkmale späterer Werke wie dem »Gehenden Mann« nimmt sie voraus: den langen schmalen Körper, die strenge Frontalität, die bewegte Oberfläche. Die Frau wirkt wie eine alte Kultfigur, etwa eine etruskische Bronzegöttin. Um sie bei der Arbeit bewegen zu können, hatte Giacometti sie auf den Spielzeugwagen seines Neffen gestellt und diese Kombination bei der Ausführung auch beibehalten. Der Kontrast zwischen einer unbeweglich stehenden Figur und einem beweglichen Wagen beschäftigte ihn danach immer wieder.

Wie wurde Giacometti zum Bildhauer des Existenzialismus?

Mit seinen Skulpturen in der Manteltasche kehrte Giacometti zu Kriegsende nach Paris zurück. Hier vertiefte sich die Freundschaft zu Jean-Paul Sartre und Simone de Beauvoir, die Giacometti erst nur als geistreichen Gesprächspartner im Café de Flore, dann aber auch als Bildhauer schätzten. In seinen Skulpturen sahen sie eine künstlerische Umsetzung der existenzialistischen Idee vom Ausgeliefertsein des Menschen in einer feindlichen Umgebung, auf einer nur schmalen Grenze zwischen dem »Sein« und dem »Nichts«. Sartres Schriften über Giacometti machten den Künstler zu *dem* Bildhauer des Existenzialismus.

Wann gelang der künstlerische Durchbruch?

Im Paris der Nachkriegszeit konnte Giacometti dann endlich auch die großformatigen Skulpturen schaffen, für die er berühmt geworden ist. Nun entstanden jene überlängten, zerbrechlich wirkenden Gestalten, deren Distanz psychologisch wie physisch erlebbar ist. Zugleich eröffneten sie dem Betrachter eine neue Wahrnehmung der Beziehung zwischen Plastik und Raum. Ab dem Jahre 1945 malte Giacometti auch zahlreiche Porträts von Menschen aus seiner Umgebung, seine Frau Annette, seinen Bruder Diego oder verschiedene Freunde wie den Schriftsteller Jean Genet. Stilistische Übereinstimmungen mit seinen Plastiken findet man in der Frontalität der Porträts und ihrer Längung. Ein Netz von Strichen in Grau, Weiß oder Braun ohne festen Umriss ist in seiner Unruhe der Oberfläche der Skulpturen sehr ähnlich.

▲»Diego II«: Durch seine Arbeit am Modell seines Bruders Diego perfektionierte Alberto Giacometti seine künstlerische Handschrift.

Wie verlief Alberto Giacomettis künstlerische Entwicklung?

▲Der Bildhauer, Maler und Grafiker Alberto Giacometti zeigte die Menschen so, wie er sie sah.

Der am 10. Oktober 1901 geborene Giacometti stammte aus Stampa im Schweizer Kanton Graubünden. Ab 1919 studierte er ein Jahr lang Bildhauerei in Genf und nach einer Italienreise seit 1922 weiter in Paris. 1925 bezog Giacometti mit seinem Bruder Diego ein Atelier in Paris und experimentierte mit Kubismus und Konstruktivismus. Gegen 1927 luden ihn die Surrealisten um André Breton ein, sich ihnen anzuschließen. Aus dieser Zeit stammt »Der Palast um vier Uhr morgens«, eine räumliche Konstruktion aus Holz, Draht und Schnur, die Giacometti 1932 nach einem Traumerlebnis schuf. Die surrealistische Phase fand 1935 ein jähes Ende, als Giacometti seine Absicht verkündete, wieder nach der menschlichen Gestalt arbeiten zu wollen. Auf dem Höhepunkt der künstlerischen Anerkennung erkrankte Giacometti in den 1960er Jahren an Magenkrebs. Im Juni 1966 starb er im schweizerischen Chur an Herzversagen.

▲Diego Velázquez' meisterhaftes Papstbildnis von 1649 wurde für Francis Bacon zur Projektionsfläche. 1953 entstand sein »Innozenz X.«.

Wie verlief Francis Bacons Weg zur Kunst?

Francis Bacon (1909–1992) wurde im irischen Dublin geboren, als Sohn eines Pferdetrainers und -züchters und Nachkomme des bedeutenden britischen Philosophen und Staatsmanns gleichen Namens (1561–1626). Im Ersten Weltkrieg zog die Familie nach London, wo der Vater im Kriegsministerium arbeitete. Dann lebte der Junge wieder eine Zeit lang bei der Großmutter in Irland. Der frühe Tod zweier Geschwister, die Ortswechsel, die Kriegswirren und eine schwere Asthmaerkrankung verunsicherten den jungen Bacon zutiefst. Auch an einen regelmäßigen Schulbesuch war nicht zu denken.

Mit 16 Jahren verließ er seine Familie und verdiente sein Geld fortan mit Gelegenheitsarbeiten. Außerdem fertigte er Designermöbel und entwarf Innenraumgestaltungen. Er lebte in London, Paris und Berlin. Er begann, Ölbilder zu malen und ab 1933 nahm er an ersten Ausstellungen teil. Wegen des geringen Erfolgs zog er sich immer wieder von der Malerei zurück und ging anderen Beschäftigungen nach, unter anderem war er Croupier. Den Großteil seiner künstlerischen Produktion vernichtete er. Erst im Jahr 1944 begann er wieder ernsthaft zu malen. Die Malerei wurde nun zum Mittelpunkt seines Lebens.

Wie kam Bacon auf das Motiv eines Papstes aus dem 17. Jahrhundert?

Francis Bacon schuf seine hochemotionalen, expressiven Gemälde meist nach Fotografien oder Reproduktionen von Kunst-

Wie beschrieb Bacon seine Arbeit als Künstler?

Francis Bacon benutzte häufig das Wort Zufall in seinen Gesprächen mit dem Kunstkritiker David Sylvester. Es steht für eine Malerei, die direkt aus dem Nervensystem des Künstlers kommt und ebenso unmittelbar auf das Nervensystem des Betrachters zielt, ohne den Umweg über das Gehirn. Deswegen verzichtete er auch auf Entwürfe und Zeichnungen, die ihm zu stark vom Bewusstsein gesteuert wurden und die Spontaneität nahmen. In den Worten des Künstlers: »All mein Malen ist Zufall ... natürlich sehe ich es voraus, ich habe es im Kopf, und doch führe ich es fast niemals so aus, wie ich es mir vorgestellt hatte. Es verwandelt sich beim Malen ... Ich sehe mich stets nicht so sehr als Maler, sondern als Medium für Zufall und Glück ... Doch ich glaube nicht, dass ich besondere Gaben besitze ... Ich glaube nur, dass ich als Maler diese besondere Art der Einfühlung habe, die Dinge, die mir in die Hände fallen, einfach zu gebrauchen.«

werken. Eine dieser Vorlagen, welche ihn seit 1951 über 14 Jahre lang beschäftigte, war das berühmte Porträt des Papstes Innozenz X. von Diego Velázquez aus dem Jahr 1649. In insgesamt 45 Werken setzte sich Bacon damit auseinander. Warum spielte gerade dieses Bild für ihn eine so große Rolle? »Weil ich glaube, dass es eines der größten Porträts ist, die je gemacht worden sind, und ich davon geradezu besessen bin. Ich kaufe jedes Buch, das die Abbildung dieses Papstes von Velázquez enthält, weil es mich einfach verfolgt und sogar alle Arten von Gefühlen und Bereiche der Fantasie ... in mir freilegt.« Im Original hat Bacon das Bild nie gesehen, obwohl er bei einem Romaufenthalt die Gelegenheit gehabt hätte. Er arbeitete ausschließlich mit Fotografien des Gemäldes.

◄»Head VI« (Kopf VI) nannte Bacon diese Studie nach Velázquez.

Welche Elemente finden sich in »Innozenz X.«?

Bacons Innozenz-Bild aus dem Jahr 1953 verknüpft das Porträt von Velázquez mit einem Standfoto der schreienden Kinderfrau aus dem Film »Panzerkreuzer Potemkin«, dem Meisterwerk des russischen Regisseurs Sergej Eisenstein aus dem Jahr 1925. Mit dem Motiv des Schreis hat sich Bacon intensiv beschäftigt und in diesem Kontext auch medizinische Fachbücher studiert. Der Schrei, dessen bildnerische Darstellbarkeit viele Philosophen und Künstler lange bezweifelten, ist bei Bacon der elementare Ausdruck von Schmerz und Verzweiflung. Als weiteres Bildelement diente Bacon ein Foto von Pius XII. (Papst 1939–1958), der auf seinem Thronsessel durch die Menschenmenge im Petersdom getragen wird.

Das alles fließt in die Komposition seines grandiosen Porträts »Innozenz X.« ein, das Francis Bacon wie viele seiner Gemälde als »Studie« bezeichnete. Krampfhaft hält sich Innozenz an den Armlehnen des Sessels fest. Doch der allgemeine Auflösungsprozess lässt sich nicht aufhalten. Der Mensch scheint wie eine Flamme zu lodern, das Gesicht scheint zu zerfließen.

Wussten Sie, dass ...

- Francis Bacon nie eine Kunstakademie besuchte? Er war reiner Autodidakt.
- der Maler wegen chronischen Asthmas vom Wehrdienst befreit wurde?
- Bacon eine Schwäche für das Glücksspiel hatte und deswegen gern ins Spielcasino nach Monte Carlo fuhr?
- der Maler 1991 bei einem Besuch in Madrid schwer erkrankte, und zwar ausgerechnet, nachdem er eine Velázquez-Ausstellung besucht hatte? Kurz danach, am 28.4.1992, starb er.

Welche Motive beherrschen Bacons Werk?

Bacon hat die Tragik und Grausamkeit der menschlichen Existenz so intensiv und schockierend wie kaum ein anderer Maler des 20. Jahrhunderts dargestellt. Nicht nur aus den alptraumhaften Papstbildern, auch aus seinen Kreuzigungen, die er mit Schlachthausszenen assoziiert, den Studien menschlicher Körper, den Porträts und Selbstporträts sprechen Tragik und Gewaltsamkeit. Geradezu obsessiv sucht Francis Bacon die schmerzhafte Verbindung von Animalischem und Menschlichem, die um so verstörender wirkt, als sie immer eher instinktiv zu ahnen, denn begrifflich zu fassen ist.

◄Wie in einem Zerrspiegel: das Selbstporträt des britischen Malers von 1969

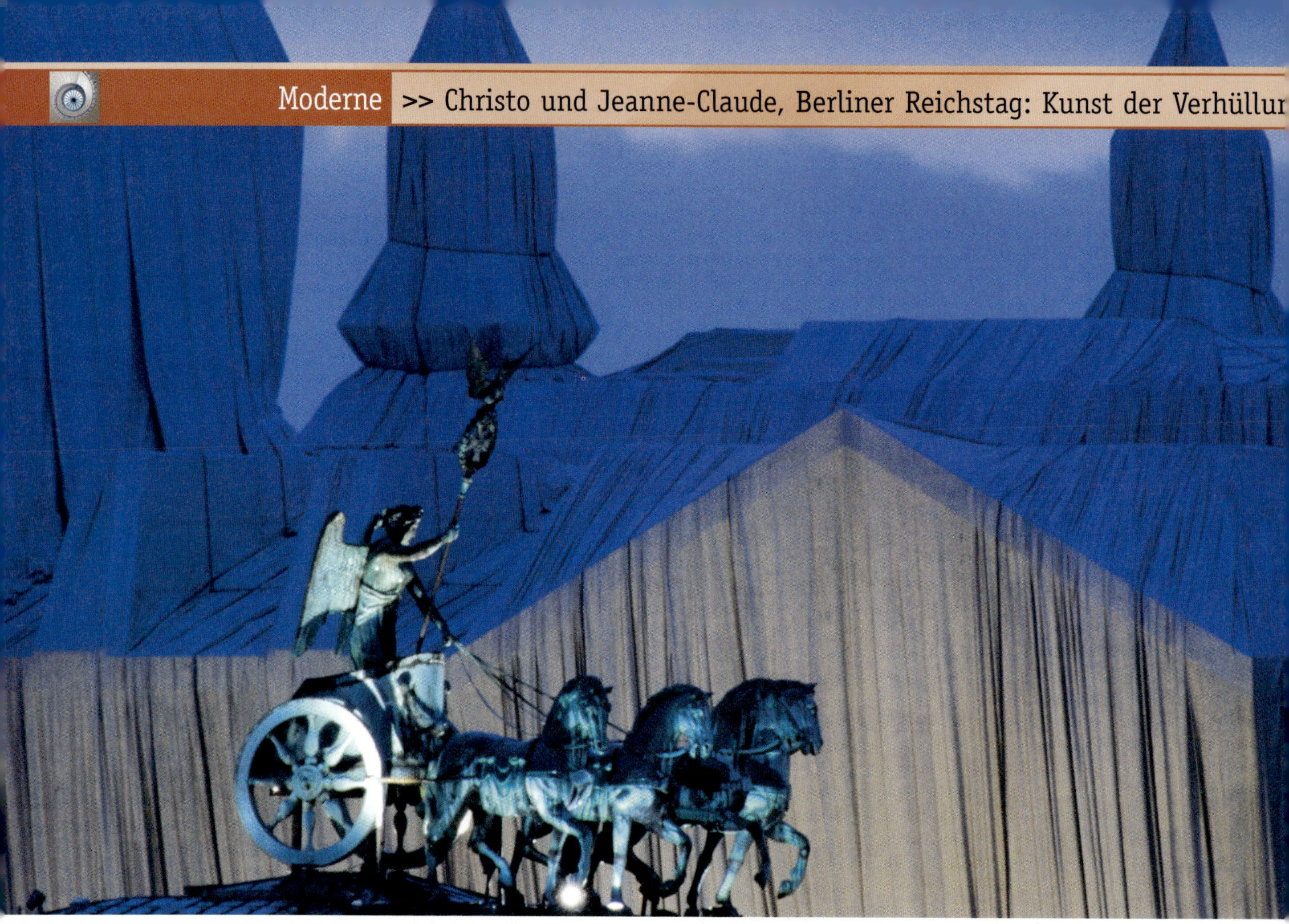

▲Durch die Verhüllung entstand auf dem Reichstag eine aufregende Dachlandschaft, vor der sich der Triumphwagen des Brandenburger Tors abhebt.

Welche künstlerische Strategie steckt hinter »Kunst im öffentlichen Raum«?

Seit den 1960er Jahren entzieht sich eine neue Kunstform dem traditionellen Verständnis der klassischen Kunstgattungen und Disziplinen: Aus Land Art und Konzeptkunst entwickelt sich die »Kunst im öffentlichen Raum«. Ihre Zielsetzung beschränkt sich nicht allein auf städtebauliche Situationen, sondern schließt auch die Funktion und Geschichte des Orts, dessen Flair und atmosphärische Besonderheit mit ein. Die Aktionen sind in der Regel zeitlich befristet und leben vor allem in der Dokumentation wie auch in der Rezeption des Betrachters fort – um genau zu sein: Sie wirken nach. Das Publikum sieht und erlebt den jeweiligen Ort nach dem Eingriff des Künstlers mit anderen Augen. Diese Manipulation setzt beim Betrachter einen geistigen Prozess in Gang.

Wussten Sie, dass ...

- Christo und Jeanne-Claude beide am gleichen Tag geboren sind? Ihr Geburtstag ist der 13. Juni 1935.
- das Künstlerpaar nie zusammen im gleichen Flugzeug fliegt?
- Christo und Jeanne-Claude alle Projekte selbst finanzieren? Sie lehnen öffentliche Mittel, Stipendien und Sponsoren ab, um sich in ihrer künstlerischen Freiheit in keiner Weise beeinflussen zu lassen. Ihre Unkosten bestreiten sie nur durch den Verkauf von Original-Entwürfen wie Zeichnungen oder Modellen der Projekte an Museen und Galerien.

Was bedeutet die Verhüllung eines Gegenstandes?

Durch das Verpacken von Geschenken in dekorative Hüllen verklären wir den Inhalt, machen ihn kostbarer, geben ihm etwas Geheimnisvolles. Der Moment der Enthüllung bedeutet eine eigene Inszenierung – der Gegenstand ist danach nicht mehr derselbe wie unverpackt zuvor. Er wird mit anderen Augen gesehen, als Geste gewertet und auf seinen Zeichengehalt hin untersucht. Ähnliches stellen wir an unserem Sehverhalten fest, wenn ein Gebäude wie der Berliner Reichstag ohne funktionale Absicht ver- und enthüllt wird.

Durch die mögliche symbolische Aufladung der an sich wertneutralen Aktion wurde die Verhüllung des Berliner Reichstagsgebäudes im Sommer 1995 durch Christo und Jeanne-Claude zum bisher wohl meist beachteten Projekt der »Kunst im öffentlichen Raum«. Die Diskussionen und politischen Debatten um die Verhüllung des Berliner Reichstags gehörten zum Kalkül und waren fester Bestandteil des künstlerischen Konzepts, bei dem ein ritualisiertes Verhaltensmuster aus unserem Alltag zur künstlerischen Strategie wird. Für das Künstlerpaar erfüllte sich damit ein lang gehegter Traum. Erst 24 Jahre nach den ersten Planungen im Jahre 1971 ließ sich das Projekt realisieren.

▲Der »Wrapped Reichstag« begeisterte ganz Deutschland – zahllose Menschen machten sich auf, um das Kunstwerk unmittelbar zu erleben.

Wie und womit wurde der Reichstag verhüllt?

Der komplette Bau mit Ecktürmen, Fenster- und Türöffnungen, Dächern, Außen- und Hoffassaden war zwei Wochen lang vollständig verpackt. 109 400 Quadratmeter silbrig glänzendes Polypropylengewebe wurden von blauen Seilen mit einer Länge von insgesamt 15 600 Metern umschnürt – mit einem außergewöhnlich sinnlichen Effekt: Die Hülle entfaltete je nach Licht und Witterung immer wieder neue Farbnuancen und reflektierte die jeweilige atmosphärische Stimmung.

Das Künstlerpaar achtete bei der Umhüllung auf eine kunstvolle gleichmäßige Drapierung der Stoffbahnen. Auch die Verteilung der Seilwindungen und Knoten unterlag einem präzisen zeichnerischen Schema. Das Einschnüren sollte dem Baukörper eine straffe und windresistente Form verleihen und vor allem seine plastischen Qualitäten wirkungsvoll in Szene setzen. So wurde der monumentale Quaderbau zur gegenstandslosen Skulptur, der die stoffliche Außenhaut optisch die Schwere nahm.

Eine zusätzliche ästhetische Eigenschaft entwickelte dabei die zeitliche Begrenzung des Kunstwerks: Wie bei allen Dingen, von denen wir wissen, dass sie nicht von Dauer sind, wird ihm in seiner temporären Qualität eine besondere Wertschätzung zuteil.

Seit wann arbeitet das Künstlerpaar schon mit der Umhüllungstechnik?

▲Immer wieder sorgt das Künstlerpaar mit seinen aufsehenerregenden Aktionen für lebhafte Diskussionen.

Seit 1958 machen Christo und Jeanne-Claude mit spektakulären Aktionen auf sich aufmerksam, bei denen der Einsatz von fragilen textilen Stoffen die zeitliche Vergänglichkeit der Kunstwerke symbolisieren soll. Aufsehen erregten die Projekte »Der Eiserne Vorhang«, Paris (1961–1962), »Talvorhang« (1970–1972), »Laufender Zaun« (1972–1976), »Umsäumte Inseln« (1980–1983), »Die Schirme«, (1984–1991), »Berliner Reichstag« (1995) und zuletzt »Die Tore« im New Yorker Central Park (2005). Als populärstes Künstler(ehe)paar der Gegenwart sind Christo und Jeanne-Claude Pioniere einer neuen Kunstgattung, der »Kunst im öffentlichen Raum«, die sich aus der Land Art und der Konzeptkunst entwickelte. Christo Vladimirov Javacheff wurde 1935 in Gabrovo, Bulgarien, als Sohn einer Industriellenfamilie geboren. Jeanne-Claude, geborene Denat de Guillebon, kam 1935 als Tochter einer französischen Militärfamilie im marokkanischen Casablanca zur Welt.

▲Blick in die Hallen für neue Kunst Schaffhausen mit einer Teilansicht der Rauminstallation »Das Kapital Raum 1970–1977«, Raum-Architektur Urs Raussmüller

Was bedeutet der Begriff Installationskunst?

Anfang der 1980er Jahre wurden Installationen zum festen Begriff für raumgreifende, ortsgebundene oder auch ortsbezogene künstlerische Werke. Dabei handelt es sich meist um eine dreidimensionale, raumrelationale Kunstform im Innenraum, die die Verwendung jeglichen Materials, wie auch von Zeit, Licht, Klang und Bewegung im Raum ermöglicht.

Wie wird bei Beuys die Kunst zum Kapital?

Joseph Beuys propagierte den Menschen als »Bildhauer eines sozialen Organismus«. Mit seinen Aktionen, Gesprächen und Installationen erschloss der gesellschaftspolitisch engagierte Künstler seit den 1960er Jahren neue formale und inhaltliche Dimensionen der Kunst und damit einen erweiterten Kunstbegriff.

Kreativität und menschliches Potenzial, die so genannten »Wirtschaftswerte I«, waren für Beuys das Kapital für Produktionsmittel, aus denen wiederum die »Wirtschaftswerte II«, nämlich die »geistigen und materiellen Güter«, gewonnen werden. Geld ist dabei nur ein rechtliches Instrument, das dazu verpflichtet, die Umsetzung des kreativen Kapitals in produktive Prozesse zu sichern.

Wie ist das Kunstwerk aufgebaut?

Im Jahr 1984 richtete Joseph Beuys seine Installation »Das Kapital Raum 1970–1977« in den Hallen für neue Kunst Schaffhausen ein. Sie umfasst insgesamt 50 mit Kreide beschriebene Schultafeln sowie 30 Objekte, die auf einer Bodenfläche von 118 Quadratmetern weiträumig angeordnet sind. Nach Westen erzeugt eine breite Fensterfront einen lichtdurchfluteten Raum, dessen seitliche Öffnungen eine geschlossene Raumwirkung unterbinden und wechselnde Perspektiven ermöglichen. An den zweigeschossigen Wänden von acht Metern Höhe hängen und lehnen 41 Tafeln (die neun übrigen sind auf dem Boden ausgelegt). Die schwergewichtigen Tafeln an den Wänden wirken in der dichten, subtilen Hängung filigran, fast schwebend. In ihrer lebhaften Asymmetrie und der teilweisen Überlagerung erwecken sie den Anschein, als würden sie ihre Positionen immer wieder ändern. Vertikale Motive, wie knapp unter der Decke hängende Tafeln und steil aufgerichtete Latten, lenken die Aufmerksamkeit nach oben und deuten die im Einklang mit Beuys' vielschichtigen Bemühungen stehende Ausweitung und Öffnung des traditionellen Kunstbegriffes an.

Welchem Leitmotiv folgen die Elemente?

Der Anordnung in Paaren. Die 30 Objekte der Installation sind höchst uneinheitlicher Natur: Projektoren und Mikrofon, Konzertflügel, Waschzuber, Gelatine und vieles mehr. Alles scheint auf den ersten Blick großzügig im weiten Raum verteilt, trotzdem ist die planvoll »komponierte« Anordnung erkennbar, die aber nicht allein ästhetischen Gesichtspunkten folgt: Wie ein Leitmotiv durchzieht das Prinzip der Paarbindung weite Teile der Installation. Man stößt auf gleiche und ungleiche Paare aus sich ergänzenden Gegenständen, die einander bis hin zu völlig gegensätzlichen Objekten zugeordnet werden. Nur sehr wenige Paare bestehen aus wirklich deckungsgleichen Elementen. Dass die gesamte Komposition bis ins kleinste Detail durchdacht ist, beweisen zum Beispiel zwei wie zufällig verlaufende Stromkabel, die ein schwarzweißes Gegensatzpaar formen. Sie verweisen auf den unbunten Charakter der gesamten Rauminstallation, in der Schwarzweiß-Kontraste dominieren. Auf eine farbige Gestaltung hat Beuys bewusst verzichtet – mit Ausnahme einer grünen Fläche, die wie ein Hoffnungsschimmer den Zyklus der Tafeln abschließt.

Die ganze Installation erscheint wie eine vorübergehend stillgelegte, mit Denkanstößen gefüllte Werkstatt, deren Betrieb wieder aufgenommen werden will.

Was für ein Konzept steckt hinter der Rauminstallation?

Beuys hatte »Das Kapital Raum 1970–1977« ursprünglich als temporäre Präsentation für die venezianische Kunstausstellung »La Biennale« 1980 konzipiert, bevor er sie schließlich in Schaffhausen als dauerhafte Rauminstallation einrichtete.

Das Werk stellt gewissermaßen ein Resümee von Beuys' Aktionen während der 1970er Jahre dar. »Formreste«, also Elemente und Gegenstände, die Beuys bei seinen Aktionen »Celtic (Kinloch Rannoch) Schottische Symphonie« 1970 in Edinburgh und »Celtic + ___« 1971 in den Baseler Zivilschutzräumen verwendete, sind ebenso darunter wie Relikte der Documenta-Ausstellungen in Kassel von 1972 und 1977, an denen Beuys jeweils 100 Tage lang über grundlegende Fragen des Lebens dozierte und diskutierte. Dazu gehören auch die mit Schlüsselbegriffen beschriebenen und signierten Tafeln, zum Beispiel mit »menschliche Wärme«, einem für Beuys wesentlichen Element in dem sensiblen Gefüge der von ihm eindringlich geforderten »direkten Demokratie«. Daneben finden sich auch Zeichnungen und Symbole wie das »Wirbelzeichen«, das für Beuys ein Schlüsselzeichen der Evolution verkörperte – und die »einzige evolutionäre Kraft« sei eben die Kunst.

Wussten Sie, dass ...

- Joseph Beuys seinen Stetson-Hut nur bei besonderen Anlässen abnahm, z. B. bei der Beerdigung seines Galeristen Alfred Schmela? An diesem Tag trug er statt Jeans und Anglerweste ausnahmsweise einen grauen Filzanzug.
- die »Fettecke«, die Joseph Beuys in einer Raumnische seines Düsseldorfer Ateliers installiert hatte, unbeabsichtigt einer Reinigungsaktion zum Opfer fiel?

Wie wurde der Hut zum Markenzeichen?

▲Joseph Beuys, geboren am 12.5.1921 in Krefeld, gestorben am 23. Januar 1986 in Düsseldorf, steht für einen »erweiterten Kunstbegriff«, demzufolge jeder kreativ ist.

Als junger Soldat stürzte Joseph Beuys während des Zweiten Weltkrieges in einem Kampfflugzeug über der Krim ab – eine traumatische Erfahrung, die ihn zeit seines Lebens verfolgte. Infolge der schweren Kopfverletzungen, die er dabei davontrug, wurde der Stetson-Hut zum Markenzeichen und ständigen Begleiter. Von 1946 bis 1952 studierte Joseph Beuys, der heute zu den bedeutendsten Künstlern des 20. Jahrhunderts zählt, bei Joseph Enseling und Ewald Mataré an der Kunstakademie Düsseldorf, wo er von 1961 bis 1972 selbst als Professor tätig war.

In seiner Kunst nahm der Gedanke, dass der Prozess des kreativen Denkens und politischen Handelns wichtiger ist als das Herstellen eines materiellen Kunstobjekts, einen zentralen Raum ein. Es war sein leidenschaftliches Bestreben, rein zweckorientiertes Denken und Handeln in allen Lebensbereichen durch die Wertschätzung menschlicher Kreativität als solcher zu ersetzen. In der festen Überzeugung, dass jeder Mensch ein Künstler sei, rief er jeden dazu auf, das dem Einzelnen von Natur aus innewohnende schöpferische Potenzial auch zu nutzen.

▲Große Wirkung mit wenigen Mitteln: Naumans »Musical Chair« (Stahlträger, geschweißte Stahlprofile, Draht, 86,4x488x510cm)

Wer ist Bruce Nauman?

Der 1941 geborene US-Amerikaner Bruce Nauman gilt als einer der vielseitigsten Künstler der Gegenwart. Seine Arbeiten werden aufgrund ihrer Material- und Ausdrucksvielfalt und wegen ihres zeitkritischen Ansatzes immer wieder mit denen von Joseph Beuys verglichen.

Welche Bedeutung hat »Musical Chair« in Naumans Gesamtwerk?

Der »Musical Chair« gehört zu einer Werkgruppe von Stuhlskulpturen aus den 1980er Jahren. In dieser Zeit konzentrierte sich Bruce Naumans Interesse auf politische und sozialkritische Themen wie Gewalt, Aggression, Folter und Tod. Auslöser dafür waren Zeitungsberichte über die politischen Zustände in Südamerika und Afrika. Der Stuhl ist ein Symbol für die Folter, die Isolation und für den Menschen, der darauf Platz nehmen muss. 1981 schuf Nauman mit »Diamond Africa with chair tuned dead« (Diamantenes Afrika mit auf Tod gestimmtem Stuhl) die erste dieser Skulpturen. Bei dem Wort »dead« handelt es sich um ein Wortspiel: Die vier Stuhlbeine geben bei Berührung den Klang der Noten d, e, a und wieder d von sich.

Wie ist die Skulptur aufgebaut?

Der »Musical Chair« in der Hamburger Galerie der Gegenwart ist ein Mobile. Zwei kreuzförmig miteinander verschraubte Eisenträger hängen von der Decke herab und versperren dem Besucher den Weg. Sie wurden exakt nach Bruce Naumans Anweisungen so in Kopfhöhe angebracht, dass sie den Betrachter aggressiv zu bedrohen scheinen. Dazu wurde ein Stuhl aus Stahl gehängt, der, wenn er gegen die Eisenträger stößt, einen durchdringenden Klang verursacht. Diesem Stuhl fehlt mit der Sitzfläche auch jeglicher Gebrauchswert. Eigens für die Installation hergestellt, wirkt er durch die Rohheit des unbearbeiteten Stahls – ganz gewiss kein Stuhl, auf dem man es sich gemütlich machen möchte.

Was bedeutet der Name »Musical Chair«?

In Amerika bezeichnet »Musical Chair« auch das Spiel, das in Deutschland als »Reise nach Jerusalem« bekannt ist. Es geht so: Stühle werden in einer Reihe oder im Kreis aufgestellt, einer weniger, als Mitspieler da sind. Solange die Musik spielt, laufen alle um die Stühle herum. Sobald die Musik abbricht, muss sich jeder schnell auf einen Stuhl setzen. Ein Mensch bleibt dabei immer übrig – für Nauman ein grausames Spiel, ein Gleichnis für den Ausschluss eines Menschen aus der Gemeinschaft wie auch für das Verschwinden von Menschen in den Terrorregimen der Welt.

Wie verlief Naumans Entwicklung als Künstler?

In den 1960er Jahren waren Naumans eigener Körper und sein Atelier in Los Angeles sein Thema. Er fotografierte sich, filmte seine Bewegungen im Atelier oder machte Abgüsse, wie den »Abguss des Raums unter meinem Stuhl« von 1965. »Weil ich so wenig Leute kannte, verbrachte ich viel Zeit im Atelier, weil ich rausfinden wollte, warum man ein Künstler ist und was man dazu tun muss ...«

In den 1970er Jahren baute Nauman so genannte Korridore aus zwei gegenüberstehenden Wänden. Wie Versuchsobjekte in einem Experiment schickte er die Ausstellungsbesucher durch diese Korridore, setzte sie in Käfigen wie dem »Doppelten Stahlkäfig« von 1974 der Neugier anderer aus oder versuchte, sie durch raffiniert eingesetzte, nur scheinbar live gesendete Videoaufnahmen aus den Korridoren zu verwirren. Arbeiten wie »Diamond Mind II.« von 1975–1977 stellten die Sehgewohnheiten der Betrachter in Frage. Eine Gruppe von 60 Würfeln aus Gips oder Stein steht aufgestellt auf dem Boden. Sie sind in sich schräg, verzerrt, scheinen sich dadurch im Raum zu drehen. Der Boden scheint zu schwanken, der Gleichgewichtssinn wird irritiert und zwingt den Betrachter dazu, auf das Gesehene unmittelbar zu reagieren.

Seit den 1980er Jahren beherrschte das Thema Gewalt an Menschen und Tieren Naumans Videoarbeiten, Wachsabgüsse und Neoninstallationen, in denen er auch seine Homosexualität thematisierte.

Heute lebt Bruce Nauman zurückgezogen auf einer Farm in Pecos, New Mexiko, und hält sich vom Ausstellungsrummel fern. Auch die stilistische Einordnung seiner Arbeiten unter den Begriff der »Konzeptkunst« lehnt er ab. Die Nähe zur Konzeptkunst der 1960er und 1980er Jahre, bei der die Idee eines Zusammenwirkens von Kunstwerk und Publikum bestimmend war, ist jedoch nicht zu leugnen.

Wussten Sie, dass ...

- Nauman für sein Werk »Wachsmodelle von den Knien fünf berühmter Künstler« den Gipsabguss seines eigenen Knies fünf Mal in Glasfaser goss? Allerdings war das 1966 entstandene Werk ironisch gemeint.
- Bruce Nauman Kunst als Instrument zur Aufrüttelung der Menschen verstand? In seinen eigenen Worten: »Ich habe von Anfang an versucht, Kunst zu machen ... Wie ein Hieb ins Gesicht mit einem Baseballschläger oder besser, wie ein Schlag ins Genick. Man sieht diesen Schlag nicht kommen, er haut einen einfach um.«

Probierte Bruce Nauman mehrere Kunstrichtungen aus?

▲ Der Amerikaner Bruce Nauman in einer Aufnahme von 1989

Ja, der am 6. Dezember 1941 in Fort Wayne (Indiana) geborene Künstler experimentierte mit Malerei und Bildhauerei, Fotografie, Installationen oder Performance. Sein Studium lief zunächst aber in eine andere Richtung: Ab 1960 studierte er Mathematik und Physik, daneben auch Kunst. 1966 schloss er sein Studium dann schließlich mit einem Master-Titel in Kunst ab. Unmittelbar nach Studienende unterrichtete er am Art Institute in San Francisco. Die Lehre sollte eine Konstante in seinem weiteren Leben bleiben. 1966 wagte eine Galerie in Los Angeles auch die erste Einzelaustellung mit Naumans Werken. Seine erste Ausstellung in Europa erlebte er 1968 in Düsseldorf. Der Erfolg hielt an und in den Jahren 1993 bis 1995 wurde eine vom Walker Art Center in Minneapolis organisierte Retrospektive in Los Angeles, Madrid und Zürich gezeigt.

▶ Christus auf den Kopf gestellt – Georg Baselitz: »Der Abgarkopf, 19.V.84«; Öl auf Leinwand, 130 x 125 Zentimeter, Privatsammlung

Wussten Sie, dass …

- die große Baselitz-Retrospektive in der Kunst- und Ausstellungshalle Bonn 2004 das Markenzeichen des Künstlers zum Titel machte? »Bilder, die den Kopf verdrehen« hieß die Ausstellung.
- sich in manchen Baselitz-Gemälden seine Fußabdrücke finden? Oft sind die Bilder so groß, dass der Künstler über die Leinwand laufen muss, um an alle Stellen des Bildes zu gelangen.

Worin besteht Georg Baselitz' Markenzeichen?

Seit 1969 stehen alle seine Motive auf dem Kopf. Wie viele seiner Künstlerkollegen setzte sich Baselitz mit der Frage nach der Bedeutung des Bildmotivs auseinander und damit, wie ein dargestellter Gegenstand die Wirkung eines Bildes beeinflusst. Der Künstler selbst: »Die Umkehrung des Motivs im Bild gab mir die Freiheit, mich ausschließlich mit malerischen Problemen auseinanderzusetzen.«

Während die Mehrheit der Künstler seiner Generation in der Abkehr vom Gegenstand den richtigen Weg zu einer intensiven Auseinandersetzung mit dem Kunstwerk sah, blieb Baselitz gegenständlich: »Das Charakteristikum meiner Bilder war und ist … der Gegenstand, und der hatte oft mit meiner Biografie zu tun – Personen, Landschaften, Ereignisse.«

Was ist ein Abgarbild?

Baselitz nannte sein Gemälde »Der Abgarkopf«. Der Begriff »Abgarbild« geht zurück auf die christliche Legende von dem antiken Fürsten Abgar, der durch die Berührung mit einem Schweißtuch mit dem Gesichtsabdruck Jesu von einer schweren Krankheit geheilt wurde. Bei einem Abgarbild handelt es sich also um eine *Vera Icon*, ein »wahres Abbild« Christi, das angeblich durch den unmittelbaren Abdruck und nicht durch menschliche Gestaltung entsteht.

Wie ist der »Abgarkopf« aufgebaut?

Das Gesicht ist auf einige wenige expressive Farbflächen und derb gezogene Pinselstriche reduziert, die beiden Gesichtshälften

– die eine blau, die andere rosarot – dominieren das Gemälde. Nase, Augen, Mund und Stirnfalten durchbrechen und relativieren diese Zweiteilung, dabei nimmt die Nase die Zweifarbigkeit des Gesichts auf und kehrt sie um: Die Nasenhälfte des blauen Gesichtsfeldes ist rosarot und umgekehrt. Auf dem Kopf sind Haare und/oder eine Dornenkrone angedeutet, auch der Hintergrund ist farblich zweigeteilt und nimmt wiederum die Gestaltung des Gesichts auf. Der Künstler gestaltet, stilisiert und reduziert das Christusantlitz und verfremdet es schließlich vollends, indem er es auf den Kopf stellt. Und doch lässt sich das Bild durchaus als »wahres Abbild« Christi im Sinne der christlichen Bildtradition sehen. Die Intensität der Farben und Formen, die Expressivität der Bildsprache und die starke Verfremdung, die den Blick des Betrachters auf das Kunstwerk schärft und die Betrachtung vertieft, verleihen dem Bild eine geradezu sakrale Aura, die an die Ausdruckskraft und Magie von Ikonen erinnert.

▲Georg Baselitz' Monumentalgemälde »Die großen Freunde«, ein frühes Werk von 1965 aus dem Museum Ludwig in Köln

Wie ist der »Abgarkopf« im Werk Georg Baselitz' einzuordnen?

Der »Abgarkopf« vom 19. Mai 1984 zählt zu einer Serie ähnlicher, ebenfalls 1984 entstandener Abgarbilder. Diese Jesusdarstellungen gehören wiederum mit Bildern wie »Die Verspottung« oder »Das Nachtessen in Dresden« – einer Abendmahlsdarstellung – zu einer Reihe von Gemälden mit christlichen Motiven, die Georg Baselitz 1983 und 1984 malte. In der abendländischen Kunst haben diese Themen eine sehr lange Tradition. Sie wurden seit der Antike von zahllosen Künstlern bearbeitet und sind im visuellen Bewusstsein des Betrachters fest verankert; schon der Titel weckt eine bestimmte Vorstellung von Inhalt und Ausdruck eines Bildes. Zugleich sind diese Bilder aber auch so vertraut, dass sie oft gar nicht mehr wirklich wahrgenommen werden. Und diese festgefügte, eingefahrene und oft oberflächliche Wahrnehmung sprengt Baselitz, indem er altbekannte Motive in jeder Hinsicht auf den Kopf stellt: Da gibt es kein spontanes Wiedererkennen, der Betrachter muss für sich erst einen – vielleicht auch ganz neuen – Standpunkt gegenüber dem Kunstwerk finden!

Wie war Georg Baselitz' Haltung zum sozialistischen Realismus?

▲International renommiert: Georg Baselitz

Sie war sehr kritisch. Der am 23. Januar 1938 in Deutschbaselitz (Oberlausitz) geborene Hans-Georg Kern geriet bei seinem Studium an der Ostberliner Hochschule für Bildende Künste schon bald in Konflikt mit den Ansprüchen der DDR und wurde wegen »gesellschaftspolitischer Unreife« der Akademie verwiesen. Er zog nach Westberlin und wechselte an die dortige Hochschule für Bildende Künste. Damals nahm er den Namen Baselitz an, aus Verbundenheit mit seinem Heimatort. In der Zeit seines Studiums wurde in der DDR der sozialistische Realismus propagiert, in Westdeutschland dagegen beherrschten die abstrakten Stile des Informellen die Kunstszene. Baselitz rebellierte gegen beides. Er blieb als einer der wenigen deutschen Künstler seiner Generation immer gegenständlich.

▲Der koreanische Komponist und Künstler Nam June Paik (1932–2006) spielt mit den künstlerischen Möglichkeiten der elektronischen Medien.

Was ist Videokunst?

Die Videokunst ist eine in den 1960er Jahren entwickelte Kunstform, die besonders in den USA und Deutschland gepflegt wurde. Die Kamera gilt den Videokünstlern als Erweiterung oder gar Ersatz des menschlichen Auges, der Bildschirm – Ersatz für die Leinwand – ist das Gemälde. Dank der Technik können sogar »Gemälde« mit bewegten Bildern entstehen.

Wie beurteilte Nam June Paik die Funktion des Internets?

In gewissermaßen visionärer Voraussicht legte der Künstler bereits 1974 dar, dass die anhaltende Wirtschaftskrise der führenden Industrienationen am besten durch den Aufbau weltweiter elektronischer Informations- und Datennetze aufzufangen sei. Kauf und Verkauf von »Hardware« – Waschmaschine, Auto, Fernseher – durch den Handel mit »Software« – Daten, Wissen, Informationen – zu ersetzen, sei nur möglich, so Paik, durch die Einführung eines »Internationalen Freihafens für Informationen«.

Was bedeutet Nam June Paik für die Videokunst?

Der gebürtige Koreaner Nam June Paik ist der »Vater der Videokunst«. Er hat bereits seit den frühen 1960er Jahren den Übergang der westlichen Welt von der Industriegesellschaft zur Informationsgesellschaft des 21. Jahrhunderts prognostiziert und deshalb auch die neuen Medien zum Hauptthema und gleichzeitig zum Realisierungsmittel seines künstlerischen Schaffens gemacht.

Wie funktioniert der TV-Buddha?

Eine sitzende Buddhastatue blickt in einen Fernseher und wird dabei von einer Kamera gefilmt. Auf dem Bildschirm erscheint allerdings kein herkömmliches Fernsehprogramm, sondern die Videoübertragung der Filmkamera. Der Buddha sieht im Fernsehen sein eigenes Bild – aus der Perspektive des Gegenüber: Die konkrete Präsenz der sitzenden Bronzestatue wird unmittelbar mit der virtuellen Erscheinung des eigenen Abbildes konfrontiert. Darüber hinaus vermischen sich die Dimensionen von Vergangenheit, Gegenwart und Zukunft zu einer neuen Realitätserfahrung. Das Motiv des Buddhas, der vor dem Fernseher zu meditieren scheint, ist Sinnbild von Vergangenheit und Gegenwart, von Tradition und Innovation, von Realität und Virtualität. Der meditierende TV-Buddha ist somit Symbol der Videokunst überhaupt und damit exemplarisches Sinnbild des eigenen Lebenswerks von Nam June Paik.

Wie kam Nam June Paik zur Videokunst?

Zur bildenden Kunst führten ihn einige Umwege. Zunächst studierte der am 20. Juli 1932 in Seoul als fünftes Kind eines Textilfabrikanten geborene Paik in Tokio Musikwissenschaft und schloss sein Studium mit einer Arbeit über den Komponisten Arnold Schönberg ab. 1956 setzte er seine Musikstudien an den Universitäten München und Freiburg fort, arbeitete danach viele Jahre im WDR-Studio für elektronische Musik in Köln. Als Mitglied der Künstlergruppe Fluxus (einer gegen das bürgerliche Verständnis von Kunst gerichteten Strömung ab 1962) und durch deren Performances gelangte er schließlich zur Arbeit mit Kamera und TV-Monitor. Über das Medium Fernsehen wollte er elektronische Musik sichtbar machen. 1965 kaufte Paik eine der ersten tragbaren Videokameras und verkündete im Rahmen des Happenings »24 Stunden« in einer Wuppertaler Galerie: »Das Fernsehen hat uns ein Leben lang attackiert, jetzt schlagen wir zurück und machen unser Fernsehen selbst.«

Was meinte Paik mit der Datenautobahn?

Den Begriff des *electronic superhighway*, der Datenautobahn des Internet, verwendete Nam June Paik bereits 1974 in einer wissenschaftlichen Studie. 1993 wurde die Datenautobahn zum Thema einer monumentalen Videowand. Der Betrachter wurde mit rasender Schnelligkeit von Kürzeln aus der Werbung, Spielfilmen, Videoclips und anderem geradezu überrollt, die Einzelinformation war somit unverständlich – oder, wie Paik es ausdrückt: »Information als Kunst, Kunst als Information ... Die elektronische Datenautobahn ist die Breitbandkommunikation, die Verdichtung komplexer Informationen – wenn du willst, kannst du sogar elektronischen Sex haben ... Du kannst aber auch ein intellektuelles Experiment über die Frage machen, wie viele Informationen ein Mensch aufnehmen kann.«

Wusssten Sie, dass ...

- Nam June Paik viele Auszeichnungen erhielt? Dazu gehören die Picassomedaille der Unesco oder der Kaiserring der Stadt Goslar.
- der Künstler seit 1979 als Professor an der Kunstakademie in Düsseldorf wirkte? Dort bildete er bis in die 1990er Jahre junge Kunststudenten aus.

Was verbirgt sich hinter Paiks Installation »Mongolian Tent«?

Mit der Installation »Mongolian Tent« hat sich Paik im Grunde sein eigenes Mausoleum geschaffen. In einem Zelt mongolischer Nomaden befindet sich wiederum eine sitzende Buddhastatue, hier allerdings vor einem leeren Fernsehgehäuse, in dem langsam eine Kerze herunterbrennt. In einem Kreis davor liegen acht bronzene Totenmasken, die der Künstler von seinem Gesicht hat modellieren lassen.

▼Die Installation »Electronic Superhighway« überflutete 1993 die Besucher der venezianischen Biennale mit Bildern und Information.

▲Einer gigantischen Maschine ähnlich, ragt die Hightech-Bank über den älteren Bauten des Hongkong Central Districts auf.

Wie kam es zum Bau der neuen Bankzentrale?

In den 1930er Jahren hatte die 1870 gegründete Hongkong & Shanghai Bank ein erstes Bankgebäude errichten lassen. Es war damals der höchste Bau der Stadt und Sinnbild für die Unabhängigkeit vom kommunistischen China – das sah wohl auch Mao Tse-Tung so, denn eine seiner ersten Amtshandlungen bestand darin, das benachbarte Gebäude der Bank of China aufstocken zu lassen, bis es höher war als das der Konkurrenz.

1979 lud die Bank sieben renommierte Architekten aus den USA, England und Australien zu einem Wettbewerb für einen Neubau ein. Auch er stand wieder im Zusammenhang mit politischen Ereignissen: Die Bank sollte über den Tag der Übergabe Hongkongs an China im Jahr 1996 hinaus Selbstbewusstsein symbolisieren. Man erwartete eine monumentale und repräsentative Architektur, mit der sich sowohl chinesische als auch internationale Kunden identifizieren konnten. Überlegungen, die Außenkonstruktion des Baus in Rot anzustreichen, der traditionellen chinesischen Farbe des Glücks, wurden verworfen.

Wussten Sie, dass …

- Foster besonders viele Bauten in Deutschland entwarf, darunter Verwaltungs-, Sport- oder Bankgebäude? Der bekannteste Bau ist die Reichstagskuppel in Berlin.
- das von Fosters Büro entworfene Viaduc de Millau in Südfrankreich, eine Autobahnbrücke, auf den höchsten Brückenpfeilern der Welt ruht?
- in dem Hongkonger Bankgebäude das Sonnenlicht mittels einer Spiegelkonstruktion bis weit nach unten geleitet wird?

Wie waren die Baubedingungen?

Die Voraussetzungen waren denkbar schwierig. Das Grundstück lag mitten im eng bebauten Stadtzentrum und war sehr schmal. Der Verkehr durfte nicht blockiert und das Ge-

▶Eine Rolltreppe führt ins Atrium der Bank, das sich nach oben zu einer zehnstöckigen Halle öffnet.

bäude musste während der Bauarbeiten weiter genutzt werden. Die Bank sollte wegen der astronomischen Grundstückspreise in Hongkong möglichst hoch sein, zugleich galt es, die vorgeschriebene Höhenstaffelung und die bedrohlichen Kräfte der Taifun-Winde zu berücksichtigen.

Wie verlief der Bau?

Der Baubetrieb wurde auf ein Mindestmaß reduziert, indem sämtliche Konstruktionselemente von der Türklinke über Stühle, Bänke und Nasszellen bis hin zu Abdeckgittern der Klimaanlage von Foster Associates entworfen und von zahlreichen Unternehmen weltweit vorgefertigt wurden. Erst rechtzeitig zur Installation brachte man die einzelnen Elemente vor Ort und setzte sie mittels mobiler, auf den Konstruktionsteilen sitzender Kräne ein. Das Baugerüst war dagegen ganz traditionell aus Bambusstangen gefertigt, die mit Nylonbändern zusammengehalten wurden. Bei der Fertigstellung nach nur knapp fünf Jahren Bauzeit hatte der Neubau fünf Milliarden Hongkong-Dollar verschlungen und war damit die teuerste Bank der Welt.

Was zeichnet Fosters Gebäude aus?

Seine konsequente Hightech-Architektur. Charakteristisch für diese Bauten sind große Spannweiten mit sichtbar gemachter Kräfteführung: Konstruktive und technische Elemente werden nicht hinter Vorhangfassaden versteckt, sondern gezeigt, ja prägen die gesamte Ästhetik der Bauten.

▲Eine Sternstunde für die Berliner Architektur war die Eröffnung der von Foster entworfenen begehbaren Kuppel über dem Berliner Reichstag.

In Hongkong löste Foster die komplexen Aufgaben mittels einer Stahlhängekonstruktion. Acht Turmmasten aus je vier bis zu 180 Meter hohen Stahlröhren tragen den Bau. Auf fünf Ebenen spannen sich je 33 Meter lange Querträger, von denen die insgesamt 47 Geschosse separat abgehängt sind – so herrschte immer nur in einer Etage Baustellenbetrieb, während auf den anderen weitergearbeitet werden konnte. Die gesamte Technik sowie Aufzüge und Toiletten sind in eigenen Versorgungstürmen in 139 Modulen untergebracht. Die Fenster passen sich durch ein feinmaschiges Netzgewebe mit integriertem Sonnenschutz den klimatischen Bedingungen an.

Wie viele Auszeichnungen wurden Norman Foster schon verliehen?

▲Norman Foster ist einer der weltweit führenden Architekten der Gegenwart.

Mit den vielen Anerkennungen und Preisen für seine Arbeit könnte der Architekt wohl schon ganze Regale füllen. Die auffälligsten Auszeichnungen sind sicher die Erhebung in den Adelsstand (»Sir«) 1990 und die Ernennung zum »Lord Foster of the Thames Bank« 1999. Daneben wurde Norman Foster im Lauf seines Berufslebens mit den renommiertesten Architektur- und Design-Preisen der Welt geehrt. Geboren wurde Norman Foster am 1. Juni 1935 in Manchester, als Sohn einer Familie in bescheidenen wirtschaftlichen Verhältnissen. Dennoch schaffte er es bis zu einem Abschluss in Städtebau und Architektur an der Universität Manchester. 1963 machte er sich zusammen mit seiner Frau und zwei weiteren Partnern als Architekt selbstständig. Eine bis heute anhaltende Erfolgsgeschichte begann. Fosters Büro erhielt im Lauf der Jahre über 200 Auszeichnungen und gewann zahlreiche Architekturwettbewerbe.

▲Bei nächtlicher Beleuchtung wirkt Zaha Hadids Feuerwache wie eine futuristische Erscheinung.

▼Von unten betrachtet, ragt das Dach der Feuerwache steil in den Himmel.

Worin liegt der Überraschungseffekt beim Anblick der Feuerwache?

Schon aus der Ferne erkennt man, dass der Bau den traditionellen Vorstellungen einer Feuerwache trotzt. Die extravagante Feuerwache Zaha Hadids entstand in Weil am Rhein als Wachstation für die Betriebsfeuerwehr des Büromöbelherstellers Vitra. Hadids Bau steht am Ende der Hauptachse des Vitra-Firmengeländes. Hier steht man vor einem Gebilde aus provozierenden Schrägen, Kanten und Ecken. Über allem ragt spitz und aggressiv, fast wie ein Flugzeugflügel mit scharfen Konturen, das Dach in den Himmel. Mit seiner »Anmutung eines gefrorenen Blitzes« (so die Kunstzeitschrift »Art«) steht es für Dynamik und Aufbruch, aber auch für die Kraft elementarer Energien.

Wie ist der Bau strukturiert?

Von einer irritierenden Vielgestaltigkeit sind die Außenansichten. Das Gebäude bietet keinen optischen Fixpunkt, sondern ändert je nach Betrachterperspektive seine Gestalt: Bald wirkt es leicht und fast schwerelos, dann wieder gedrungen und massiv, dramatisch-theatralisch oder streng und asketisch in seiner scheinbar anspruchslosen Sichtbetonästhetik. Betrachtet man den Grundriss, erkennt man ein Dreieck und ein extrem in die Länge gezogenes Parallelogramm, die sich durchdringen. Zwischen einer Abfolge geschichteter Wände öffnen sich die Innenräume. Sie haben dort Durchbrüche, wo es funktional notwendig war – für den an traditionelle Architektur gewohnten Blick sind Überraschungseffekte garantiert.

Wussten Sie, dass …

- Hadids Auftraggeber Vitra sich zuvor für die firmeneigene Designsammlung ein Museumsgebäude von dem nicht weniger unkonventionellen Frank O. Gehry hatte planen lassen?
- Hadids Opernhausentwurf für die walisische Stadt Cardiff, eines ihrer ambitioniertesten Unternehmen der jüngsten Zeit (mit dem sie gleich zwei Architekturwettbewerbe gewann), endgültig ad acta gelegt zu sein scheint?

Wie wurde die Irakerin zur berühmten Architektin?

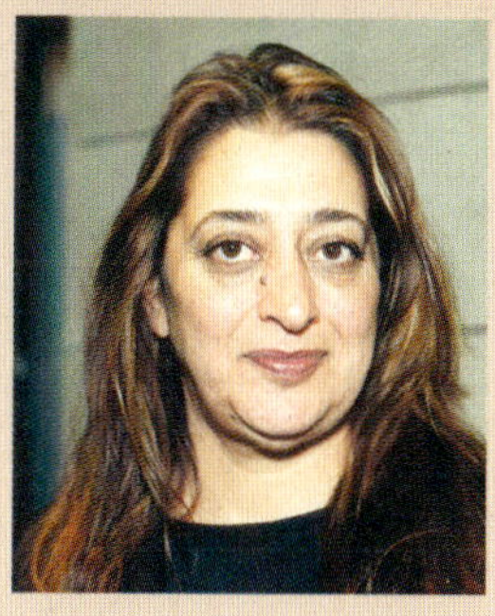

▲Die Architektin Zaha Hadid wurde 1950 in Bagdad geboren und lebt heute in London.

Hadid stammt aus einer der herrschenden Familien des Iraks – ihr Vater war Manager und Vorsitzender der Demokratischen Partei. Sie erhielt eine Schulausbildung auf verschiedenen Internaten Europas. Nach einem Studium der Mathematik in Beirut studierte sie in London, wo sie inzwischen ihr Architekturbüro betreibt, unter anderem bei Rem Kohlhaas Architektur. Sie begann als Mitarbeiterin von Kohlhaas und als Lehrerin an der Londoner Architectural Association School, bevor sie 1979 ihr eigenes Büro eröffnete.
Nach einer langen Reihe von unrealisierten Entwürfen gelang Hadid mit der Feuerwache in Weil am Rhein der Durchbruch. Sie lehrt weiter, inzwischen an Universitäten in der ganzen Welt von Wien bis Chicago und New York. Ihr Büro entwirft neben Gebäuden auch Möbel und verschiedene Gebrauchsgegenstände. Inzwischen hat die Irakerin auch die renommiertesten Architekturpreise gewonnen.

Wie viele Projekte hat Hadid bisher realisiert?

Obgleich Hadid mehr Architekturwettbewerbe gewonnen hat als die meisten ihrer Kollegen, konnte die in London lebende und arbeitende Architektin bislang kaum einen ihrer Entwürfe verwirklichen. Damit steht sie in einer Reihe mit ihren Vorbildern aus dem Umkreis des russischen Konstruktivismus der 1920er Jahre. Kasimir Malewitsch, El Lissitzky oder Wladimir Tatlin nahmen mit der Idee zersplitterter geometrischer Körper das Prinzip der Entgrenzung des Raumes vorweg. Tatlins bis heute avantgardistisch wirkender Entwurf für das Monument der III. Internationale (1919/20) blieb ebenfalls Modell.

Was ist charakteristisch für Hadids Stil?

Die Geometrie der extremen Formen Hadids erschließt sich am besten anhand der Modelle und grafischen Entwürfe, in denen sie ihre Raumfantasien bis ins Detail auslotet: bizarr gezackte, wild bewegte, sich aufbäumende Architektur-Skulpturen, die manchmal abzuheben scheinen, manchmal auch harmonisch dahinfließen wie bei ihrem aktuellen Entwurf für das Zentrum für Zeitgenössische Kunst in Rom. Visuelle Vorbilder findet sie dabei in der Natur, deren Kraftlinien und Brüche sie ergründet: Wellen und Ströme, übereinandergeschichtete Schollen, aber auch abrupte Aufrisse.

Welche Einwände gibt es gegen Hadids Entwürfe?

Das Hauptargument ihrer Gegner lautet, ihre Bauten seien exaltiert und selbstverliebt und verweigerten sich Kompromissen hinsichtlich funktionaler Notwendigkeiten. Unglücklich war diesbezüglich die Tatsache, dass die Feuerwache ihre Funktionsfähigkeit nur kurz unter Beweis stellen konnte: Die Feuerwehrtruppe musste kurz nach dem Einzug aufgelöst werden. Geplant ist jetzt eine Nutzung als Dependance des Baseler Designmuseums. Andererseits konnte Hadid inzwischen eindrucksvoll die Kritik widerlegen – in Weil am Rhein so erfolgreich, dass ihr kurz nach ihrem ersten Projekt der Feuerwache mit dem Pavillon der Landesgartenschau gleich ein weiteres in der badischen Kleinstadt anvertraut wurde.

▼Nur wenige Meter trennen Frank O. Gehrys Museum der Firma Vitra von Hadids Feuerwache.

Register

Die **halbfett** hervorgehobenen Seitenzahlen verweisen auf ein Hauptthema, die *kursiv* gesetzten Seitenzahlen auf Abbildungen.

A

B

C

D

E

F

G

H

I

J

K

S

T

U

V

W

X

Y

Z

Abbildungsnachweis

Ägyptisches Museum, Kairo: 27 u.; **aisa, Barcelona:** 8, 16, 30, 172, 198; **akg-images, Berlin:** 8 (2), 9 (4), 10, 11 (2), 15, 17 o./Lessing, 20, 22, 23 o., 25 u./Lessing, 25 o., 27 o., 28, 29 u., 31 o./Electa, 33 u., 34/Lessing, 35/Lessing, 37 u., 39, 41 o./Forman, 43/Hios, 44, 45 o./ Hilbich, 45 u., 47/Lecat, 50/Nou, 51 u./Nou, 51 o./Nou, 52 u., 53, 54/Drechsel, 58, 59 o., 63/Nou, 65, 66/Bildarchiv Monheim, 67, 69 u./ Lessing, 69 o., 71 u./Bildarchiv Monheim, 71 o., 75 o./Degeorge, 76, 77 o., 78, 79 u., 79 o., 81 u./Nimatallah, 83 o., 88, 89 u., 89 o., 95 u., 95 o., 96, 98/Lessing, 98, 99, 101 u., 101 o., 104, 105 u., 106/Lessing, 107 u., 108/Lessing, 109, 112/Lessing, 113 u./Electa, 114, 115 u./ Cameraphoto, 118/Galerie dell'Accademia Florenz, , 119 u., 120, 121 r., 121 l., 123 o., 123 u., 127 u./Lessing, 128, 131 o., 131 u., 132 o., 133, 135 u./Lessing, 138 u., 138 o., 139, 140, 141 r., 141 l., 142/Lessing, 143 o./Electa, 143 u./Lessing, 144, 145 u., 146, 147 o./ Lessing, 148, 152/Lessing, 153, 154/Lessing, 155 u., 155 o./Lessing, 156, 158/Lessing, 159/Martin, 160, 161 o., 163 u., 166, 167 u., 168, 169/Sotheby's, 171 u./Bildarchiv Monheim, 171 o./Lessing, 174, 175 u., 175 o., 176, 177 u.r., 177 u.l., 178, 181 o., 182, 183 u./Staatliche Eremitage, 184 u., 184 o., 185 o., 187 u., 188, 190/Lessing, 191 o./Lessing, 192, 193 u., 194 o., 199 u./Martin, 201 u., 201 o., 202/Lessing, 207 u., 207 o., 208, 210, 211 u., 212, 213 u., 213 o., 214, 216, 218 o., 219 r./Kalmár, 219 l., 220, 221 o., 221 u., 222, 223 u., 223 o., 224, 230, 231 u./Lessing, 231 o., 234, 236, 238, 239 o., 240/Katrin, 243 o./Schlegelmilch, 245 r., 248, 249 u., 250, 253 o., 256, 260, 261 r., 261 o., 262, 265 u., 265 o., 267 u., 272, 273 u., 273 o., 278 u., 279 o.; **Fratelli Alinari S.p.A., Florenz:** 55 u.; **Jörg P. Anders, Berlin:** 164; **archenova Gmbh, Düsseldorf:** 278 o./Dix, 279 u./Dix; **Artothek, Weilheim:** 226/Blauel/Gnamm, 235/Hinz, 241 u., 244/Blauel; **Associated Press GmbH, Frankfurt:** 49 o., 277 o./Finck; **Bayer. Nationalmuseum, München:** 87; **Bibliothèque Nationale de France, Paris:** 73 o.; **Bildarchiv Preußischer Kulturbesitz, Berlin:** 36, 242; **Bridgeman Art Library Ltd., London:** 32, 80, 81 o., 110, 111 o., 111 u., 129 o./Musée d'Unterlinden Colmar, 135 o./Louvre Paris, 183 o., 197 o., 227 u., 237 o./André Kertéz / Fred Jones Jr. Museum of Art, The University of Oklahoma, Norman; Gift of Dr. and Mrs. Richard L. Sandor, 2000, 241 o./Whitney Museum of American Art New York, 245 l./Alinari, 252 o./Peter Willi; **Leo Castelli, New York:** 271; **Christoph & Friends, Essen:** 59 u./Hirth; **Corbis GmbH, Düsseldorf:** 8/McQueen, 15 o./aisa, 18/Vanni, 37 o./Lenars, 38/aisa, 46/ McQueen, 48/Sitton/Zefa, 55 o./de Luca, 251 o./Christie's Images; **Corbis-Bettmann, New York:** 11, 199 o., 203 o., 229 u., 232, 233 r., 233 l./UP, 243 u./UPI, 246/Reuters, 247 o./UPI, 249 o., 253 u., 254, 258 u./UPI; **Document Vortragsring e.V., München:** 60/Haberland, 73 u./Blasy, 102/Oswald, 186/Blasy, 196/Blasy, 225 o./Blasy; **dpa Picture-Alliance GmbH, Frankfurt:** 10/Huber/Schmid, 103 u., 170/Huber/ Schmid, 204, 217/Lang, 227 o., 247 u./APA; **IFA-Bilderteam GmbH, Ottobrunn:** 8/Raga, 9/Kohlhas, 10/Diaf, 41 u./Fiedler, 70/Raga, 82/ Index Stock, 124/Kohlhas, 125 u./Everts, 127 o./Haigh, 134/Lescourret, 150/Jon Arnold Images, 161 u./Diaf, 174 Icon/Harris, 200/Harris; **Institut für Vor- und Frühgeschichte der Universität, Tübingen:** 21 u./Troja-Projekt am Inst. für Ur- und Frühgeschichte und Archäologie des Mittelalters der Universität Tübingen; **Interfoto, München:** 17 u., 24, 31 u., 33 o., 90 r., 90 M., 90 l., 91 r., 91 l., 228/aisa, 251 u., 255, 261 u., 263 o.; **istockphoto.com:** 206 Icon; **Paul-Klee-Stiftung, Bern:** 239 u.; **Kunsthistorisches Museum, Wien:** 86; **Mauritius, Mittenwald:** 10/SuperStock, 19/Scott, 49 u./AGE, 58 Icon/AGE, 61/Higuchi, 74/Morandi, 75 u./Westend61, 77 u./Beck, 83 u./AGE, 84/Merten, 94/ Blume, 125 o./Zimmermann, 126/SuperStock, 149 o./Birbrajer, 151 u., 163 o./SuperStock, 206/SuperStock; **mediacolor's, Zürich:** 23 u., 258 o./Damm; **Roman Mensing, Münster:** 275; **Munch-Museet Oslo:** 209 o.; **Olive Bragazzi, New York:** 264; **Österr. Nationalbibliothek, Wien:** 218 u.; **Friedrich Rosenstiel, Köln:** 274; **Sächsische Landesbibliothek – Staats- und Universitätsbibliothek, Deutsche Fotothek, Dresden:** 209 u.; **Sammlung Froehlich, Stuttgart:** 11, 270; **SCALA S.p.A., Antella:** 52 o.; **H.-W. Schütte, Hamburg:** 103 o.; **shutterstock.com:** 14 Icon/Vladimir Pomortzeff, 85/Hannu Liivaar, 91/Mike von Bergen, 93 o./Carlos Aguelles; **Silvestris online, Kastl:** 64 u./Janicek; **Sipa Press, Paris:** 11/Adenis, 259, 266/Adenis, 267 o./Adenis, 276 u./Marais-Gaussen, 277 u./Tschaen; **Städtisches Karl-Ernst-Osthaus-Museum, Hagen:** 225 u.; **Bildarchiv Steffens, Mainz:** 12/Janicek, 40/Stierlin, 68, 72; **Lieselotte Strelow, Hamburg:** 269; **Superbild Erich Bach GmbH, München:** 64 o./Haga Library; **The Yorck Project, Berlin:** 162; **TopFoto, Kent:** 10, 14/Everatt/AAAC, 21 o., 25/Werner Forman Archive, 42/AAAC, 56/Alinari, 62, 93 u., 100, 122, 151 o./Alinari, 165 o./HIP, 180, 195 u./Roger-Viollet, 203 u., 215 u., 215 o./Roger-Viollet, 237 u.; **UC Artwork Studios AG, Basel:** 268/Raussmüller; **Wissen Media Verlag GmbH, Gütersloh:** 29 o., 105 o., 107 o., 113 o., 115 o., 117, 119 o., 129 u., 130, 132 u., 136 u., 145 o., 147 u., 149 u., 157, 165, 167 o., 177 o., 179, 181 u., 185 u., 187 o., 189 o., 189 u., 191 u., 193 o., 194 u., 197 u., 211 o., 229 o., 257, 263 u., 276 o.

Abbildung auf dem Cover: Corbis GmbH, Düsseldorf/Ramon Manent

Die BILD-Wissensbibliothek lädt ein zu einer spannenden Reise durch sämtliche Wissensgebiete

Band 1 Erde und Weltall

Band 2 Länder und Kontinente

Band 3 Wissenschaft und Technik

Band 4 Tiere und Lebensräume

Band 5 Pflanzen und Umwelt

Band 6 Mensch und Körper

Band 7 Altertum und Neuzeit

Band 8 Die Großen der Geschichte

Band 9 Musik und Literatur

Band 10 Kunst und Architektur

Band 11 Religionen und Glaube

Band 12 Wirtschaft und Gesellschaft